Matemáticas
diarias™
Libro de consulta del estudiante

The University of Chicago
School Mathematics Project

Matemáticas
diarias™
Libro de consulta del estudiante

The University of Chicago
School Mathematics Project

A Division of The **McGraw·Hill** *Companies*

Columbus, Ohio
Chicago, Illinois

UCSMP Elementary Materials Component

Max Bell, Director

Authors

Max Bell, Jean Bell, John Bretzlauf, Amy Dillard, Robert Hartfield, Andy Isaacs, Deborah Arron Leslie, James McBride (Director), Kathleen Pitvorec, Peter Saecker

Technical Art

Diana Barrie

Photo Credits

Phil Martin/Photography
Secretary of State/State of Illinois, p. 2
M. Ferguson/PhotoEdit, p. 110
Mark Gibson/Visuals Unlimited, p. 126
©The British Museum, p. 200
Loren Santow/Tony Stone Images, p. 223
Gene Peach/Tony Stone Images, p. 314
Jack Demuth, p. 327

The *Student Reference Book* is based upon work supported by the National Science Foundation under Grant No. ESI-9252984. Any opinions, findings, conclusions, or recommendations expressed in this material are those of the authors and do not necessarily reflect the views of the National Science Foundation.

www.sra4kids.com

SRA/McGraw-Hill

A Division of The **McGraw·Hill** *Companies*

Send all inquires to:
SRA/McGraw-Hill
P.O. Box 812960
Chicago, IL 60681

Printed in the United States of America

ISBN 1-58210-122-1

2 3 4 5 6 7 8 9 RRW 05 04 03 02

Contenido

Acerca del *Libro de consulta del estudiante*   **x**
Cómo usar el *Libro de consulta del estudiante*   **xi**

Números enteros   1

Usos de los números	**2**
Tipos de números	**3**
Valor posicional de los números enteros	**4**
Potencias de 10	**5**
Notación exponencial	**6**
Exponentes positivos y negativos	**7**
Notación científica	**8**
Comparar números y cantidades	**9**
Factores	**10**
Divisibilidad	**11**
Números primos y compuestos	**12**
Algoritmos de suma	**13**
Algoritmos de resta	**15**
Operaciones básicas de multiplicación extendidas	**18**
Algoritmos de multiplicación	**19**
Operaciones básicas de división extendidas	**21**
Algoritmos de división	**22**

Decimales y porcentajes   25

Decimales	**26**
Extender el valor posicional a los decimales	**28**
Potencias de 10 para los decimales	**31**
Comparar decimales	**32**
Suma y resta de decimales	**34**
Multiplicar por potencias positivas de 10	**37**
Multiplicación de decimales	**38**
Multiplicación reticulada con decimales	**40**
Dividir entre potencias positivas de 10	**41**
División de decimales	**42**
División por columnas con cocientes decimales	**44**
Redondear decimales	**45**
Porcentajes	**47**
Porcentajes que dan nombre a una parte de un todo	**48**
Hallar el porcentaje de un número	**49**
Calcular un descuento	**51**
Hallar el todo en problemas de porcentajes	**52**
El círculo entero	**54**

Fracciones y números racionales   55

Fracciones	**56**
Usos de las fracciones	**57**
Fracciones equivalentes	**59**
Métodos para hallar fracciones equivalentes	**60**
Tabla de fracciones equivalentes	**61**
Números mixtos y fracciones impropias	**62**
Mínimo común múltiplo	**64**
Denominador común	**65**
Comparar fracciones	**66**
Suma y resta de fracciones	**68**
Suma de números mixtos	**70**
Resta de números mixtos	**71**
Multiplicar fracciones y números enteros	**73**
Hallar la fracción de un número	**74**
Usar una fracción integrante para hallar el total	**75**
Multiplicar fracciones	**76**
Multiplicar fracciones, números enteros y números mixtos	**77**
División de fracciones	**79**
Números racionales	**81**
Dar nombre de decimal a las fracciones	**83**
Dar otro nombre a fracciones, decimales y porcentajes	**89**
Usos de los números negativos	**91**
Suma y resta de números positivos y negativos	**92**

Tasas, razones y proporciones   95

Tasas	**96**
Resolver problemas de tasas	**98**
Proporciones	**100**
Razones	**102**
Usar razones para describir cambios de tamaño	**103**
El valor de Pi	**105**
Calcular con π	**106**

Datos y probabilidad   107

Recopilar datos	**108**
Datos de una encuesta estudiantil	**110**
Organizar datos	**111**
Hitos estadísticos	**113**
La media (o promedio)	**115**
Gráficas de barras	**116**
Gráficas de barras apiladas y una al lado de otra	**117**
Gráficas lineales	**118**
Cómo usar el círculo de porcentajes	**119**
Cómo dibujar una gráfica circular usando un círculo de porcentajes	**120**
Cómo dibujar una gráfica circular usando un transportador	**121**
Posibilidad y probabilidad	**122**
Diagrama de árbol y principio contable de la multiplicación	**124**

Geometría y construcciones 125

Geometría en nuestro mundo	**126**
Ángulos	**128**
Rectas y segmentos paralelos	**130**
Segmentos de recta, semirrectas, rectas y ángulos	**131**
Polígonos	**132**
Triángulos	**134**
Cuadrángulos	**135**
Cuerpos geométricos	**137**
Poliedros	**139**
Prismas	**140**
Pirámides	**141**
Poliedros regulares	**142**
Círculos	**143**
Esferas	**144**
Figuras congruentes	**145**
Figuras semejantes	**146**
Reflexiones, traslaciones y rotaciones	**147**
Simetría axial	**149**
Teselados	**150**
La Plantilla de geometría	**152**
Construcciones con compás y reglón	**154**
Copiar un segmento de recta	**155**
Copiar un triángulo	**156**
Construir un paralelogramo	**157**
Construir un hexágono regular inscrito	**158**
Construir un cuadrado inscrito	**159**
Bisecar un segmento de recta	**160**
Construir un segmento de recta perpendicular (Parte 1)	**161**
Construir un segmento de recta perpendicular (Parte 2)	**162**
Copiar un ángulo	**163**
Copiar un cuadrángulo	**164**

Medidas 165

Medidas naturales y unidades estándar	**166**
El sistema métrico decimal y el sistema tradicional de EE.UU.	**167**
Convertir unidades de longitud	**168**
Referencias personales para medidas de longitud	**169**
Perímetro	**170**
Circunferencia	**171**
Área	**172**
Área de los rectángulos	**173**
El método rectángulo para hallar el área	**174**
Área de los paralelogramos	**176**
Área de los triángulos	**177**
Área de los círculos	**178**
Volumen y capacidad	**179**
Volumen de los cuerpos geométricos	**180**
Volumen de prismas rectangulares y triangulares	**181**
Volumen de cilindros y conos	**182**
Volumen de pirámides rectangulares y triangulares	**183**
Área de la superficie de prismas rectangulares	**184**
Área de la superficie de los cilindros	**185**
Peso	**186**
Temperatura	**187**
Medir y trazar ángulos	**188**
Medidas de los ángulos de los polígonos	**191**
Trazar pares ordenados de números	**192**
Latitud y longitud	**193**
Escalas de mapas y distancias	**195**
Calendario perpetuo	**197**

Álgebra   199

Álgebra	**200**
Expresiones algebraicas	**202**
Paréntesis	**203**
Orden de las operaciones	**204**
Algunas propiedades de la aritmética	**205**
Relaciones	**207**
Oraciones numéricas	**209**
Modelos matemáticos	**210**
Problemas y ecuaciones de balanza	**212**
Patrones numéricos	**214**
Máquinas de funciones y problemas de "¿Cuál es mi regla?"	**215**
Reglas, tablas y gráficas	**217**

Resolver problemas   219

Modelos matemáticos	**220**
Una guía para resolver historias de números	**221**
Un diagrama para resolver problemas	**222**
Interpretar el residuo de la división	**224**
Estimación	**225**
La estimación con dígito delantero	**226**
Redondear	**227**
Otras estimaciones	**228**

Calculadoras   229

Acerca de las calculadoras	**230**
Operaciones básicas	**231**
Fracciones y porcentajes	**235**
Operaciones avanzadas	**240**

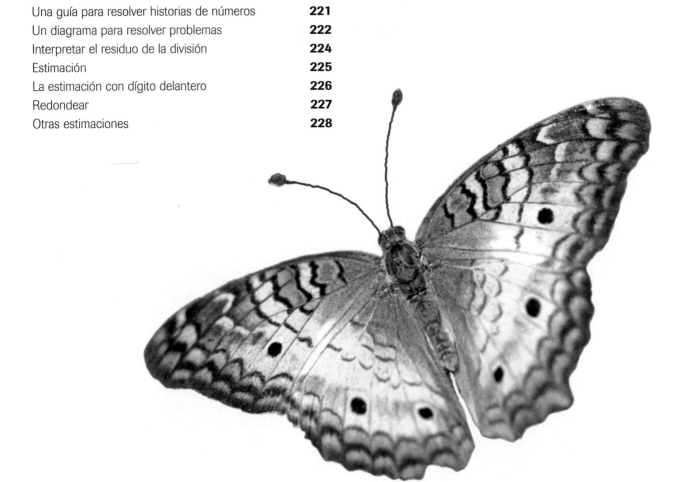

Juegos   253

Juegos	**254**
Elección de álgebra	**256**
Enredo de ángulos	**258**
Béisbol de multiplicaciones	
(Operaciones básicas del 1 al 6)	**259**
Béisbol de multiplicaciones (versiones avanzadas)	**260**
Gánale a la calculadora	**261**
Juegos de calculadora rota	**262**
Construye	**263**
Juegos de zumbido	**264**
Juego de crédito y débito	**265**
Juego de crédito y débito (versión avanzada)	**266**
División relámpago	**267**
Estimación apretada	**268**
Pelota de exponentes	**269**
Bingo de factores	**270**
Capturador de factores	**271**
Supera el factor	**272**
Primero al 100	**273**
Tres en raya de fracciones	**274**
Fracción de acción, fracción de fricción	**277**
Concentración de fracción y porcentaje	**278**
Supera la fracción	**279**
Llegar a uno	**280**
Tesoro escondido	**281**
Lanzar números altos	**282**
Lanzar números altos: versión decimal	**283**
Tiro al blanco de multiplicaciones	**284**
Luchas de multiplicación	**285**
Dale nombre a ese número	**286**
Supera el número (Números de 7 dígitos)	**287**
Supera el número (Decimales de 3 lugares)	**288**
Captura de polígonos	**289**
Lanzar notación científica	**290**
Revoltura de cucharas	**291**
Práctica de tiro al blanco en la resta	**292**
Clasificar figuras tridimensionales	**293**
Juegos de supéralo	**294**
Juegos de supéralo con números positivos y negativos	**296**

Tour de EE.UU.   297

Introducción	**298**
Los primeros pobladores de América	**299**
Una nación diversa	**302**
Expansión hacia el oeste	**305**
Viajes	**310**
Trabajo	**314**
Diversión	**316**
Deportes	**317**
Escolaridad	**318**
Alimentación	**321**
Edad	**322**
Gobierno	**324**
El censo decenal de EE.UU.	**327**
Clima	**336**
Geografía	**339**
Datos y preguntas	**349**
Referencias	**351**

Tablas y cuadros	**354**
Glosario	**362**
Clave de respuestas	**385**
Índice	**395**

Acerca del *Libro de consulta del estudiante*

Un libro de consulta es un libro organizado para ayudar a las personas a encontrar información de manera rápida y fácil. Los diccionarios, las enciclopedias, los libros de cocina e incluso las guías telefónicas son ejemplos de libros de consulta. A diferencia de las novelas y las biografías, las cuales se leen con una secuencia de principio a fin, los libros de consulta se leen en pequeños segmentos para encontrar información específica en el momento que se necesita.

Puedes buscar y revisar temas de matemáticas en este *Libro de consulta del estudiante*. El libro incluye las siguientes secciones:

- Una **tabla de contenido** con una lista de los temas que se cubren, y que muestra cómo está organizado el libro.

- Secciones sobre **temas matemáticos,** como números enteros, fracciones, decimales, porcentajes, geometría, medidas, análisis de datos y resolución de problemas.

- Descripciones sobre cómo usar una **calculadora** para realizar diferentes operaciones matemáticas y utilizar sus funciones.

- Instrucciones sobre cómo jugar algunos de los **juegos matemáticos** que ya conoces.

- Un **glosario** de términos matemáticos con definiciones breves de palabras importantes.

- Un conjunto de **tablas y cuadros** que resume la información, como una tabla de valor posicional, prefijos de los nombres de números grandes y pequeños, tablas de medidas y de fracciones, decimales y porcentajes equivalentes.

- Una **clave de respuestas** para los problemas de la sección Comprueba si comprendiste.

- Un **índice** para ayudarte a localizar la información de manera rápida.

Este libro de consulta también contiene una sección llamada **Tour de EE.UU.** Esta sección es un conjunto de información numérica sobre la historia, el pueblo y el medio ambiente de Estados Unidos.

Cómo usar el *Libro de consulta del estudiante*

Imagina que se te pide resolver un problema y que ya has resuelto problemas como éste anteriormente. Pero en ese momento, no puedes acordarte de cómo hacerlo. Entonces, es el momento perfecto para usar el *Libro de consulta del estudiante*. Puedes ver la **tabla de contenido** o el **índice** para encontrar la página que ofrece una explicación breve del tema. Por lo general, la explicación te da una solución de ejemplo paso a paso.

En algunas secciones encontrarás un símbolo de un libro pequeño. Este libro señala el número de página de referencia de las secciones relacionadas con el tema que se trata. Por ejemplo, simplificar fracciones implica hallar fracciones equivalentes; así que en la columna lateral, junto a los párrafos que explican la simplificación de fracciones, hay una referencia a una página que contiene una descripción sobre cómo hallar fracciones equivalentes.

También hay un conjunto de problemas al final de la mayoría de las secciones, titulado **Comprueba si comprendiste**. Es una buena idea resolver estos problemas y luego pasar a la clave de respuestas al final de libro, para comprobar tus respuestas y asegurarte de que has entendido la información que se presenta en la página.

Siempre lee un texto matemático con papel y lápiz a la mano. Toma notas, haz dibujos y diagramas para ayudarte a comprender lo que estás leyendo. Trabaja con los ejemplos. Si tienes una respuesta incorrecta en los problemas de **Comprueba si comprendiste**, trata de hallar el error volviendo a resolver el problema con la respuesta correcta de la clave de respuestas.

No siempre es fácil leer un texto sobre matemáticas, pero mientras más uses tu *Libro de consulta del estudiante*, mejor comprenderás este tipo de material. Tal vez encuentres que tus destrezas como persona que resuelve problemas independientemente estén mejorando. Estamos seguros de que estas destrezas te servirán mucho en los cursos de matemáticas más avanzados que tomarás más adelante.

Números enteros

Usos de los números

Imagínate vivir un solo día sin usar ni pensar en números. Los números se usan en relojes, calendarios, placas de vehículos, reglas, básculas, etc. A continuación hay una lista de los usos más importantes de los números.

- Los números se usan para **contar.**

> **EJEMPLOS** Los estudiantes vendieron 158 boletos para la obra de teatro de la escuela.
> El primer censo de EE.UU. contó 3,929,326 personas.

- Los números se usan para **medir.**

> **EJEMPLOS** Él nadó el largo de la piscina en 33.4 segundos.
> El paquete mide 28 pulgadas de largo y pesa $3\frac{1}{8}$ libras.

- Los números se usan para mostrar dónde se encuentra algo en un **sistema de referencia.**

> **EJEMPLOS**
>
> | Situación | Sistema de referencia |
> |---|---|
> | La temperatura ambiente normal es de 21°C. | Escala Celsius de temperatura |
> | Harry nació el 22 de junio de 1992. | Calendario |
> | Son las 10:08 a.m. | Hora del reloj |
> | Detroit se localiza a 42°N y 83°O. | Sistema de longitud y latitud de la Tierra |

- Los números se usan para **comparar cantidades** o **medidas.**

> **EJEMPLOS** El gato pesa $\frac{1}{2}$ de lo que pesa el perro.
> Había 2 veces más niños que niñas en el juego.

- Los números se pueden usar como **identificación** y como **códigos.**

> **EJEMPLOS** número de teléfono: (709) 555-1212
> código postal: 60637
> Número de licencia de conducir: M286-423-2061

Tipos de números

Los **números cardinales** son los números que se usan para contar. El grupo de números cardinales es 1, 2, 3, 4, etc.

Los **números enteros** son cualquiera de los números {...–4, –3, –2, –1, 0, 1, 2, 3, 4...}; incluyen los números cardinales, los números negativos y el 0.

Los números cardinales son útiles para contar, pero no siempre sirven para medir. La mayoría de las medidas caen entre dos números enteros consecutivos. Las **fracciones** y los **decimales** se inventaron para registrar dichas medidas. Por ejemplo, las fracciones se usan con frecuencia en recetas de cocina y para tomar medidas en la carpintería y otras industrias de la construcción. Los decimales se usan para casi todas las medidas en las ciencias y la industria.

EJEMPLOS El pavo pesaba 15.6 libras.

La receta lleva $2\frac{1}{2}$ tazas de harina.

El marco de la ventana está a 2 pies $7\frac{3}{4}$ pulgadas del suelo.

Los **números negativos** se inventaron para expresar cantidades con referencia al punto cero.

EJEMPLOS Una temperatura de 10 grados bajo cero se escribe –10°F ó –10°C.

Una profundidad de 235 pies bajo el nivel del mar se escribe –235 pies.

Los números negativos también se usan para indicar cambios en las cantidades.

EJEMPLOS Una pérdida de peso de $7\frac{1}{2}$ libras se escribe $-7\frac{1}{2}$ libras.

Una disminución de $1,500 en el ingreso se escribe –$1,500.

Valor posicional de los números enteros

Cualquier número, sin importar lo alto o bajo que sea, puede escribirse usando uno o más de los **dígitos** 0, 1, 2, 3, 4, 5, 6, 7, 8 y 9. Una **tabla de valor posicional** se usa para mostrar el valor de cada dígito en un número. El **lugar** de un dígito es su posición en el número. El **valor** de un dígito es cuánto vale según su lugar en el número.

Estudia la tabla de valor posicional de abajo. Al ir de derecha a izquierda en la tabla, el valor de cada lugar es 10 veces mayor.

10,000 decenas de millar	1,000 millares	100 centenas	10 decenas	1 unidades
8	3	9	0	4

EJEMPLO   El número 83,904 se muestra en la tabla de valor posicional de arriba. Se lee "ochenta y tres mil novecientos cuatro".

El valor del 8 es 80,000 (8 * 10,000).
El valor del 3 es 3,000 (3 * 1,000).
El valor del 9 es 900 (9 * 100).
El valor del 0 es 0 (0 * 10).
El valor del 4 es 4 (4 * 1).

En números mayores, los grupos de tres dígitos se separan por medio de comas. Las comas ayudan a identificar los millares, millones, millares de millón y billones, como se muestra en la siguiente tabla de valor posicional:

billones				millares de millón				millones				millares				unidades		
100	10	1	,	100	10	1	,	100	10	1	,	100	10	1	,	100	10	1
1	3	5	,	2	4	6	,	0	1	5	,	8	0	8	,	2	9	7

EJEMPLO   El número 135,246,015,808,297 se muestra en la tabla de valor posicional de arriba. Este número se lee 135 **billones** 246 **mil** 15 **millones** 808 **mil** 297.

COMPRUEBA SI COMPRENDISTE

Lee cada número mentalmente. ¿Cuál es el valor del 9 en cada número?

1. 39,207   **2.** 85,937,001   **3.** 456,096   **4.** 6,390,405

Comprueba tus respuestas en la página 385.

Potencias de 10

Los números como 10, 100 y 1,000 se llaman **potencias de 10.** Estos son números que se pueden escribir como productos de 10.

100 se puede escribir como $10 * 10$ o como 10^2. 1,000 se puede escribir como $10 * 10 * 10$ o como 10^3.

El dígito elevado se llama **exponente.** El exponente te dice cuántas veces el 10 se multiplica por sí mismo.

Un número que se escribe con un exponente, como 10^3, está escrito en **notación exponencial.** El número 1,275 está escrito en **notación estándar.**

La tabla de abajo muestra las potencias de 10, desde diez hasta mil millones.

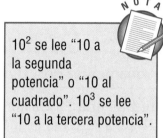

N O T A

10^2 se lee "10 a la segunda potencia" o "10 al cuadrado". 10^3 se lee "10 a la tercera potencia".

Potencias de 10

Notación estándar	Productos de 10	Notación exponencial
10	10	10^1
100	10*10	10^2
1,000 (1 millar)	10*10*10	10^3
10,000	10*10*10*10	10^4
100,000	10*10*10*10*10	10^5
1,000,000 (1 millón)	10*10*10*10*10*10	10^6
10,000,000	10*10*10*10*10*10*10	10^7
100,000,000	10*10*10*10*10*10*10*10	10^8
1,000,000,000 (mil mill.)	10*10*10*10*10*10*10*10*10	10^9

EJEMPLO $1,000 * 1,000 = ?$

Usa la tabla de arriba para escribir 1,000 como 10*10*10.
$$1,000 * 1,000 = (10 * 10 * 10) * (10 * 10 * 10)$$
$$= 10^6$$
$$= 1 \text{ millón}$$

O sea que, $1,000 * 1,000 = 1$ millón

EJEMPLO $1,000$ millones $= ?$

Escribe $1,000 * 1,000,000$ como $(10*10*10) * (10*10*10*10*10*10)$. Éste es el producto de nueve decenas, o sea, 10^9.

$1,000$ millones $=$ mil millones

Notación exponencial

Una **matriz cuadrada** tiene el mismo número de filas y columnas. Un número entero que puede representarse por una matriz cuadrada se llama **número cuadrado.** Cualquier número cuadrado puede escribirse como el producto de un número multiplicado por sí mismo.

> **EJEMPLO** 16 es un número cuadrado. Puede representarse por una matriz de 4 filas y 4 columnas. $16 = 4 * 4$.

Aquí hay una forma corta de escribir números cuadrados: $16 = 4 * 4 = 4^2$. 4^2 se lee "4 por 4", "4 al cuadrado" o "4 a la segunda potencia". El 2 elevado se llama **exponente.** Indica que el 4 se usa como factor dos veces. El 4 se llama **base.** Los números escritos con un exponente se dice que están en **notación o forma exponencial.** Los exponentes también se usan para mostrar que un factor se usa más de dos veces.

$$\overset{\text{exponente}}{4^{\overset{2}{\text{base}}}}$$

> **EJEMPLOS**
>
> $2^3 = 2 * 2 * 2$
>
> El número 2 se usa como factor 3 veces.
> 2^3 se lee "2 al cubo" o "2 a la tercera potencia".
>
> $9^5 = 9 * 9 * 9 * 9 * 9$
>
> El número 9 se usa como factor cinco veces.
> 9^5 se lee "9 a la quinta potencia".
>
> Cualquier número elevado a la primera potencia es igual a sí mismo.
> Por ejemplo, $5^1 = 5$.

Algunas calculadoras tienen teclas especiales para volver a dar nombre a números que están en forma exponencial, como números estándar.

> **EJEMPLOS** Usa una calculadora. Halla 15^2 y 2^4.
>
> Para darle otro nombre a 15^2, oprime 15 $\boxed{\wedge}$ 2 $\boxed{\text{Enter}}$. Respuesta: 225
>
> Para darle otro nombre a 2^4, oprime 2 $\boxed{\wedge}$ 4 $\boxed{\text{Enter}}$. Respuesta: 16
> $2^4 = 16$ Puedes verificar esto marcando 2 $\boxed{\times}$ 2 $\boxed{\times}$ 2 $\boxed{\times}$ 2 $\boxed{\text{Enter}}$.

COMPRUEBA SI COMPRENDISTE

Escribe cada número sin exponentes. No uses la calculadora para resolver los problemas del 1 al 4.

1. 6^2 **2.** 4^3 **3.** 10^6 **4.** 9^1 **5.** 456^2 **6.** 14^4

Comprueba tus respuestas en la página 385.

Exponentes positivos y negativos

Los exponentes positivos te dicen cuántas veces usar la base como factor.

2^6	64
2^5	32
2^4	16
2^3	8
2^2	4
2^1	2

EJEMPLOS $5^3 = 5 * 5 * 5$ $10^4 = 10 * 10 * 10 * 10$

$25^2 = 25 * 25$ $2^6 = 2 * 2 * 2 * 2 * 2 * 2$

Los exponentes son útiles para escribir números grandes. La gente los usa desde hace mucho tiempo. Sin embargo, a medida que se usaban exponentes positivos, se descubrieron patrones como los de la tabla de la derecha. Estos patrones sugieren lo que pueden significar expresiones como 2^0 o como 2^{-3}.

2^0	1
2^{-1}	$\frac{1}{2}$
2^{-2}	$\frac{1}{4}$
2^{-3}	$\frac{1}{8}$
2^{-4}	$\frac{1}{16}$
2^{-5}	$\frac{1}{32}$

Fíjate en que, a medida que los exponentes en la columna de la izquierda se hacen 1 menos, los números en la columna de la derecha se dividen por la mitad.

A muchas personas se les hace difícil entender que 2^0 es igual a 1. Después de todo, es difícil comprender cómo se multiplica 2 por sí mismo 0 veces. Pero a los matemáticos les gustan los patrones y por eso han decidido que 2^0 es igual a 1, porque va de acuerdo con el patrón de la tabla.

Las potencias de otros números siguen patrones similares. Es por eso que decimos que cualquier número (excepto 0) elevado a la 0 potencia, equivale a 1.

N O T A

Para todos los números *n* (excepto 0), $n^0 = 1$.

EJEMPLOS $4^0 = 1$ $8^0 = 1$ $12.893^0 = 1$ $1^0 = 1$

En general, cuesta menos entender los exponentes negativos. Un número elevado a una potencia negativa es igual a la fracción 1 sobre el número elevado a la potencia positiva.

EJEMPLOS

$2^{-3} = \frac{1}{2^3} = \frac{1}{2 * 2 * 2} = \frac{1}{8}$

$2^{-5} = \frac{1}{2^5} = \frac{1}{2 * 2 * 2 * 2 * 2} = \frac{1}{32}$

$10^{-2} = \frac{1}{10^2} = \frac{1}{10 * 10} = \frac{1}{100}$

$5^{-3} = \frac{1}{5^3} = \frac{1}{5 * 5 * 5} = \frac{1}{125}$

COMPRUEBA SI COMPRENDISTE

Resuelve.

1. 4^{-2} **2.** 10^{-3} **3.** 5^0 **4.** 3^{-1} **5.** 2^5 **6.** 10^0

Comprueba tus respuestas en la página 385.

Notación científica

La población mundial es alrededor de 6 mil millones de personas. El número 6 mil millones puede escribirse como 6,000,000,000 o como $6 * 10^9$.

El número 6,000,000,000 está escrito en **notación estándar.**
El número $6 * 10^9$ está escrito en **notación científica.**
$6 * 10^9$ se lee "seis multiplicado por diez a la novena potencia".

Observa 10^9. 10^9 es el producto de 10 usado como factor 9 veces:

$$10^9 = 10 * 10 * 10 * 10 * 10 * 10 * 10 * 10 * 10$$
$$= 1,000,000,000$$
$$= \text{mil millones}$$

Así que $6 * 10^9 = 6 * 1,000,000,000$
$$= 6,000,000,000$$
$$= 6 \text{ mil millones}$$

Los números en notación científica se escriben como el producto de un número que es por lo menos 1 y menor que 10, y una potencia de 10. A menudo cambiamos números de notación estándar a notación científica para poder escribirlos y trabajar con ellos más fácilmente.

EJEMPLOS   Escribe en notación científica.

$7,000,000 = ?$

$7,000,000 = 7 * 1,000,000$
$1,000,000 = 10*10*10*10*10*10 = 10^6$
Así que, $7,000,000 = 7 * 10^6$.

$240,000 = ?$

$240,000 = 2.4 * 100,000$
$100,000 = 10*10*10*10*10 = 10^5$
Así que, $240,000 = 2.4 * 10^5$.

EJEMPLOS   Escribe en notación estándar.

$4 * 10^3 = ?$

$10^3 = 10*10*10 = 1,000$
Así que, $4 * 10^3 = 4 * 1,000 = 4,000$.

$56 * 10^7 = ?$

$10^7 = 10*10*10*10*10*10*10 = 10,000,000$
Así que, $56 * 10^7 = 56 * 10,000,000 = 560,000,000$.

COMPRUEBA SI COMPRENDISTE

Escribe cada número en notación estándar.

1. 5^2 **2.** 3^3 **3.** 8^1 **4.** $5 * 10^6$ **5.** $84 * 10^4$

Escribe cada número en notación científica.

6. 600   **7.** 55,000   **8.** 800,000,000

Comprueba tus respuestas en la página 385.

Comparar números y cantidades

Cuando se comparan dos números o dos cantidades, hay dos resultados posibles: o son iguales o no son iguales porque uno es mayor que el otro.

Se usan diferentes símbolos para mostrar que los números y las cantidades son iguales o no lo son.

- Usa un **signo de igual** (=) para mostrar que los números o cantidades *son iguales*.
- Usa un **signo de no es igual** (≠) para mostrar que los números o cantidades *no son iguales*.
- Usa un **símbolo de mayor que** (>) o un **símbolo de menor que** (<) para mostrar que los números o cantidades *no son iguales* y para mostrar cuál es mayor.

EJEMPLOS

Símbolo	=	≠	>	<
Significado	"es igual a" o "es lo mismo que"	"no es igual a"	"es mayor que"	"es menor que"
	$\frac{1}{2} = 0.5$	$2 \neq 3$	$9 > 5$	$3 < 5$
	$40 = 8 * 5$	$3^2 \neq 6$	$1.42 > 1.4$	$989 < 1,001$
	$3^3 = 27$	$1\ m \neq 100\ mm$	16 pies 9 pulg > 15 pies 11 pulg	98 minutos < 3 horas
	$4\ cm = 40\ mm$		$9 + 8 > 10 + 6$	$3 * (3 + 4) < 5 * 6$
	$6 + 6 = 7 + 7 - 2$		$4 * 7 > \frac{26}{2}$	$100 - 2 < 99 + 2$
	$2 * 5 = 9 + 1$		$10^3 > 100$	$\frac{1}{10^3} < 1$

Cuando compares cantidades que incluyan unidades, usa la misma unidad para ambas cantidades.

EJEMPLO   Compara 30 yardas y 60 pies.

Las yardas y los pies son unidades diferentes.
Cambia las yardas a pies y luego, compara.
1 yd = 3 pies
Así que, 30 yd = 30 * 3 pies, o sea, 90 pies.
90 pies > 60 pies
Por lo tanto, 30 yd > 60 pies.

COMPRUEBA SI COMPRENDISTE

¿Verdadero o falso?

1. $6^2 < 13$ **2.** 37 pulg > 4 pies   **3.** $7 * 4 \neq 90 / 2$ **4.** $13 + 2 > 16 - 2$

Comprueba tus respuestas en la página 385.

Factores

Una **matriz rectangular** es un grupo de objetos colocados en filas y columnas. Cada fila tiene el mismo número de objetos y cada columna tiene el mismo número de objetos. Una matriz rectangular puede representarse por un **modelo numérico** de multiplicación.

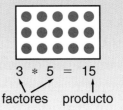

$3 * 5 = 15$
factores   producto

EJEMPLO	Esta matriz rectangular tiene 15 puntos rojos.

Tiene 3 filas con 5 puntos en cada fila.
$3 * 5 = 15$ es un modelo numérico para esta matriz.
Los números enteros 3 y 5 son **factores** de 15.
15 es el **producto** de 3 y 5.
3 y 5 son un **par de factores** de 15.

Los números pueden tener más de un par de factores. 1 y 15 son otro par de factores de 15 porque $1 * 15 = 15$.

Para probar si un número es un factor de otro número, divide el número mayor entre el número menor. Si el resultado es un número entero y el residuo es 0, entonces el número menor es un factor del número mayor.

EJEMPLOS   4 es un factor de 12 porque 12 / 4 da 3 con residuo de 0.
6 *no* es un factor de 14 porque 14 / 6 da 2 con residuo de 2.

Una manera de obtener todos los **factores de un número entero** es hallar todos los pares de factores de ese número.

EJEMPLO   Halla todos los factores del número 24.

Modelos numéricos	Pares de factores
$24 = 1 * 24$	1, 24
$24 = 2 * 12$	2, 12
$24 = 3 * 8$	3, 8
$24 = 4 * 6$	4, 6

Los factores de 24 son 1, 2, 3, 4, 6, 8, 12 y 24.

COMPRUEBA SI COMPRENDISTE

Haz una lista con todos los factores que sean números enteros, de cada número.

1. 8   **2.** 27   **3.** 49   **4.** 36   **5.** 13   **6.** 100

Comprueba tus respuestas en la página 385.

Divisibilidad

Cuando un número cardinal se divide entre un número cardinal, y el cociente es un número cardinal con residuo de 0, entonces, el primer número es **divisible entre** el segundo número.

> **EJEMPLO**   124 / 4 → 31 R0 El residuo es 0, así que, 124 es divisible entre 4.

Cuando un número cardinal se divide entre un número cardinal, y el cociente es un número entero con un residuo que no sea cero, entonces, el primer número *no es divisible entre* el segundo número.

> **EJEMPLO**   88 / 5 → 17 R3 El residuo no es 0, así que, 88 *no es divisible entre* 5.

Para algunos números cardinales, incluso los más grandes, es posible probar su divisibilidad sin dividir.

Con estas **pruebas de divisibilidad** no es necesario dividir.

- Todos los números son **divisibles entre 1.**
- Todos los números con 0, 2, 4, 6 u 8 en el lugar de las unidades, son **divisibles entre 2.** Son números pares.
- Cualquier número entero con 0 en el lugar de las unidades es **divisible entre 10.**
- Cualquier número entero con 0 ó 5 en el lugar de las unidades es **divisible entre 5.**
- Si la suma de los dígitos en un número entero es divisible entre 3, entonces, el número es **divisible entre 3.**
- Si la suma de los dígitos en un número entero es divisible entre 9, entonces, el número es **divisible entre 9.**
- Si un número entero es divisible entre 2 y 3, entonces es **divisible entre 6.**

> **EJEMPLOS**   Indica entre qué números es divisible 216.
>
> 216 es divisible entre:
>
>   2 porque el 6 en el lugar de las unidades es un número par.
>
>   3 porque la suma de sus dígitos es 9, el cual es divisible entre 3.
>
>   9 porque la suma de sus dígitos es divisible entre 9.
>
>   6 porque es divisible entre 2 y entre 3.
>
> 216 no es divisible entre 10 ni entre 5 porque no tiene ni 0 ni 5 en el lugar de las unidades.

COMPRUEBA SI COMPRENDISTE

¿Qué números son divisibles entre 2?, ¿entre 3?, ¿entre 5?, ¿entre 6?, ¿entre 9?, ¿entre 10?

1. 105   **2.** 6,270   **3.** 526   **4.** 711   **5.** 13,680

Comprueba tus respuestas en la página 385.

Números primos y compuestos

Un **número primo** es un número cardinal mayor que 1 que tiene sólo dos factores: 1 y el número mismo. Un número primo es divisible sólo entre 1 y entre sí mismo.

Un **número compuesto** es un número cardinal que tiene más de dos factores.

> **NOTA**
>
> El número 1 no es ni primo ni compuesto.

> **EJEMPLOS**   El 11 es un número primo porque sus únicos factores son 1 y 11.
>
> El 20 es un número compuesto porque tiene más de dos factores. Sus factores son 1, 2, 4, 5, 10 y 20.

A cada número compuesto se le puede dar otro nombre, como un producto de números primos. Esto se llama **descomposición factorial** de un número.

> **EJEMPLO**   Halla la descomposición factorial de 48.
>
> Al número 48 se le puede dar otro nombre como el producto de $2 * 2 * 2 * 2 * 3$.
>
> La descomposición factorial de 48 se puede escribir como $2^4 * 3$.

Una manera de hallar la descomposición factorial de un número es hacer un **árbol de factores.** Primero, escribe el número. Luego, debajo, escribe dos factores cuyo producto sea ese número. Repite el proceso para estos dos factores. Continúa así hasta que todos los factores sean números primos.

> **EJEMPLO**   Halla la descomposición factorial de 24.
>
> No importa cuáles sean los dos factores usados para empezar el árbol, el árbol siempre terminará con los mismos factores primos.
>
> $24 = 2 * 2 * 2 * 3$
>
> La descomposición factorial de 24 es $2 * 2 * 2 * 3$.

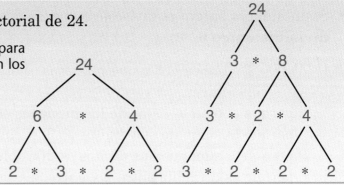

COMPRUEBA SI COMPRENDISTE

Haz un árbol de factores para hallar la descomposición factorial de cada número.

1. 12   **2.** 28   **3.** 50   **4.** 36   **5.** 32   **6.** 60

Comprueba tus respuestas en la página 385.

Algoritmos de suma

Método con sumas parciales

El **método de suma con sumas parciales** se usa para sumar mentalmente o con papel y lápiz.

Para usar el método de suma con sumas parciales, suma de izquierda a derecha, columna por columna. Luego, suma las sumas parciales.

EJEMPLO 348 + 177 = ?

		100	10	1
		3	4	8
	+	1	7	7
Suma las centenas.	300 + 100 →	4	0	0
Suma las decenas.	40 + 70 →	1	1	0
Suma las unidades.	8 + 7 →		1	5
Suma las sumas parciales.	400 + 110 + 15 →	5	2	5

348 + 177 = 525

Método de suma en columnas

El **método de suma en columnas** puede usarse para sumar con papel y lápiz, pero no es un buen método para sumar mentalmente.

Para sumar números usando el método de suma en columnas:

- Traza líneas para separar las unidades, decenas, centenas o cualquier otro lugar.
- Suma los números en cada columna. Escribe cada suma en su columna.
- Si la suma de cualquier columna es un número de 2 dígitos, ajusta la suma de esa columna. Mueve parte de la suma a la columna de la izquierda.

EJEMPLO 359 + 298 = ?

		100	10	1
		3	5	9
	+	2	9	8
Suma los números en cada columna.		5	14	17
Ajusta las unidades y las decenas:		5	15	7
17 unidades = 1 decena y 7 unidades				
Mueve la decena a la columna de las decenas.				
Ajusta las decenas y las centenas:		6	5	7
15 decenas = 1 centena y 5 decenas				
Mueve la centena a la columna de las centenas.				

359 + 298 = 657

Un método corto

Éste es el método para sumar que aprendieron la mayoría de los adultos en EE.UU.

Suma columna por columna de derecha a izquierda, sin mostrar las sumas parciales.

| EJEMPLO | 248 + 187 = ? |

Paso 1:

Suma las unidades.

```
   1
  2 4 8
+ 1 8 7
  ------
      5
```

8 unidades + 7 unidades =
15 unidades = 1 decena
+ 5 unidades

Paso 2:

Suma las decenas.

```
  1 1
  2 4 8
+ 1 8 7
  ------
    3 5
```

1 decena + 4 decenas
+ 8 decena = 13 decenas =
1 centena + 3 decenas

Paso 3:

Suma las centenas.

```
  1 1
  2 4 8
+ 1 8 7
  ------
  4 3 5
```

1 centena + 2 centenas
+ 1 centena = 4 centenas

La regla del cambio opuesto

Los **sumandos** son números que se suman. En 8 + 4 = 12, los números 8 y 4 son sumandos.

Aquí está la **regla del cambio opuesto:** Si restas un número de un sumando y sumas ese mismo número al otro sumando, la suma es la misma.

Usa esta regla para hacer un problema más fácil, cambiando cualquiera de los sumandos por un número que tenga cero en el lugar de las unidades.

| EJEMPLO | 59 + 26 = ? |

Una manera: Suma y resta 1.

```
   59          (suma 1)      60
+  26          (resta 1)   + 25
                           ----
                             85
```

Otra manera: Suma y resta 4.

```
   59          (resta 4)      55
+  26          (suma 4)     + 30
                            ----
                              85
```

COMPRUEBA SI COMPRENDISTE

Suma.

1.   263
       + 425

2.   75
        + 38

3.   188
       + 33

4.   769
       + 348

5. 538 + 427

6. 941 + 89

Comprueba tus respuestas en la página 385.

Algoritmos de resta
Método de restar cambiando primero

El **método de restar cambiando primero** es similar al método de restar que aprendieron la mayoría de los adultos en EE.UU.

- Si cada dígito del número de arriba es mayor o igual al dígito de abajo, resta por separado en cada columna.

- Si algún dígito del número de arriba es menor que el dígito de abajo, ajusta el número de arriba antes de restar. Ajusta el número de arriba "cambiando".

EJEMPLO Resta 275 de 463, usando el método de cambiar primero.

100	10	1
4	6	3
− 2	7	5

Observa el lugar de las unidades.
No puedes quitarle 5 unidades a 3 unidades.

100	10	1
	5	13
4	6̸	3̸
− 2	7	5

Así que cambia 1 decena por 10 unidades.
Observa el lugar de las decenas.
No puedes quitarle 7 decenas a 5 decenas.

100	10	1
	15	
3	5̸	13
4̸	6̸	3̸
− 2	7	5
1	8	8

Así que cambia 1 centena por 10 decenas.
Ahora, resta en cada columna.

$463 - 275 = 188$

Números mayores, con 4 o más dígitos, se restan de la misma manera.

COMPRUEBA SI COMPRENDISTE

Resta.

1. $84 - 48$　　　**2.** $762 - 281$　　　**3.** $543 - 194$

4. $809 - 537$　　　**5.** $5,423 - 2,077$

Comprueba tus respuestas en la página 385.

Método de contar hacia adelante

Puedes restar dos números contando hacia adelante desde el número menor hasta el mayor. El primer paso es contar hacia adelante hasta el múltiplo de 10 más cercano. Después, cuenta hacia adelante de diez en diez y de cien en cien.

EJEMPLO $425 - 48 = ?$

Escribe el número menor, 48.

$$
\begin{array}{r}
4\ 8 \\
+\ \ ②\ \\
\hline
5\ 0
\end{array}
$$
Cuenta hacia adelante hasta la decena más cercana.

Al contar del 48 al 425, encierra en un círculo cada número que cuentes hacia adelante.

$$
\begin{array}{r}
+\ ⑤\ ⓪ \\
\hline
1\ 0\ 0
\end{array}
$$
Cuenta hacia adelante hasta la centena más cercana.

Suma los números que encerraste en un círculo: $2 + 50 + 300 + 25 = 377$

$$
\begin{array}{r}
+\ ③⓪⓪ \\
\hline
4\ 0\ 0
\end{array}
$$
Cuenta hacia adelante hasta la centena mayor posible.

Contaste hacia adelante 377.

$$
\begin{array}{r}
+\ \ ②⑤ \\
\hline
4\ 2\ 5
\end{array}
$$
Cuenta hacia adelante hasta el número mayor.

$425 - 48 = 377$

Método de resta de izquierda a derecha

Empezando por la izquierda, resta columna por columna.

EJEMPLOS $932 - 356 = ?$ $782 - 294 = ?$

Resta las centenas.

$$
\begin{array}{r}
9\ 3\ 2 \\
-\ 3\ 0\ 0 \\
\hline
6\ 3\ 2
\end{array}
\qquad
\begin{array}{r}
7\ 8\ 2 \\
-\ 2\ 0\ 0 \\
\hline
5\ 8\ 2
\end{array}
$$

Resta las decenas.

$$
\begin{array}{r}
-\ \ \ 5\ 0 \\
\hline
5\ 8\ 2
\end{array}
\qquad
\begin{array}{r}
-\ \ \ 9\ 0 \\
\hline
4\ 9\ 2
\end{array}
$$

Resta las unidades.

$$
\begin{array}{r}
-\ \ \ \ \ \ 6 \\
\hline
5\ 7\ 6
\end{array}
\qquad
\begin{array}{r}
-\ \ \ \ \ \ 4 \\
\hline
4\ 8\ 8
\end{array}
$$

$932 - 356 = 576$ $782 - 294 = 488$

COMPRUEBA SI COMPRENDISTE

Resta.

1. $315 - 72$ **2.** $824 - 578$ **3.** $375 - 249$ **4.** $604 - 381$

Comprueba tus respuestas en la página 385.

Método de diferencias parciales

1. Resta de izquierda a derecha, de columna en columna.

2. Siempre resta el número menor del número mayor.

- Si el número menor está abajo, la diferencia se **suma** a la respuesta.
- Si el número menor está arriba, la diferencia se **resta** de la respuesta.

	EJEMPLO	846 − 363 = ?		8 4 6

		− 3 6 3
Resta las centenas.	800 − 300 →	+ 5 0 0
Resta las decenas.	60 − 40 →	− 2 0
Resta las unidades.	6 − 3 →	+ 3
Halla el total.	500 − 20 + 3 →	4 8 3

(El número menor está arriba, así que incluye un signo de menos.)

846 − 363 = 483

Regla del mismo cambio

Aquí está la **regla del mismo cambio** para problemas de resta:

- Si sumas el mismo número a ambos números del problema, la respuesta es la misma.
- Si restas el mismo número de ambos números del problema, la respuesta es la misma.

Usa esta regla para cambiar el segundo número del problema por un número que tenga cero en el lugar de las unidades.

	EJEMPLO	92 − 36 = ?

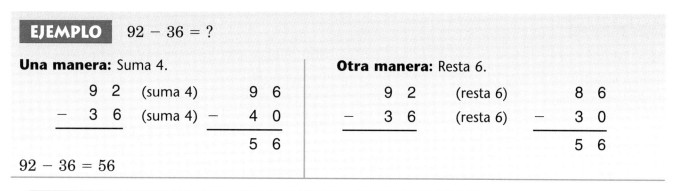

Una manera: Suma 4.

```
    9  2   (suma 4)        9  6
 −  3  6   (suma 4)     −  4  0
 _____              _____
                          5  6
```

92 − 36 = 56

Otra manera: Resta 6.

```
    9  2   (resta 6)        8  6
 −  3  6   (resta 6)     −  3  0
 _____              _____
                          5  6
```

COMPRUEBA SI COMPRENDISTE

Resta.

1. 429 − 53   **2.** 683 − 219   **3.** 524 − 362   **4.** 4,226 − 2,419

Comprueba tus respuestas en la página 385.

Operaciones básicas de multiplicación extendidas

Los números como 10, 100 y 1,000 se llaman **potencias de 10.**

Es fácil multiplicar un número entero, *n,* por una potencia de 10. A la derecha del número *n,* escribe tantos ceros como ceros haya en la potencia de 10.

EJEMPLOS		
$10 * 74 = 740$	$10 * 40 = 400$	$100 * 380 = 38,000$
$100 * 74 = 7,400$	$100 * 40 = 4,000$	$10,000 * 71 = 710,000$
$1,000 * 74 = 74,000$	$1,000 * 40 = 40,000$	$1,000,000 * 9 = 9,000,000$

Si has memorizado las operaciones básicas de multiplicación, puedes resolver mentalmente problemas como $8 * 70$ y $5,000 * 3$.

EJEMPLOS	
$8 * 70 = ?$	$5,000 * 3 = ?$
Piensa: 8 [7] = 56	*Piensa:* 5 [3] = 15
8 [70] es 10 veces más.	5,000 [3] es 1,000 veces más.
$8 * 70 = 10 * 56 = 560$	$5,000 * 3 = 1,000 * 15 = 15,000$

Puedes usar un método similar para resolver mentalmente problemas como $40 * 50$ y $300 * 90$.

EJEMPLOS	
$40 * 50 = ?$	$300 * 90 = ?$
Piensa: 4 [50] = 200	*Piensa:* 3 [90] = 270
40 [50] es 10 veces más.	300 [90] es 100 veces más.
$40 * 50 = 10 * 200 = 2,000$	$300 * 90 = 100 * 270 = 27,000$

COMPRUEBA SI COMPRENDISTE

Resuelve mentalmente estos problemas.

1. $8 * 100$ **2.** $1,000 * 49$ **3.** $7 * 700$ **4.** $5,000 * 9$ **5.** $90 * 40$ **6.** $800 * 60$

Comprueba tus respuestas en la página 385.

Algoritmos de multiplicación

Los símbolos ✕ y ∗ se usan para indicar multiplicación.
En este libro, el símbolo ∗ se usa más a menudo.

Método de productos parciales

En el **método de productos parciales**, debes anotar el valor
posicional de cada dígito. Escribir las unidades, las decenas y
las centenas sobre las columnas puede ayudarte. Cada producto
parcial es o una operación básica de multiplicación o una
operación de multiplicación extendida.

EJEMPLO $4 * 236 = ?$	100	10	1
	2	**3**	**6**
Piensa en 236 como $200 + 30 + 6$. $*$			**4**
Multiplica cada parte de 236 por 4. $4 * 200 \rightarrow$	8	0	0
$4 * 30 \rightarrow$	1	2	0
$4 * 6 \rightarrow$		2	4
Suma estos tres productos parciales.	**9**	**4**	**4**

$4 * 236 = 944$

EJEMPLO $43 * 26 = ?$	100	10	1
Piensa en el 26 como $20 + 6$.		**2**	**6**
Piensa en el 43 como $40 + 3$. $*$		**4**	**3**
Multiplica cada parte de 26 por 43. $40 * 20 \rightarrow$	8	0	0
$40 * 6 \rightarrow$	2	4	0
$3 * 20 \rightarrow$		6	0
$3 * 6 \rightarrow$		1	8
Suma estos cuatro productos parciales.	**1,**	**1** **1**	**8**

$43 * 26 = 1,118$

COMPRUEBA SI COMPRENDISTE

Multiplica. Escribe cada producto parcial. Luego, suma los productos parciales.

1. $284 * 3$ **2.** $37 * 75$ **3.** $60 * 67$ **4.** $78 * 43$ **5.** $237 * 50$

Comprueba tus respuestas en la página 385.

Método reticulado

El **método reticulado** para multiplicar se ha usado durante cientos de años. Es muy fácil de usar si conoces las operaciones básicas de multiplicación.

EJEMPLO   6 * 815 = ?

La caja con casillas y diagonales se llama **retícula.**
Escribe 815 encima de la retícula.
Escribe 6 en el lado derecho de la retícula.

Multiplica 6 * 5. Luego, multiplica 6 * 1.
Luego, multiplica 6 * 8.
Escribe las respuestas como se muestra.

Suma los números a lo largo de cada diagonal.

Lee la respuesta. 6 * 815 = 4,890

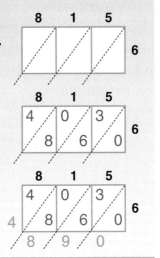

EJEMPLO   42 * 37 = ?

Escribe 37 encima de la retícula.
Escribe 42 en el lado derecho.

Multiplica 4 * 7. Luego, multiplica 4 * 3.
Multiplica 2 * 7. Luego, multiplica 2 * 3.
Escribe las respuestas como se muestra.

Suma los números a lo largo de cada diagonal.

Cuando los números a lo largo de una diagonal sumen 10 o más:
- anota el dígito de las unidades en la suma.
- suma el dígito de las decenas a la suma de la siguiente diagonal de arriba.

Lee la respuesta. 42 * 37 = 1,554

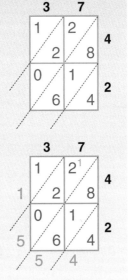

COMPRUEBA SI COMPRENDISTE

Dibuja una retícula para cada problema. Después, multiplica.

1. 7 * 89   **2.** 44 * 25   **3.** 88 * 97   **4.** 7 * 335   **5.** 487 * 8

Comprueba tus respuestas en las páginas 385 y 386.

Operaciones básicas de división extendidas

Los números como 10, 100 y 1,000 se llaman **potencias de 10.**

En los ejemplos de abajo, usa el siguiente método para dividir un número entero, *n*, entre una potencia de 10:

- Tacha los ceros del número *n*, empezando por el lugar de las unidades.
- Tacha tantos ceros como ceros haya en la potencia de 10.

EJEMPLOS

70,000 / **10** = 70000	46,000 / **10** = 46000	830,000 / **10,000** = 830000
70,000 / **100** = 70000	46,000 / **100** = 46000	3,000,000 / **100,000** = 3000000
70,000 / **1,000** = 70000	46,000 / **1,000** = 46000	

Si conoces las operaciones básicas de división, puedes resolver mentalmente problemas como 240 / 4 y 15,000 / 3.

EJEMPLOS

240 / 4 = ?
Piensa: 24 / 4 = 6
240 / 4 es 10 veces más.

240 / 4 = 10 * 6 = 60

15,000 / 3 = ?
Piensa: 15 / 3 = 5
15,000 / 3 es 1,000 veces más.

15,000 / 3 = 1,000 * 5 = 5,000

Puedes usar un método similar para resolver mentalmente problemas como 18,000 / 30.

EJEMPLO   18,000 / 30 = ?

Piensa: 18 / 3 = 6
Prueba 6 como la respuesta: 6 * 30 = 180
Quieres 18,000, o sea, 100 veces 180.
Prueba 100 * 6 = 600 como la respuesta: 600 * 30 = 18,000

Así que, 18,000 / 30 = 600.

COMPRUEBA SI COMPRENDISTE

Resuelve estos problemas mentalmente.

1. 53,000 / 1,000   **2.** 36,000 / 4   **3.** 24,000 / 8

4. 4,200 / 10   **5.** 4,200 / 70   **6.** 42,000 / 70

Comprueba tus respuestas en la página 385.

Algoritmos de división

Se pueden usar diferentes símbolos para indicar división. Por ejemplo, "94 dividido entre 6" se puede escribir como $94 \div 6$, como $6\overline{)94}$, como $94 / 6$ o como $\frac{94}{6}$.

- El número que se va a dividir se llama **dividendo.**

- El número entre el cual se divide el dividendo se llama **divisor.**

- La respuesta al problema de división se llama **cociente.**

- Algunos números no pueden dividirse exactamente. Cuando esto sucede, la respuesta incluye un cociente y un **residuo.**

Método de cocientes parciales

En el método de cocientes parciales hay que seguir varios pasos para hallar el cociente. A cada paso, hallas una respuesta parcial (llamada **cociente parcial**). Estas respuestas parciales se suman después para hallar el cociente.

Estudia el ejemplo de abajo. Para hallar el número de veces que cabe 6 en 1,010, primero, halla los cocientes parciales y después, súmalos. Anota los cocientes parciales en una columna a la derecha del problema original.

EJEMPLO 1,010 / 6 = ?

Escribe los cocientes parciales en esta columna.

$6\overline{)1,010}$ ↓   *Piensa:* ¿Cuántos [6] hay en 1,010? Por lo menos 100.

$- 600$ | 100 | El primer cociente parcial es 100. 100 * 6 = 600

410 | | Resta 600 de 1,010.
Quedan por lo menos 50 [6].

$- 300$ | 50 | El segundo cociente parcial es 50. 50 * 6 = 300

110 | | Resta.
Quedan por lo menos 10 [6].

$- 60$ | 10 | El tercer cociente parcial es 10. 10 * 6 = 60

50 | | Resta.
Quedan por lo menos 8 [6].

$- 48$ | 8 | El cuarto cociente parcial es 8. 8 * 6 = 48

2 | 168 | Resta. Suma los cocientes parciales.

↑   ↑

Residuo   Cociente

La respuesta es 168 R2. Anota la respuesta como $6\overline{)1,010}^{\,168\ R2}$ o escribe 1,010 / 6 → 168 R2.

El método de cocientes parciales funciona igual, ya sea que dividas entre un divisor de 2 dígitos o de 1. A menudo, escribir algunas operaciones fáciles para el divisor es de mucha ayuda.

EJEMPLO   Divide 600 entre 22.

Algunas operaciones básicas para 22
(para hallar cocientes parciales)

$1 * 22 = 22$

$2 * 22 = 44$

$5 * 22 = 110$

$10 * 22 = 220$

$$
\begin{array}{r}
22\overline{)600} \\
-440 \quad | \quad 20 \qquad (20\ [22]\ \text{en } 600)\\
160 \\
-110 \quad | \quad 5 \qquad (5\ [22]\ \text{en } 160)\\
50 \\
-44 \quad | \quad 2 \qquad (2\ [22]\ \text{en } 50)\\
6 \quad 27
\end{array}
$$

27 R6

Anota la respuesta como $22\overline{)600}$ o escribe $600 / 22 \rightarrow 27\ R6$.

Hay diferentes maneras de hallar cocientes parciales cuando usas el método de cocientes parciales. Estudia el ejemplo de abajo. La respuesta es la misma para cada manera.

EJEMPLO $381 / 4 = ?$

Una manera:

$$
\begin{array}{r}
4\overline{)381} \\
-200 \quad | \quad 50\\
181 \\
-120 \quad | \quad 30\\
61 \\
-40 \quad | \quad 10\\
21 \\
-20 \quad | \quad 5\\
1 \quad 95
\end{array}
$$

Otra manera:

$$
\begin{array}{r}
4\overline{)381} \\
-200 \quad | \quad 50\\
181 \\
-160 \quad | \quad 40\\
21 \\
-20 \quad | \quad 5\\
1 \quad 95
\end{array}
$$

Otra manera:

$$
\begin{array}{r}
4\overline{)381} \\
-360 \quad | \quad 90\\
21 \\
-20 \quad | \quad 5\\
1 \quad 95
\end{array}
$$

La respuesta, 95 R1, es la misma para cada manera.

COMPRUEBA SI COMPRENDISTE

Divide.

1. $4\overline{)63}$

2. $655 / 5$

3. $386 \div 4$

4. $3\overline{)704}$

Comprueba tus respuestas en la página 386.

Método de división en columnas

En el ejemplo de abajo, piensa en repartir $763 entre 5 personas.

EJEMPLO $5\overline{)763}$ = ?

1. Traza líneas para separar los dígitos en el dividendo (el número que está siendo dividido).Trabaja de izquierda a derecha. Empieza por la columna de la izquierda.

$$
\begin{array}{c|c|c|c}
5) & 7 & 6 & 3 \\
\end{array}
$$

2. Piensa en el 7, en la columna de las centenas, como en 7 billetes de $100 que se van a repartir entre 5 personas. A cada persona le toca 1 billete de $100. Sobran 2 billetes de $100.

$$
\begin{array}{c|c|c|c}
 & 1 & & \\
5) & 7 & 6 & 3 \\
 & -5 & & \\
 & 2 & & \\
\end{array}
$$

3. Cambia los 2 billetes de $100 por 20 billetes de $10. Piensa en el 6, en la columna de las decenas, como 6 billetes de $10. Esto hace 20 + 6 billetes de $10 en total.

$$
\begin{array}{c|c|c|c}
 & 1 & & \\
5) & 7 & 6 & 3 \\
 & -5 & 26 & \\
 & 2 & & \\
\end{array}
$$

4. Si 5 personas comparten 26 billetes de $10, a cada persona le tocan 5 billetes de $10. Sobra 1 billete de $10.

$$
\begin{array}{c|c|c|c}
 & 1 & 5 & \\
5) & 7 & 6 & 3 \\
 & -5 & 26 & \\
 & 2 & -25 & \\
 & & 1 & \\
\end{array}
$$

5. Cambia 1 billete de $10 por 10 billetes de $1. Piensa en el 3, en la columna de las unidades, como 3 billetes de $1. Esto hace 10 + 3 = 13 billetes de $1.

$$
\begin{array}{c|c|c|c}
 & 1 & 5 & \\
5) & 7 & 6 & 3 \\
 & -5 & 26 & 13 \\
 & 2 & -25 & \\
 & & 1 & \\
\end{array}
$$

6. Si 5 personas comparten 13 billetes de $1, a cada persona le tocan 2 billetes de $1. Sobran 3 billetes de $1.

$$
\begin{array}{c|c|c|c}
 & 1 & 5 & 2 \\
5) & 7 & 6 & 3 \\
 & -5 & 26 & 13 \\
 & 2 & -25 & -10 \\
 & & 1 & 3 \\
\end{array}
$$

Anota la respuesta como 152 R3.

Cada persona recibe $152 y sobran $3.

Decimales y porcentajes

Decimales

Los decimales y las fracciones se usan para escribir números que están entre números enteros consecutivos. Los decimales usan el mismo sistema de valor posicional decimal que los números enteros. Puedes calcular con decimales de la misma manera que calculas con números enteros.

Los decimales son otra manera de escribir fracciones que tienen denominadores de 10, 100, 1,000, etc.

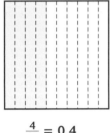

$$\frac{4}{10} = 0.4 \qquad\qquad \frac{42}{100} = 0.42$$

Este cuadrado está dividido en 10 partes iguales. Cada parte es $\frac{1}{10}$ del cuadrado. El nombre decimal para $\frac{1}{10}$ es 0.1.

$\frac{4}{10}$ del cuadrado están sombreados. El nombre decimal para $\frac{4}{10}$ es 0.4.

Este cuadrado está dividido en 100 partes iguales. Cada parte es $\frac{1}{100}$ del cuadrado. El nombre decimal para $\frac{1}{100}$ es 0.01.

$\frac{42}{100}$ del cuadrado están sombreados. El nombre decimal para $\frac{42}{100}$ es 0.42.

Como los números mixtos, los decimales se usan para dar nombre a números mayores que uno.

EJEMPLO

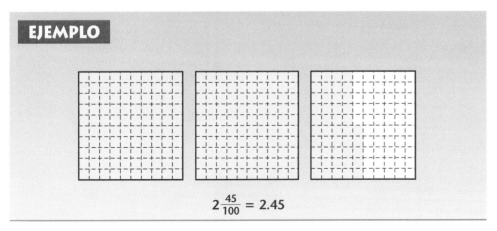

$$2\frac{45}{100} = 2.45$$

En un decimal, el punto se llama **punto decimal.** Éste separa la parte entera de la parte decimal del número. Un decimal con un lugar después del punto decimal se refiere a las *décimas*; un decimal con dos lugares después del punto decimal se refiere a las *centésimas*; un decimal con tres lugares después del punto decimal se refiere a las *milésimas*.

N O T A

Los decimales fueron inventados por el científico holandés Simon Stevin en 1585. Hoy día, a pesar de haberse usado por cientos de años, sigue sin haber una forma universal de cómo escribirlos. En EE.UU. y en muchos países latinoamericanos se escribe 3.25. En España y en la mayoría de los países europeos se escribe 3,25. Los británicos lo escriben de esta forma: 3·25.

EJEMPLOS

décimas	centésimas	milésimas
$0.4 = \frac{4}{10}$	$0.34 = \frac{34}{100}$	$0.162 = \frac{162}{1,000}$
$0.8 = \frac{8}{10}$	$0.75 = \frac{75}{100}$	$0.003 = \frac{3}{1,000}$
$0.9 = \frac{9}{10}$	$0.03 = \frac{3}{100}$	$0.098 = \frac{98}{1,000}$

Leer decimales

Una manera de leer decimales es decirlo como lo dirías con una fracción. Por ejemplo, $7.9 = 7\frac{9}{10}$, así que 7.9 se puede leer *siete con nueve décimas*. $0.001 = \frac{1}{1,000}$ y se lee *una milésima*.

Los decimales se pueden leer diciendo primero la parte del número entero, luego se dice "punto", y finalmente se dicen los dígitos en la parte decimal. Por ejemplo, 6.8 se puede leer *seis punto ocho;* 0.15 se puede leer *cero punto quince.* Esta manera de leer decimales es a menudo útil cuando hay muchos dígitos en los decimales.

EJEMPLOS

0.18 se lee *18 centésimas* o *0 punto 18.*
24.5 se lee *24 con 5 décimas* o *24 punto 5.*
0.008 se lee *8 milésima*s o *0 punto 008.*

COMPRUEBA SI COMPRENDISTE

Escribe un decimal para cada dibujo.

1. 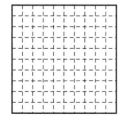   **2.**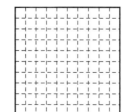

Lee cada decimal. Escribe cada decimal como fracción o como número mixto.

3. 3.207

4. 34.35

5. 0.003

Comprueba tus respuestas en la página 386.

Extender el valor posicional a los decimales

Los primeros sistemas para escribir números eran primitivos. Los antiguos egipcios usaban una rayita para anotar el número 1, el dibujo de un arco para el 10, una cuerda enrollada para el 100, una planta de loto para el 1,000 y un dibujo de un dios sosteniendo el cielo para 1,000,000.

| uno | diez | cien | mil | diez mil | cien mil | un millón | diez millones |

Así es como los antiguos egipcios escribirían el número 54:

10 + 10 + 10 + 10 + 10 + 1 + 1 + 1 + 1

Nuestro sistema para escribir números es un sistema **decimal.** Esto no nos sorprende. La gente probablemente contaba con los dedos cuando se empezaron a usar los números.

Nuestro sistema decimal fue inventado en la India, luego se mejoró en Arabia. Se usan sólo 10 símbolos, que se llaman **dígitos:** 0, 1, 2, 3, 4, 5, 6, 7, 8 y 9. En este sistema, puedes escribir cualquier número usando sólo estos 10 dígitos.

En un número escrito en el sistema decimal, cada dígito tiene un valor que depende de su **lugar** en el número. De ahí que se llame sistema de **valor posicional.**

1,000 millares	100 centenas	10 decenas	1 unidades
7	0	8	6

En el número 7,086,

el 7 está en el lugar de los **millares;** su valor es 7 millares, o sea, 7,000.

el 0 está en el lugar de las **centenas;** su valor es 0.

el 8 está en el lugar de las **decenas;** su valor es 8 decenas, o sea, 80.

el 6 está en el lugar de las **unidades;** su valor es 6.

El 0 en 7,086 tiene una función muy importante: "guardar" el lugar de las centenas para que el 7 pueda estar en el lugar de los millares. Cuando se usa de esta forma, el 0 funciona como **marcador de lugar.**

Al ir de derecha a izquierda en la tabla de valor posicional, el valor de cada lugar es **diez veces** el valor del lugar a su derecha.

EJEMPLO

$* 10$ $* 10$ $* 10$

1,000	100	10	1	.	0.1	0.01	0.001
millares	centenas	decenas	unidades		décimas	centésimas	milésimas

- El valor del lugar de las decenas es $10 * 1 = 10$.

- El valor del lugar de las centenas es $10 * 10 = 100$.

- El valor del lugar de los millares es $10 * 100 = 1,000$.

Cuando vas de izquierda a derecha en la tabla de valor posicional, el valor de cada lugar es **una décima** del valor del lugar a su izquierda.

EJEMPLO

$* \frac{1}{10}$ $* \frac{1}{10}$ $* \frac{1}{10}$

1,000	100	10	1	.	0.1	0.01	0.001
millares	centenas	decenas	unidades		décimas	centésimas	milésimas

- El valor del lugar de las centenas es $\frac{1}{10}$ de $1,000 = 100$.

- El valor del lugar de las decenas es $\frac{1}{10}$ de $100 = 10$.

- El valor del lugar de las unidades es $\frac{1}{10}$ de $10 = 1$.

- El valor del lugar a la derecha de las unidades es una décima del valor del lugar de las unidades: $\frac{1}{10}$ de $1 = \frac{1}{10}$. Este lugar se llama lugar de las **décimas** y se escribe 0.1.

- El valor del lugar a la derecha de las décimas es $\frac{1}{10}$ de $\frac{1}{10} = \frac{1}{100}$. Este lugar se llama lugar de las **centésimas** y se escribe 0.01.

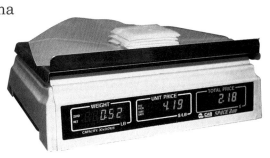

- El valor del lugar a la derecha de las centésimas es $\frac{1}{10}$ de $\frac{1}{100} = \frac{1}{1,000}$. Este lugar se llama lugar de las **milésimas** y se escribe 0.001.

El sistema decimal funciona con los decimales de la misma manera que con los números enteros.

EJEMPLOS

1,000 millares	**100** centenas	**10** decenas	**1** unidades	.	**0.1** décimas	**0.01** centésimas	**0.001** milésimas
		4	7	.	8	0	5
			4	.	3	6	7

En el número 47.805,

> el 8 está en el lugar de las **décimas;** su valor es
> 8 décimas, o sea, $\frac{8}{10}$, o sea, 0.8.
> el 0 está en el lugar de las **centésimas;** su valor es 0.

> el 5 está en el lugar de las **milésimas;** su valor es
> 5 milésimas, o sea, $\frac{5}{1,000}$, o sea, 0.005.

En el número 4.367,

> el 3 está en el lugar de las **décimas;** su valor es
> 3 décimas, o sea, $\frac{3}{10}$, o sea, 0.3.

> el 6 está en el lugar de las **centésimas;** su valor es
> 6 centésimas, o sea, $\frac{6}{100}$, o sea, 0.06.

> el 7 está en el lugar de las **milésimas;** su valor es
> 7 milésimas, o sea, $\frac{7}{1,000}$, o sea, 0.007.

COMPRUEBA SI COMPRENDISTE

1. ¿Cuál es el valor del dígito 2 en cada uno de estos números?
   a. 20,005.3   **b.** 0.02   **c.** 15.702
2. Usando los dígitos 9, 3 y 5, ¿cuál es...
   a. el decimal más pequeño que puedes escribir?
   b. el decimal más grande menor que 1 que puedes escribir?
   c. el decimal más cercano a 0.5 que puedes escribir?

Comprueba tus respuestas en la página 386.

Potencias de 10 para los decimales

Estudia la tabla de valor posicional de los decimales

1,000 millares	**100** centenas	**10** decenas	**1** unidades	.	**0.1** décimas	**0.01** centésimas	**0.001** milésimas
5	2	4	6	.	0	8	1
cinco mil doscientos cuarenta y seis				con	ochenta y una milésimas		

Fíjate en que el valor para cada lugar es $\frac{1}{10}$ del valor del lugar a su izquierda. Esto es así para los lugares de los números enteros y para los lugares de los decimales.

Números enteros	**Decimales**
$100 = \frac{1}{10}$ de 1,000	$0.1 = \frac{1}{10}$ de 1
$10 = \frac{1}{10}$ de 100	$0.01 = \frac{1}{10}$ de 0.1
$1 = \frac{1}{10}$ de 10	$0.001 = \frac{1}{10}$ de 0.01

Un número entero que se puede escribir usando sólo números 10 como factores se llama **potencia de 10.** Una potencia de 10 puede escribirse en forma exponencial.

Potencias de 10

100	$10 * 10$	10^2
1,000	$10 * 10 * 10$	10^3
10,000	$10 * 10 * 10 * 10$	10^4
100,000	$10 * 10 * 10 * 10 * 10$	10^5

Los decimales que se pueden escribir usando sólo décimas como factores también son potencias de 10. Éstos se pueden escribir en forma exponencial con exponentes negativos.

Potencias de 10 (menores que 1)

0.01	$0.1 * 0.1$	10^{-2}
0.001	$0.1 * 0.1 * 0.1$	10^{-3}
0.0001	$0.1 * 0.1 * 0.1 * 0.1$	10^{-4}
0.00001	$0.1 * 0.1 * 0.1 * 0.1 * 0.1$	10^{-5}

El valor de cada lugar en una tabla de valor posicional de decimales es una potencia de 10.

100,000 10^5	**10,000** 10^4	**1,000** 10^3	**100** 10^2	**10** 10^1	**1** 10^0	.	**0.1** 10^{-1}	**0.01** 10^{-2}	**0.001** 10^{-3}	**0.0001** 10^{-4}	**0.00001** 10^{-5}

Fíjate en el patrón de los exponentes: cada exponente es 1 menos que el exponente que está a su izquierda. De acuerdo con este patrón:

$$10^1 = 10 \qquad 10^0 = 1 \qquad 10^{-1} = 0.1$$

Comparar decimales

Una manera de comparar decimales es hacer un modelo con
bloques de base 10. Si no tienes los bloques, puedes dibujarlos.

Bloques de base 10	Nombre	Dibujo abreviado
	cubo	
	largo	
	plano	
	cubo grande	

EJEMPLO Compara 2.3 y 2.16.

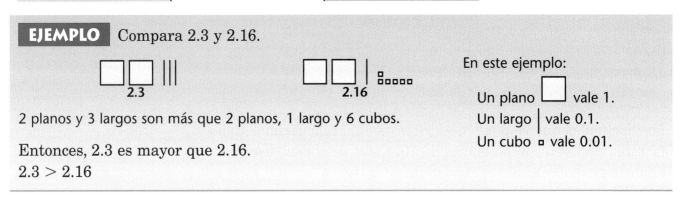

2 planos y 3 largos son más que 2 planos, 1 largo y 6 cubos.

Entonces, 2.3 es mayor que 2.16.

2.3 > 2.16

En este ejemplo:

Un plano ⬜ vale 1.

Un largo | vale 0.1.

Un cubo ▫ vale 0.01.

También puede usarse una tabla de valor posicional de decimales
para comparar decimales.

EJEMPLO Compara 4.825 y 4.862.

1 lugar de las unidades	.	**0.1** lugar de las décimas	**0.01** lugar de las centésimas	**0.001** lugar de las milésimas
4	.	8	2	5
4	.	8	6	2

Los dígitos de las unidades *son los mismos*. Los dos valen 4.

Los dígitos de las décimas *son los mismos*. Los dos valen 8 décimas, o sea, $\frac{8}{10}$, o sea, 0.8.

Los dígitos de las centésimas *no* son los mismos.

El 2 vale 2 centésimas, o sea, 0.02. El 6 vale 6 centésimas, o sea, 0.06.

Entonces, 4.862 es mayor que 4.825.

Puedes escribir un 0 al final de un decimal sin cambiar el valor del decimal: 0.7 = 0.70. Añadir ceros a veces se llama "rellenar con ceros". Piensa en esto como en cambiar por piezas más pequeñas.

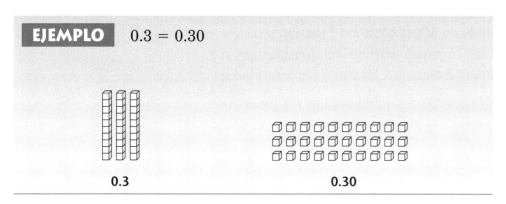

EJEMPLO   0.3 = 0.30

0.3   0.30

⌐**Unidad**¬
plano

El plano ☐ vale 1 para los ejemplos de esta página.

Rellenar con ceros hace más fácil comparar decimales.

EJEMPLO   Compara 0.3 y 0.06.

0.3 = 0.30 (Piensa en cambiar 3 largos por 30 cubos.)
30 cubos son más que 6 cubos.
30 centésimas es mayor que 6 centésimas.

0.30 > 0.06, así que 0.3 > 0.06.

EJEMPLO   Compara 0.97 y 1.

1 = 1.00 (Piensa en cambiar 1 plano por 100 cubos.)
97 cubos son menos que 100 cubos.
97 centésimas es menor que 100 centésimas.

0.97 < 1.00, así que 0.97 < 1.

COMPRUEBA SI COMPRENDISTE

Compara los números de cada par.

1. 0.39, 0.039   **2.** 0.099, 0.2   **3.** $\frac{1}{4}$, 0.35   **4.** 0.99, 0.100

Comprueba tus respuestas en la página 386.

Suma y resta de decimales

Hay muchas maneras de sumar y restar decimales. Una manera es usar bloques de base 10. Al trabajar con decimales, con frecuencia usamos un plano como UNIDAD.

UNIDAD

Para sumar con bloques de base 10, cuenta los bloques para cada número, junta todos los bloques, cambia los que puedas por bloques más grandes, y luego, cuenta los bloques para la suma.

Para restar con bloques de base 10, cuenta los bloques para el número mayor, quita bloques para el número menor, y luego, cuenta los bloques restantes.

Usar bloques de base 10 es una buena idea, especialmente al principio. Sin embargo, hacer dibujos abreviados en general es más fácil y rápido.

EJEMPLO 1.63 + 3.6 = ?

Primero, haz los dibujos para cada número.

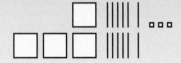

Luego, dibuja un anillo alrededor de 10 largos para mostrar que se pueden cambiar por un plano.

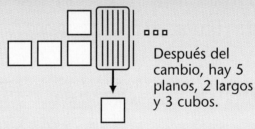

Después del cambio, hay 5 planos, 2 largos y 3 cubos.

Esto significa que 1.63 + 3.6 = 5.23. Lo cual tiene sentido porque 1.63 está cerca de $1\frac{1}{2}$ y 3.6 está cerca de $3\frac{1}{2}$, así que la respuesta debe ser alrededor de 5, lo cual es así.

1.63 + 3.6 = 5.23

EJEMPLO 3.07 − 2.6 = ?

El dibujo de la derecha muestra 3 planos y 7 cubos para 3.07. Uno de los planos se cambió por 10 largos. Luego, se quitaron 2 planos y 6 largos, para mostrar la resta de 2.6.

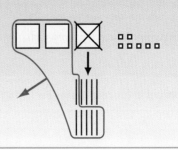

0 planos, 4 largos y 7 cubos es lo que queda.

Así que, 3.07 − 2.6 = 0.47.

La mayoría de las estrategias para sumar y restar números enteros con papel y lápiz, también funcionan para los decimales. La diferencia principal es que tienes que alinear los lugares correctamente, ya sea añadiendo ceros al final del número o alineando el lugar de las unidades.

EJEMPLOS $4.56 + 7.9 = ?$

Método con sumas parciales:

		1	0.1	0.01
		4 .	5	6
	+	7 .	9	0
Suma las unidades.	$4 + 7 \rightarrow$	11 .	0	0
Suma las décimas.	$0.5 + 0.9 \rightarrow$	1 .	4	0
Suma las centésimas.	$0.06 + 0.00 \rightarrow$	0 .	0	6
Suma las sumas parciales.	$11.00 + 1.40 + 0.06 \rightarrow$	**12** .	**4**	**6**

Método de suma en columnas:

		1	0.1	0.01
		4 .	5	6
	+	7 .	9	0
Mueve 10 décimas a la columna de las unidades:		11 .	14	6
		12 .	**4**	**6**

14 décimas = 1 unidad y 4 décimas.
Mueve 1 unidad a la columna de las unidades.

$4.56 + 7.9 = 12.46$, usando cualquier método.

EJEMPLO $9.4 - 4.85 = ?$

Método de cambiar primero:

Primero, escribe el problema en forma vertical. Asegúrate de alinear los lugares correctamente. Además, como 4.85 tiene dos lugares decimales, escribe 9.4 como 9.40.

1	0.1	0.01
9 .	4	0
− 4 .	8	5

1	0.1	0.01
	3	10
9 .	̶4̶	̶0̶
− 4 .	8	5

1	0.1	0.01
8	13	
	̶3̶	10
̶9̶ .	̶4̶	̶0̶
− 4 .	8	5
4 .	5	5

Mira el lugar de las centésimas. No puedes quitarle 5 centésimas a 0 centésimas.

Así que cambia 1 décima por 10 centésimas. Mira el lugar de las décimas. No puedes quitarle 8 décimas a 3 décimas.

Así que cambia 1 unidad por 10 décimas. Ahora, resta en cada columna. $9.4 - 4.85 = 4.55$

EJEMPLO   9.4 − 4.85 = ?

Método de resta de izquierda a derecha:

Otra vez, como 4.85 tiene dos lugares decimales, escribe 9.4 como 9.40.

$$
\begin{array}{r}
9.40 \\
\text{Resta las unidades.} \quad - \ 4.00 \\
\hline
5.40 \\
\text{Resta las décimas.} \quad - \ 0.80 \\
\hline
4.60 \\
\text{Resta las centésimas.} \quad - \ 0.05 \\
\hline
4.55 \\
\end{array}
$$

9.4 − 4.85 = 4.55

EJEMPLO   9.4 − 4.85 = ?

Método de contar hacia adelante:

Hay muchas maneras de contar hacia adelante de 4.85 a 9.4. Aquí hay una.

$$
\begin{array}{c}
4.85 \\
\boxed{+\ 0.15} \\
5.00 \\
\boxed{+\ 4.00} \\
9.00 \\
\boxed{+\ 0.40} \\
9.40 \\
\end{array}
$$

Suma las cantidades que encerraste en un círculo y que fuiste sumando.

$$
\begin{array}{r}
0.15 \\
4.00 \\
+\ 0.40 \\
\hline
4.55 \\
\end{array}
$$

Contaste hacia adelante hasta 4.55, así que 9.4 − 4.85 = 4.55.

Calculadora:

Si usas una calculadora, es importante que compruebes tu respuesta estimando, porque por accidente podrías oprimir una tecla equivocada.

COMPRUEBA SI COMPRENDISTE

Suma o resta.

1. 2.53 + 10.7   **2.** 2.08 − 0.39   **3.** 1.3 − 1.288

Comprueba tus respuestas en la página 386.

Multiplicar por potencias positivas de 10

Multiplicar decimales por potencias positivas de 10 es fácil. Una manera es usando la **multiplicación de productos parciales**.

> **NOTA**
>
> Algunas potencias positivas de 10 son
>
> $10^1 = 10$
>
> $10^2 = 10 * 10 = 100$
>
> $10^3 = 10 * 10 * 10$
> $\quad = 1,000$
>
> $10^4 = 10 * 10 * 10 * 10$
> $\quad = 10,000$

EJEMPLO Resuelve $1,000 * 45.6$ con una multiplicación de productos parciales.

Paso 1: Resuelve el problema como si no hubiera punto decimal.

$$
\begin{array}{r}
1,000 \\
* \quad 456 \\
\hline
\end{array}
$$

$$
\begin{array}{rcr}
400 * 1,000 & \rightarrow & 400,000 \\
50 * 1,000 & \rightarrow & 50,000 \\
6 * 1,000 & \rightarrow & 6,000 \\
\hline
& & 456,000
\end{array}
$$

Paso 2: Estima la respuesta de $1,000 * 45.6$ y pon el punto decimal donde pertenece.

$1,000 * 45 = 45,000$, así que $1,000 * 45.6$ debe estar cerca de 45,000.

Entonces, la respuesta de $1,000 * 45.6$ es 45,600.

Otra manera de multiplicar un número por una potencia positiva de 10 es sencillamente mover el punto decimal. Piensa que esto es un *atajo*.

EJEMPLO $1,000 * 45.6 = ?$

Localiza el punto decimal en la potencia de 10.

$1,000 = 1,000.$

Mueve el punto decimal hacia la IZQUIERDA hasta que llegues al número 1.

$1.000.$

Cuenta el número de lugares que moviste el punto decimal.

3 lugares

Mueve el punto decimal en el otro factor, el mismo número de lugares pero hacia la DERECHA. Añade los ceros que necesites. Esa es la respuesta.

$4 5.6 0 0.$

Así que, $1,000 * 45.6 = 45,600$.

COMPRUEBA SI COMPRENDISTE

Multiplica.

1. $100 * 3.45$ **2.** $0.16 * 10,000$ **3.** $1,000 * \$5.50$ **4.** $1.08 * 10$

Comprueba tus respuestas en la página 386.

Multiplicación de decimales

Puedes usar los mismos métodos que usas con los números enteros para multiplicar decimales. La principal diferencia es que con decimales, tienes que decidir dónde poner el punto decimal en el producto.

Una manera de resolver problemas de multiplicación con decimales es multiplicar como si ambos factores fueran números enteros y luego, ajustar el producto.

Paso 1. Haz una estimación de magnitud del producto.

Paso 2. Multiplica como si los factores fueran números enteros.

Paso 3. Usa la estimación de magnitud para poner el punto decimal en la respuesta.

> **N O T A**
>
> Una *estimación de magnitud* es una estimación poco aproximada que responde a preguntas como: *¿Está la solución en las unidades?, ¿en las decenas?, ¿en las centenas?, ¿en los millares?* Una estimación de magnitud te ayuda a juzgar si la solución de un problema es "aproximada".

EJEMPLO $15.2 * 3.6 = ?$

Paso 1: Haz una estimación de magnitud.

- Redondea 15.2 a 20 y 3.6 a 4.
- Ya que $20 * 4 = 80$, el producto estará en las decenas. (*En las decenas* significa entre 10 y 100).

Paso 2: Multiplica como lo harías con números enteros, usando el método de productos parciales. Trabaja de izquierda a derecha. Ignora los puntos decimales.

$$
\begin{array}{r}
152 \\
*\ 36 \\
\hline
\end{array}
$$

$30 * 100$	$\rightarrow$	3000
$30 * 50$	$\rightarrow$	1500
$30 * 2$	$\rightarrow$	60
$6 * 100$	$\rightarrow$	600
$6 * 50$	$\rightarrow$	300
$6 * 2$	$\rightarrow$	12
		5472

Paso 3: Pon el punto decimal correctamente en la respuesta.
Ya que la estimación de magnitud está en las decenas, el producto deberá estar en las decenas. Pon el punto decimal entre el 4 y el 7 en 5472.

Así que $15.2 * 3.6 = 54.72$.

EJEMPLO $3.27 * 0.8 = ?$

Paso 1: Haz una estimación de magnitud.

- Redondea 3.27 a 3 y 0.8 a 1.
- Ya que $3 * 1 = 3$, el producto estará en las unidades.
  (*En las unidades* significa entre 1 y 10.)

Paso 2: Multiplica como lo harías con números enteros. Ignora los puntos decimales.

$$
\begin{array}{rcl}
 & & \mathbf{327} \\
 & & * \;\; \mathbf{8} \\
\hline
8 * 300 & \rightarrow & \mathbf{2400} \\
8 * 20 & \rightarrow & 160 \\
8 * 7 & \rightarrow & 56 \\
2400 + 160 + 56 & \rightarrow & \mathbf{2616}
\end{array}
$$

Paso 3: Pon el punto decimal correctamente en la respuesta.

Ya que la estimación de magnitud está en las unidades, el producto deberá estar en las unidades. Pon el punto decimal entre el 2 y el 6 en 2616.

Así que $3.27 * 0.8 = 2.616$.

Hay otra manera de hallar dónde poner el punto decimal en el producto. Este método es especialmente útil cuando los factores son menores que 1 y tienen muchos lugares decimales.

EJEMPLO $3.27 * 0.8 = ?$

Cuenta los lugares decimales en cada factor.	2 lugares decimales en 3.27 1 lugar decimal en 0.8
Suma el número de lugares decimales. Éste es el número de lugares decimales que habrá en el producto.	$2 + 1 = 3$
Multiplica los factores como si fueran números enteros.	$327 * 8 = 2616$
Empieza a la derecha del producto. Mueve hacia la izquierda el número necesario de lugares decimales.	2 , 6 1 6 ,

Así que $3.27 * 0.8 = 2.616$.

COMPRUEBA SI COMPRENDISTE

Multiplica.

1. $2.8 * 4.6$ **2.** $1.44 * 9.3$ **3.** $0.52 * 3.03$ **4.** $0.2 * 0.016$

Comprueba tus respuestas en la página 386.

Multiplicación reticulada con decimales

NOTA

El símbolo ≈ significa *es casi igual a.*

EJEMPLO   Halla 34.5 * 2.05 usando la multiplicación reticulada.

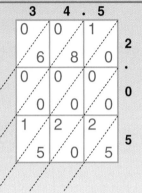

Paso 1: Haz una estimación de magnitud. 34.5 * 2.05 ≈ 35 * 2 = 70 El producto estará en las decenas.

Paso 2: Dibuja la retícula y escribe los factores, incluyendo los puntos decimales, encima y a la derecha. En el factor de encima de la cuadrícula, el punto decimal debe estar justo encima de la línea de la columna. En el factor del lado derecho de la cuadrícula, el punto decimal debe estar a la derecha de la línea de la fila.

Paso 3: Halla los productos dentro de la retícula.

Paso 4: Suma a lo largo de las diagonales, de derecha a izquierda.

Paso 5: Localiza el punto decimal en la respuesta como sigue. Desliza el punto decimal del factor de encima de la cuadrícula hacia abajo, a lo largo de la línea de la columna. Desliza el punto decimal del factor del lado derecho de la cuadrícula, a través de la línea de la fila. Cuando los puntos decimales se encuentren, desliza el punto decimal hacia abajo, a lo largo de la línea diagonal. Escribe un punto decimal al final de la línea diagonal.

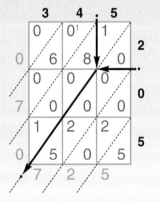

Paso 6: Compara el resultado con tu estimación.

El producto 70.725, está muy cerca de la estimación de 70.

EJEMPLO   Halla 73.4 * 10.5 usando la multiplicación reticulada.

Una buena estimación de magnitud es 73.4 * 10.5 ≈ 73 * 10 = 730.

El producto, 770.70, está muy cerca de la estimación de 730.

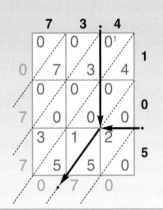

COMPRUEBA SI COMPRENDISTE

Dibuja una retícula para cada problema y multiplica.

1. 24.5 * 3.5   **2.** 3.02 * 19   **3.** 6.7 * 25.2

Comprueba tus respuestas en la página 386.

Dividir entre potencias positivas de 10

Aquí hay un método para dividir entre potencias positivas de 10.

Algunas potencias de 10:
$10^1 = 10$
$10^2 = 100$
$10^3 = 1,000$
$10^4 = 10,000$
$10^5 = 100,000$
$10^6 = 1,000,000$

EJEMPLO   45.6 / 1,000 = ?

Paso 1: Localiza el punto decimal en la potencia de 10.

1,000 = 1000.

Paso 2: Mueve el punto decimal hacia la IZQUIERDA hasta llegar al número 1.

1 . 0 0 0 .

Paso 3: Cuenta el número de lugares que moviste el punto decimal.

3 lugares

Paso 4: Mueve el punto decimal en el otro número, el mismo número de lugares a la IZQUIERDA. Añade los ceros que necesites.

0 . 0 4 5 . 6

45.6 / 1,000 = 0.0456

EJEMPLOS

350 / 100 = ?

100 = 100.

1 . 0 0 .

2 lugares

3 . 5 0 .

350 / 100 = 3.50

350 / 10,000 = ?

10,000 = 10000.

1 . 0 0 0 0 .

4 lugares

0 . 0 3 5 0 .

350 / 10,000 = 0.0350

$290.50 / 1,000 = ?

1,000 = 1000.

1 . 0 0 0 .

3 lugares

0 . 2 9 0 . 5 0

$290.50 / 1,000 = $0.29

Nota: Cuando el dividendo (el número que estás dividiendo) no tiene un punto decimal, debes localizar el punto decimal antes de moverlo. Por ejemplo, 350 = 350.

COMPRUEBA SI COMPRENDISTE

Divide.

1. 67.8 / 10   **2.** 0.54 / 100   **3.** $290 / 1,000   **4.** 40 / 10,000

Comprueba tus respuestas en la página 386.

División de decimales

Aquí hay una manera de dividir decimales:

Paso 1: Haz una estimación de magnitud del cociente.

Paso 2: Divide como si el divisor y el dividendo fueran números enteros.

Paso 3: Usa la estimación de magnitud para poner el punto decimal en la respuesta.

Una **estimación de magnitud** es una estimación aproximada del tamaño de una respuesta. Una estimación de magnitud dice si la respuesta está en las unidades, decenas, centenas, etc.

EJEMPLO   97.24 / 26 = ?

Paso 1: Haz una estimación de magnitud.

- Ya que 26 está cerca de 25 y 97.24 está cerca de 100, la respuesta a 97.24 / 26 estará cerca de la respuesta a 100 / 25.

- Ya que 100 / 25 = 4, la respuesta a 97.24 / 26 debe estar en las unidades. (*En las unidades* significa entre 1 y 10.)

Paso 2: Divide, sin tomar en cuenta el punto decimal.

```
26)9724
 - 7800   | 300
   1924   |
 - 1040   |  40
    884   |
  - 780   |  30
    104   |
  - 104   |   4
      0   | 374
```

9724 / 26 = 374

Paso 3: Decide dónde poner el punto decimal. De acuerdo con la estimación de magnitud, la respuesta debe estar en las unidades.

Así que 97.24 / 26 = 3.74.

COMPRUEBA SI COMPRENDISTE

Divide.

1. 208.8 / 6

2. 31.32 / 12

3. 4.90 / 3.5

Comprueba tus respuestas en la página 386.

Las respuestas de las divisiones con decimales no siempre son exactas.

NOTA

El símbolo ≈ significa *es casi igual a.*

| **EJEMPLO** | 80.27 / 4 = ? |

Haz una estimación de magnitud.

- Ya que 80.27 está cerca de 80, 80.27 / 4 ≈ 80 / 4.
- Ya que 80 / 4 = 20, la respuesta a 80.27 / 4 debe estar en las decenas. (*En las decenas* significa entre 10 y 100.)

Divide sin tomar en cuenta el punto decimal.

```
4)8027
 − 8000   2000
    27
 −  24       6
     3    2006
```

8027 / 4 → 2006 R3. El cociente es 2,006 y el residuo es 3.

Escribe el residuo como fracción: 8027 / 4 = 2006$\frac{3}{4}$.

Redondea esta respuesta al número entero más cercano, 2,007.

Decide dónde poner el punto decimal. De acuerdo con la estimación de magnitud, la respuesta debe estar en las decenas.

Así que 80.27 / 4 = 20.07.

COMPRUEBA SI COMPRENDISTE

Divide.

1. 9.4 / 3

2. 76.8 / 24

3. 56.9 / 3

Comprueba tus respuestas en la página 386.

División por columnas con cocientes decimales

La división por columnas se puede usar para hallar cocientes que tienen una parte decimal. En el ejemplo de abajo, piensa como si compartieras $15 entre 4 amigos.

EJEMPLO $4\overline{)15} = ?$

1. Traza una línea para separar los dígitos del número que vas a dividir. Trabaja de izquierda a derecha. Piensa en el 1 en la columna de las decenas como si fuera 1 billete de $10

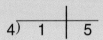

2. El billete de $10 no puede repartirse entre 4 personas. Así que cámbialo por 10 billetes de $1. Piensa en el 5 en la columna de las unidades como si fueran 5 billetes de $1. Eso hace 10 + 5, o sea, 15 billetes de $1 en total.

3. Si 4 personas comparten 15 billetes de $1, a cada persona le tocan 3 billetes de $1. Sobran 3 billetes de $1.

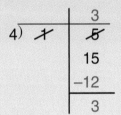

4. Cambia los 3 billetes de $1 por 30 *dimes*. Usa los puntos decimales para mostrar que las cantidades son ahora menores que $1.

5. Si 4 personas comparten 30 *dimes*, a cada persona le tocan 7 *dimes*. Sobran 2 *dimes*.

6. Cambia los 2 *dimes* por 20 *pennies*.

7. Si 4 personas comparten 20 *pennies*, a cada persona le tocan 5 *pennies*.

La columna de la división muestra que 15 / 4 = 3.75.

Esto significa que $15 repartidos entre 4 personas tocan a $3.75 cada una.

Redondear decimales

A veces los números tienen más dígitos de los que necesitamos usar. Esto ocurre especialmente con los decimales. Cuando se usa la calculadora, la pantalla puede mostrar ocho o más lugares decimales, aun cuando se necesiten sólo uno o dos lugares para que tenga sentido.

Redondear es una manera de deshacerse de los dígitos innecesarios. Hay tres maneras básicas de redondear números: un número puede ser redondeado al número menor, al número mayor o al lugar más cercano. (Los ejemplos que aparecen aquí incluyen números redondeados a las centésimas, pero redondear a las décimas, milésimas o a cualquier otro lugar se hace de manera similar.)

Redondear al número menor

Para redondear al número menor en un lugar dado, quita todos los dígitos a la derecha del lugar deseado.

Cuando un banco calcula el interés en una cuenta de ahorros, el interés se calcula a la décima de centavo más cercana. Pero el banco no puede pagar una fracción de un centavo. Así que el interés se **redondea al número menor** y se ignora cualquier fracción de un centavo.

> **EJEMPLO**   El banco calcula el interés que se ha ganado en $17.218. Redondea al número menor, al centavo que sigue.
>
> Primero, halla el lugar al que vas a redondear: $17.2**1**8.
> Luego, quita todos los dígitos que estén a la derecha de ese lugar: $17.21.
>
> El banco paga $17.21 de interés.

Redondear al número mayor

Para redondear al número mayor, observa todos los dígitos que están a la derecha del lugar deseado. Si cualquier dígito a la derecha del lugar deseado no es 0, entonces suma 1 al dígito que está en el lugar al que estás redondeando. (Tendrás que hacer algunos cambios si hay un nueve en ese lugar.) Si todos los dígitos a la derecha del lugar deseado son 0, entonces, no cambies el dígito. Finalmente, quita todos los dígitos a la derecha del lugar deseado.

En las carreras de los Juegos Olímpicos se usan cronómetros eléctricos automáticos para medir el tiempo. El cronómetro eléctrico registra el tiempo a la milésima de segundo más cercana y automáticamente **redondea al número mayor,** a la *siguiente* centésima de segundo. El tiempo redondeado es el tiempo oficial.

EJEMPLOS El tiempo ganador fue de 11.437 segundos. Redondea al número mayor 11.437 segundos, a la centésima de segundo más cercana.

Primero, halla el lugar al que vas a redondear 11.4**3**7.

El dígito a la derecha no es 0, así que suma 1 al dígito al que vas a redondear: 11.4**4**7.

Finalmente, quita todos los dígitos a la derecha de las centésimas: 11.44.

El tiempo oficial ganador es 11.44 segundos.

11.431 segundos se redondea al número mayor de 11.44 segundos.

11.430 segundos se redondea a 11.43 segundos porque cualquier dígito a la derecha del lugar de las centésimas es un 0. En este problema, redondear al número mayor no cambia el número: 11.43 es igual a 11.430.

Redondear al lugar más cercano

Redondear al lugar más cercano unas veces es como redondear al número mayor y otras, como redondear al número menor. Para redondear al lugar más cercano sigue estos pasos:

Paso 1: Halla el dígito a la derecha del lugar al que vas a redondear.

Paso 2: Si ese dígito es 5 o más, redondea al número mayor.

Si ese dígito es menor que 5, redondea al número menor.

EJEMPLOS El Sr. Wilson está rotulando los estantes de comestibles con precios por unidad para que los clientes puedan comparar el costo de los artículos. Para hallar el precio por unidad, él divide la cantidad entre el precio. Con frecuencia el cociente tiene más lugares decimales de los necesarios, así que él **redondea al** centavo **más cercano** (a la centésima más cercana).

$1.23422 se redondea al número menor, a $1.23.

$3.89822 se redondea al número mayor, a $3.90.

$1.865 se redondea al número mayor, a $1.87.

COMPRUEBA SI COMPRENDISTE

1. Redondea *al número menor*, a las décimas.
   a. 2.53   **b.** 45.891   **c.** 0.96

2. Redondea *al número mayor*, a las décimas.
   a. 2.53   **b.** 45.891   **c.** 0.96

3. Redondea a la décima *más cercana*.
   a. 2.53   **b.** 45.89   **c.** 10.96

Comprueba tus respuestas en la página 386.

Porcentajes

Un porcentaje es otra manera de dar nombre a una fracción o a un decimal.

Porcentaje significa *por ciento,* o sea, *por cien.* La frase *por ciento* viene del latín *per centum: per* significa *por* y *centum* significa *cien.*

El enunciado "el 60% de los estudiantes estaban ausentes" significa que 60 de cada 100 estudiantes estaban ausentes. Esto *no* significa que hubiera exactamente 100 estudiantes y que 60 de ellos estaban ausentes. Significa que por *cada* 100 estudiantes, 60 estaban ausentes.

Los porcentajes usualmente representan un tanto por ciento de algo. El "algo" es el entero (una UNIDAD, o sea, el 100%). En el enunciado, "el 60% de los estudiantes estaban ausentes", el entero es el número total de estudiantes de la escuela.

Los porcentajes se usan en muchos aspectos de la vida diaria:

- En *negocios:* "50% de descuento" significa que el precio de un artículo se reduce en 50 centavos por cada 100 centavos que cuesta usualmente el artículo.

> Oferta: 50% de descuento
> Todo debe venderse

- En *estadísticas:* "votó el 55%" significa que 55 de cada 100 votantes inscritos votaron.

> Voto: El electorado participa con un 55% de los votantes inscritos

- En la *escuela:* una calificación del 80% en un examen de ortografía significa que un estudiante acertó 80 de los 100 puntos de ese examen. Una manera de obtener el 80% es escribir correctamente 80 de cada 100 palabras. Otra manera de obtener el 80% es escribir correctamente 8 de cada 10 palabras.

> Para el miércoles, hay un 30% de posibilidad de lluvia.

- En *probabilidad:* un "30% de posibilidad de lluvia" significa que por cada 100 días en que haya condiciones climáticas similares, puedes esperar que llueva durante 30 de esos días.

Porcentajes que dan nombre a una parte de un todo

Las fracciones, los decimales y los porcentajes son simplemente diferentes maneras de escribir números. Cualquier número puede escribirse de estas tres maneras.

EJEMPLO

Las cantidades mostradas en las figuras de abajo pueden escribirse de tres maneras: $\frac{1}{4}$, 25% o 0.25.

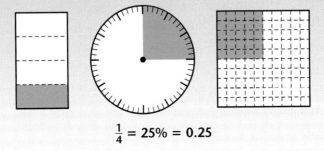

$$\frac{1}{4} = 25\% = 0.25$$

Los porcentajes son otra manera de dar nombre a las fracciones con un denominador de 100.

Puedes pensar en la fracción $\frac{25}{100}$ como 25 partes por cien o como 25 de cada 100, y escribir 25%.

Puedes darle otro nombre a la fracción $\frac{1}{5}$ como $\frac{1*20}{5*20}$, o como $\frac{20}{100}$, o como 20%.

75% se puede escribir $\frac{75}{100}$ ó $\frac{3}{4}$.

Los porcentajes son otra manera de dar nombre a decimales en términos de centésimas.

Ya que 0.01 se puede escribir $\frac{1}{100}$, podrías pensar en 0.39 como $\frac{39}{100}$, o como 39%.

58% significa 58 centésimas, o sea, 0.58.

Los porcentajes también se pueden usar para dar nombre al entero.

100 de 100 se puede escribir como la fracción $\frac{100}{100}$, o sea, 100 centésimas. Esto es lo mismo que 1 entero, o sea, 100%.

Hallar el porcentaje de un número

Hallar el porcentaje de un número es un problema básico que surge una y otra vez.

Una mochila que regularmente se vende por $40 está en oferta con un 20% de descuento. ¿Cuál es el precio de oferta?

El impuesto sobre la comida es del 5%. ¿Cuál es el impuesto en $60 de abarrotes?

Un deudor paga el 10% de interés sobre el préstamo para comprar un auto. Si el préstamo es de $5,000, ¿cuánto es el interés?

Hay muchas maneras diferentes de hallar el porcentaje de un número.

Usar una fracción

Algunos porcentajes son equivalentes a fracciones "fáciles". Por ejemplo, 25% es lo mismo que $\frac{1}{4}$. En general, es más fácil hallar el 25% de un número pensando en 25% como $\frac{1}{4}$.

EJEMPLO   ¿Cuál es el 25% de 48?

Piensa: 25% = $\frac{25}{100}$ = $\frac{1}{4}$, así que el 25% de 48 es lo mismo que $\frac{1}{4}$ de 48. Si divides 48 en 4 grupos iguales, cada grupo tiene 12.

Así que, el 25% de 48 es 12.

EJEMPLO   ¿Cuál es el 20% de 60?

Piensa: 20% = $\frac{20}{100}$ = $\frac{1}{5}$, así que, el 20% de 60 es lo mismo que $\frac{1}{5}$ de 60. Si divides 60 en 5 grupos, hay 12 en cada grupo.

Así que, el 20% de 60 es 12.

Si un porcentaje no es igual a una fracción "fácil", puedes hallar primero el 1%.

EJEMPLO   ¿Cuánto es el 7% de 300?

$1\% = \frac{1}{100}$, así que el 1% de 300 es lo mismo que $\frac{1}{100}$ de 300.

Si divides 300 en 100 grupos iguales, hay 3 en cada grupo. El 1% de 300 es 3. Entonces, el 7% de 300 es 7 * 3.

Así que, el 7% de 300 = 21.

A veces es útil hallar primero el 10%.

EJEMPLO   ¿Cuánto es el 30% de 60?

$10\% = \frac{10}{100} = \frac{1}{10}$. El 10% de 60 es $\frac{1}{10}$ de 60. Si divides 60 en 10 grupos iguales, cada grupo tiene 6. El 10% de 60 es 6. Entonces, el 30% de 60 es 3 * 6.

Así que, el 30% de 60 = 18.

Usar la multiplicación decimal

Hallar el porcentaje de un número es lo mismo que multiplicar el número por el tanto por ciento. En general, es más fácil cambiar el porcentaje a decimal y usar una calculadora.

EJEMPLO   ¿Cuánto es el 35% de 55?

$35\% = \frac{35}{100} = 0.35$

Primero, cambia el porcentaje a decimal; después, multiplica usando la calculadora.

Marca: 0.35 ⊠ 55 (Enter)   Respuesta: 19.25

Si tu calculadora tiene una tecla de ⟨%⟩ no necesitas cambiar el porcentaje a decimal. Para hallar el 35% de 55, marca 35 ⟨%⟩ ⊠ 55 (Enter).

El 35% de 55 es 19.25.

COMPRUEBA SI COMPRENDISTE

Resuelve.

1. Una mochila que normalmente se vende por $40 está en oferta con un 20% de descuento. ¿Cuál es el precio de oferta?

2. El impuesto sobre la comida es del 5%. ¿Cuál es el impuesto en $60 de abarrotes?

3. Un deudor paga el 10% de interés sobre el préstamo para comprar un auto. Si el préstamo es de $5,000, ¿cuánto es el interés?

Comprueba tus respuestas en la página 386.

Calcular un descuento

Un **descuento** es una cantidad que se le quita al precio normal; es una cantidad que te ahorras. A veces las tiendas muestran el precio normal y el porcentaje de descuento, y el cliente tiene que calcular el precio de oferta.

Si el porcentaje de descuento es equivalente a una fracción "fácil", entonces una manera práctica de resolver este tipo de problema es usar la fracción.

> **EJEMPLO** El precio normal de un control de palanca para la computadora es de $50, pero está en oferta con el 20% de descuento (20% menos que el precio normal). ¿De cuánto es el ahorro?
>
> Cambia 20% a una fracción: $20\% = \frac{20}{100} = \frac{1}{5}$
>
> Ya que el $20\% = \frac{1}{5}$, el descuento es $\frac{1}{5}$ de $50.
>
>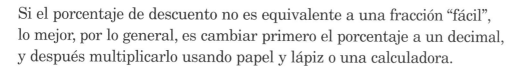
>
> El descuento es de $10.

Si el porcentaje de descuento no es equivalente a una fracción "fácil", lo mejor, por lo general, es cambiar primero el porcentaje a un decimal, y después multiplicarlo usando papel y lápiz o una calculadora.

> **EJEMPLOS** El precio normal de una lámpara es de $45. La lámpara se vende con un 12% de descuento (12% menos que el precio normal). ¿De cuánto es el ahorro?
> (*Recordatorio:* $12\% = \frac{12}{100} = 0.12$)
>
> **Papel y lápiz:**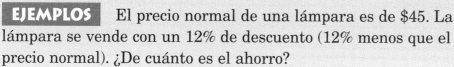
>
> **Calculadora:**
>
> Marca: 0.12 ⊗ 45 (Enter). Interpreta la respuesta, 5.4, como $5.40.
> El descuento es de $5.40.

COMPRUEBA SI COMPRENDISTE

Resuelve.

1. El precio normal de unos *jeans* es de $20. Los *jeans* se están vendiendo con un descuento del 10%. ¿De cuánto es el ahorro?

Comprueba tus respuestas en la página 387.

2. Los boletos para el cine normalmente cuestan $8.00, pero antes de las 4 p.m. hay un 25% de descuento. ¿Cuánto más baratas son las funciones con descuento?

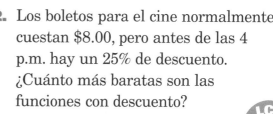

Hallar el todo en problemas de porcentajes

A veces sabes el porcentaje y su valor, pero no sabes cuál es el valor de la UNIDAD.

EJEMPLOS El precio de oferta de un tocadiscos compacto es de $120. Está en oferta con el 60% menos del precio normal. ¿Cuál es el precio normal?

Este problema puede resolverse de diferentes maneras.

Solución 1: Usa fracciones.
Halla una fracción "fácil" que sea equivalente a 60%.

$$60\% = \frac{60}{100} = \frac{3}{5}$$

Esto significa que $\frac{3}{5}$ del precio normal es $120.

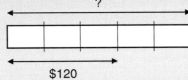

$120

Ya que $\frac{3}{5}$ del precio normal es $120, $\frac{1}{5}$ del precio normal es $40 ($\frac{\$120}{3} = \$40$).

Entonces, $\frac{5}{5}$ del precio normal es 5 * $40 = $200.

Solución 2: Usa porcentajes.
60% equivale a $120.
Entonces, 1% equivale a $2 ($\frac{\$120}{60} = \$2$), y 100% equivale a $200 (100 * $2 = $200).

El precio normal es de $200.

EJEMPLOS Una tetera está en oferta al 80% de su precio normal. El precio de oferta es de $40. ¿Cuál es el precio normal?

Solución 1: Usa fracciones.
$$80\% = \frac{80}{100} = \frac{4}{5}$$

Esto significa que $\frac{4}{5}$ del precio normal es $40.

Ya que $\frac{4}{5}$ del precio normal es $40, $\frac{1}{5}$ del precio normal es $10 ($\frac{\$40}{4} = \$10$).

Entonces, $\frac{5}{5}$ del precio normal es 5 * $10 = $50.

Solución 2: Usa porcentajes.
80% equivale a $40.
Así que 1% equivale a $0.50 ($\frac{\$40}{80} = \$0.50$), y 100% equivale a $50 (100 * $0.50 = $50).

El precio normal es de $50.

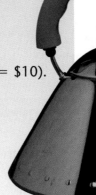

EJEMPLO En EE.UU. hay alrededor de 60 millones de niños de 14 años y menores. Estos niños representan el 22% de la población de EE.UU. ¿Cuál es la población de EE.UU.?

Usa la estrategia del 1%. Primero, halla el 1%. Después, multiplícalo por 100 para obtener el 100%.

• Con tu calculadora, divide 60 millones entre 22:

Marca: 60,000,000 ÷ 22 [Enter]   Respuesta: 2727272.727

• Multiplica por 100:

Marca: 100 ✕ 2727272.727 [Enter]   Respuesta: 272727272.7

El total de la población de EE.UU. es de 272,727,272.7 habitantes, o alrededor de 273 millones.

COMPRUEBA SI COMPRENDISTE

Resuelve.

1. Una bicicleta está en oferta con el 50% de descuento del precio normal. El precio de oferta es de $80. ¿Cuál es el precio normal?

2. Un teléfono celular está en oferta con el 20% de descuento del precio normal. El precio de oferta es de $30. ¿Cuál es el precio normal?

3. En Canadá hay alrededor de 6 millones de niños menores de 14 años. Estos niños representan alrededor del 19% de la población de Canadá. ¿Cuál es la población de Canadá?

Comprueba tus respuestas en la página 387.

El círculo entero

Una vuelta completa de un círculo puede dividirse de varias maneras. Una manera es dividirla en cuatro partes: un cuarto de vuelta, media vuelta, tres cuartos de vuelta y una vuelta completa. Una vuelta completa puede dividirse o en 360 partes o en 100 partes.

Un transportador circular

Hay 360 marcas separadas a intervalos iguales alrededor del borde del Transportador circular. Cada marca mide **un grado (1°)** de medida de ángulo. Esto significa que hay 360 grados (360°) en todo el círculo.

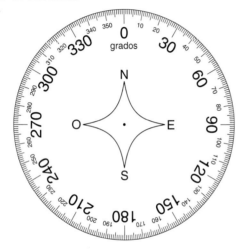

El Círculo de porcentajes

Hay 100 marcas separadas a intervalos iguales alrededor del Círculo de porcentajes. Las marcas definen 100 cuñas delgadas en forma de porciones de pizza. Cada cuña contiene el **uno por ciento (1%)** del área total del círculo. Hay 100 cuñas (100%) en todo el círculo.

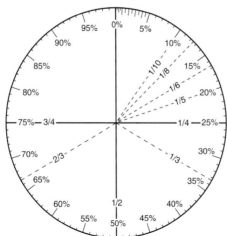

Fracciones y números racionales

Fracciones

Las fracciones se inventaron hace miles de años para dar nombre a los números que están entre los números enteros, y probablemente se usaban para tomar medidas más exactas.

La piedra debe estar exactamente a cinco y dos tercios de codo de altura.

Hoy día la mayoría de las herramientas de medición tienen marcas para los números que están entre medidas enteras. Aprender a leer estas marcas intermedias es importante para aprender a usar estas herramientas.

Las fracciones no se usan sólo para medir. Muchas se usan para dar nombre a partes de enteros. El entero puede ser una sola cosa, como un pastel, o un conjunto, como un cartón de huevos. En *Matemáticas diarias* a veces llamamos al entero la UNIDAD. En medidas, el entero se llama *unidad*.

Entero
24 galletas

La caja del "entero" da nombre a la UNIDAD que se está considerando.

Para comprender fracciones como éstas necesitas saber qué es la UNIDAD. La mitad del paquete de galletas puede ser muchas galletas o pocas galletas, dependiendo del tamaño del paquete. La mitad de una pulgada es mucho menos que la mitad de una milla.

Las fracciones también se usan para mostrar división, en tasas y razones, y de muchas otras maneras.

Denominar fracciones

Las fracciones se escriben $\frac{a}{b}$, donde a puede ser cualquier número y b puede ser cualquier número excepto 0. El número debajo de la barra se llama **denominador.** En fracciones que dan nombre a partes de enteros, el denominador da nombre al número de partes iguales en las que se divide el entero. El número de arriba de la barra se llama **numerador.** El numerador da nombre al número de partes que se consideran.

$$\frac{a}{b} \begin{array}{l} \leftarrow \textbf{numerador} \\ \leftarrow \textbf{denominador} \end{array}$$
$$b \neq 0$$

Un número se puede escribir como fracción de muchas maneras. Las fracciones que le dan nombre al mismo número se llaman **equivalentes.** Multiplicar o dividir el numerador y el denominador de una fracción por el mismo número (excepto 0) da como resultado una fracción equivalente. Los números también tienen nombres de decimales y porcentajes, que se pueden hallar a partir de la fracción, dividiendo el numerador entre el denominador.

$$\frac{1}{2} = \frac{2}{4} = \frac{3}{6} = 0.5 = 50\%$$
$$\frac{1}{3} = \frac{2}{6} = \frac{3}{9} = 0.\overline{3} = 33\frac{1}{3}\%$$

Se puede comparar, sumar o restar dos fracciones usando fracciones equivalentes con el mismo denominador.

Usos de las fracciones

Las fracciones se pueden usar de muchas maneras.

Partes de enteros Las fracciones se usan para dar nombre a una parte de un objeto entero o a una parte de una colección de objetos.

$\frac{5}{6}$ del hexágono están sombreados.

$\frac{6}{10}$ de los *dimes* están encerrados en un anillo.

Puntos en rectas numéricas Las fracciones pueden dar nombre a puntos que se encuentran en una recta numérica, entre puntos identificados por números enteros.

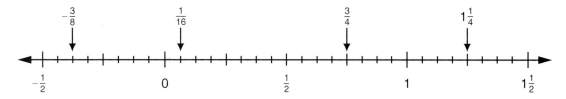

Medidas "intermedias" Las fracciones pueden dar nombre a medidas que están entre números enteros.

División La fracción $\frac{a}{b}$ es otra manera de decir a dividido entre b, $a \div b$, $b\overline{)a}$ ó a / b.

Razones Las fracciones se usan para comparar cantidades con la misma unidad.

Curie ganó 7 de 17 juegos, o sea, $\frac{7}{17}$ de los juegos, durante la temporada de baloncesto del año pasado.

PUBLIC-RED CENTRAL		
	Conf.	Juegos totales
Dunbar	4–0	9–6
King	4–1	14–4
Robeson	3–2	8–9
Gage Park	2–3	8–10
Harper	2–3	8–7
Curie	1–3	7–10
Hubbard	1–4	8–9

Fracciones y números racionales

Tasas

Las fracciones se usan para comparar cantidades que tienen unidades diferentes.

El carro de Bill viajó alrededor de 35 millas con un galón de gasolina. Con esta tasa, puede viajar alrededor de 245 millas con 7 galones de gasolina.

$$\frac{35 \text{ millas}}{1 \text{ galón}} = \frac{245 \text{ millas}}{7 \text{ galones}}$$

Dibujos, modelos y mapas a escala

Las fracciones se usan para comparar el tamaño de un dibujo o modelo con el tamaño real de un objeto.

Una escala de un mapa de 1:100,000 (otra forma de expresar $\frac{1}{100,000}$) significa que cada pulgada en el mapa representa 100,000 pulgadas o alrededor de $1\frac{1}{2}$ millas.

ESCALA 1:100,000

1 pulgada = 100,000 pulgadas = $1\frac{1}{2}$ millas

Probabilidades

Las fracciones son una forma de describir la posibilidad de que ocurra algo.

En una baraja de 52 cartas bien barajadas, la posibilidad de sacar el as de corazones negros en una jugada es de $\frac{1}{52}$, o sea, alrededor del 2%. La posibilidad de sacar cualquier as es de $\frac{4}{52}$, o sea, alrededor del 8%.

Otros usos

Todos los días la gente usa fracciones de diferentes maneras.

Un crítico de cine le dio a la nueva película $3\frac{1}{2}$ estrellas.

La bolsa de valores cerró en $14\frac{5}{8}$ lo que representa un descenso de $1\frac{1}{2}$ dólares en relación a ayer.

Tu medio cumpleaños es 6 meses después de tu cumpleaños.

Era una idea a medias; no me sorprende que no haya funcionado.

Fracciones equivalentes

Las fracciones se llaman **equivalentes** si representan la misma cantidad. Las fracciones $\frac{1}{2}$, $\frac{2}{4}$ y $\frac{3}{6}$ son equivalentes. Cuando resuelves problemas con fracciones, a menudo es más fácil trabajar con fracciones equivalentes que con las fracciones dadas.

Usar la Tabla de barras de fracciones

Para hallar fracciones equivalentes en la Tabla de barras de fracciones, primero localiza la fracción. Después, usa una regla vertical para hallar fracciones equivalentes. Puedes hallar una Tabla de barras de fracciones grande en la página 357.

EJEMPLO Halla fracciones equivalentes de $\frac{3}{4}$.

- Localiza $\frac{3}{4}$ en la barra de "cuartos".
- Coloca la regla de manera que un lado quede en $\frac{3}{4}$.
- En la barra de los "octavos", la regla toca el borde de la sexta pieza, la cual es $\frac{6}{8}$.

Así que, $\frac{3}{4} = \frac{6}{8}$.

- En la barra de los "doceavos", la regla toca el borde de la novena pieza, la cual es $\frac{9}{12}$.

Así que, $\frac{3}{4} = \frac{9}{12}$.

- En la barra de los "dieciseisavos", la regla toca la orilla de la duodécima pieza, la cual es $\frac{12}{16}$.

Así que, $\frac{3}{4} = \frac{12}{16}$.

- La regla no se alinea con los lados de ninguna otra barra en la tabla, así que, $\frac{3}{4}$ no se puede escribir como fracción equivalente usando esas barras.

COMPRUEBA SI COMPRENDISTE

Usa la Tabla de barras de fracciones para hallar las fracciones equivalentes.

1. $\frac{1}{2}$ **2.** $\frac{1}{3}$ **3.** $\frac{5}{6}$

Comprueba tus respuestas en la página 387.

Métodos para hallar fracciones equivalentes

Aquí hay dos métodos para hallar fracciones equivalentes.

Usar la multiplicación

Si el numerador y el denominador de una fracción se multiplican por el mismo número (que no sea 0), el resultado es una fracción equivalente a la fracción original.

EJEMPLO   Da otro nombre a $\frac{3}{7}$ como una fracción que tenga de denominador 21.

Multiplica el numerador y el denominador de $\frac{3}{7}$ por 3.

Con símbolos, puedes escribirlo así: $\frac{3}{7} = \frac{3 * 3}{7 * 3} = \frac{9}{21}$

Así que, $\frac{3}{7}$ es equivalente a $\frac{9}{21}$.

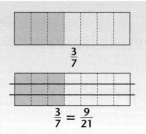

$$\frac{3}{7}$$

$$\frac{3}{7} = \frac{9}{21}$$

Usar la división

Si el numerador y el denominador de una fracción se dividen entre el mismo número (que no sea 0), el resultado es una fracción equivalente a la fracción original.

Para entender por qué funciona la división, piensa en "deshacer" la multiplicación. Ya que la división "deshace" la multiplicación, divide el numerador y el denominador entre el mismo número y hallarás una fracción equivalente.

EJEMPLO $\frac{6}{15} = \frac{6 \div 3}{15 \div 3} = \frac{2}{5}$

COMPRUEBA SI COMPRENDISTE

1. Usa la multiplicación para hallar una fracción equivalente para cada fracción.

   a. $\frac{3}{4}$ **b.** $\frac{5}{8}$ **c.** $\frac{4}{5}$ **d.** $\frac{2}{7}$

2. Usa la división para hallar una fracción equivalente para cada fracción.

   a. $\frac{9}{12}$ **b.** $\frac{15}{25}$ **c.** $\frac{24}{36}$ **d.** $\frac{75}{100}$

Comprueba tus respuestas en la página 387.

Tabla de fracciones equivalentes

Mínima expresión	Nombre de la fracción equivalente								
0 (cero)	$\frac{0}{1}$	$\frac{0}{2}$	$\frac{0}{3}$	$\frac{0}{4}$	$\frac{0}{5}$	$\frac{0}{6}$	$\frac{0}{7}$	$\frac{0}{8}$	$\frac{0}{9}$
1 (uno)	$\frac{1}{1}$	$\frac{2}{2}$	$\frac{3}{3}$	$\frac{4}{4}$	$\frac{5}{5}$	$\frac{6}{6}$	$\frac{7}{7}$	$\frac{8}{8}$	$\frac{9}{9}$
$\frac{1}{2}$	$\frac{2}{4}$	$\frac{3}{6}$	$\frac{4}{8}$	$\frac{5}{10}$	$\frac{6}{12}$	$\frac{7}{14}$	$\frac{8}{16}$	$\frac{9}{18}$	$\frac{10}{20}$
$\frac{1}{3}$	$\frac{2}{6}$	$\frac{3}{9}$	$\frac{4}{12}$	$\frac{5}{15}$	$\frac{6}{18}$	$\frac{7}{21}$	$\frac{8}{24}$	$\frac{9}{27}$	$\frac{10}{30}$
$\frac{2}{3}$	$\frac{4}{6}$	$\frac{6}{9}$	$\frac{8}{12}$	$\frac{10}{15}$	$\frac{12}{18}$	$\frac{14}{21}$	$\frac{16}{24}$	$\frac{18}{27}$	$\frac{20}{30}$
$\frac{1}{4}$	$\frac{2}{8}$	$\frac{3}{12}$	$\frac{4}{16}$	$\frac{5}{20}$	$\frac{6}{24}$	$\frac{7}{28}$	$\frac{8}{32}$	$\frac{9}{36}$	$\frac{10}{40}$
$\frac{3}{4}$	$\frac{6}{8}$	$\frac{9}{12}$	$\frac{12}{16}$	$\frac{15}{20}$	$\frac{18}{24}$	$\frac{21}{28}$	$\frac{24}{32}$	$\frac{27}{36}$	$\frac{30}{40}$
$\frac{1}{5}$	$\frac{2}{10}$	$\frac{3}{15}$	$\frac{4}{20}$	$\frac{5}{25}$	$\frac{6}{30}$	$\frac{7}{35}$	$\frac{8}{40}$	$\frac{9}{45}$	$\frac{10}{50}$
$\frac{2}{5}$	$\frac{4}{10}$	$\frac{6}{15}$	$\frac{8}{20}$	$\frac{10}{25}$	$\frac{12}{30}$	$\frac{14}{35}$	$\frac{16}{40}$	$\frac{18}{45}$	$\frac{20}{50}$
$\frac{3}{5}$	$\frac{6}{10}$	$\frac{9}{15}$	$\frac{12}{20}$	$\frac{15}{25}$	$\frac{18}{30}$	$\frac{21}{35}$	$\frac{24}{40}$	$\frac{27}{45}$	$\frac{30}{50}$
$\frac{4}{5}$	$\frac{8}{10}$	$\frac{12}{15}$	$\frac{16}{20}$	$\frac{20}{25}$	$\frac{24}{30}$	$\frac{28}{35}$	$\frac{32}{40}$	$\frac{36}{45}$	$\frac{40}{50}$
$\frac{1}{6}$	$\frac{2}{12}$	$\frac{3}{18}$	$\frac{4}{24}$	$\frac{5}{30}$	$\frac{6}{36}$	$\frac{7}{42}$	$\frac{8}{48}$	$\frac{9}{54}$	$\frac{10}{60}$
$\frac{5}{6}$	$\frac{10}{12}$	$\frac{15}{18}$	$\frac{20}{24}$	$\frac{25}{30}$	$\frac{30}{36}$	$\frac{35}{42}$	$\frac{40}{48}$	$\frac{45}{54}$	$\frac{50}{60}$
$\frac{1}{8}$	$\frac{2}{16}$	$\frac{3}{24}$	$\frac{4}{32}$	$\frac{5}{40}$	$\frac{6}{48}$	$\frac{7}{56}$	$\frac{8}{64}$	$\frac{9}{72}$	$\frac{10}{80}$
$\frac{3}{8}$	$\frac{6}{16}$	$\frac{9}{24}$	$\frac{12}{32}$	$\frac{15}{40}$	$\frac{18}{48}$	$\frac{21}{56}$	$\frac{24}{64}$	$\frac{27}{72}$	$\frac{30}{80}$
$\frac{5}{8}$	$\frac{10}{16}$	$\frac{15}{24}$	$\frac{20}{32}$	$\frac{25}{40}$	$\frac{30}{48}$	$\frac{35}{56}$	$\frac{40}{64}$	$\frac{45}{72}$	$\frac{50}{80}$
$\frac{7}{8}$	$\frac{14}{16}$	$\frac{21}{24}$	$\frac{28}{32}$	$\frac{35}{40}$	$\frac{42}{48}$	$\frac{49}{56}$	$\frac{56}{64}$	$\frac{63}{72}$	$\frac{70}{80}$
$\frac{1}{12}$	$\frac{2}{24}$	$\frac{3}{36}$	$\frac{4}{48}$	$\frac{5}{60}$	$\frac{6}{72}$	$\frac{7}{84}$	$\frac{8}{96}$	$\frac{9}{108}$	$\frac{10}{120}$
$\frac{5}{12}$	$\frac{10}{24}$	$\frac{15}{36}$	$\frac{20}{48}$	$\frac{25}{60}$	$\frac{30}{72}$	$\frac{35}{84}$	$\frac{40}{96}$	$\frac{45}{108}$	$\frac{50}{120}$
$\frac{7}{12}$	$\frac{14}{24}$	$\frac{21}{36}$	$\frac{28}{48}$	$\frac{35}{60}$	$\frac{42}{72}$	$\frac{49}{84}$	$\frac{56}{96}$	$\frac{63}{108}$	$\frac{70}{120}$
$\frac{11}{12}$	$\frac{22}{24}$	$\frac{33}{36}$	$\frac{44}{48}$	$\frac{55}{60}$	$\frac{66}{72}$	$\frac{77}{84}$	$\frac{88}{96}$	$\frac{99}{108}$	$\frac{110}{120}$

> **NOTA**
>
> Cada fracción de la primera columna está en su **mínima expresión.** Una fracción está en su mínima expresión, si no se obtiene ninguna fracción equivalente al dividir el numerador y el denominador entre un número entero. Toda fracción está o en su mínima expresión o es equivalente a una fracción que está en su mínima expresión.

La *mínima expresión* significa lo mismo que la *forma más simple*.

COMPRUEBA SI COMPRENDISTE

1. ¿Es verdadero o falso?

a. $\frac{1}{3} = \frac{4}{12}$ **b.** $\frac{3}{3} = \frac{6}{6}$ **c.** $\frac{8}{10} = \frac{20}{25}$

2. Usa la tabla para hacer una lista de cinco fracciones equivalentes a $\frac{2}{3}$.

Comprueba tus respuestas en la página 387.

Números mixtos y fracciones impropias

Los números como $1\frac{1}{2}$, $2\frac{3}{5}$ y $4\frac{3}{8}$ se llaman **números mixtos.** Un número mixto tiene dos partes: un número entero y una fracción. En el número mixto $4\frac{3}{8}$, la parte del número entero es 4 y la parte de la fracción es $\frac{3}{8}$. El valor de este número mixto es la suma de la parte del número entero y la parte de la fracción: $4\frac{3}{8} = 4 + \frac{3}{8}$. Los números mixtos se usan, en muchos casos, igual que las fracciones.

Una **fracción impropia** es una fracción mayor o igual a 1. Fracciones como $\frac{4}{3}$, $\frac{5}{5}$ y $\frac{125}{10}$ son fracciones impropias. En una **fracción propia,** el numerador es menor que el denominador; en una fracción impropia, el numerador es mayor o igual al denominador.

> **N O T A**
>
> Aunque se llaman *impropias,* no hay nada malo o inapropiado sobre las fracciones impropias. No debes pensar que deberían evitarse.

Dar nombre de fracción impropia a los números mixtos

A los números mixtos se les puede dar otro nombre como fracción impropia. Por ejemplo, si un círculo es la UNIDAD, entonces, $3\frac{1}{2}$ es tres círculos completos y $\frac{1}{2}$ de un cuarto círculo.

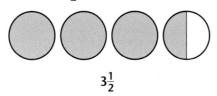

$$3\frac{1}{2}$$

Si divides los tres círculos completos en mitades, podrás ver que $3\frac{1}{2} = \frac{7}{2}$.

$$\frac{2}{2} + \frac{2}{2} + \frac{2}{2} + \frac{1}{2} = \frac{7}{2}$$

Para convertir un número mixto en fracción, da otro nombre al número entero como fracción usando el mismo denominador que la parte de la fracción; y luego suma los numeradores.

EJEMPLO   Da otro nombre a $3\frac{1}{2}$ como fracción.

$$\downarrow \begin{array}{c} 3\frac{1}{2} \end{array} \downarrow$$

$$\frac{6}{2} + \frac{1}{2} = \frac{7}{2}$$

$$3\frac{1}{2} = \frac{7}{2}$$

Dar nombre de número mixto a fracciones impropias

A una fracción impropia se le puede dar otro nombre como número mixto o como número entero.

EJEMPLO Da otro nombre a $\frac{19}{4}$ como número mixto.

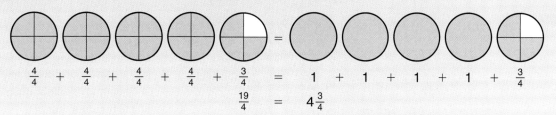

$$\frac{4}{4} + \frac{4}{4} + \frac{4}{4} + \frac{4}{4} + \frac{3}{4} = 1 + 1 + 1 + 1 + \frac{3}{4}$$

$$\frac{19}{4} = 4\frac{3}{4}$$

Atajo:

Divide el numerador, 19, entre el denominador, 4: 19 / 4 da 4 R3.

- El cociente, 4, es el número entero del número mixto.

  Éste indica cuántos enteros hay en $\frac{19}{4}$.

$$
\begin{array}{r}
4\overline{)19} \\
-16 \\
\hline
3
\end{array}
\begin{array}{l}
\\
4 \\
\hline
4
\end{array}
$$

- El residuo, 3, es el numerador de la parte de la fracción del número mixto. Indica cuántos cuartos quedan que no se pueden convertir en enteros.

$$\frac{19}{4} = 4\frac{3}{4}$$

Algunas calculadoras tienen teclas especiales para darle otro nombre a fracciones como números enteros o como números mixtos.

EJEMPLO Da otro nombre a $\frac{19}{4}$ como número mixto.

Marca: 19 [n] 4 [d] [U$\frac{n}{d}$↔$\frac{n}{d}$] [Enter]   Respuesta: $4\frac{3}{4}$

Prueba hacer esto en tu calculadora.

> **NOTA**
>
> El residuo en un problema de división se puede escribir como una fracción. El residuo es el numerador y el divisor es el denominador. Ej.:
> $37 \div 5 \rightarrow 7$ R2,
> o sea, $7\frac{2}{5}$.

COMPRUEBA SI COMPRENDISTE

Escribe cada número mixto como fracción impropia.

1. $3\frac{3}{4}$ **2.** $5\frac{1}{3}$ **3.** $4\frac{3}{5}$

Escribe cada fracción impropia como número mixto.

4. $\frac{26}{3}$ **5.** $\frac{39}{5}$ **6.** $\frac{73}{4}$

Comprueba tus respuestas en la página 387.

Mínimo común múltiplo

Múltiplos

Cuando cuentas saltando números, tus cuentas son los **múltiplos** de ese número. Como siempre puedes seguir contando, la lista de múltiplos puede indefinidamente.

> **NOTA**
>
> Los tres puntos, …, significan que la lista continúa de la misma forma al infinito.

EJEMPLOS Halla los múltiplos de 2, de 3 y de 5.

Múltiplos de 2: 2, 4, 6, 8, 10, 12, 14, 16, 18, 20, 22, 24…

Múltiplos de 3: 3, 6, 9, 12, 15, 18, 21, 24, 27, 30, 33, 36…

Múltiplos de 5: 5, 10, 15, 20, 25, 30, 35, 40, 45, 50, 55…

Múltiplos comunes

En las listas de múltiplos de números, algunos números están en más de una lista. Estos números se llaman **múltiplos comunes.**

EJEMPLOS Halla los múltiplos comunes de 2 y de 3.

Múltiplos de 2: 2, 4, **6,** 8, 10, **12,** 14, 16, **18,** 20, 22, **24**…

Múltiplos de 3: 3, **6,** 9, **12,** 15, **18,** 21, **24,** 27…

Múltiplos comunes de 2 y 3: 6, 12, 18, 24…

Mínimo común múltiplo

El **mínimo común múltiplo** de dos números es el número menor que sea múltiplo de ambos números.

EJEMPLO Halla el mínimo común múltiplo de 6 y de 8.

Múltiplos de 6: 6, 12, 18, **24**, 30, 36, 42, **48**, 54…

Múltiplos de 8: 8, 16, **24**, 32, 40, **48**, 56…

28 y 48 son múltiplos comunes. 24 es el múltiplo común más pequeño.

24 es el mínimo común múltiplo de 6 y 8. Éste es el número menor que puede dividirse exactamente entre 6 y 8.

COMPRUEBA SI COMPRENDISTE

Halla el mínimo común múltiplo de cada par de números.

1. 6 y 12 **2.** 4 y 10 **3.** 9 y 15

Comprueba tus respuestas en la página 387.

Denominador común

Es más fácil sumar, restar, comparar y dividir con fracciones que tienen el mismo denominador. Por esta razón, a menudo se les da otro nombre a las fracciones, para que tengan el mismo denominador, llamado **denominador común.**

Hay métodos diferentes para dar otro nombre a las fracciones con un denominador común.

EJEMPLOS   Da otro nombre a $\frac{3}{4}$ y $\frac{1}{6}$ usando un denominador común.

Método 1: Método de fracciones equivalentes

Haz una lista de las fracciones equivalentes de $\frac{3}{4}$ y $\frac{1}{6}$.

$$\frac{3}{4} = \frac{6}{8} = \frac{9}{12} = \frac{12}{16} = \frac{15}{20} = \frac{18}{24} = \frac{21}{28} = \frac{24}{32} = \frac{27}{36} = \cdots$$

$$\frac{1}{6} = \frac{2}{12} = \frac{3}{18} = \frac{4}{24} = \frac{5}{30} = \frac{6}{36} = \frac{7}{42} = \frac{8}{48} = \frac{9}{54} = \cdots$$

A las fracciones $\frac{3}{4}$ y $\frac{1}{6}$ se les puede dar otro nombre como fracciones con el denominador común 12.

$$\frac{3}{4} = \frac{9}{12} \text{ y } \frac{1}{6} = \frac{2}{12}$$

Método 2: Método de la multiplicación

Multiplica el numerador y el denominador de cada fracción por *el denominador de la otra fracción.*

$$\frac{3}{4} = \frac{3*6}{4*6} = \frac{18}{24} \qquad \frac{1}{6} = \frac{1*4}{6*4} = \frac{4}{24}$$

Método 3: Método del mínimo común múltiplo

Halla el mínimo común múltiplo de los denominadores.

Múltiplos de 4: 4, 8, **12**, 17, 20…

Múltiplos de 6: 6, **12**, 18, 24…

El mínimo común múltiplo de 4 y 6 es 12.

Da otro nombre a las fracciones, para que tengan como denominador el mínimo común múltiplo.

$$\frac{3}{4} = \frac{3*3}{4*3} = \frac{9}{12} \qquad \frac{1}{6} = \frac{1*2}{6*2} = \frac{2}{12}$$

Con este método se obtienen fracciones con el **mínimo común denominador**.

> **NOTA**
>
> El método de la multiplicación da lo que *Matemáticas diarias* llama el **rápido común denominador**. El rápido común denominador se puede usar con variables, por lo que es común en álgebra.

> **NOTA**
>
> El mínimo común denominador es por lo general más fácil de usar en cálculos complicados, aunque hallarlo en general toma más tiempo.

COMPRUEBA SI COMPRENDISTE

Da otro nombre a cada par de fracciones usando un denominador común.

1. $\frac{2}{3}$ y $\frac{1}{6}$ **2.** $\frac{1}{2}$ y $\frac{2}{5}$ **3.** $\frac{3}{10}$ y $\frac{3}{4}$

Comprueba tus respuestas en la página 387.

Comparar fracciones

Cuando compares fracciones, presta atención al numerador y al denominador.

Igual denominador

Las fracciones que tienen el mismo denominador se dice que tienen **igual denominador.** Las fracciones $\frac{1}{4}$ y $\frac{3}{4}$ tienen igual denominador. Para comparar fracciones con igual denominador, sólo compara los numeradores. La fracción con el numerador mayor es la mayor.

El denominador indica en cuántas partes se ha dividido el entero. Si los denominadores de dos fracciones son los mismos, entonces, las partes son iguales.

<	es menor que
>	es mayor que
=	es igual a

> **EJEMPLO** Compara $\frac{5}{8}$ y $\frac{3}{8}$.
>
> En ambas fracciones, la UNIDAD se ha dividido en el mismo número de partes. Por lo tanto, las partes de ambas fracciones son iguales.
>
> La fracción con el mayor número de partes es mayor.
>
>
>
> $\frac{5}{8} > \frac{3}{8}$, o sea, $\frac{3}{8} < \frac{5}{8}$

Numeradores iguales

Si los numeradores de dos fracciones son iguales, entonces la fracción con el menor denominador es mayor.

> **EJEMPLO** Compara $\frac{2}{3}$ y $\frac{2}{5}$.
>
> La UNIDAD de $\frac{2}{3}$ se ha dividido en menos partes que la UNIDAD de $\frac{2}{5}$.
> Así que, las partes en $\frac{2}{3}$ son mayores que las partes en $\frac{2}{5}$.
>
>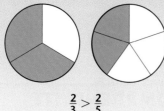
>
> $\frac{2}{3} > \frac{2}{5}$
>
> Por lo tanto, $\frac{2}{3}$ es mayor que $\frac{2}{5}$.

Distintos numeradores y distintos denominadores

Aquí se muestran varias estrategias que pueden ayudar cuando el numerador y el denominador son diferentes.

Comparar con $\frac{1}{2}$ Fíjate en que $\frac{5}{7}$ es mayor que $\frac{1}{2}$ y $\frac{3}{8}$ es menor que $\frac{1}{2}$. Así que, $\frac{3}{8} < \frac{5}{7}$.

Comparar con 0 y 1 $\frac{7}{8}$ está a $\frac{1}{8}$ de distancia de 1 y $\frac{3}{4}$ está a $\frac{1}{4}$ de distancia de 1. Como los octavos son menores que los cuartos, $\frac{7}{8}$ está más cerca de 1 que $\frac{3}{4}$. Así que, $\frac{7}{8} > \frac{3}{4}$.

Denominadores comunes Da otro nombre a las fracciones usando un denominador común. La fracción con el mayor numerador es mayor.

> **EJEMPLO** Compara $\frac{5}{8}$ y $\frac{3}{5}$.
>
> Un denominador común para $\frac{5}{8}$ y $\frac{3}{5}$ es 40.
>
> $\frac{5}{8} = \frac{5 * 5}{8 * 5} = \frac{25}{40}$ $\frac{3}{5} = \frac{3 * 8}{5 * 8} = \frac{24}{40}$ $\frac{25}{40} > \frac{24}{40}$
>
> Así que, $\frac{5}{8} > \frac{3}{5}$.

Decimales equivalentes Para comparar $\frac{2}{5}$ y $\frac{3}{8}$, usa una calculadora para dar otro nombre a ambas fracciones como decimales:

$\frac{2}{5}$: Marca: 2 ÷ 5 (Enter)   Respuesta: 0.4

$\frac{3}{8}$: Marca: 3 ÷ 8 (Enter)   Respuesta: 0.375

Ya que, $0.4 > 0.375$, tú sabes que $\frac{2}{5} > \frac{3}{8}$.

COMPRUEBA SI COMPRENDISTE

Compara. Usa $<$, $>$ ó $=$.

1. $\frac{1}{7} \square \frac{1}{9}$ **2.** $\frac{3}{7} \square \frac{5}{9}$ **3.** $\frac{1}{4} \square \frac{3}{12}$ **4.** $\frac{5}{8} \square \frac{2}{3}$ **5.** $\frac{5}{9} \square \frac{2}{3}$

Comprueba tus respuestas en la página 387.

Suma y resta de fracciones

Denominadores iguales

Para sumar y restar fracciones que tienen el mismo denominador, suma o resta los numeradores. El denominador no cambia. Después de hallar la suma o la diferencia, puedes usar la regla de división para llevar la fracción a su mínima expresión.

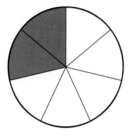 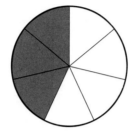

$$\frac{2}{7} + \frac{3}{7} = \frac{5}{7}$$

EJEMPLOS

$\frac{3}{8} + \frac{2}{8} = ?$

$$\frac{3}{8} + \frac{2}{8} = \frac{3+2}{8} = \frac{5}{8}$$

$\frac{7}{10} - \frac{3}{10} = ?$

$$\frac{7}{10} - \frac{3}{10} = \frac{7-3}{10} = \frac{4}{10} = \frac{2}{5}$$

Distinto denominador

Para sumar o restar fracciones con denominadores distintos, primero da otro nombre a las fracciones como fracciones usando un denominador común.

EJEMPLO $\frac{5}{12} + \frac{2}{3} = ?$

Para dar otro nombre a $\frac{5}{12}$ y $\frac{2}{3}$ usando un denominador común, puedes multiplicar el numerador y el denominador de cada fracción por el denominador de la otra fracción.

$$\frac{5}{12} = \frac{5 * 3}{12 * 3} = \frac{15}{36}$$

$$\frac{2}{3} = \frac{2 * 12}{3 * 12} = \frac{24}{36}$$

Así que, $\frac{5}{12} + \frac{2}{3} = \frac{15}{36} + \frac{24}{36} = \frac{39}{36}$.

A veces una respuesta como $\frac{39}{36}$ es una buena solución al problema. Otras veces, tal vez quieras convertirla a número mixto en su mínima expresión.

$$\frac{39}{36} = 1\frac{3}{36} = 1\frac{1}{12}$$

Usar una regla de cálculo

Matemáticas diarias, Quinto grado, te ofrece una regla de cálculo, de papel, para ayudarte a sumar y restar algunas fracciones.

EJEMPLO   Halla $\frac{3}{4} + \frac{1}{2}$.

Paso 1: Pon el lado de las fracciones del deslizador dentro del lado de fracciones del soporte.

Paso 2: Alinea la marca de 0 en el deslizador con la marca de $\frac{3}{4}$ en el soporte.

Paso 3: Halla la marca de $\frac{1}{2}$ en el deslizador. Está alineada con la marca de $1\frac{1}{4}$ en el soporte. Esa es la respuesta del problema.

$$\frac{3}{4} + \frac{1}{2} = 1\frac{1}{4}$$

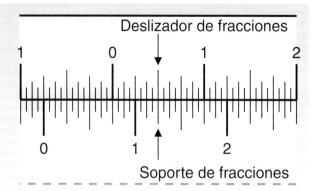

EJEMPLO   Halla $2\frac{1}{4} - \frac{1}{2}$.

Paso 1: Alinea la marca de 0 en el deslizador con la marca de $2\frac{1}{4}$ en el soporte.

Paso 2: Halla la marca de $\frac{1}{2}$ en la parte negativa del deslizador. Está alineada con la marca de $1\frac{3}{4}$ en el soporte. Esa es la respuesta del problema.

$$2\frac{1}{4} - \frac{1}{2} = 1\frac{3}{4}$$

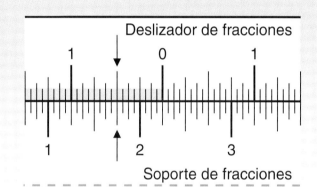

Usar una calculadora

Algunas calculadoras pueden sumar y restar fracciones.

EJEMPLO $\frac{3}{8} + \frac{1}{4} = ?$

Marca: 3 $\boxed{\text{n}}$ 8 $\boxed{\text{d}}$ $\boxed{+}$ 1 $\boxed{\text{n}}$ 4 $\boxed{\text{d}}$ $\boxed{\text{Enter}}$ Respuesta: $\frac{5}{8}$

COMPRUEBA SI COMPRENDISTE

Suma o resta.

1. $\frac{5}{8} - \frac{1}{3}$ **2.** $\frac{7}{8} - \frac{1}{2}$ **3.** $\frac{5}{12} - \frac{1}{4}$ **4.** $\frac{5}{12} + \frac{1}{4}$ **5.** $\frac{5}{8} + \frac{1}{3}$

Comprueba tus respuestas en la página 387.

Suma de números mixtos

Una manera de sumar números mixtos es sumar los enteros
y las fracciones por separado. Tendrás que dar otro nombre a
las sumas de las fracciones si son mayores que 1. Si las
fracciones en los números mixtos tienen distintos
denominadores, primero deberás darles otro nombre usando
un denominador común.

EJEMPLO Halla $3\frac{3}{4} + 5\frac{2}{3}$.

Da otro nombre a las fracciones usando un denominador común.

$$3\ \frac{3}{4} \qquad (3\frac{3}{4} = 3\frac{9}{12}) \qquad 3\ \frac{9}{12}$$
$$+\ 5\ \frac{2}{3} \qquad (5\frac{2}{3} = 5\frac{8}{12}) \qquad +\ 5\ \frac{8}{12}$$

Suma las fracciones. | Suma los números enteros.

$$3\ \frac{9}{12}$$
$$+\ 5\ \frac{8}{12}$$
$$\frac{17}{12}$$

$$3\ \frac{9}{12}$$
$$+\ 5\ \frac{8}{12}$$
$$8\ \frac{17}{12}$$

Da otro nombre a la suma.

$$8\frac{17}{12} = 8 + \frac{12}{12} + \frac{5}{12}$$
$$= 8 + 1 + \frac{5}{12}$$
$$= 9 + \frac{5}{12}$$
$$= 9\frac{5}{12}$$
$$3\frac{3}{4} + 5\frac{2}{3} = 9\frac{5}{12}$$

Algunas calculadoras tienen teclas especiales para marcar y dar
otro nombre a los números mixtos. Consulta las páginas
235 y 236.

COMPRUEBA SI COMPRENDISTE

Suma.

1. $1\frac{1}{2} + 2\frac{3}{4}$

2. $3\frac{2}{3} + 5\frac{1}{4}$

3. $7\frac{5}{6} + 2\frac{1}{2}$

Comprueba tus respuestas en la página 387.

Resta de números mixtos

Aquí hay una manera de restar un número mixto de otro número mixto:

Primero, resta las fracciones de los números mixtos.

- Si las fracciones tienen distintos denominadores, dales otro nombre usando un denominador común.

- Si es necesario, da otro nombre al número mixto mayor, para que la fracción sea lo suficientemente grande para poder restarle.

Segundo, resta las partes de los números enteros.

EJEMPLO Halla $5\frac{1}{4} - 3\frac{2}{3}$.

Da otro nombre a las fracciones usando un denominador común.

$$5 \, \frac{1}{4} \qquad (5\frac{1}{4} = 5\frac{3}{12}) \qquad\qquad 5 \, \frac{3}{12}$$
$$-\, 3 \, \frac{2}{3} \qquad (3\frac{2}{3} = 3\frac{8}{12}) \qquad\qquad -\, 3 \, \frac{8}{12}$$

Da otro nombre al número mixto mayor, para que el numerador de la fracción sea lo suficientemente grande para poder restarle. (Recuerda que a 1 se le puede dar otro nombre como una fracción que tenga el mismo numerador y denominador.)

$$5 \, \frac{3}{12} = 4 + 1 + \frac{3}{12} = 4 + \frac{12}{12} + \frac{3}{12} = 4 \, \frac{15}{12}$$
$$-\, 3 \, \frac{8}{12} \qquad\qquad\qquad\qquad\qquad\qquad -\, 3 \, \frac{8}{12}$$

Resta las fracciones.

$$4 \, \frac{15}{12}$$
$$-\, 3 \, \frac{8}{12}$$
$$\overline{ \frac{7}{12}}$$

Resta los números enteros.

$$4 \, \frac{15}{12}$$
$$-\, 3 \, \frac{8}{12}$$
$$\overline{1 \, \frac{7}{12}}$$

$5\frac{1}{4} - 3\frac{2}{3} = 1\frac{7}{12}$

EJEMPLO   Halla $5 - 2\frac{2}{3}$.

Da otro nombre al número entero como número mixto.

$$\mathbf{5} = 4 + 1 = 4 + \frac{3}{3} = 4\frac{3}{3} = \mathbf{4\,\frac{3}{3}}$$
$$-\ 2\,\frac{2}{3} \qquad\qquad\qquad -\ 2\,\frac{2}{3}$$

Resta las fracciones.	Resta los números enteros.
$4\,\frac{3}{3}$	$\mathbf{4}\,\frac{3}{3}$
$\underline{-2\,\frac{2}{3}}$	$\underline{-\,\mathbf{2}\,\frac{2}{3}}$
$2\,\frac{1}{3}$	$\mathbf{2}\,\frac{1}{3}$

$$5 - 2\frac{2}{3} = 2\frac{1}{3}$$

Otra manera de restar (o sumar) números mixtos es dar otro nombre a los números mixtos como fracciones impropias.

EJEMPLO   Halla $4\frac{1}{6} - 2\frac{2}{3}$.

Da otro nombre a los números mixtos como fracciones.
$$4\frac{1}{6} = \frac{25}{6} \qquad 2\frac{2}{3} = \frac{8}{3}$$

Da otro nombre a las fracciones usando un denominador común. Resta.

$$\frac{25}{6} \qquad\qquad\qquad \frac{25}{6}$$
$$-\ \frac{8}{3} \qquad \left(\frac{8}{3} = \frac{16}{6}\right) \qquad -\ \frac{16}{6}$$
$$\qquad\qquad\qquad\qquad\qquad \frac{9}{6}$$

Da otro nombre al resultado como número mixto. $\frac{9}{6} = 1\frac{3}{6} = 1\frac{1}{2}$

Así que, $4\frac{1}{6} - 2\frac{2}{3} = 1\frac{1}{2}$.

COMPRUEBA SI COMPRENDISTE

Resta.

1. $4\frac{1}{2} - 1\frac{1}{4}$ **2.** $3\frac{2}{5} - \frac{4}{5}$ **3.** $5\frac{1}{2} - 2\frac{5}{6}$

Comprueba tus respuestas en la página 387.

Multiplicar fracciones y números enteros

Hay diferentes maneras de mostrar la multiplicación de un número entero por una fracción.

Modelo de área

EJEMPLO Halla $\frac{2}{3} * 2$.

Fíjate en que el número de rectángulos es igual al número entero.
Ambos rectángulos están divididos en tercios.
$\frac{2}{3}$ de cada rectángulo están sombreados.
En cada rectángulo, hay 3 partes; 2 de ellas están sombreadas.
En los 2 rectángulos, hay 4 tercios sombreados en total.
Así que, $\frac{2}{3} * 2 = \frac{4}{3}$, o sea, $1\frac{1}{3}$.

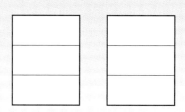

Modelo de recta numérica

Otra forma de multiplicar una fracción y un número entero es pensar en dar "saltos" sobre la recta numérica. El número entero te dice cuántos saltos dar y la fracción te dice de qué largo debe ser cada salto. Por ejemplo, para hallar $5 * \frac{2}{3}$, imagina que das 5 saltos sobre una recta numérica, cada uno de $\frac{2}{3}$ de largo.

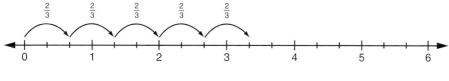

$$5 * \frac{2}{3} = 3\frac{1}{3}$$

Suma

Otra manera es sumar. Por ejemplo, para hallar $4 * \frac{2}{3}$, dibuja 4 modelos de $\frac{2}{3}$.

$$4 * \frac{2}{3} = \frac{2}{3} + \frac{2}{3} + \frac{2}{3} + \frac{2}{3} = \frac{8}{3}$$

COMPRUEBA SI COMPRENDISTE

Multiplica.

1. $5 * \frac{1}{2}$

2. $6 * \frac{3}{4}$

3. $\frac{4}{5} * 3$

Comprueba tus respuestas en la página 387.

Hallar la fracción de un número

Muchos problemas con fracciones requieren hallar la fracción de un número.

EJEMPLO   Halla $\frac{2}{3}$ de 24.

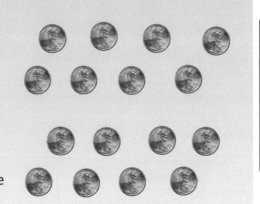

Representa el problema con 24 *pennies*. Divide los *pennies* en 3 grupos iguales.

Cada grupo tiene $\frac{1}{3}$ de los *pennies*.
Así que, $\frac{1}{3}$ de 24 *pennies* son 8 *pennies*.

Ya que, $\frac{1}{3}$ de 24 es 8, $\frac{2}{3}$ de 24 debe ser el doble: $2 * 8 = 16$.

$\frac{1}{3}$ de 24 = 8, así que, $\frac{2}{3}$ de 24 = 16.

> **NOTA**
>
> "$\frac{2}{3}$ de 24" también se puede escribir "$\frac{2}{3} * 24$". La palabra *de*, a menudo, aunque no siempre, significa multiplicación.

EJEMPLO   Una chaqueta que se vende en $45 está en oferta a $\frac{2}{3}$ de su precio regular. ¿Cuál es el precio de oferta?

Para hallar el precio de oferta, tienes que hallar $\frac{2}{3}$ de $45.

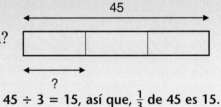

Paso 1: Halla $\frac{1}{3}$ de 45.

$45 \div 3 = 15$, así que, $\frac{1}{3}$ de 45 es 15.

Paso 2: Usa la respuesta del paso 1 para hallar $\frac{2}{3}$ de 45.
Ya que, $\frac{1}{3}$ de 45 es 15, $\frac{2}{3}$ de 45 es $2 * 15 = 30$.

El precio de oferta es $30.

COMPRUEBA SI COMPRENDISTE

Resuelve cada problema.

1. $\frac{1}{4}$ de 36
2. $\frac{3}{4}$ de 36
3. $\frac{4}{5}$ de 20
4. Rita y Hunter ganaron $15 rastrillando césped. Como Rita hizo la mayor parte del trabajo, decidieron que Rita debería ganar $\frac{2}{3}$ del dinero. ¿Cuánto dinero recibió cada uno?

Comprueba tus respuestas en la página 387.

Usar una fracción integrante para hallar el total

Una fracción que tenga 1 como numerador se llama **fracción integrante.** Las fracciones $\frac{1}{2}, \frac{1}{3}, \frac{1}{4}$ y $\frac{1}{5}$ son fracciones integrantes. Las fracciones integrantes a menudo resultan útiles para resolver problemas con fracciones.

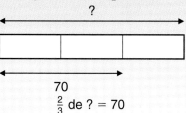

EJEMPLO Alex colecciona tarjetas de deportes. Setenta de sus tarjetas son de jugadores de baloncesto. Estas 70 tarjetas son $\frac{2}{3}$ de la colección de Alex. ¿Cuántas tarjetas de deportes tiene Alex?

$\frac{2}{3}$ de la colección son 70 tarjetas. Así que, $\frac{1}{3}$ de la colección son 35 tarjetas. La colección total ($\frac{3}{3}$) es 3 * 35 = 105.

?

70
$\frac{2}{3}$ de ? = 70

Alex tiene 105 tarjetas en su colección.

EJEMPLO Alicia horneó galletas. Regaló 24 galletas, que eran $\frac{3}{5}$ del total de las galletas que horneó. ¿Cuántas galletas horneó Alicia?

$\frac{3}{5}$ de las galletas de Alicia son 24 galletas. Así que, $\frac{1}{5}$ de las galletas de Alicia son 8 galletas. El total de galletas ($\frac{5}{5}$) es 5 * 8 = 40 galletas.

?

24
$\frac{3}{5}$ de ? = 24

Alicia horneó 40 galletas.

COMPRUEBA SI COMPRENDISTE

Resuelve cada problema.

1. $\frac{1}{2}$ paquete son 24 galletas. ¿Cuántas galletas hay en un paquete entero?

2. $\frac{2}{3}$ de un paquete son 4 galletas. ¿Cuántas galletas hay en un paquete entero?

3. $\frac{3}{4}$ de un paquete son 18 galletas. ¿Cuántas galletas hay en un paquete entero?

Comprueba tus respuestas en la página 387.

Multiplicar fracciones

Cuando multiplicas dos fracciones, pensar en el área puede ayudarte.

EJEMPLO   ¿Cuánto es $\frac{3}{4}$ de $\frac{2}{3}$?

Paso 1: *Piensa:* ¿Cuánto es $\frac{3}{4}$ de $\frac{2}{3}$ de esta región rectangular?

Paso 2: Sombrea $\frac{2}{3}$ de la región de esta manera:

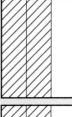

Paso 3: Sombrea $\frac{3}{4}$ de la región de esta manera:

Ahora, $\frac{3}{4}$ de $\frac{2}{3}$ de la región están sombreados de ambas maneras: Eso es $\frac{6}{12}$, o sea, $\frac{1}{2}$ de la región total.

$$\frac{3}{4} \text{ de } \frac{2}{3} = \frac{6}{12} = \frac{1}{2}$$

Para hallar la fracción de un número, puedes usar el símbolo de multiplicación en vez de la palabra *de*.

$$\frac{3}{4} \text{ de } \frac{2}{3} = \frac{3}{4} * \frac{2}{3} = \frac{6}{12} = \frac{1}{2}$$

Propiedad de la multiplicación de fracciones

El problema de arriba es un ejemplo del siguiente patrón general: para multiplicar fracciones, simplemente multiplica los numeradores y multiplica los denominadores.

Este patrón puede expresarse de la siguiente manera:

$$\frac{a}{b} * \frac{c}{d} = \frac{a * c}{b * d} \qquad (b \text{ y } d \text{ no pueden ser } 0.)$$

EJEMPLO $\frac{3}{4} * \frac{2}{3} = ?$

$$\frac{3}{4} * \frac{2}{3} = \frac{3 * 2}{4 * 3} = \frac{6}{12} = \frac{1}{2}$$

> **N O T A**
>
> Consulta la página 235 y observa cómo se puede usar una calculadora para multiplicar fracciones.

COMPRUEBA SI COMPRENDISTE

Multiplica.

1. $\frac{1}{3} * \frac{1}{2}$

2. $\frac{3}{5} * \frac{1}{4}$

3. $\frac{5}{6} * \frac{3}{10}$

Comprueba tus respuestas en la página 387.

Multiplicar fracciones, números enteros y números mixtos

Multiplicar números enteros y fracciones

La propiedad de la multiplicación de fracciones puede usarse para multiplicar un número entero por una fracción. Primero, da otro nombre al número entero como una fracción que tenga 1 de denominador.

EJEMPLO   Halla $5 * \frac{2}{3}$.

$5 * \frac{2}{3} = \frac{5}{1} * \frac{2}{3} = \frac{5 * 2}{1 * 3} = \frac{10}{3} = 3\frac{1}{3}$

$5 * \frac{2}{3} = 3\frac{1}{3}$

Multiplicar números mixtos dándoles nombre de fracción impropia

Una forma de multiplicar dos números mixtos es: dar otro nombre a cada número mixto como fracción impropia, multiplicar las fracciones y dar otro nombre al producto como número mixto.

EJEMPLO   Halla $3\frac{1}{4} * 1\frac{5}{6}$.

Da nombre de fracción a los números mixtos.

$$3\frac{1}{4} * 1\frac{5}{6} = \frac{13}{4} * \frac{11}{6}$$

Multiplica las fracciones.

$$= \frac{13 * 11}{4 * 6}$$

$$= \frac{143}{24}$$

Da nombre de número mixto al producto.

$$\begin{array}{r} 24\overline{)143} \\ -120 \\ \hline 23 \end{array} \quad \begin{array}{r} 5 \\ \hline 5 \end{array} \quad \frac{143}{24} = 5\frac{23}{24}$$

Así que, $3\frac{1}{4} * 1\frac{5}{6} = 5\frac{23}{24}$.

Multiplicar números mixtos usando productos parciales

Otra manera de multiplicar números mixtos es hallar los productos parciales y sumarlos.

EJEMPLOS Halla $7\frac{1}{2} * 2\frac{3}{5}$.

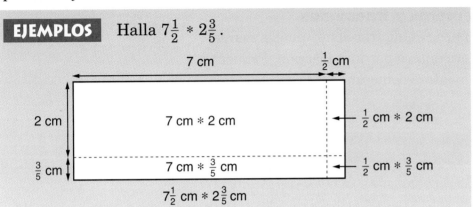

Halla los productos parciales.

$$7 * 2 = 14$$
$$7 * \frac{3}{5} = \frac{7}{1} * \frac{3}{5} = \frac{21}{5} = 4\frac{1}{5}$$
$$\frac{1}{2} * 2 = \frac{1}{2} * \frac{2}{1} = \frac{2}{2} = 1$$
$$\frac{1}{2} * \frac{3}{5} = \frac{3}{10}$$

Suma los productos parciales.

$$14 + 4\frac{1}{5} + 1 + \frac{3}{10} = 19 + \frac{1}{5} + \frac{3}{10}$$
$$= 19 + \frac{2}{10} + \frac{3}{10}$$
$$= 19 + \frac{5}{10}$$
$$= 19\frac{5}{10}$$
$$= 19\frac{1}{2}$$

Este método usa la propiedad distributiva.

$$7\frac{1}{2} * 2\frac{3}{5} = (7 + \frac{1}{2}) * (2 + \frac{3}{5})$$
$$= \left(7 * (2 + \frac{3}{5})\right) + \left(\frac{1}{2} * (2 + \frac{3}{5})\right)$$
$$= \left((7 * 2) + (7 * \frac{3}{5})\right) + \left((\frac{1}{2} * 2) + (\frac{1}{2} * \frac{3}{5})\right)$$
$$= 14 + \frac{21}{5} + \frac{2}{2} + \frac{3}{10}$$
$$= 14 + 4\frac{1}{5} + 1 + \frac{3}{10}$$
$$= 19\frac{1}{2}$$

N O T A

Consulta la página 235 y observa cómo se usa una calculadora para multiplicar números mixtos.

COMPRUEBA SI COMPRENDISTE

Multiplica.

1. $6 * \frac{1}{4}$

2. $2\frac{2}{3} * 9$

3. $3\frac{3}{5} * 4\frac{1}{2}$

Comprueba tus respuestas en la página 387.

División de fracciones

Dividir un número entre una fracción a menudo da un cociente mayor que el dividendo. Por ejemplo, $4 \div \frac{1}{2} = 8$. Pensar en el significado de la división, ayuda a entender por qué pasa esto.

Hay 8 mitades en 4 enteros.

Grupos iguales

Un problema de división como $a \div b = ?$ pregunta: "¿Cuántas b hay en a?". Por ejemplo, el problema $6 \div 3 = ?$ pregunta: "¿Cuántos 3 hay en 6?". La figura de la derecha muestra que hay dos 3 en 6, así que, $6 \div 3 = 2$.

$6 \div 3 = 2$

Un problema de división como $6 \div \frac{1}{3} = ?$ pregunta: "¿Cuántos $\frac{1}{3}$ hay en 6?". La figura de la derecha muestra que hay 18 tercios en 6, así que, $6 \div \frac{1}{3} = 18$.

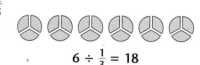

$6 \div \frac{1}{3} = 18$

EJEMPLO Frank tiene 5 libras de arroz. Una taza de arroz pesa alrededor de $\frac{1}{2}$ libra. ¿Cuántas tazas de arroz tiene Frank?

Este problema se resuelve hallando cuántos $\frac{1}{2}$ hay en 5, que es lo mismo que $5 \div \frac{1}{2}$.

$\frac{1}{2}$lb + $\frac{1}{2}$lb + $\frac{1}{2}$lb + $\frac{1}{2}$lb + $\frac{1}{2}$lb + $\frac{1}{2}$lb + $\frac{1}{2}$lb + $\frac{1}{2}$lb + $\frac{1}{2}$lb + $\frac{1}{2}$lb = 5 lb

Así que, Frank tiene alrededor de 10 tazas de arroz.

Denominador común

Una manera de resolver un problema de división con fracciones es dando otro nombre al dividendo y al divisor, como fracciones que tengan un denominador común. Luego, divide los numeradores y los denominadores.

EJEMPLO Halla $6 \div \frac{2}{3}$.

Da otro nombre a 6 como $\frac{18}{3}$.

Divide los numeradores y los denominadores.

$6 \div \frac{2}{3} = 9$

$$6 \div \frac{2}{3} = \frac{18}{3} \div \frac{2}{3}$$
$$= \frac{18 \div 2}{3 \div 3}$$
$$= \frac{9}{1}, \text{ o sea, } 9$$

Para ver por qué este método funciona bien, imagina que pones los 18 tercios en grupos de $\frac{2}{3}$ cada uno. Habría 9 grupos.

Fracciones y números racionales

EJEMPLO Jake tiene 8 libras de azúcar. Él las quiere poner en paquetes de $\frac{2}{3}$ de libra cada uno. ¿Cuántos paquetes puede hacer?

Resuelve $8 \div \frac{2}{3}$.

Da otro nombre a 8 como $\frac{24}{3}$.

$$8 \div \frac{2}{3} = \frac{24}{3} \div \frac{2}{3}$$

Divide.

$$= \frac{24 \div 2}{3 \div 3}$$

$$= \frac{12}{1}, \text{ o sea, } 12$$

Los 24 tercios se pueden poner en 12 grupos de $\frac{2}{3}$ cada uno.

Así que, Jake puede hacer 12 paquetes.

Factores que faltan

Un problema de división es equivalente a un problema de multiplicación con un factor que falta. Un problema como $6 \div \frac{1}{2}$ = □ es equivalente a $\frac{1}{2} * □ = 6$. Y $\frac{1}{2} * □ = 6$ es lo mismo que preguntar: "¿$\frac{1}{2}$ de qué número es igual a 6?". Como $\frac{1}{2}$ de 12 es 6, sabes que $\frac{1}{2} * 12 = 6$ y $6 \div \frac{1}{2} = 12$.

EJEMPLO Halla $6 \div \frac{2}{3}$.

Este problema es equivalente a $\frac{2}{3} * □ = 6$, lo cual significa: "¿6 es $\frac{2}{3}$ de qué número?".

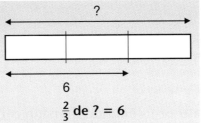

$\frac{2}{3}$ de ? = 6

El diagrama de arriba muestra que $\frac{2}{3}$ del número que falta es 6.

Así que, $\frac{1}{3}$ debe ser 3. El número que falta, $\frac{3}{3}$, es $3 * 3 = 9$.

Así que, $\frac{2}{3}$ de 9 = 6, lo cual es equivalente a $\frac{2}{3} * 9 = 6$. Esto significa que $6 \div \frac{2}{3} = 9$.

COMPRUEBA SI COMPRENDISTE

Resuelve. Escribe un modelo numérico de división para cada problema.

1. Richard tiene 6 pizzas. Si cada persona come $\frac{1}{2}$ de una pizza, ¿a cuántas personas les puede servir Richard?

2. Maya tiene 8 yardas de tiras de plástico para hacer pulseras. Necesita $\frac{1}{2}$ yarda para cada pulsera. ¿Cuántas pulseras puede hacer?

3. 5 es $\frac{1}{2}$ de un número. ¿Cuál es ese número?

Comprueba tus respuestas en la página 387.

Números racionales

Contar es casi tan antiguo como la raza humana, y se ha usado de una u otra forma por toda sociedad humana. Hace tiempo que la gente se dio cuenta de que los **números cardinales** (1, 2, 3, etc.) no satisfacían todas sus necesidades.

- Los números cardinales no se pueden usar para expresar medidas que se encuentran entre dos números enteros consecutivos, tales como $2\frac{1}{2}$ pulgadas y 1.6 kilómetros.

- Con los números cardinales, los problemas de división como 8 / 5 y 3 / 7 no tienen respuesta.

Los **números racionales positivos** se inventaron para satisfacer estas necesidades. Los números racionales positivos se pueden expresar en fracciones, decimales y porcentajes. Con la invención de los números racionales positivos, se hizo posible expresar tasas y razones, dar nombre a muchos más puntos en la recta numérica y resolver cualquier problema de división con números enteros (excepto la división entre 0).

Aun así, los números racionales positivos tampoco satisfacían todas las necesidades. Por ejemplo, problemas como $5 - 7$ y $2\frac{3}{4} - 5\frac{1}{4}$ no podían resolverse. Esto llevó a la invención de los **números racionales negativos.** Los números negativos tienen varios usos en las matemáticas y en la vida diaria.

- Los números negativos se pueden usar para expresar ubicaciones como temperaturas bajo cero en un termómetro y profundidades bajo el nivel del mar.

- Los números negativos se pueden usar para expresar cambios, como las yardas perdidas en un partido de fútbol americano o la pérdida de peso.

- Los números negativos permiten que la recta numérica se extienda más allá de cero.

- Los números negativos permiten responder a muchos problemas de resta.

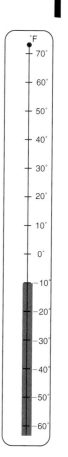

Fracciones y números racionales

Los **números racionales** comprenden todos los números racionales positivos y negativos, y el cero.

Los **números enteros** son una clase especial de números racionales. El conjunto de los números enteros consiste en todos los números cardinales, todos los opuestos de los números cardinales y el cero. Los números racionales se llaman *racionales* porque se pueden escribir como razones de números enteros. Esto significa que cualquier número racional se puede escribir como una fracción, usando sólo números enteros en el numerador y en el denominador.

Hay otros números llamados **números irracionales.** Algunos de estos, como el número π, los has usado antes. Los números irracionales no se pueden escribir como razones de números enteros, por eso se llaman *irracionales*. Aprenderás más sobre los números irracionales cuando estudies álgebra.

El conjunto de números racionales e irracionales, forma los **números reales.** Los números reales completan la recta numérica: todo punto en la recta numérica corresponde a un número real, y todo número real tiene un punto en la recta numérica.

Números cardinales: 1, 2, 3, 4, 5...

Números racionales positivos: 5, $\frac{1}{2}$, 2, 7.08, 40%

Números racionales negativos: -6, $-(\frac{3}{8})$, -0.006, $-1\frac{1}{2}$

Números enteros: 12, 0, -37

Números irracionales: $\sqrt{2}$, tangente 30°

Números reales: todos los ejemplos de arriba

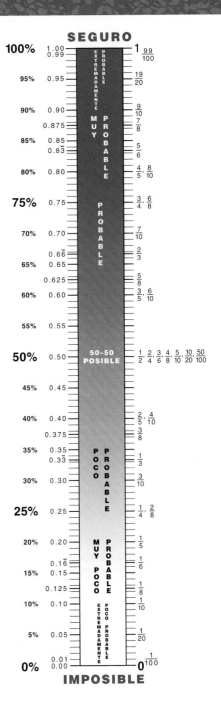

Dar nombre de decimal a las fracciones

Las fracciones, los decimales y los porcentajes son diferentes maneras de escribir números. A veces, es más fácil trabajar con una fracción en vez de un decimal, o con un porcentaje en vez de una fracción; por eso, es bueno saber cómo dar otro nombre a fracciones, decimales y porcentajes convirtiéndolos a la forma que tú quieras.

Siempre se le puede dar nombre de decimal a cualquier fracción que denomine un número racional. A veces, el decimal termina después de cierto número de lugares y otras, el decimal tiene uno o más dígitos que se repiten en un patrón indefinidamente. Los decimales que terminan se llaman **decimales finitos;** los que se repiten se llaman **decimales periódicos.** La fracción $\frac{1}{2}$ es equivalente al decimal finito 0.5. La fracción $\frac{1}{3}$ es equivalente al decimal periódico 0.3333...

Hay varias maneras de dar nombre de decimal a una fracción. Una manera es memorizar el equivalente decimal: $\frac{1}{2} = 0.5$, $\frac{1}{4} = 0.25$, $\frac{1}{8} = 0.125$, etc. Pero esto funciona sólo con algunas fracciones sencillas, a menos que se tenga muy buena memoria.

Otra manera de hallar un decimal equivalente a una fracción es usar el razonamiento lógico. Por ejemplo, si $\frac{1}{8} = 0.125$, entonces, $\frac{3}{8} = 0.125 + 0.125 + 0.125 = 0.375$. El razonamiento lógico y algunas equivalencias que te sepas de memoria te ayudarán a dar nombre de decimal a muchas fracciones comunes.

A veces puedes dar nombre de decimal a una fracción hallando una fracción equivalente que tenga denominadores tales como 10, 100 ó 1,000.

Para otras fracciones, puedes hallar decimales equivalentes usando la Tabla de barras de fracciones de la página 357.

Finalmente, puedes dar otro nombre a cualquier fracción como decimal, dividiendo el numerador entre el denominador. Puedes hacer la división usando papel y lápiz o con una calculadora.

Método de fracciones equivalentes

Una manera de dar nombre de decimal a una fracción es hallar una fracción equivalente cuyo denominador sea una potencia de 10, tal como 10, 100 ó 1,000. Este método funciona sólo con algunas fracciones.

Entero
Cuadrado grande

EJEMPLO

Las líneas continuas dividen el cuadrado en 5 partes iguales. Cada parte es $\frac{1}{5}$ del cuadrado. $\frac{3}{5}$ del cuadrado están sombreados.

Las líneas punteadas dividen cada quinto en 2 partes iguales. Cada parte es $\frac{1}{10}$, o sea, 0.1, del cuadrado. $\frac{6}{10}$, o sea, 0.6, del cuadrado están sombreadas.

$$\frac{3}{5} = \frac{6}{10} = 0.6$$

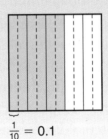

$\frac{1}{10} = 0.1$

EJEMPLO

Las líneas continuas dividen el cuadrado en 4 partes iguales. Cada parte es $\frac{1}{4}$ del cuadrado. $\frac{3}{4}$ del cuadrado están sombreados.

Las líneas punteadas dividen cada cuarto en 25 partes iguales. Cada parte es $\frac{1}{100}$, o sea, 0.01, del cuadrado. $\frac{75}{100}$, o sea, 0.75, del cuadrado están sombreadas.

$$\frac{3}{4} = \frac{75}{100} = 0.75$$

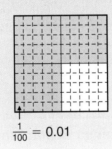

$\frac{1}{100} = 0.01$

COMPRUEBA SI COMPRENDISTE

Da nombre de decimal a cada fracción.

1. $\frac{1}{4}$ **2.** $\frac{4}{5}$ **3.** $\frac{5}{2}$ **4.** $\frac{13}{20}$

Comprueba tus respuestas en la página 387.

Usar la Tabla de barras de fracciones

Las Tablas de barras de fracciones de abajo y de la página 357, se pueden usar para dar otro nombre a las fracciones como decimales. Fíjate en que el resultado a menudo no es exacto.

EJEMPLO Da otro nombre a $\frac{2}{3}$ como decimal.

1. Localiza $\frac{2}{3}$ en la barra de los "tercios".
2. Pon uno de los lados de una regla en $\frac{2}{3}$.
3. Halla el lugar donde la regla cruza la recta numérica.

La regla cruza la recta numérica entre 0.66 y 0.67:

Así que, $\frac{2}{3}$ es más o menos equivalente a 0.66 ó 0.67.

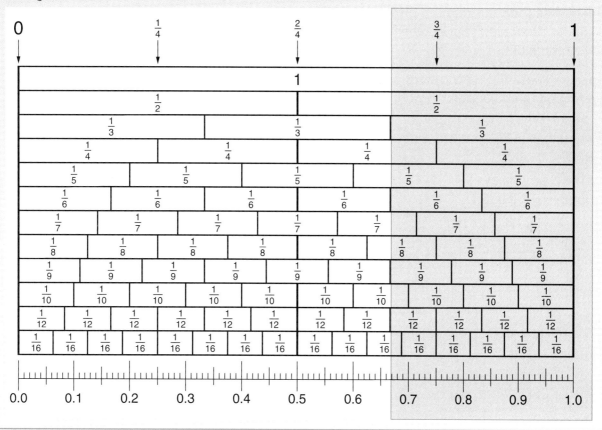

COMPRUEBA SI COMPRENDISTE

Usa la tabla de arriba para hallar un decimal aproximado para cada fracción o número mixto.

1. $\frac{3}{10}$ **2.** $\frac{7}{8}$ **3.** $4\frac{1}{3}$ **4.** $\frac{12}{16}$

Comprueba tus respuestas en la página 387.

Usar la división

Otra manera de dar nombre de decimal a una fracción es dividir el numerador entre el denominador. Esto se puede hacer fácilmente con una calculadora, pero también se puede hacer mediante una división.

EJEMPLO   Convierte $\frac{7}{8}$ a decimal mediante una división.

Primero, estima la respuesta.
Como $\frac{7}{8}$ es mayor que $\frac{1}{2}$ pero menor que 1, el decimal equivalente será mayor que 0.5 y menor que 1.0

Luego, decide cuántos lugares decimales quieres.
Dos o tres lugares decimales a menudo son suficientes para resolver los problemas de todos los días. Da otro nombre a $\frac{7}{8}$ como un decimal con tres lugares decimales. Para obtener tres lugares decimales, escribe el 7 de $\frac{7}{8}$ como 7.000.

Luego, usa la división de cocientes parciales para dividir 7.000 entre 8. Recuerda, por ahora, ignorar el punto decimal y dividir 7000 entre 8.

```
8)7000
 − 6400  |  800
    600  |
  − 560  |   70
     40  |
   − 40  |    5
      0  |  875
```

Finalmente, usa la estimación del primer paso para colocar el punto decimal, de tal forma que el decimal equivalente a $\frac{7}{8}$ esté entre 0.5 y 1.0.

0.875 está entre 0.5 y 1.0.

Así que, $\frac{7}{8} = 0.875$.

En el ejemplo de arriba no hay residuo.

Cuando haya residuo, tal vez quieras redondear el cociente.

EJEMPLO Da otro nombre a $\frac{2}{3}$ como decimal, usando la división.

Estima.
Ya que $\frac{2}{3}$ es mayor que $\frac{1}{2}$ pero menor que 1, el decimal equivalente debe estar entre 0.5 y 1.0.

Decide cuántos lugares decimales quieres y vuelve a escribir el numerador de acuerdo con tu decisión.

Da otro nombre a $\frac{2}{3}$ como decimal, con 2 lugares decimales. Escribe 2 como 2.00.

Usa la división de cocientes parciales para dividir 200 entre 3.

```
  3)200
  − 180     60
    20
  −  18      6
     2      66
```

El algoritmo muestra que 200 / 3 = $66\frac{2}{3}$, el cual puedes redondear a 67.

Usa la estimación para poner el punto decimal. La estimación oscilaba entre 0.5 y 1.0, así que, 0.67 está entre 0.5 y 1.0.

Así que, $\frac{2}{3}$ = 0.67, redondeado a la centésima más cercana.

COMPRUEBA SI COMPRENDISTE

Usa la división para hallar decimales equivalentes a estas fracciones.

1. $\frac{3}{8}$ (a la milésima más cercana)

2. $\frac{1}{6}$ (a la milésima más cercana)

3. $\frac{5}{9}$ (a la centésima más cercana)

Comprueba tus respuestas en la página 387.

Usar una calculadora

También puedes dar nombre de decimal a una fracción dividiendo
el numerador entre el denominador con una calculadora.

EJEMPLOS Da otro nombre como decimal.

Para $\frac{2}{3}$, marca: 2 ÷ 3 (Enter)

$\frac{2}{3}$ = 0.6666666667

Respuesta: 0.6666666667

Para $\frac{5}{6}$, marca: 5 ÷ 6 (Enter)

$\frac{5}{6}$ = 0.8333333333

Respuesta: 0.8333333333

En algunos casos, el decimal ocupa toda la pantalla de la
calculadora. Si se repiten uno o más dígitos, el decimal se puede
escribir poniendo el dígito o los dígitos que se repiten sólo una
vez, y poniendo una barra sobre lo que se repite.

EJEMPLOS

Fracción	Marca:	Respuesta de la calculadora	Decimal
$\frac{1}{3}$	1 ÷ 3 (Enter)	0.3333333333	$0.\overline{3}$
$\frac{4}{9}$	4 ÷ 9 (Enter)	0.4444444444	$0.\overline{4}$
$\frac{6}{11}$	6 ÷ 11 (Enter)	0.5454545455	$0.\overline{54}$
$\frac{7}{12}$	7 ÷ 12 (Enter)	0.5833333333	$0.58\overline{3}$

Los decimales en los que uno o más dígitos se repiten según
un patrón, se llaman **decimales periódicos.** En un decimal
periódico, el patrón de números repetidos va hasta el infinito.
Por ejemplo, supón que conviertes $\frac{2}{3}$ a decimal usando una
calculadora con una pantalla que pueda mostrar 1,000 dígitos.
La pantalla mostrará un 0 y 999 números seis: 0.6666666666...
Una calculadora que muestra 0.6666666667 para $\frac{2}{3}$ redondea el
último dígito que aparece en la pantalla.

238–239

Un decimal que no tiene un patrón repetitivo se llama **decimal
finito.** Por ejemplo, 0.625 es un decimal finito.

COMPRUEBA SI COMPRENDISTE

Usa una calculadora para dar otro nombre a cada fracción como decimal.

1. $\frac{3}{8}$ **2.** $\frac{8}{13}$ **3.** $\frac{5}{8}$ **4.** $\frac{6}{7}$ **5.** $\frac{7}{12}$ **6.** $\frac{2}{15}$

Comprueba tus respuestas en la página 387.

Dar otro nombre a fracciones, decimales y porcentajes

En las páginas anteriores se describen diversas maneras de dar otro nombre a fracciones como decimales. Aquí veremos cómo convertir fracciones a porcentajes, decimales a fracciones, etc.

Dar otro nombre a decimales como fracciones

La mayoría de los decimales se pueden convertir a fracciones cuyo denominador sea una potencia de 10. Para convertir un decimal a fracción, usa como denominador el valor posicional del dígito que está más a la derecha.

EJEMPLOS   Escribe como fracciones.

0.5   El dígito más a la derecha es 5, el cual está en las décimas.

Así que, $0.5 = \frac{5}{10}$ o, en su mínima expresión, $\frac{1}{2}$.

0.307   El dígito más a la derecha es 7, el cual está en las milésimas.

Así que, $0.307 = \frac{307}{1000}$.

4.75   El dígito más a la derecha es 5, el cual está en las centésimas.

Así que, $4.75 = \frac{475}{100}$. Puedes simplificar $\frac{475}{100}$ como $4\frac{75}{100}$, o sea, $4\frac{3}{4}$.

Algunas calculadoras tienen una tecla especial para dar otro nombre a decimales como fracciones.

EJEMPLO   Da otro nombre a 0.32 como fracción.

Para dar otro nombre a 0.32 como fracción,
marca: $\boxed{\cdot}$ 32 $\boxed{\text{Enter}}$ $\boxed{\text{F↔D}}$.
Respuesta: $\frac{32}{100}$

Para simplificar la fracción, marca: $\boxed{\text{Simp}}$ $\boxed{\text{Enter}}$ $\boxed{\text{Simp}}$ $\boxed{\text{Enter}}$.
Respuesta: $\frac{8}{25}$

Dar otro nombre a fracciones como porcentajes

La mejor manera de convertir una fracción a porcentaje es de memoria. Si tienes buena memoria, serás capaz de recordar casi todos los equivalentes de fracciones "fáciles" de la tabla de porcentajes y decimales equivalentes, en la página 356.

Si no puedes recordar el porcentaje equivalente de una fracción, lo mejor que puedes hacer es convertir la fracción a decimal y después, multiplicar el decimal por 100.

EJEMPLO Usa una calculadora para dar otro nombre a $\frac{3}{8}$ como porcentaje.

Marca: 3 ÷ 8 ✕ 100 [Enter]. Respuesta: 37.5

Por lo tanto, $\frac{3}{8} = 37.5\%$.

Dar otro nombre a porcentajes como fracciones

Un porcentaje siempre se puede escribir como fracción usando un denominador de 100. Simplemente quita el símbolo de % y escribe el número como fracción con un denominador de 100. Se puede dar otro nombre a la fracción en su mínima expresión.

EJEMPLOS $40\% = \frac{40}{100} = \frac{2}{5}$ $\qquad$ $85\% = \frac{85}{100} = \frac{17}{20}$ $\qquad$ $150\% = \frac{150}{100} = \frac{3}{2} = 1\frac{1}{2}$

Dar otro nombre a un porcentaje como decimal

Un porcentaje se puede escribir como decimal dividiéndolo entre 100.

EJEMPLOS $45\% = 45 / 100 = 0.45$ $\quad$ $120\% = 120 / 100 = 1.2$ $\quad$ $1\% = 1 / 100 = 0.01$

Dar otro nombre a un decimal como porcentaje

Para dar otro nombre a un decimal como porcentaje, multiplícalo por 100.

EJEMPLOS $0.45 = (0.45 * 100)\% = 45\%$ $\qquad$ $1.2 = (1.2 * 100)\% = 120\%$

$0.01 = (0.01 * 100)\% = 1\%$

COMPRUEBA SI COMPRENDISTE

Copia y completa esta tabla.

Fracción	Decimal	Porcentaje
$\frac{1}{4}$	0.25	25%
		33%
$\frac{1}{2}$		
	0.67	
		10%
$\frac{4}{5}$		

Comprueba tus respuestas en la página 387.

Usos de los números negativos

Probablemente hayas usado antes números positivos y negativos. Por ejemplo, 20 grados sobre cero se puede escribir +20°, y 5 grados bajo cero, –5°.

Muchas otras situaciones del mundo real tienen el cero como punto de partida. Los números van en ambas direcciones desde cero. Los números mayores que cero se llaman **números positivos;** los números menores que cero se llaman **números negativos.**

EJEMPLOS

Situación	Negativo(–)	Cero (0)	Positivo (+)
Temperaturas	bajo cero	cero	sobre cero
Negocios	pérdidas	sin pérdidas	ganancias
Cuentas bancarias	retiros	sin cambio	depósitos
Tiempo	pasado, antes	presente, ahora	futuro, después
Juegos	ir perdiendo	empatados, parejos	ir ganando
Elevación	bajo el nivel del mar	al nivel del mar	sobre el nivel del mar
Indicadores y medidores	bajo el nivel correcto	al nivel correcto	sobre el nivel correcto

Grados Celsius (°C)

Se puede usar una recta numérica para mostrar números positivos y negativos. Algunas rectas numéricas son horizontales y otras, verticales. Una línea cronológica a menudo se muestra como una recta numérica horizontal. Un termómetro y la barra para medir el aceite de un auto, se conciben como una recta numérica vertical.

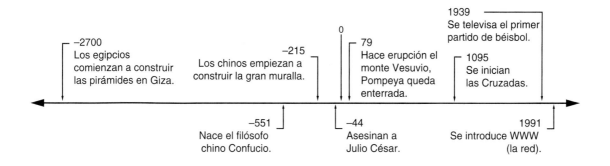

–2700 Los egipcios comienzan a construir las pirámides en Giza.

–551 Nace el filósofo chino Confucio.

–215 Los chinos empiezan a construir la gran muralla.

0

79 Hace erupción el monte Vesuvio, Pompeya queda enterrada.

–44 Asesinan a Julio César.

1939 Se televisa el primer partido de béisbol.

1095 Se inician las Cruzadas.

1991 Se introduce WWW (la red).

Suma y resta de números positivos y negativos

Caminar sobre la recta numérica

Una manera de sumar y restar números positivos y negativos es imaginando que caminas sobre una recta numérica.

- El primer número te dice dónde empezar.
- Los signos de operación (+ ó −) te dicen hacia qué lado mirar:

  + significa mirar hacia el lado positivo de la recta numérica.

  − significa mirar hacia el lado negativo de la recta numérica.

- Si el segundo número es negativo (tiene un signo de −), caminarás hacia atrás. De lo contrario, caminarás hacia delante.
- El segundo número te dice cuántos pasos dar.
- El número al que llegas es la respuesta.

EJEMPLO $-3 + 5 = ?$

Empieza en −3.

El signo de operación es +, así que, mira hacia el lado positivo de la recta numérica.

El segundo número es positivo, así que, da 5 pasos hacia delante.

Terminas cuando llegas al 2.

Así que, $-3 + 5 = 2$.

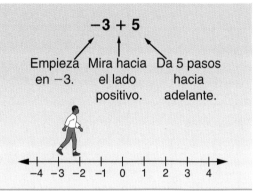

EJEMPLO $4 - (-3) = ?$

Empieza en 4.

El signo de operación es −, así que mira hacia el lado negativo de la recta numérica.

El segundo número es negativo, así que da 3 pasos hacia atrás.

Terminas cuando llegas al 7.

Así que, $4 - (-3) = 7$.

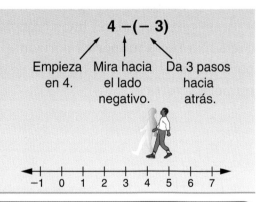

COMPRUEBA SI COMPRENDISTE

Suma o resta.

1. $3 + (-5)$ **2.** $-4 - 2$ **3.** $-5 - (-8)$ **4.** $-3 + (-5)$

Comprueba tus respuestas en la página 387.

Usar una regla de cálculo

En *Matemáticas diarias, Quinto grado* hay una regla de cálculo especial que se puede usar para sumar y restar números positivos y negativos. (El otro lado de la regla de cálculo se puede usar para sumar y restar fracciones; ver página 69.)

Sumar usando una regla de cálculo

EJEMPLOS $-4 + 3 = ?$ $1 + (-5) = ?$

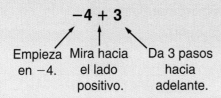

Empieza   Mira hacia   Da 3 pasos
en −4.   el lado   hacia
           positivo.   adelante.

Alinea la marca de 0 en el deslizador con la de − 4 en el soporte.

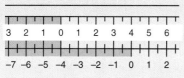

Soporte de números enteros

- Imagina que estás viendo en dirección positiva sobre el deslizador.

- Camina hacia adelante sobre el deslizador.

- El 3 en el deslizador se alinea con −1 en el soporte.

- Ésta es la respuesta al problema.

$$-4 + 3 = -1$$

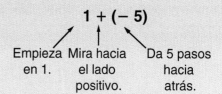

Empieza   Mira hacia   Da 5 pasos
en 1.   el lado   hacia
           positivo.   atrás.

Alinea la marca de 0 en el deslizador con la marca de 1 en el soporte.

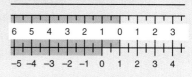

Soporte de números enteros

- Imagina que estás viendo en dirección positiva sobre el deslizador.

- Da 5 pasos hacia atrás sobre el deslizador. (Así que vas en dirección negativa sobre el deslizador.)

- El 5 del deslizador se alinea con −4 en el soporte.

- Ésta es la respuesta al problema.

$$1 + (-5) = -4$$

Resta con una regla de cálculo

EJEMPLOS $2 - 3 = ?$

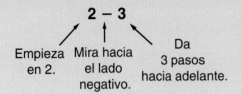

Empieza en 2.   Mira hacia el lado negativo.   Da 3 pasos hacia adelante.

Alinea la marca de 0 en el deslizador con la de 2 en el soporte.

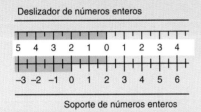

Deslizador de números enteros

Soporte de números enteros

- Imagina que miras en dirección negativa sobre el deslizador.

- Camina 3 pasos hacia adelante sobre el deslizador. (Así que vas en dirección negativa sobre el deslizador.)

- El 3 en el deslizador se alinea con el −1 en el soporte.

- Ésta es la respuesta al problema.

$$2 - 3 = -1$$

$-4 - (-6) = ?$

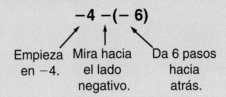

Empieza en −4.   Mira hacia el lado negativo.   Da 6 pasos hacia atrás.

Alinea la marca de 0 en el deslizador con la de −4 en el soporte.

Deslizador de números enteros

Soporte de números enteros

- Imagina que miras en dirección negativa sobre el deslizador.

- Da 6 pasos hacia atrás sobre el deslizador. (Así que vas en dirección positiva sobre el deslizador.)

- El 6 del deslizador se alinea con el 2 en el soporte.

- Ésta es la respuesta al problema.

$$-4 - (-6) = 2$$

COMPRUEBA SI COMPRENDISTE

Suma o resta.

1. $-3 + (-5)$ **2.** $4 - (-7)$ **3.** $5 - 9$ **4.** $4 + (-17)$

Comprueba tus respuestas en la página 387.

Tasas, razones y proporciones

Tasas

Las fracciones más fáciles de entender son las fracciones que dan nombre a partes de enteros y las fracciones que se usan para medir. Al trabajar con estas fracciones, es importante saber lo que es la UNIDAD, o sea, el entero. Por ejemplo, si la UNIDAD es una milla, entonces, $\frac{3}{4}$ de milla describe 3 partes de una milla que se ha dividido en 4 partes iguales.

No todas las fracciones dan nombre a partes de enteros. Algunas fracciones comparan dos cantidades diferentes, donde una cantidad no es parte de la otra. Por ejemplo, una tienda puede vender manzanas a 3 manzanas por 75¢, o el rendimiento de gasolina de un carro puede ser de 160 millas por cada 8 galones. Esto se puede escribir en forma de fracción: $\frac{3 \text{ manzanas}}{75¢}$; $\frac{160 \text{ millas}}{8 \text{ galones}}$. Estas fracciones no dan nombre a partes de enteros: las manzanas *no* son parte del dinero; las millas *no* son parte de los galones de gasolina.

Las fracciones como $\frac{160 \text{ millas}}{8 \text{ galones}}$ muestran tasas. Una **tasa** nos indica cuánto de una cosa hay por cada número de otra cosa. Las tasas suelen contener la palabra **por,** que significa "por cada", o algo similar.

EJEMPLOS Alex recorrió en su bicicleta 10 millas en 1 hora. La tasa fue de 10 millas por hora. Esta tasa describe la distancia que recorrió Alex y el tiempo que tardó en hacerlo. La tasa de "10 millas por hora" con frecuencia se escribe 10 mph. La fracción para esta tasa es $\frac{10 \text{ millas}}{1 \text{ hora}}$.
A continuación se muestran otras tasas:

escribir a máquina	50 palabras por minuto	$\frac{50 \text{ palabras}}{1 \text{ minuto}}$
precio	14 centavos por onza	$\frac{14 \text{ centavos}}{1 \text{ onza}}$
promedio de anotaciones	17 puntos por partido	$\frac{17 \text{ puntos}}{1 \text{ partido}}$
tasa de cambio	5.4 francos franceses por cada dólar	$\frac{5.4 \text{ francos franceses}}{1 \text{ dólar}}$
estipendio	$5.00 por semana	$\frac{\$5.00}{1 \text{ semana}}$
cuidado de niños	$4.00 por hora	$\frac{\$4.00}{1 \text{ hora}}$

Tasas por unidad

Una **tasa por unidad** es una tasa que tiene 1 en el denominador. La tasa por unidad nos indica cuánto hay de una cosa por una sola cosa de otra. Decimos que "2 dólares por galón" es una **tasa por galón,** "12 millas por hora" es una **tasa por hora** y "4 palabras por minuto" es una **tasa por minuto.** Las fracciones para cada una de estas tasas por unidad tienen 1 en el denominador:

$\dfrac{\$2}{1 \text{ galón}}, \dfrac{12 \text{ millas}}{1 \text{ hora}}$ y $\dfrac{4 \text{ palabras}}{1 \text{ minuto}}$.

A cualquier tasa se le puede dar nombre de tasa por unidad, dividiendo el numerador y el denominador entre el denominador.

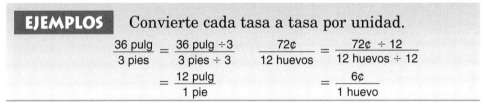

Una bomba de gasolina muestra la tasa por galón, el número de galones bombeados y el costo total de la gasolina.

EJEMPLOS   Convierte cada tasa a tasa por unidad.

$$\dfrac{36 \text{ pulg}}{3 \text{ pies}} = \dfrac{36 \text{ pulg} \div 3}{3 \text{ pies} \div 3} \qquad \dfrac{72¢}{12 \text{ huevos}} = \dfrac{72¢ \div 12}{12 \text{ huevos} \div 12}$$

$$= \dfrac{12 \text{ pulg}}{1 \text{ pie}} \qquad\qquad = \dfrac{6¢}{1 \text{ huevo}}$$

Una tasa también puede tener 1 en el numerador. Un puesto de comida puede vender manzanas a una tasa de 1 manzana por 25¢, o sea, $\dfrac{1 \text{ manzana}}{25¢}$. La conversión entre pulgadas y centímetros está a una tasa de 1 pulgada por cada 2.54 centímetros, o sea, $\dfrac{1 \text{ pulg}}{2.54 \text{ cm}}$. En general, es más fácil trabajar con tasas que tienen 1 en el numerador o en el denominador que con otras tasas.

Tablas de tasas

La información que da una tasa se puede usar para hacer una **tabla de tasas.**

EJEMPLO   Escribe una fracción y haz una tabla de tasas para el enunciado: "Una impresora de computadora imprime 4 páginas por minuto".

4 páginas por minuto $= \dfrac{4 \text{ páginas}}{1 \text{ minuto}}$
Ésta es la tasa por unidad.

La tabla indica que si una impresora imprime 4 páginas por minuto, imprimirá 8 páginas en 2 minutos, 12 páginas en 3 minutos, etc.

páginas	4	8	12	16	20	24	28
minutos	1	2	3	4	5	6	7

Cada tasa de la tabla de tasas es **equivalente** a cada una de las demás tasas de la tabla.

COMPRUEBA SI COMPRENDISTE

Escribe cada tasa como fracción y haz una tabla de tasas que muestre 4 tasas equivalentes.
1. Joan cuida niños a 5 dólares por hora. **2.** El agua pesa alrededor de 8 libras por galón.
Comprueba tus respuestas en la página 388.

Resolver problemas de tasas

En muchos problemas de tasas, se te da la tasa y tú necesitas hallar una tasa equivalente. Hay varias maneras de resolver estos problemas.

EJEMPLOS El carro de Bill recorre 35 millas con 1 galón de gasolina. A esta tasa, ¿qué distancia podrá recorrer el carro con 7 galones?

Solución 1: Usar una tabla de tasas

Primero, organiza una tabla de tasas y escribe lo que sabes. Escribe un signo de interrogación en el lugar de lo que estás tratando de hallar.

millas	35					?
galones	1					7

Luego, trabaja con lo que sabes para llegar a lo que necesitas hallar. En este caso, duplicando, puedes averiguar qué distancia recorrerá Bill con 2 galones, con 4 galones y con 8 galones de gasolina.

millas	35	70	140	280		?
galones	1	2	4	8		7

Hay dos maneras diferentes de usar la tabla de tasas para responder a la pregunta. Hallarás que Bill puede recorrer 245 millas.

- Sumando las distancias de 1 galón, 2 galones y 4 galones: 35 millas + 70 millas + 140 millas = 245 millas.
- Restando la distancia de 1 galón de la distancia de 8 galones: 280 millas − 35 millas = 245 millas.

Solución 2: Usar la multiplicación

Si el carro puede recorrer 35 millas con 1 galón, entonces puede recorrer 7 veces más distancia con 7 galones.

7 * 35 = 245, así que el carro puede recorrer 245 millas con 7 galones de gasolina.

A veces, se te da una tasa y tú necesitas hallar una tasa por unidad equivalente. Puedes resolver estos problemas usando una tabla de tasas o dividiendo.

EJEMPLOS Keisha recibe un estipendio de $20 por 4 semanas.
A esta tasa, ¿cuánto recibe por semana?

Solución 1: Usar una tabla de tasas

Primero, organiza una tabla de tasas y escribe lo que sabes. Después, trabaja con lo que sabes para llegar a lo que necesitas hallar. Si divides $20 por la mitad, puedes hallar cuánto recibe Keisha por 2 semanas. Si vuelves a dividir por la mitad, puedes hallar cuánto recibe Keisha por semana.

estipendio	$20			?
semanas	4			1

estipendio	$20	$10	$5	?
semanas	4	2	1	1

Así que, Keisha recibe $5 por semana.

Solución 2: Usar la división

Si Keisha recibe $20 por 4 semanas, significa que recibe $\frac{1}{4}$ por semana. $\frac{20}{4} = 5$
Así que, Keisha recibe $5 por semana.

A veces, se te da una tasa que no es una tasa por unidad y tú necesitas hallar una tasa equivalente que no sea una tasa por unidad.

- Primero, halla la tasa por unidad equivalente.

- Después, usa la tasa por unidad para hallar la tasa que se pide en el problema.

Una tabla de tasas puede ayudarte a organizar tu trabajo.

EJEMPLO El corazón de una ballena gris late 24 veces en 3 minutos.
A esta tasa, ¿cuántas veces late el corazón en 2 minutos?

Si el corazón de la ballena late 24 veces en 3 minutos, significa que late $\frac{1}{3}$ de 24 veces en 1 minuto (24 / 3 = 8). Duplica esto para hallar cuántas veces late el corazón en 2 minutos (2 * 8 = 16).

latidos	24	8	16	?
minutos	3	1	2	2

El corazón de la ballena late 16 veces en 2 minutos.

COMPRUEBA SI COMPRENDISTE

Resuelve.

1. Hay 3 pies en 1 yarda. ¿Cuántos pies hay en 5 yardas?

2. Ashley cuidó niños durante 5 horas. Le pagaron $25. ¿Cuánto ganó por hora?

3. Bob ahorró $300 el año pasado. ¿Cuánto ahorró por mes?

4. Un cartón de 12 huevos cuesta 72 centavos. A esta tasa, ¿cuánto cuestan 8 huevos?

Comprueba tus respuestas en la página 388.

Proporciones

Una **proporción** es una oración numérica que establece que dos fracciones son iguales.

| **EJEMPLOS** | $\frac{1}{2} = \frac{3}{6}$ | $\frac{2}{3} = \frac{8}{12}$ | $\frac{7}{8} = \frac{14}{16}$ |

Si sabes tres números en una proporción, entonces puedes hallar el cuarto número. Hallar el cuarto número es como hallar el número que falta en un par de fracciones equivalentes.

EJEMPLOS Resuelve cada proporción.

$\frac{2}{3} = \frac{n}{9}$ $\qquad$ $\frac{3}{4} = \frac{30}{k}$ $\qquad$ $\frac{x}{5} = \frac{6}{15}$ $\qquad$ $\frac{1}{z} = \frac{6}{24}$

$n = 6$ $\qquad\qquad$ $k = 40$ $\qquad\qquad$ $x = 2$ $\qquad\qquad$ $z = 4$

Las proporciones son útiles para resolver problemas. Escribir una proporción te puede ayudar a organizar los números de un problema y después, a decidir si debes multiplicar o dividir para hallar la respuesta.

EJEMPLOS Jack ganó $12. Compró una lata de pelotas de tenis que costó $\frac{1}{3}$ de sus ganancias. ¿Cuánto dinero gastó?

Escribe una proporción para el costo de las pelotas de tenis y las ganancias de Jack.

$$\frac{\text{costo de las pelotas de tenis}}{\text{total de la ganancias}} = \frac{1}{3}$$

El total de las ganancias de Jack fue de $12. Sustituye "ganancias" por 12 en la proporción.

$$\frac{\text{costo de las pelotas de tenis}}{\$12} = \frac{1}{3}$$

Estas dos fracciones son equivalentes.

Para darle otro nombre a $\frac{1}{3}$ como fracción equivalente con denominador 12, multiplica el numerador y el denominador de $\frac{1}{3}$ por 4.

El costo de las pelotas de tenis fue de $4.

$$\overset{*4}{\underset{*4}{\frac{\text{costo}}{\$12} = \frac{1}{3}}}$$

EJEMPLO   Jacqueline tiene 45 tarjetas de béisbol en su colección.

$\frac{3}{5}$ de sus tarjetas son de jugadores de la Liga Nacional. ¿Cuántas de las tarjetas de Jacqueline son de jugadores de la Liga Nacional?

Escribe una proporción para el número de tarjetas de jugadores de la Liga Nacional (#LN) y el número total de tarjetas de la colección de Jacqueline.

$$\frac{\text{#LN}}{\text{total}} = \frac{3}{5}$$

Jacqueline tiene 45 tarjetas en total.
Sustituye "total" por 45 en la proporción.
Estas fracciones son equivalentes.

$$\frac{\text{#LN}}{45} = \frac{3}{5}$$

$$\overset{*9}{\frac{\text{#LN}}{45} = \frac{3}{5}}\underset{*9}{}$$

El número de tarjetas de jugadores de la Liga Nacional es 27.

EJEMPLO   La Sra. Griffith gasta $1,000 al mes. Esta cantidad es $\frac{4}{5}$ de sus ganancias mensuales. ¿Cuánto gana al mes?

Escribe una proporción para los gastos y las ganancias de la Sra. Griffith.

$$\frac{\text{gastos}}{\text{ganancias}} = \frac{4}{5}$$

La Sra. Griffith gasta $1,000 al mes.
Sustituye "gastos" por 1,000 en la proporción.
Estas fracciones son equivalentes.

$$\frac{1,000}{\text{ganancias}} = \frac{4}{5}$$

$$\overset{*250}{\frac{1,000}{\text{ganancias}} = \frac{4}{5}}\underset{*250}{}$$

La Sra. Griffith gana $1,250 cada mes.

COMPRUEBA SI COMPRENDISTE

Resuelve.

1. Francine ganó $24 cortando el pasto. Gastó $\frac{2}{3}$ de su dinero en CD. ¿Cuánto gastó en CD?

2. $\frac{3}{4}$ de los primos de Frank son niñas. Frank tiene 12 primas. ¿Cuántos primos tiene en total?

Comprueba tus respuestas en la página 388.

Razones

Una **razón** es una comparación que usa la división para comparar dos cómputos o medidas que tienen la misma unidad. Algunas razones comparan parte de un conjunto de cosas con el número total de cosas en el conjunto. Por ejemplo, el enunciado "1 de cada 6 estudiantes de la clase está ausente", compara el número de estudiantes ausentes con el número total de estudiantes de la clase. Esta razón se puede expresar de muchas maneras.

En *palabras:* Por cada 6 estudiantes inscritos en la clase, 1 estudiante está ausente. Uno de cada 6 estudiantes está ausente. La razón de estudiantes ausentes a todos los estudiantes es de 1 a 6.

Con una *fracción:* $\frac{1}{6}$ de los estudiantes están ausentes.

Con un *porcentaje:* Alrededor del 16.7% de los estudiantes están ausentes.

Con *dos puntos* entre los dos números: La razón de estudiantes ausentes al total de los estudiantes es de 1:6 (se lee: "uno a seis").

En una *proporción:* $\frac{\text{número de estudiantes ausentes}}{\text{número de estudiantes}} = \frac{1}{6}$

Si sabes el número total de estudiantes en una clase, puedes usar esta razón para hallar el número de estudiantes que están ausentes.

> **EJEMPLO** Hay 12 estudiantes en la clase. $\frac{1}{6}$ de los estudiantes están ausentes.
>
> $\frac{\text{estudiantes ausentes}}{12} = \frac{1}{6} \rightarrow$ estudiantes ausentes = 2
>
> Dos de los estudiantes están ausentes.

Si sabes el número de estudiantes que están ausentes, también puedes usar la razón para hallar el número total de estudiantes de la clase.

> **EJEMPLO** Hay 5 estudiantes ausentes. $\frac{1}{6}$ de los estudiantes están ausentes.
>
> $\frac{5}{\text{total de los estudiantes}} = \frac{1}{6} \rightarrow$ total de los estudiantes = 30
>
> Hay un total de 30 estudiantes en la clase.

NOTA

Todos los enunciados siguientes son razones:

- Se estima que para el año 2020, habrá *5 veces más* personas de por lo menos 100 años de edad que en 1990.

- Los estudiantes de primaria son alrededor del *14%* de la población de EE.UU.

- En una noche normal, alrededor de $\frac{1}{3}$ de la población de EE.UU. ve televisión.

- Las posibilidades de ganarse la lotería pueden ser menos de *1 en 1 millón*.

- Una escala común para casas de muñecas es de *1 a 12 pulgadas*.

NOTA

Una razón que tenga 1 en el denominador se conoce como una razón de *n* a 1.

COMPRUEBA SI COMPRENDISTE

El mes pasado, Mark recibió un estipendio de $20. Gastó $12 y ahorró el resto.

1. ¿Cuál es la razón del dinero que gastó al total de su estipendio?

2. ¿Cuál es la razón del dinero que ahorró al dinero que gastó?

3. ¿Qué porcentaje de su estipendio ahorró?

Comprueba tus respuestas en la página 388.

Usar razones para describir cambios de tamaño

Muchas situaciones producen un **cambio de tamaño.** Una lupa, un microscopio y un proyector aumentan la imagen original. La mayoría de las máquinas fotocopiadoras pueden crear una variedad de cambios de tamaño: ampliaciones y reducciones del documento original.

Las **figuras semejantes** son figuras que tienen la misma forma pero no necesariamente el mismo tamaño. En los ejemplos que se dan arriba, las ampliaciones o reducciones son **semejantes** a los originales; o sea, tienen la misma forma que los originales.

El **factor de cambio de tamaño** es un número que describe la cantidad de aumento o reducción que ocurre. Por ejemplo, si usas una fotocopiadora para hacer un cambio de tamaño 2X, entonces, cada longitud en la copia será el doble del tamaño del original. El factor de cambio de tamaño es 2 a 1. Si haces un cambio de tamaño de 0.5X, entonces, cada longitud en la copia será la mitad del tamaño del original. El factor de cambio de tamaño es $\frac{1}{2}$ ó 0.5.

Puedes pensar en el factor de cambio de tamaño como en una razón. Para un cambio de tamaño de 2X, la razón de una longitud en la copia, a la longitud correspondiente del original es de 2 a 1.

El factor de cambio de tamaño es 2: $\dfrac{\text{tamaño de la copia}}{\text{tamaño del original}} = \dfrac{2}{1}$

Para un cambio de tamaño de 0.5X, la razón de la longitud en la copia, a la longitud correspondiente del original es de 0.5 a 1.

El factor de cambio de tamaño es 0.5: $\dfrac{\text{tamaño de la copia}}{\text{tamaño del original}} = \dfrac{0.5}{1}$

Modelos a escala

Un modelo que sea una buena copia de un objeto real, se llama **modelo a escala.** Probablemente has visto modelos a escala de carros, trenes y aviones. El factor de cambio de tamaño en los modelos a escala por lo general se llama **factor de escala.**

Las casas de muñecas con frecuencia tienen un factor de escala de $\frac{1}{12}$. Puedes escribir este factor de escala como "$\frac{1}{12}$ del tamaño real", "escala 1:12", "escala de $\frac{1}{12}$" o como una proporción:

$$\frac{\text{longitud de una casa de muñecas}}{\text{longitud de una casa real}} = \frac{1 \text{ pulgada}}{12 \text{ pulgadas}}$$

Cada parte de una casa real es 12 veces más grande que la parte correspondiente de la casa de muñecas.

Mapas

El factor de cambio de tamaño en mapas y dibujos a escala se suele llamar **escala.** Si la escala de un mapa es 1:25,000, entonces, cada longitud en el mapa es $\frac{1}{25,000}$ de la longitud real, y cualquier distancia real es 25,000 veces la distancia que se muestra en el mapa.

$$\frac{\text{distancia en el mapa}}{\text{distancia real}} = \frac{1}{25,000}$$

Dibujos a escala

Si el dibujo a escala de un arquitecto indica "escala $\frac{1}{4}$ pulg:1 pie", entonces, $\frac{1}{4}$ de pulgada en el dibujo representa 1 pie de longitud real.

$$\frac{\text{longitud en el dibujo}}{\text{longitud real}} = \frac{\frac{1}{4}\text{ pulgada}}{1 \text{ pie}}$$

Ya que 1 pie = 12 pulgadas, podemos darle otro nombre a $\frac{\frac{1}{4}\text{ pulgada}}{1 \text{ pie}}$ como $\frac{\frac{1}{4}\text{ pulgada}}{12 \text{ pulgadas}}$.

Para convertir esto a una fracción más fácil multiplica por 4:

$\frac{\frac{1}{4}\text{ pulgada} * 4}{12 \text{ pulgadas} * 4} = \frac{1 \text{ pulgada}}{48 \text{ pulgadas}}$. El dibujo es $\frac{1}{48}$ del tamaño real.

NOTA

Podrás hallar escalas escritas con un signo de igual, como "$\frac{1}{4}$ de pulgada = 1 pie." Pero $\frac{1}{4}$ de pulgada en realidad no es igual a 1 pie, así que esto es matemáticamente incorrecto. Lo que esta escala quiere decir es que $\frac{1}{4}$ de pulgada en el mapa o en el dibujo a escala, representa 1 pie en el mundo real.

COMPRUEBA SI COMPRENDISTE

Resuelve.

1. El diámetro de un círculo es de 3 centímetros. Se usa una copiadora para hacer una ampliación del círculo. El factor de cambio de tamaño es 2. ¿Cuál es el diámetro del círculo al ampliarse?

2. Dos ciudades en el mapa están separadas a una distancia de 3 pulgadas. La escala del mapa es $\frac{\text{distancia en el mapa}}{\text{distancia real}} = \frac{1 \text{ pulgada}}{250 \text{ millas}}$. ¿Cuál es la distancia real entre las dos ciudades?

Comprueba tus respuestas en la página 388.

El valor de Pi

Las medidas *siempre* son estimaciones. Pero si los círculos pudieran medirse exactamente, la razón de la circunferencia al diámetro sería la misma para cada círculo. Esta razón se llama **"pi"** y se escribe con la letra griega π.

$$\frac{\text{circunferencia}}{\text{diámetro}} = \pi$$

Desde tiempos antiguos, los matemáticos han tratado de hallar el valor de π. Aquí tenemos algunos de los resultados más antiguos.

Fecha	Fuente	Valor aproximado de π
c. 1800–1650 a.C.	Los babilonios	$3\frac{1}{8}$
c. 1650 a.C.	Papiro Rhind (Egipto)	3.16
c. 950 a.C.	La Biblia (1 de Reyes 7, 23)	3
c. 240 a.C.	Arquímedes (Grecia)	Entre $3\frac{10}{71}$ y $3\frac{1}{7}$
c. 470 d.C.	Tsu Ch'ung Chi (China)	$\frac{355}{113}$ (3.1415929...) correcto hasta 6 lugares decimales
c. 510 d.C.	Aryabhata (India)	$\frac{62,832}{20,000}$ (3.1415) diferente a π por menos de 0.0001
c. 800 d.C.	El Al'Khwarizmi (Persia)	3.1416

NOTA: *c.* representa *circa,* palabra latina que significa "cerca de" o "hacia".

Hoy en día, se usan computadoras para calcular el valor de π. En 1949, π se calculó en 37,000 lugares decimales en ENIAC, una de las primeras computadoras. Después, π se calculó en 100,000 dígitos en una computadora IBM 7090, y en 1981, en 2 millones de dígitos en una supercomputadora NEC. En los años siguientes, estos cálculos se extendieron a 17.5 millones de dígitos, después, a 34 millones de dígitos y más tarde, a más de 200 millones de dígitos. En 1999, llegaron a ¡más de 206 mil millones de dígitos!

No es posible escribir π exactamente con dígitos, porque el decimal de π continúa hasta el infinito. Nunca se ha podido hallar un patrón en este decimal.

$\pi = 3.14159265358979323846264338327950288419716939937551...$

Calcular con π

El número π es tan importante que la mayoría de las calculadoras científicas tienen una tecla π. Si usas la tecla π de tu calculadora, asegúrate de redondear los resultados. Los resultados no deben ser más precisos que las medidas originales. Por lo general, uno o dos lugares decimales son suficientes.

Si no tienes una calculadora, puedes usar una aproximación para π. Ya que pocas medidas son más precisas que las centésimas, una aproximación como 3.14 ó $\frac{22}{7}$ suele ser suficiente.

EJEMPLO Un círculo tiene un diámetro de 5 pulgadas. ¿Cuál es su circunferencia?

Método 1: Usa la tecla π de tu calculadora.

$c = \pi * d$
Marca:
Respuesta: 15.70796327
$c \approx 15.70796327$ pulg

Método 2: Usa 3.14 como una cifra aproximada para π.

$c = \pi * d$ $\qquad c \approx 3.14 * 5 \text{ pulg} = 15.7 \text{ pulg}$

Dependiendo de cuán precisa crees que es la medida de 5 pulgadas, redondea este resultado a 16 pulg, 15.7 pulg o 15.71 pulg.

¡Qué memoria!

En abril de 1995, la agencia de noticias Xinhua del sur de China reportó que Zhang Zhuo, un niño de 12 años, estableció un récord al recitar de memoria el valor de pi hasta 4,000 lugares decimales. Necesitó 25 minutos y 30 segundos para lograr esta increíble hazaña. Su tasa de error fue de un 0.2 por ciento.

Su actuación batió el récord anterior de 1,000 dígitos, establecido por otro niño chino hace muchos años.

COMPRUEBA SI COMPRENDISTE

Usa una calculadora para hallar cada respuesta.

1. ¿Cuál es la circunferencia de un círculo con un diámetro de 3 pulgadas?

2. ¿Cuál es el diámetro de un círculo con una circunferencia de 6 pulgadas?

Comprueba tus respuestas en la página 388.

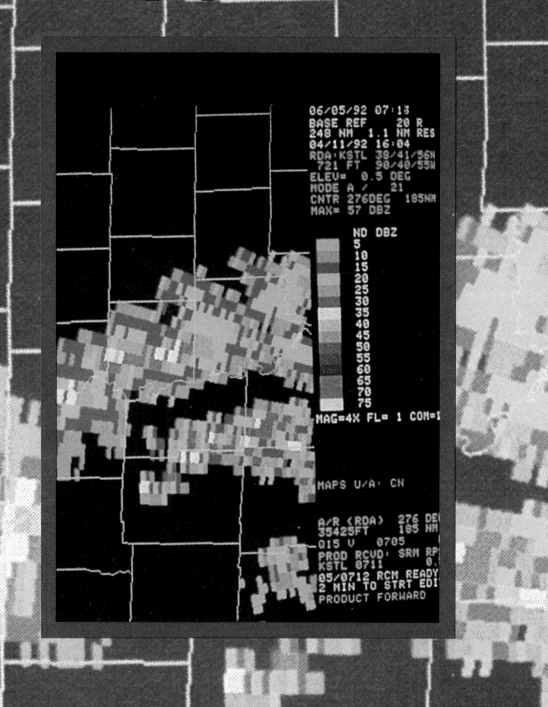

Recopilar datos

Hay diferentes maneras de recopilar información sobre algo. Puedes contar, medir, preguntar u observar y describir lo que ves.

Los **datos** son la información que recopilas.

Encuestas

Mucha de la información que se usa para tomar decisiones proviene de las **encuestas.**
Muchas encuestas reúnen datos sobre la gente. Las tiendas hacen encuestas a sus clientes para averiguar qué productos vender. Las estaciones de televisión hacen encuestas a los televidentes para saber qué programas son populares. Los políticos hacen encuestas para saber por quién planea votar la gente en las elecciones.

Los datos de encuestas se recopilan de muchas maneras, e incluyen las entrevistas cara a cara, las entrevistas por teléfono, las preguntas por escrito que se contestan y se envían por correo y los debates de grupo (llamados *grupos de muestra*).

No todas las encuestas reúnen información sobre la gente. Por ejemplo, hay encuestas sobre automóviles, edificios y animales.

EJEMPLO

Cada año durante diciembre y enero se lleva a cabo una encuesta sobre las aves en el área de Chicago. Los observadores de aves hacen una lista de las diferentes especies de aves que ven. Luego, cuentan el número de cada especie de ave que han observado. Las listas se combinan para crear una serie de datos finales.

Encuesta de aves de Chicago, de 1999 a 2000

Especies	Número de aves vistas
cuervo	1,335
pato silvestre	2,134
paloma torcaz	213
gorrión	15

Algunas encuestas recopilan datos de otras maneras, además de a través de entrevistas o cuestionarios.

EJEMPLO Los ingenieros de autopistas a veces hacen videos de los vehículos y conductores que circulan en determinadas calles y autopistas. Luego, usan los datos de los videos para analizar la velocidad de los vehículos y los patrones de conducción.

Muestras

La **población** es un grupo de personas o cosas que se estudian. Como la población puede ser muy grande, es posible que no se puedan recopilar datos de todos los miembros. Por eso, los datos se recopilan sólo de un grupo de muestra que da información probablemente válida para toda la población. Una **muestra** es una parte de la población que se elige para representar la población total.

Las muestras grandes dan estimaciones más confiables que las pequeñas. Por ejemplo, si quieres estimar el porcentaje de adultos que conducen para ir a su trabajo, una muestra de 100 personas ofrece una mejor estimación que una muestra de 10.

EJEMPLO

Una encuesta sobre jóvenes requiere datos de personas entre los 13 y 19 años de edad. Hay alrededor de 27 millones de jóvenes en EE.UU. Por eso, sería imposible recopilar datos de cada uno de ellos. En su lugar, los datos se recopilan de una muestra grande de jóvenes.

Resultados de una encuesta reciente sobre jóvenes:

Razones para practicar deportes	
Gusto por el juego	50%
Gusto por competir y ganar	24%
Estar con amigos	14%
Ganar becas universitarias	6%
Porque lo hago bien	4%
Reconocimiento	2%

Fuente: Publicado en el *Chicago Sun-Times*, 16/1/00

El censo de la década (cada 10 años) es un ejemplo de una encuesta que incluye a *toda* la población de EE.UU. Se requiere que cada familia rellene un formulario del censo. Pero algunas preguntas se hacen sólo en una muestra de 1 por cada 6 familias.

Una **muestra al azar** es una muestra que da a todos los miembros de la población la misma posibilidad de ser elegidos. Las muestras al azar ofrecen información más confiable que aquéllas que no lo son.

EJEMPLO
Supón que quieres estimar qué porcentaje de la población va a votar por el Sr. Jones.

Si usas una muestra de los 100 mejores amigos del Sr. Jones, la muestra *no es* una muestra al azar. La gente que no conoce al Sr. Jones no tiene la posibilidad de ser elegida. Una muestra de sus mejores amigos no representará equitativamente la población total. No nos dará una estimación confiable sobre cuál será el voto de la población total.

Datos de una encuesta estudiantil

La información se recopiló de muestras de estudiantes de la escuela Lee Middle School. Se hicieron tres preguntas.

1. Datos sobre diversiones

Se pidió a los estudiantes que eligieran su diversión preferida. Se les dieron cuatro opciones posibles:

TV: Ver TV/videos   **Juegos:** Juegos de video/de computadora

Música: Escuchar la radio/CD   **Leer:** Leer libros, revistas

Veinticuatro estudiantes respondieron (contestaron a la encuesta). Aquí están sus datos.

TV	TV	Leer	TV	Juegos	TV	Música	Juegos
Juegos	TV	Leer	Música	TV	TV	Música	TV
Juegos	Juegos	Música	TV	TV	Juegos	TV	Leer

2. Datos sobre deportes favoritos

Se les pidió a los estudiantes que eligieran DOS de sus deportes favoritos de esta lista.

Béisbol	Baloncesto	Ciclismo
Natación	Bolos	Fútbol

Veinte estudiantes responieron. Los datos de abajo incluyen 40 respuestas porque cada estudiante mencionó dos deportes.

Baloncesto	Ciclismo	Natación	Fútbol	Baloncesto
Natación	Béisbol	Natación	Ciclismo	Natación
Ciclismo	Natación	Fútbol	Ciclismo	Fútbol
Bolos	Fútbol	Ciclismo	Natación	Ciclismo
Ciclismo	Natación	Béisbol	Bolos	Ciclismo
Béisbol	Bolos	Baloncesto	Baloncesto	Natación
Baloncesto	Natación	Fútbol	Fútbol	Béisbol
Ciclismo	Fútbol	Ciclismo	Natación	Ciclismo

3. Datos sobre el tiempo que toma bañarse

A una muestra de 40 estudiantes se les pidió que estimaran el número de minutos que normalmente les toma bañarse. Aquí están los datos.

3	20	10	5	8	4	10	7	5	5
25	5	3	25	20	17	5	30	14	35
9	20	15	7	5	10	16	40	10	15
10	5	15	10	15	5	12	22	3	9

Organizar datos

Una vez que los datos se han recopilado, organizarlos ayuda a entenderlos más fácilmente. Los **diagramas de puntos** y las **tablas de conteo** son dos métodos de organizar datos.

EJEMPLO Los estudiantes de la Srta. Barton obtuvieron las siguientes calificaciones en la prueba de ortografía de 20 palabras. Haz un diagrama de puntos y una tabla de conteo para mostrar los datos de abajo:

20 15 18 17 20 12 15 17 19 18 20 16 16
17 14 15 19 18 18 15 10 20 19 18 15 18

Prueba de ortografía de 20 palabras

Número de estudiantes

Número de aciertos

Prueba de ortografía de 20 palabras

Número de aciertos	Número de estudiantes
10	/
11	
12	/
13	
14	/
15	####
16	//
17	///
18	#### /
19	///
20	////

En este diagrama de puntos, hay 5 X arriba del número 15.
En la tabla de conteo, hay 5 marcas a la derecha del 15.

El diagrama de puntos y la tabla de conteo ayudan a organizar y a describir los datos más fácilmente. Por ejemplo:

- 4 estudiantes tuvieron 20 aciertos (calificación perfecta).
- 18 aciertos es la calificación que aparece más a menudo.
- 10, 12 y 14 aciertos son las calificaciones que menos aparecen.
- de 0 a 9, 11 y 13 aciertos son las calificaciones que no ocurrieron.

COMPRUEBA SI COMPRENDISTE

Aquí está el número de *hits* que metieron 12 jugadores en un partido de béisbol.

3 2 4 0 2 2 1 0 2 2 0 3

Organiza los datos.

1. Haz una tabla de conteo.

2. Haz un diagrama de puntos.

Comprueba tus respuestas en la página 388.

A veces los datos abarcan un rango de números demasiado amplio. Esto dificulta hacer una tabla de conteo y un diagrama de puntos. En estos casos, puedes hacer una tabla de conteo en donde se agrupen los resultados. O puedes organizar los datos haciendo un **diagrama de tallo y hojas.**

Para un proyecto de ciencias, los estudiantes de la clase de la Srta. Beck se tomaron el pulso entre ellos. (La *tasa de pulsaciones* es el número de latidos del corazón por minuto.) Aquí están los resultados:

75	86	108	94	75	88	86	99	78	86
90	94	70	94	78	75	90	102	65	94
92	72	90	86	102	78	88	75	72	
70	94	85	88	105	86	78	82		

Tabla de conteo de datos agrupados

Los datos se agruparon en intervalos de 10.

La tabla muestra que la mayoría de los estudiantes tuvo una tasa de entre 70 y 99 pulsaciones por minuto. Hubo más estudiantes con una tasa de 70 a 79 pulsaciones que de cualquier otra tasa.

Pulsaciones de los estudiantes

Número de pulsaciones	Número de estudiantes
60–69	/
70–79	卌 卌 //
80–89	卌 卌
90–99	卌 卌
100–109	////

Diagrama de tallo y hojas

En un diagrama de tallo y hojas, el dígito o dígitos en la columna de la izquierda (el **tallo**) se conectan con un sólo dígito en la columna de la derecha (la **hoja**) para formar un número.

Cada fila tiene tantas entradas como dígitos haya en la columna de la derecha. Por ejemplo, la fila del 9 en la columna de la izquierda tiene diez entradas: 94, 99, 90, 94, 94, 90, 94, 92, 90 y 94.

Pulsaciones de los estudiantes

Tallos (10)	Hojas (1)
6	5
7	5 5 8 0 8 5 2 8 5 2 0 8
8	6 8 6 6 6 8 2 5 8 6
9	4 9 0 4 4 0 4 2 0 4
10	8 2 2 5

COMPRUEBA SI COMPRENDISTE

Michael Jordan jugó 12 partidos en las finales de la NBA de 1996. Él anotó el siguiente número de puntos:

35 29 26 44 28 46 27 35 21 35 17 45

1. Organiza los datos

2. Haz un diagrama de tallo y hojas.

Comprueba tus respuestas en la página 388.

Hitos estadísticos

Las **hitos** se usan para describir los datos en un conjunto de datos.

- La **mínima** es el valor menor.
- La **máxima** es el valor mayor.
- El **rango** es la diferencia entre la máxima y la mínima.
- La **moda** es el valor o valores que ocurren más a menudo.
- La **mediana** es el valor de en medio.

EJEMPLO Aquí está el registro de las ausencias de los estudiantes en una semana en la escuela Medgar Evers.

lunes	martes	miércoles	jueves	viernes
25	15	10	14	14

Halla los hitos para los datos.

La mínima (número menor): 10
El rango de los números: $25 - 10 = 15$

La máxima (número mayor): 25
La moda (número más frecuente): 14

Para hallar la mediana (valor de en medio):

- Haz una lista con los números en orden de menor a mayor o de mayor a menor.
- Tacha un número de cada uno de los extremos de la lista.
- Sigue y tacha otro número de cada uno de los extremos de la lista.
- La mediana es el número que quedó después de que se tacharon los otros.

```
10    14    14    15    25

1̷0̷    14    14    15    2̷5̷

1̷0̷    1̷4̷   [14]   1̷5̷   2̷5̷
                ↑
           la mediana
```

COMPRUEBA SI COMPRENDISTE

Aquí están las calificaciones de la prueba de matemáticas (aciertos) de 11 estudiantes:
1 2 0 4 2 4 3 2 4 1 2

Halla los hitos para los datos.

1. Halla la mínima.

2. Halla la máxima.

3. Halla el rango.

4. Halla la moda.

5. Halla la mediana.

Comprueba tus respuestas en la página 388.

EJEMPLO El **diagrama de puntos** muestra la calificación de los estudiantes en una prueba de ortografía de 20 palabras. Halla los hitos para los datos.

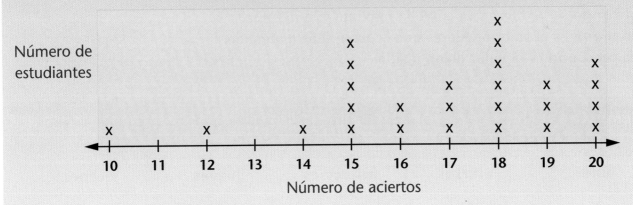

Prueba de ortografía de 20 palabras

Número de estudiantes

Número de aciertos

Mínima: 10 Máxima: 20 Rango: 20 − 10 = 10 Moda: 18

Para hallar la mediana (valor de en medio), primero haz una lista de los números en orden:

10 12 14 15 15 15 15 15 16 16 17 17 17 18 18 18 18 18 18 19 19 19 20 20 20 20

Tacha un número de cada uno de los extremos de la lista.

Sigue y tacha otro número de cada uno de los extremos de la lista hasta que queden sólo dos números.

~~10~~ ~~12~~ ~~14~~ ~~15~~ ~~15~~ ~~15~~ ~~15~~ ~~15~~ ~~16~~ ~~16~~ ~~17~~ ~~17~~ [17 18] ~~18~~ ~~18~~ ~~18~~ ~~18~~ ~~18~~ ~~19~~ ~~19~~ ~~19~~ ~~20~~ ~~20~~ ~~20~~ ~~20~~

calificaciones de en medio

Hay dos calificaciones en el medio, 17 y 18.
La mediana es 17.5, que es el número que se halla entre 17 y 18.

COMPRUEBA SI COMPRENDISTE

1. Aquí están las calificaciones de la prueba de matemáticas (aciertos) de 12 estudiantes.

0 1 3 2 4 3 4 2 1 2 4 3

Halla la mínima, la máxima, el rango, la moda y la mediana de este conjunto de datos.

2. Halla la mediana para este grupo de números: 33 12 8 21 16 33 16 9 8 12

Comprueba tus respuestas en la página 388.

La media (o promedio)

La **media** de un grupo de números por lo general se llama *promedio*. Para hallar la media, haz lo siguiente:

Paso 1: Suma los números.
Paso 2: Divide la suma entre el número de sumandos.

EJEMPLO En un viaje de 4 días, la familia de Lisa recorrió 240, 100, 200 y 160 millas. ¿Cuál es la media de millas que recorrieron por día?

Paso 1: Suma los números: $240 + 100 + 200 + 160 = 700$.
Paso 2: Divide entre el número de sumandos: $700 \div 4 = 175$.

La media es 175 millas. Ellos recorrieron un promedio de 175 millas por día. Puedes usar una calculadora:

Suma las millas. Marca: 240 ⊕ 100 ⊕ 200 ⊕ 160 (Enter)

Respuesta: 700

Divide la suma entre 4. Marca: 700 ÷ 4 (Enter)   Respuesta: 175

A veces tendrás que calcular la media de un conjunto de números donde muchos de los números se repiten. El atajo que se explica debajo te ahorrará tiempo.

EJEMPLO Calcula la media para este grupo de ocho números:

80 80 80 90 90 90 90 90

Puedes sumar los ocho números y después dividir entre 8.
$80 + 80 + 80 + 90 + 90 + 90 + 90 + 90 = 690$; $690 \div 8 = 86.25$
O puedes usar un atajo.

- Multiplica el valor de cada dato por el número de veces que ocurre.
- Suma estos productos.
- Divide entre el número de sumandos.

$3 * 80 = 240$
$5 * 90 = 450$
690
$690 \div 8 = 86.25$

La media es 86.25.

COMPRUEBA SI COMPRENDISTE

Jason obtuvo estas calificaciones en sus pruebas de matemáticas:
80 75 85 75 85 90 80 70 80 90 80.

Usa tu calculadora para hallar la calificación media de Jason.

Comprueba tus respuestas en la página 388.

Gráficas de barras

Una **gráfica de barras** es un dibujo que usa barras para representar números. Las gráficas de barras ofrecen información de una manera que facilita ver las comparaciones.

El título de la gráfica de barras describe la información en la gráfica. Cada barra tiene un rótulo. Las unidades se dan para mostrar cómo se ha contado o se ha medido algo. Cuando es posible, la gráfica da la fuente de información.

EJEMPLO Ésta es una **gráfica de barras verticales.**

- Cada barra representa la longitud media (el promedio) del animal que se menciona abajo.
- Es fácil comparar el tamaño de los animales mediante la comparación de las barras. La ballena es como 3 veces más larga que la pitón. La pitón, la solitaria y el tiburón tienen aproximadamente la misma longitud.

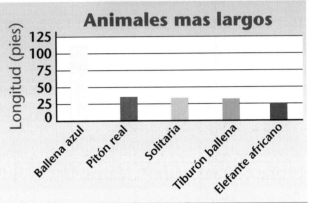

EJEMPLO Ésta es una **gráfica de barras horizontales.**

El propósito de esta gráfica es comparar el contenido de grasa en diferentes tipos de alimentos.

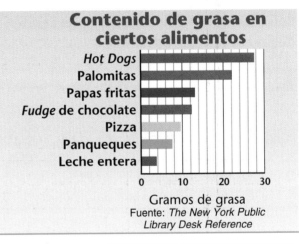

COMPRUEBA SI COMPRENDISTE

La tabla de la derecha muestra el promedio de días de vacaciones al año de tres países. Haz una gráfica de barras para mostrar esta información.

Días de vacaciones al año

País	Promedio de días
Canadá	26
Italia	42
EE.UU.	13

Comprueba tus respuestas en la página 388.

Gráficas de barras apiladas y una al lado de otra

A veces hay dos o más gráficas de barras que están relacionadas por una misma situación. Estas gráficas a menudo se combinan en una sola. La gráfica combinada ahorra espacio y facilita la comparación de los datos. Los ejemplos de abajo muestran dos maneras diferentes de dibujar gráficas de barras combinadas.

EJEMPLO Una de las gráficas muestra las millas terrestres de Los Angeles a diferentes ciudades de EE.UU. La segunda, muestra las millas aéreas.

Las dos gráficas de barras horizontales están combinadas en una **gráfica de barras una al lado de otra.** Colocar las barras relacionadas una al lado de otra, en diferentes colores, facilita la comparación de las millas terrestres con las aéreas.

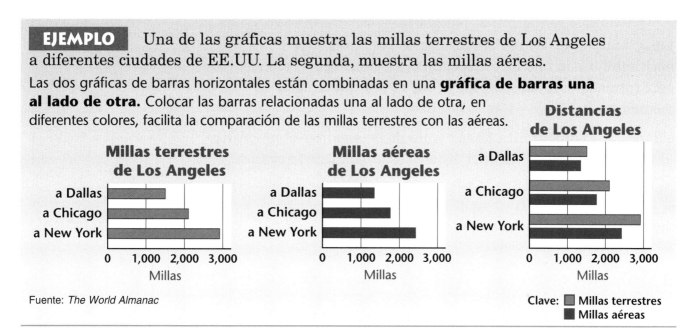

Fuente: *The World Almanac*

EJEMPLO Las gráficas de barras de abajo muestran el número de equipos deportivos a los que se unieron chicos y chicas durante un período de 1 año.

Las barras en cada gráfica pueden apilarse una encima de otra. La **gráfica de barras apiladas** incluye las barras de las dos gráficas.

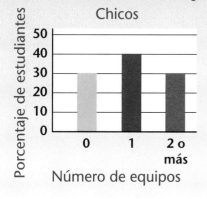

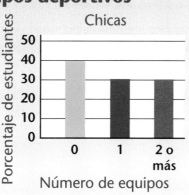

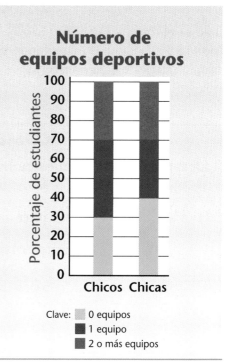

Gráficas lineales

Las **gráficas lineales** se usan para organizar información que muestra una tendencia. A menudo muestran cómo algo ha cambiado en el transcurso de un período de tiempo.

Las gráficas lineales a menudo se llaman **gráficas de línea quebrada.** Los segmentos de recta conectan los puntos en la gráfica. Los segmentos unidos extremo con extremo parecen una línea quebrada.

Las gráficas lineales tienen una escala vertical y una horizontal. Cada una de estas escalas se llama **eje.** Cada eje está rotulado para mostrar lo que se mide y qué unidad de medida es.

Cuando veas una gráfica lineal, trata de determinar el propósito de la gráfica. Intenta sacar conclusiones a partir de la gráfica.

Gráfica de línea quebrada

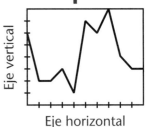

Unidos por los extremos, los segmentos parecen una línea quebrada.

EJEMPLO La gráfica de línea quebrada de la derecha muestra las temperaturas promedio de un año en Anchorage, Alaska.

El eje horizontal muestra cada mes del año. La temperatura promedio de un mes se muestra con un punto arriba del rótulo de ese mes. Los rótulos del eje vertical a la izquierda se usan para estimar la temperatura que representa ese punto.

Julio es el mes más caluroso (58°F). Enero es el mes más frío (15°F). El cambio más grande en la temperatura de un mes al siguiente es un descenso de 14°F de octubre a noviembre.

Temperaturas promedio en Anchorage, Alaska

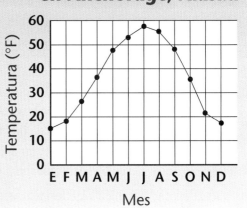

COMPRUEBA SI COMPRENDISTE

La tabla siguiente muestra las temperaturas promedio en Phoenix, Arizona.

Haz una gráfica lineal para mostrar esta información.

Temperaturas promedio de Phoenix, Arizona

Mes	Ene	Feb	Mar	Abr	May	Jun	Jul	Ago	Sep	Oct	Nov	Dic
Temperatura (°F)	54	58	62	70	79	88	94	92	86	75	62	54

Comprueba tus respuestas en la página 388.

Cómo usar el círculo de porcentajes

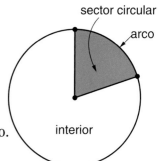

sector circular

arco

interior

Un **compás** es un aparato para dibujar círculos. También puedes usar algunas de las figuras de tu **Plantilla de geometría** para dibujar círculos.

Un **arco** es una parte de un círculo. Si marcas dos puntos en un círculo, estos puntos y la parte del círculo entre ellos forman un arco.

La región dentro de un círculo se llama el **interior** del círculo.

Un **sector circular** es una parte en forma de cuña de un círculo y su interior. Un sector circular consiste en dos radios, el arco determinado por sus extremos y la parte del interior del círculo limitada por los radios y el arco.

Una **gráfica circular** a veces se llama **diagrama circular** o gráfica de pastel porque parece un pastel que ha sido cortado en varios trozos. Cada "trozo" es un sector circular.

La gráfica circular muestra la distribución de estudiantes de 1º a 5º grado en la Escuela Elm Place.

Puedes usar el **círculo de porcentajes** de tu Plantilla de geometría para hallar qué porcentaje de la gráfica circular representa cada sector. Aquí hay dos métodos para usar el círculo de porcentajes.

Método 1: Medida directa

- Coloca el centro del círculo de porcentajes sobre el centro de la gráfica circular.
- Gira la plantilla de manera que la marca del 0% esté alineada con un lado (segmento de recta) del sector que estás midiendo.
- Lee el porcentaje en la marca del círculo de porcentajes localizada en el otro lado del sector. Ésta indica qué porcentaje representa el sector.

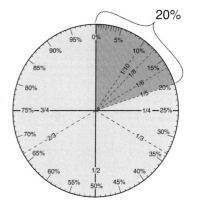

20%

El sector para primer grado representa el 20%.

Método 2: Comparación de diferencias

- Coloca el centro del círculo de porcentajes sobre el centro de la gráfica circular.
- Anota la lectura del porcentaje del lado del sector circular que estás midiendo.
- Halla la lectura del porcentaje para el otro lado del sector circular.
- Halla la diferencia entre estas lecturas.

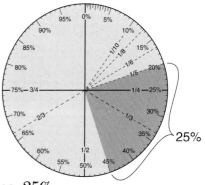

25%

El sector circular para segundo grado representa $45\% - 20\%$, o sea, 25%.

COMPRUEBA SI COMPRENDISTE

¿Qué porcentajes representan los otros tres sectores en la gráfica circular de arriba?

Comprueba tu respuesta en la página 389.

Cómo dibujar una gráfica circular usando un círculo de porcentajes

EJEMPLO Dibuja una gráfica circular para mostrar la siguiente información. A los estudiantes de la clase de la Sra. Ahmad se les pidió que dijeran sus colores preferidos: 9 estudiantes eligieron azul, 7 eligieron verde, 4 eligieron amarillo y 5 eligieron rojo.

Paso 1: Halla qué porcentaje del total representa cada parte. El número total de estudiantes que votó es $9 + 7 + 4 + 5 = 25$.

- 9 de 25 eligieron azul.

  $\frac{9}{25} = \frac{36}{100} = 36\%$, así que, el 36% eligió azul.

- 7 de 25 eligieron verde.

  $\frac{7}{25} = \frac{28}{100} = 28\%$, así que, el 28% eligió verde.

- 4 de 25 eligieron amarillo.

  $\frac{4}{25} = \frac{16}{100} = 16\%$, así que, el 16% eligió amarillo.

- 5 de 25 eligieron rojo.

  $\frac{5}{25} = \frac{20}{100} = 20\%$, así que, el 20% eligió rojo.

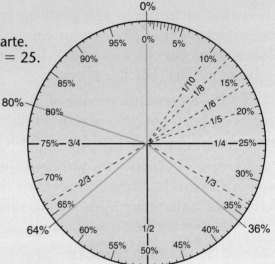

Paso 2: Comprueba que la suma de los porcentajes sea el 100%.
$36\% + 28\% + 16\% + 20\% = 100\%$

Paso 3: Usa el círculo de porcentajes en la Plantilla de geometría para marcar los sectores circulares.

- Para determinar el 36%, coloca el centro del círculo de porcentajes sobre el centro de la gráfica circular. Haz una marca en el 0% y en el 36% sobre el círculo.

- Para determinar el 28%, haz una marca en el 64% ($36\% + 28\% = 64\%$), sin mover el círculo de porcentajes.

- Para determinar el 16%, haz una marca en el 80% ($64\% + 16\% = 80\%$).

- Comprueba que el sector final represente el 20%.

Paso 4: Rotula cada sector circular.

COMPRUEBA SI COMPRENDISTE

Dibuja una gráfica circular para mostrar la información siguiente:
- El equipo de baloncesto *Hot Shots* anotó 30 puntos en un partido.
- Sally anotó 15 puntos.
- Drew y Bonita anotaron 6 puntos cada uno.
- Damon anotó 3 puntos.

Comprueba tus respuestas en la página 389.

Cómo dibujar una gráfica circular usando un transportador

EJEMPLO   Dibuja una gráfica circular para mostrar la siguiente información:

En el mes de junio, hubo 19 días soleados, 6 días parcialmente nublados y 5 días nublados.

Paso 1: Halla qué fracción o porcentaje del total representa cada parte. Junio tiene 30 días.

- 5 de 30 fueron días nublados.
  $\frac{5}{30} = \frac{1}{6}$, así que, $\frac{1}{6}$ de los días estuvo nublado.

- 6 de 30 fueron días parcialmente nublados.
  $\frac{6}{30} = \frac{1}{5}$, así que, $\frac{1}{5}$ de los días estuvo parcialmente nublado.

- 19 de 30 fueron días soleados.
  $\frac{19}{30} = 0.633 \ldots = 63.3\%$, así que, 63.3% de los días estuvo soleado.

Paso 2: Calcula la medida en grados del sector circular que representa cada parte de los datos.

- El número de días nublados en junio fue $\frac{1}{6}$ del número total de días. Por lo tanto, la medida en grados del sector de días nublados es $\frac{1}{6}$ de 360°. $\frac{1}{6}$ de 360° = 60°.

- El número de días parcialmente nublados en junio fue $\frac{1}{5}$ del número total de días. Por lo tanto, la medida en grados del sector de días parcialmente nublados es $\frac{1}{5}$ de 360°. $\frac{1}{5}$ de 360° = 72°.

- El número de días soleados en junio fue el 63.3% del número total de días. Por lo tanto, la medida en grados del sector de días soleados es el 63.3% de 360°. 0.633 * 360° = 228°, redondeado al grado más cercano.

Paso 3: Comprueba que la suma de las medidas en grados de todos los sectores sea 360°.
60° + 72° + 228° = 360°

Paso 4: Mide cada sector con un transportador. Dibuja y rotula el sector circular.

COMPRUEBA SI COMPRENDISTE

Con el transportador haz una gráfica circular para mostrar la información de la tabla. ¿Cuál es la medida en grados de cada sector circular?

Materias preferidas

Materia	Número de estudiantes
Lectura	6
Ciencias sociales	2
Matemáticas	4
Música	1
Ciencias naturales	2
Arte	5

Comprueba tus respuestas en la página 389.

Posibilidad y probabilidad

Posibilidad

Las cosas que pasan se llaman **sucesos.** Hay muchos sucesos de los que puedes estar seguro:

- Estás **seguro** de que el sol saldrá mañana.
- Es **imposible** que llegues a medir 10 pies de altura.

También hay muchos sucesos de los que *no puedes* estar seguro.

- No puedes estar seguro de que recibirás una carta mañana.
- No puedes estar seguro de que estará soleado el próximo viernes.

A veces puedes hablar sobre la **posibilidad** de que algo suceda. Si Paul es bueno jugando al ajedrez puedes decir: "Paul tiene una *buena posibilidad* de ganar el juego". Si Paul es un mal jugador puedes decir: "Es *muy poco probable* que Paul gane".

Probabilidad

A veces se usa un número para expresar la posibilidad de que algo suceda. Este número se llama **probabilidad.** Es un número entre 0 y 1. Cuanto más se acerque una probabilidad a 1, más probable es que suceda.

- Una probabilidad de 0 significa que el suceso es *imposible*. La probabilidad de que vivas hasta la edad de 150 años es 0.
- Una probabilidad de 1 significa que un suceso es *seguro*. La probabilidad de que el sol salga mañana es 1.
- Una probabilidad de $\frac{1}{2}$ significa que con el tiempo, un suceso ocurrirá alrededor de 1 de 2 veces (la mitad de veces, o sea, el 50% de las veces). La probabilidad de que una moneda lanzada al aire caiga en cara es de $\frac{1}{2}$. A menudo decimos que una moneda tiene una "posibilidad de 50–50" de caer en cara.

Una probabilidad se puede escribir como fracción, decimal o porcentaje. El **medidor de probabilidad** se usa a menudo para registrar probabilidades. Está marcado para mostrar fracciones, decimales y porcentajes entre 0 (o sea, 0%) y 1 (o sea, 100%).

Las frases impresas en la barra del medidor de probabilidad se pueden usar para describir probabilidades con palabras. Por ejemplo, supón que la probabilidad de que nieve mañana es de un 70%. La marca del 70% cae en la parte de la barra donde está impreso "PROBABLE". Así que puedes decir que "es *probable* que mañana nieve", en lugar de decir que hay un 70% de probabilidad de que nieve.

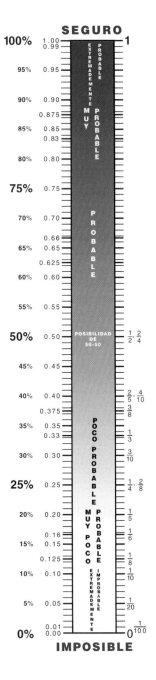

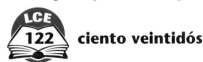

Calcular una probabilidad

Abajo se muestran cuatro formas comunes de hallar probabilidades.

¿Qué crees?	Vince cree que tiene un 10% de posibilidades (una posibilidad de 1 en 10) de regresar a su casa a las 9:00 en punto.

Haz un experimento	Elizabeth dejó caer 100 tachuelas: 60 cayeron con la punta hacia arriba y 40 cayeron con la punta hacia abajo. La posibilidad de que una tachuela caiga con la punta hacia arriba es de $\frac{60}{100}$, o sea, 60%.

Usa una tabla de datos	Kenny anotó 48 *hits* en sus últimos 100 bateos. Él estima que la probabilidad de que anote otro *hit* la próxima vez en el bate es $\frac{48}{100}$, o sea, 48%.

Hits	48
Carreras	11
Outs	41
Total	100

Asume que todos los resultados posibles tienen la misma posibilidad	Un dado tiene 6 caras. Cada cara tiene la misma posibilidad de salir. La probabilidad de que salga un 4 es $\frac{1}{6}$. La probabilidad de sacar un 4 o un 3 es el doble: $\frac{2}{6}$, o sea, $\frac{1}{3}$.

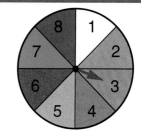

La rueda giratoria está dividida en 8 secciones iguales. Cada sección y cada número del 1 al 8, tienen la misma posibilidad ($\frac{1}{8}$, o sea, 12.5%) de salir. Las secciones numeradas del 1 al 8 son **igualmente probables.**

EJEMPLOS ¿Cuál es la probabilidad de que la flecha de la rueda giratoria de arriba se detenga en un número par? ¿En un número mayor que 5?

La flecha se detendrá en un número par si para en 2, 4, 6 u 8.
Cada uno de estos números tiene una probabilidad de salir $\frac{1}{8}$ de las veces.
Así que, la probabilidad total de que salga uno de estos números es
$\frac{1}{8} + \frac{1}{8} + \frac{1}{8} + \frac{1}{8}$, o sea, $\frac{4}{8}$.

La probabilidad de que se detenga en un número par es $\frac{4}{8}$, $\frac{1}{2}$ ó 50%.

La flecha se detendrá en un número mayor que 5 si para en 6, 7 u 8. Cada uno de estos números tiene una probabilidad de salir $\frac{1}{8}$ de las veces.

La probabilidad de que salga un número mayor que 5 es
$\frac{1}{8} + \frac{1}{8} + \frac{1}{8} = \frac{3}{8}$, o sea, 37.5%.

COMPRUEBA SI COMPRENDISTE

Usa la rueda giratoria de arriba para hallar la probabilidad de lo siguiente:

1. Que se detenga en un número menor que 7. **2.** Que se detenga en un número primo.

Comprueba tus respuestas en la página 389.

Diagrama de árbol y principio contable de la multiplicación

Muchas situaciones requieren dos o más elecciones. Aquí está un ejemplo de una situación simple que involucra dos opciones.

Supón que Vince quiere comprar una camisa nueva. Debe elegir entre tres colores: blanco, azul y verde. También debe decidir entre mangas largas o cortas. ¿Cuántas combinaciones diferentes hay de colores y de largo de mangas?

Una manera de contar y ver las diferentes combinaciones es hacer un **diagrama de árbol** como el que se muestra a la derecha. Las líneas dibujadas parecen ramas de un árbol.

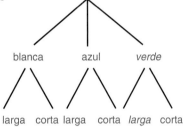

- Las 3 ramas de arriba del diagrama llevan los rótulos blanca, azul y verde para mostrar las opciones de color.
- Las 2 ramas debajo de cada color muestran las opciones de largo de manga que son posibles.

Cada manera posible de elegir una camisa se halla siguiendo un sendero de arriba abajo del diagrama. Una opción posible se muestra en cursiva: *verde-larga*. El contar, muestra que hay seis senderos diferentes. Hay seis opciones posibles de diferentes camisas.

La multiplicación se usa para resolver muchos tipos de problemas contables que involucran dos o más opciones.

Principio contable de la multiplicación

Supón que puedes hacer una primera opción de *m* maneras y una segunda opción de *n* maneras. Hay $m * n$ maneras de hacer la primera opción seguida por la segunda opción.

> **EJEMPLO** Vince tiene camisas de 8 colores diferentes y pantalones de 4 colores diferentes. ¿Cuántas combinaciones de colores diferentes de camisas y pantalones puede elegir Vince?
>
> Usa el principio contable de la multiplicación: $8 * 4 = 32$. Hay 32 combinaciones diferentes de color entre las que Vince puede elegir.

Casos con dos o más opciones pueden contarse de la misma manera.

COMPRUEBA SI COMPRENDISTE

Dibuja un diagrama de árbol que muestre las 32 combinaciones del ejemplo.

Comprueba tus respuestas en la página 389.

Geometría y construcciones

Geometría en nuestro mundo

El mundo está lleno de geometría. Dondequiera que mires hay ángulos, segmentos, rectas y curvas. Hay figuras bidimensionales y tridimensionales de todo tipo.

Muchos patrones geométricos maravillosos se pueden ver en la naturaleza. Puedes ver patrones en flores, telarañas, hojas, conchas y hasta en tu propia cara y cuerpo.

Las ideas de la geometría también se encuentran en los objetos que la gente crea. Piensa en los juegos. El juego de damas se juega con fichas redondas. El tablero está cubierto con recuadros. El baloncesto y el tenis se juegan con esferas en canchas rectangulares pintadas con líneas rectas y curvas. La próxima vez que juegues o veas un partido, fíjate en lo importante que es la geometría en la manera de jugar.

Los lugares donde vivimos se construyeron con planos que usan la geometría. Los edificios casi siempre tienen cuartos rectangulares. Muchos tienen tejados triangulares. Los pasadizos con arcos a veces son curvos. Las escaleras pueden ser rectas o en espiral. Los edificios y los cuartos a menudo están decorados con patrones interesantes. Estas decoraciones se ven en puertas y ventanas, en paredes, pisos y techos, y en las barandas de escaleras.

La ropa que la gente usa a menudo está decorada con figuras geométricas. También lo están los objetos que usamos todos los días. En todas partes del mundo, la gente crea objetos usando patrones geométricos. Por ejemplo, colchas, cerámica, canastas y tejas. Algunos patrones se muestran aquí. ¿Cuáles son tus favoritos?

 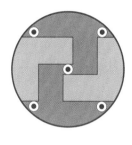  

Haz la prueba y fíjate en las figuras geométricas que tienes alrededor. Observa los puentes, edificios y otras estructuras. Observa cómo se combinan figuras simples como triángulos, rectángulos y círculos. Fíjate en diseños interesantes. Compártelos con tus compañeros de clase y con tu maestro o maestra.

En esta sección, estudiarás las figuras geométricas y aprenderás a construirlas. Conforme aprendes, trata de crear tus propios diseños hermosos.

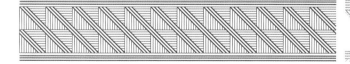 

Ángulos

Un **ángulo** está formado por 2 semirrectas o 2 segmentos de recta que comparten el mismo extremo.

ángulo formado por 2 semirrectas

ángulo formado por 2 segmentos

El extremo donde las semirrectas o segmentos se encuentran se llama **vértice** del ángulo. Las semirrectas o los segmentos son los **lados** del ángulo.

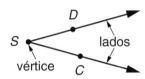

Dar nombre a los ángulos

El símbolo para un ángulo es ∠. Hay dos maneras de dar nombre a un ángulo:

1. Da nombre al vértice. El ángulo que se muestra arriba es el ángulo *S*. Escribe esto como ∠*S*.

2. Da nombre a 3 puntos: el vértice y un punto a cada lado del ángulo. Al ángulo de arriba se le puede dar el nombre de ángulo *DSC* (∠*DSC*) o ángulo *CSD* (∠*CSD*). El vértice siempre debe ponerse en el medio, entre los puntos de los lados.

Medir ángulos

El **transportador** es una herramienta que se usa para medir ángulos. Los ángulos se miden en **grados.** Un grado es la unidad de medida para el tamaño de un ángulo.

El **símbolo de grado** ° en general se usa en lugar de la palabra *grados*. La medida del ∠*S* mostrado arriba es de 30 grados, o sea, 30°.

A veces hay confusión sobre qué ángulo se debe medir. La flecha curva pequeña en cada dibujo muestra qué abertura del ángulo se debe medir.

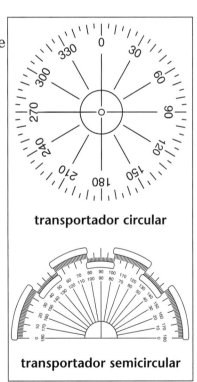

transportador circular

transportador semicircular

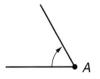

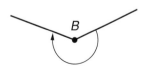

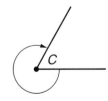

La medida del ∠*A* es 60°.   La medida del ∠*B* es 225°.   La medida del ∠*C* es 300°.

Clasificar ángulos según su tamaño

Los ángulos se pueden clasificar de acuerdo con su tamaño.

  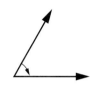 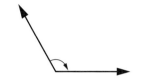 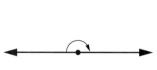

Un ángulo recto mide 90°.

Un ángulo agudo mide entre 0° y 90°.

Un ángulo obtuso mide entre 90° y 180°.

Un ángulo llano mide 180°.

Clasificar pares de ángulos

Los **ángulos opuestos por el vértice** son ángulos opuestos uno del otro cuando dos rectas se intersecan. Si dos ángulos son opuestos por el vértice, tienen la misma medida en grados.

Un ángulo reflejo mide entre 180° y 360°.

Los **ángulos adyacentes** son ángulos que están juntos uno del otro. Tienen un lado común pero no están superpuestos.

Los **ángulos suplementarios** son dos ángulos cuyas medidas juntas suman 180°.

EJEMPLO   Cuando dos rectas se intersecan, los ángulos que se forman tienen propiedades especiales.

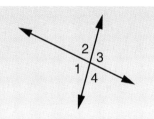

En las figuras de la derecha, los siguientes enunciados son verdaderos.

- Los ángulos 1 y 3 son ángulos opuestos por el vértice. Miden lo mismo. Los ángulos 2 y 4 son ángulos opuestos por el vértice. Miden lo mismo.

- Hay cuatro pares de ángulos adyacentes:
  ∠1 y ∠2   ∠2 y ∠3   ∠3 y ∠4   ∠4 y ∠1

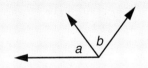

- Hay cuatro pares de ángulos suplementarios:
  ∠1 y ∠2   ∠2 y ∠3   ∠3 y ∠4   ∠4 y ∠1

- Los ángulos a y b son ángulos adyacentes. *No* son ángulos suplementarios porque sus medidas no suman 180°.

COMPRUEBA SI COMPRENDISTE

1. Dibuja y rotula un ángulo recto llamado ∠C.

2. Dibuja y rotula un ángulo obtuso llamado ∠RST.

3. En la figura de la derecha, halla la medida de cada ángulo.

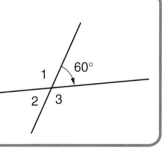

   a. ∠2   **b.** ∠1   **c.** ∠3

Comprueba tus respuestas en la página 389.

Rectas y segmentos paralelos

Las **rectas paralelas** son líneas en una superficie plana que nunca se unen. Piensa en una vía de ferrocarril que continúa indefinidamente. Los dos rieles son rectas paralelas. Los rieles nunca se cruzan y siempre están separados a la misma distancia.

Los **segmentos de recta paralelos** son segmentos que siempre están separados a la misma distancia. Los bordes superior e inferior de esta página son segmentos paralelos porque siempre están separados por 11 pulgadas.

El símbolo de *paralelo* es un par de líneas verticales ∥. Si el $\overline{BF}$ y el $\overline{TG}$ son *paralelos,* escribe $\overline{BF} \parallel \overline{TG}$.

Si las rectas o segmentos se cruzan entre sí, quiere decir que se **intersecan.** Las rectas o segmentos que se intersecan y forman ángulos rectos se llaman rectas o segmentos **perpendiculares.**

El símbolo de *perpendicular* es ⊥, que parece una T al revés. Si la $\overleftrightarrow{TS}$ y la $\overleftrightarrow{XY}$ son perpendiculares, escribe $\overleftrightarrow{TS} \perp \overleftrightarrow{XY}$.

EJEMPLOS

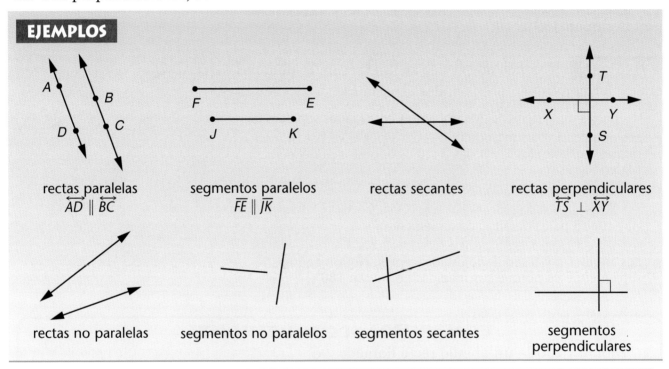

rectas paralelas
$\overleftrightarrow{AD} \parallel \overleftrightarrow{BC}$

segmentos paralelos
$\overline{FE} \parallel \overline{JK}$

rectas secantes

rectas perpendiculares
$\overleftrightarrow{TS} \perp \overleftrightarrow{XY}$

rectas no paralelas

segmentos no paralelos

segmentos secantes

segmentos perpendiculares

COMPRUEBA SI COMPRENDISTE

Traza y rotula lo siguiente.

1. Segmentos de recta paralelos *AB* y *EF*

2. Un segmento de recta que sea perpendicular a ambos, $\overline{AB}$ y $\overline{EF}$

Comprueba tus respuestas en las páginas 389 y 390.

Segmentos de recta, semirrectas, rectas y ángulos

Figura	Nombre o símbolo	Descripción
• A	A	**punto:** un lugar en el espacio
C, B extremos	$\overline{BC}$ o $\overline{CB}$	**segmento de recta:** una trayectoria recta entre 2 puntos llamados extremos
N, M extremo	$\overrightarrow{MN}$	**semirrecta:** trayectoria recta que desde un extremo sigue en una dirección hasta el infinto
S, T	$\overleftrightarrow{ST}$ o $\overleftrightarrow{TS}$	**recta:** trayectoria recta que sigue en ambas direcciones hasta el infinito
vértice, S, T, P	$\angle T$ o $\angle STP$ o $\angle PTS$	**ángulo:** dos semirrectas o segmentos de recta con un extremo común llamado vértice
B, A, D, C	$\overleftrightarrow{AB} \parallel \overleftrightarrow{CD}$	**rectas paralelas:** rectas que nunca se encuentran y que siempre están separadas a la misma distancia
	$\overline{AB} \parallel \overline{CD}$	**segmentos de recta paralelos:** segmentos que siempre están separados a la misma distancia
R, E, D, S	ninguno	**rectas secantes:** rectas que se unen
	ninguno	**segmentos de recta secantes:** segmentos que se unen
B, E, F, C	$\overleftrightarrow{BC} \perp \overleftrightarrow{EF}$	**rectas perpendiculares:** rectas que se intersecan en ángulos rectos
	$\overline{BC} \perp \overline{EF}$	**segmentos de recta perpendiculares:** segmentos que se intersecan en ángulos rectos

COMPRUEBA SI COMPRENDISTE

Traza y rotula lo siguiente.

1. punto H **2.** $\overleftrightarrow{JK}$ **3.** $\angle CAT$ **4.** $\overline{TU}$ **5.** $\overleftrightarrow{PR} \parallel \overleftrightarrow{JK}$ **6.** $\overrightarrow{EF}$

Comprueba tus respuestas en la página 390.

Polígonos

Un **polígono** es una figura plana, bidimensional formada por segmentos de recta llamados **lados.** Un polígono puede tener cualquier número de lados, siempre y cuando tenga por lo menos tres. El **interior** (adentro) de un polígono no forma parte del polígono.

- Los lados de un polígono se conectan de extremo a extremo y forman una trayectoria cerrada.

- Los lados de un polígono no se cruzan (intersecan).

Cada extremo donde se unen dos lados se llama **vértice.**

Figuras que son polígonos

4 lados, 4 vértices

3 lados, 3 vértices

7 lados, 7 vértices

Figuras que NO son polígonos

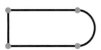

Todos los lados de un polígono deben ser segmentos de recta. Las líneas curvas no son segmentos de recta.

Los lados de un polígono deben formar una trayectoria cerrada.

Un polígono debe tener por lo menos 3 lados.

Los lados de un polígono no se cruzan.

Los polígonos reciben su nombre de acuerdo con el número de lados que tienen. El prefijo del nombre del polígono indica el número de lados que tiene.

Prefijos

tri-	3
cuad-	4
penta-	5
hexa-	6
hepta-	7
octa-	8
nona-	9
deca-	10
dodeca-	12

Polígonos convexos

Un polígono **convexo** es un polígono cuyos lados están hacia afuera. Los polígonos de abajo son convexos.

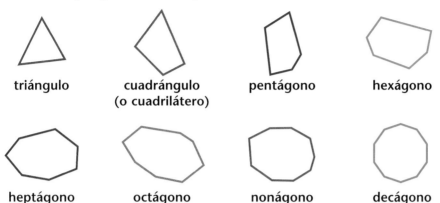

triángulo   cuadrángulo   pentágono   hexágono
(o cuadrilátero)

heptágono   octágono   nonágono   decágono

Polígonos no convexos (cóncavos)

Un polígono **no convexo,** o **cóncavo,** es un polígono que tiene por lo menos 2 lados hacia adentro. Los cuatro polígonos de la derecha son no convexos.

cuadrángulo   hexágono
(o cuadrilátero)

Polígonos regulares

Un polígono es un **polígono regular** si todos sus lados tienen el mismo largo y sus ángulos son todos del mismo tamaño. Un polígono regular siempre es convexo. Los polígonos de abajo son regulares.

pentágono   octágono

triángulo equilátero   cuadrado   pentágono

hexágono   octágono   nonágono

COMPRUEBA SI COMPRENDISTE

1. ¿Cuál es el nombre del polígono que tiene

    a. 6 lados?   **b.** 4 lados?   **c.** 8 lados?

2.   **a.** Dibuja un heptágono convexo.   **b.** Dibuja un decágono cóncavo.

3. Explica por qué la cubierta de este libro no es un polígono regular.

Comprueba tus respuestas en la página 390.

Triángulos

Los triángulos son los polígonos más simples.
El prefijo *tri-* significa *tres*. Todos los triángulos
tienen 3 vértices, 3 lados y 3 ángulos.

El ángulo *A* está formado por lados que se unen en el vértice *A*.

vértice

lado

B

C

A

Para el triángulo que se muestra aquí:

• Los vértices son los puntos *B, C* y *A*.

• Los lados son $\overline{BC}$, $\overline{BA}$ y $\overline{CA}$.

• Los ángulos son $\angle B$, $\angle C$ y $\angle A$.

Los triángulos tienen nombres de tres letras. Le das nombre a un
triángulo enumerando, en orden, las letras de sus vértices. El
triángulo de arriba tiene 6 nombres posibles: triángulo *BCA, BAC,
CAB, CBA, ABC* o *ACB*.

Los triángulos se pueden clasificar de acuerdo con el largo de sus lados.

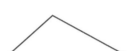

Un **triángulo
escaleno** es un
triángulo cuyos lados
tienen diferentes largos.

Un **triángulo
isósceles** es un
triángulo que tiene dos
lados del mismo largo.

Un **triángulo
equilátero** es un
triángulo cuyos tres lados
tienen el mismo largo.

Un **triángulo rectángulo** es un triángulo con un ángulo recto
(esquina cuadrada). Los triángulos rectángulos tienen formas y
tamaños muy diferentes.

Algunos triángulos rectángulos son triángulos escalenos; otros, son
triángulos isósceles. Pero un triángulo rectángulo no puede ser un
triángulo equilátero porque el lado opuesto al ángulo recto siempre
es más largo que cada uno de los otros dos lados.

COMPRUEBA SI COMPRENDISTE

1. Dibuja y rotula un triángulo equilátero llamado *DEF*. Escribe los otros cinco
nombres posibles para este triángulo.

2. Dibuja un triángulo isósceles.

3. Dibuja un triángulo rectángulo que sea escaleno.

Comprueba tus respuestas en la página 390.

Cuadrángulos

Un **cuadrángulo** es un polígono que tiene 4 lados. Otro nombre para un cuadrángulo es **cuadrilátero.** El prefijo *cuad-* significa *cuatro.* Todos los cuadrángulos tienen 4 vértices, 4 lados y 4 ángulos.

Para el cuadrángulo que se muestra aquí:

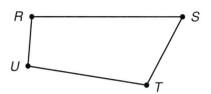

- Los lados son $\overline{RS}$, $\overline{ST}$, $\overline{TU}$ y $\overline{UR}$.

- Los vértices son *R, S, T* y *U.*

- Los ángulos son $\angle R$, $\angle S$, $\angle T$ y $\angle U$.

Se le da nombre a un cuadrángulo enumerando en orden las letras de los vértices. El cuadrángulo de arriba tiene 8 nombres posibles:

RSTU, RUTS, STUR, SRUT, TURS, TSRU, URST, UTSR

Algunos cuadrángulos tienen dos pares de lados paralelos. Estos cuadrángulos se llaman **paralelogramos.**

Recordatorio: dos lados son paralelos si están a la misma distancia siempre.

Figuras que son paralelogramos

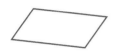

En cada figura los lados opuestos son paralelos.

Figuras que NO son paralelogramos

Sin lados paralelos

Sólo 1 par de lados paralelos

3 pares de lados paralelos. Un paralelogramo debe tener exactamente 2 pares de lados paralelos.

COMPRUEBA SI COMPRENDISTE

1. Dibuja y rotula un cuadrángulo llamado *QUAD* que tenga exactamente un par de lados paralelos.

2. ¿Es *QUAD* un paralelogramo?

3. Escribe los otros siete nombres posibles para este cuadrángulo.

Comprueba tus respuestas en la página 390.

Se les ha dado nombre a tipos especiales de cuadrángulos.
Algunos de éstos son paralelogramos, otros no.

El diagrama de árbol de la derecha muestra cómo se relacionan los diferentes tipos de cuadrángulos. Por ejemplo, los cuadrángulos se dividen en dos grupos principales: los "paralelogramos" y los que "no son paralelogramos". Los tipos especiales de paralelogramos incluyen "rectángulos", "rombos" y "cuadrados".

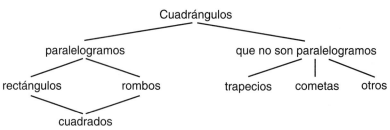

Cuadrángulos que son paralelogramos

rectángulo		Los **rectángulos** son paralelogramos. Un rectángulo tiene 4 ángulos rectos (esquinas cuadradas). No todos sus lados tienen que ser del mismo largo.
rombo		Los **rombos** son paralelogramos. Un rombo tiene 4 lados del mismo largo. Los ángulos de los rombos comúnmente no son ángulos rectos, pero podrían serlo.
cuadrado		Los **cuadrados** son paralelogramos. Un cuadrado tiene 4 ángulos rectos (esquinas cuadradas). Sus 4 lados son del mismo largo. *Todos* los cuadrados son rectángulos. *Todos* los cuadrados también son rombos.

Cuadrángulos que NO son paralelogramos

trapecio		Los **trapecios** tienen exactamente 1 par de lados paralelos. Los 4 lados de un trapecio pueden tener diferentes largos.
cometa		Una **cometa** es un cuadrángulo con 2 pares de lados iguales. Los lados iguales están uno junto al otro. Los 4 lados no pueden ser todos del mismo largo. (Un rombo no es una cometa.)
otros		Cualquier figura cerrada con 4 lados, que no sea un paralelogramo, un trapecio o una cometa

COMPRUEBA SI COMPRENDISTE

¿Cuál es la diferencia entre los cuadrángulos de cada par de abajo?

1. un cuadrado y un rectángulo   **2.** una cometa y un rombo   **3.** un trapecio y un paralelogramo

Comprueba tus respuestas en la página 390.

Cuerpos geométricos

Los polígonos y los círculos son figuras **bidimensionales** planas. Las superficies que encierran ocupan cierta cantidad de área, pero no tienen espesor ni ocupan ningún volumen.

Las figuras **tridimensionales** tienen largo, ancho *y* espesor. Ocupan volumen. Cajas, cubetas, libros, latas y pelotas son ejemplos de figuras tridimensionales.

Un **cuerpo geométrico** es la superficie o superficies que rodean una figura tridimensional. Las superficies de un cuerpo geométrico pueden ser planas, curvas o ambas. Un cuerpo geométrico está hueco; no incluye los puntos de su interior.

- Una **superficie plana** de un cuerpo se llama **cara.**
- Una **superficie curva** de un cuerpo no tiene ningún nombre en especial.

EJEMPLOS Describe la superficie de cada cuerpo geométrico.

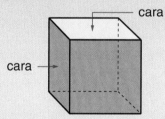

cara

cara

Un cubo tiene 6 caras cuadradas del mismo tamaño.

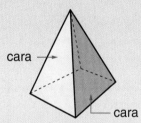

cara

cara

Esta pirámide tiene 4 caras triangulares y 1 cara cuadrada.

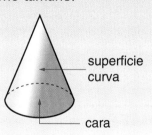

superficie curva

cara

Un cono tiene 1 cara circular y una superficie curva. La cara circular se llama **base.**

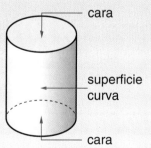

cara

superficie curva

cara

Un cilindro tiene 1 superficie curva. Tiene dos caras circulares que son del mismo tamaño y son paralelas. Estas dos caras se llaman **bases.**

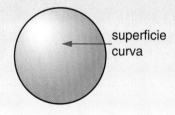

superficie curva

Una esfera tiene una superficie curva.

Las **aristas** de un cuerpo geométrico son segmentos de recta o curvas donde se encuentran las superficies.

La esquina de un cuerpo geométrico se llama **vértice.**

Un vértice es usualmente un punto donde se encuentran las aristas. En cambio, el vértice de un cono es una esquina aislada, completamente separada de la arista.

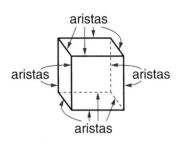

Un cono tiene 1 arista y 1 vértice. El vértice opuesto a la base circular se llama **ápice.**

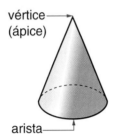

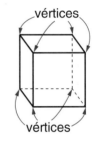

Un cubo tiene 12 aristas y 8 vértices.

La pirámide que se muestra aquí tiene 8 aristas y 5 vértices. El vértice opuesto a la base rectangular se llama **ápice.**

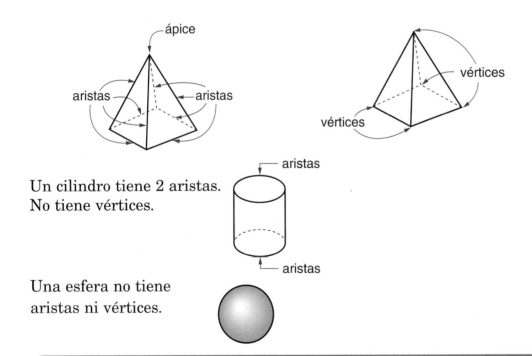

Un **cilindro** tiene 2 aristas. No tiene vértices.

Una **esfera** no tiene aristas ni vértices.

COMPRUEBA SI COMPRENDISTE

1. a. ¿En qué se parecen los cilindros y los conos?　　**b.** ¿En qué se diferencian?

2. a. ¿En qué se parecen las pirámides y los conos?　　**b.** ¿En qué se diferencian?

Comprueba tus respuestas en la página 391.

Poliedros

Un **poliedro** es un cuerpo geométrico cuyas superficies están todas formadas por polígonos. Estas superficies son las caras del poliedro. Un poliedro no tiene ninguna superficie curva.

Abajo se muestran dos grupos importantes de poliedros: **pirámides** y **prismas.**

Pirámides

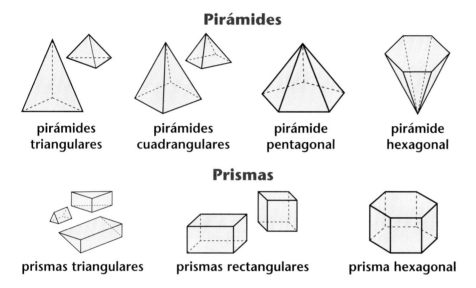

| pirámides triangulares | pirámides cuadrangulares | pirámide pentagonal | pirámide hexagonal |

Prismas

 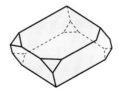

| prismas triangulares | prismas rectangulares | prisma hexagonal |

Muchos poliedros no son ni pirámides ni prismas. Abajo se muestran algunos ejemplos.

Poliedros que NO son ni pirámides ni prismas

Para saber por qué estas figuras no son ni pirámides ni prismas, lee las páginas 140 y 141.

COMPRUEBA SI COMPRENDISTE

1. a. ¿Cuántas caras tiene una pirámide rectangular?

  b. ¿Cuántas caras tienen forma rectangular?

2. a. ¿Cuántas caras tiene una prisma rectangular?

  b. ¿Cuántas caras tienen forma rectangular?

3. ¿Qué cuerpo tiene más caras, una pirámide triangular o un prisma triangular?

Comprueba tus respuestas en la página 391.

Prismas

Todos los cuerpos geométricos que aparecen abajo son **prismas.**

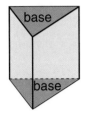 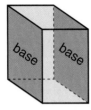 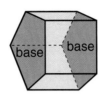

prisma triangular   prisma rectangular   prisma pentagonal   prisma hexagonal

Las dos caras sombreadas de cada prisma se llaman **bases.**

- Las bases tienen el mismo tamaño y forma.
- Las bases son paralelas. Esto significa que siempre están separadas a la misma distancia.
- Todas las aristas que conectan las bases son paralelas entre sí.

La forma de las bases determina el nombre del prisma. Si las bases son de forma triangular, se llama **prisma triangular.** Si las bases son de forma rectangular, se llama **prisma rectangular.** Los prismas rectangulares tienen tres pares posibles de bases.

El número de caras, aristas y vértices que tiene un prisma depende de la forma de su base.

EJEMPLO   El prisma triangular que se muestra aquí tiene 5 caras: 3 caras rectangulares y 2 bases triangulares. Tiene 9 aristas y 6 vértices.

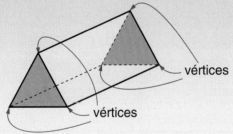 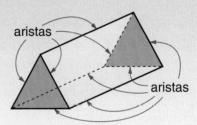

COMPRUEBA SI COMPRENDISTE

1. **a.** ¿Cuántas caras tiene un prisma hexagonal?

   b. ¿Cuántas aristas?

   c. ¿Cuántos vértices?

2. ¿Cómo se llama un prisma que tiene 10 caras?

Comprueba tus respuestas en la página 391.

Pirámides

Todos los cuerpos geométricos de abajo son **pirámides.**

pirámide triangular   **pirámide cuadrangular**   **pirámide pentagonal**   **pirámide hexagonal**

La cara sombreada de cada una de estas pirámides es la **base** de la pirámide.

- El polígono que forma la base puede tener cualquier número de lados.
- Las caras que no sean la base tienen forma triangular.
- Las caras que no sean la base se juntan en el mismo vértice.

La forma de la base determina el nombre de la pirámide. Si la base es de forma triangular, se llama **pirámide triangular.** Si la base es de forma cuadrada, se llama **pirámide cuadrangular.**

Las pirámides de Egipto tienen bases cuadradas. Son pirámides cuadrangulares.

El número de caras, aristas y vértices que tiene una pirámide depende de la forma de su base.

EJEMPLO La pirámide hexagonal que se muestra aquí tiene 7 caras: 6 caras triangulares y una base hexagonal.

Esta pirámide tiene 12 aristas. Seis aristas rodean la base hexagonal. Las otras seis, se juntan en el ápice (la punta) de la pirámide.

Tiene 7 vértices. Seis vértices están en la base hexagonal. El vértice que queda es el ápice de la pirámide.

ápice

El ápice es el vértice opuesto a la base.

COMPRUEBA SI COMPRENDISTE

1. a. ¿Cuántas caras tiene una pirámide triangular?

   b. ¿Cuántas aristas?

   c. ¿Cuántos vértices?

2. ¿Cuál es el nombre de una pirámide que tiene 10 aristas?

3. a. ¿En qué se parecen los prismas y las pirámides?   **b.** ¿En qué se diferencian?

Comprueba tus respuestas en la página 391.

Poliedros regulares

Un poliedro es **regular** si:

- Cada cara está formada por un polígono regular.
- Todas las caras tienen el mismo tamaño y forma.
- Cada vértice es exactamente igual a cada uno de los demás vértices.

Sólo hay cinco tipos de poliedros regulares.

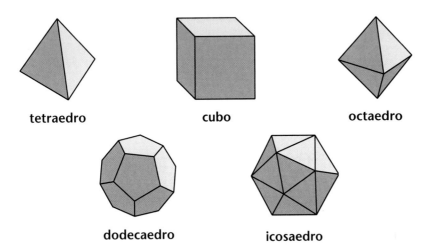

tetraedro   cubo   octaedro

dodecaedro   icosaedro

Nombre	Forma de la cara	Número de caras
tetraedro	triángulo equilátero	4
cubo	cuadrado	6
octaedro	triángulo equilátero	8
dodecaedro	pentágono regular	12
icosaedro	triángulo equilátero	20

COMPRUEBA SI COMPRENDISTE

1. ¿Qué poliedros regulares tienen caras formadas por triángulos equiláteros?

2. a. ¿Cuántas aristas tiene un octaedro?

  b. ¿Cuántos vértices?

3. a. ¿En qué se parecen los tetraedros y los octaedros?

  b. ¿En qué se diferencian?

Comprueba tus respuestas en la página 391.

Círculos

Un **círculo** es una línea curva que forma una trayectoria cerrada sobre una superficie plana. Todos los puntos del círculo están a la misma distancia del **centro del círculo.**

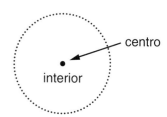

El centro no forma parte del círculo. El interior tampoco forma parte del círculo.

El **compás** es un instrumento que se usa para trazar círculos.

- La punta del compás, llamada **ancla,** se coloca en el centro del círculo.

- El lápiz del compás traza el círculo. Cada punto del círculo está a la misma distancia del ancla.

El **radio** de un círculo es cualquier segmento de recta que conecta el centro del círculo con cualquier punto sobre el círculo. La palabra *radio* también se refiere a la longitud de este segmento.

El **diámetro** de un círculo es cualquier segmento de recta que pasa a través del centro del círculo y que tiene ambos extremos sobre el círculo. La palabra *diámetro* también se refiere a la longitud de este segmento.

Un **arco** es parte de un círculo, de un punto del círculo a otro. Por ejemplo, un **semicírculo** es un arco: sus extremos son los extremos de un diámetro del círculo.

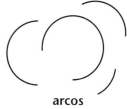

arcos

Todos los círculos se parecen porque todos tienen la misma forma, pero no todos los círculos tienen el mismo tamaño.

EJEMPLOS Muchas pizzas tienen forma circular. Puedes pedir una pizza diciendo el diámetro que quieres.

Una "pizza de 12 pulgadas" significa una pizza que tiene un diámetro de 12 pulgadas.

Una "pizza de 16 pulgadas" significa una pizza que tiene un diámetro de 16 pulgadas.

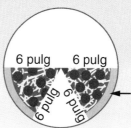

Una pizza de 12 pulgadas

La pizza tiene 12 pulgadas de ancho. El diámetro es de 12 pulgadas.

Cada trozo es una cuña que tiene lados de 6 pulgadas de largo.

Esferas

Una **esfera** es un cuerpo geométrico que tiene una sola superficie curva en forma de pelota, canica o globo. Todos los puntos de la superficie de la esfera están a la misma distancia del **centro de la esfera.**

Todas las esferas tienen la misma forma. Pero no todas las esferas son del mismo tamaño. El tamaño de una esfera es la distancia que la atraviesa pasando por su centro.

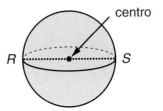

- El segmento de recta RS pasa a través del centro de la esfera. Este segmento de recta se llama **diámetro de la esfera.**

- El largo del segmento de recta RS también se llama diámetro de la esfera.

Los globos y las pelotas de baloncesto son ejemplos de esferas huecas. Sus interiores están vacíos. El interior hueco no forma parte de la esfera. La esfera comprende sólo los puntos sobre su superficie curva.

Las canicas y las pelotas de béisbol son ejemplos de esferas que tienen el interior sólido. En casos como estos, el interior sólido forma parte de la esfera.

EJEMPLO   La forma de la Tierra es muy parecida a una esfera.

El diámetro de la Tierra mide cerca de 8,000 millas.

La distancia desde la superficie de la Tierra hasta su centro es cerca de 4,000 millas.

Cualquier punto en la superficie terrestre está a unas 4,000 millas del centro de la Tierra.

Capas del interior de la Tierra

corteza de 3 a 40 millas de grosor

manto de roca caliente, de 1,800 millas de grosor

núcleo exterior de metales fundidos, de 1,350 millas de grosor

núcleo interior de metales sólidos, de 800 millas de grosor

centro de la Tierra

Figuras congruentes

A veces ocurre que las figuras tienen la misma forma y tamaño. Estas figuras son **congruentes.** Son congruentes si al colocar las figuras una sobre la otra, éstas coinciden exactamente.

EJEMPLO Los segmentos de recta son congruentes si tienen el mismo largo.

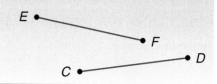

$\overline{EF}$ y $\overline{CD}$ miden 3 centímetros de largo.

EJEMPLO Los ángulos son congruentes si tienen la misma medida en grados.

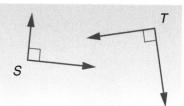

El ángulo S y el ángulo T son ángulos rectos. Tienen la misma forma y ambos miden 90°. Las aberturas de los ángulos coinciden exactamente cuando un ángulo se coloca encima del otro.

EJEMPLO Los círculos son congruentes si sus diámetros tienen el mismo largo.

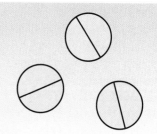

Estos círculos tienen un diámetro de $\frac{1}{2}$ pulgada. Tienen la misma forma y el mismo tamaño. Estos tres círculos son congruentes.

EJEMPLO Se usó una fotocopiadora para copiar el pentágono RSTUV.

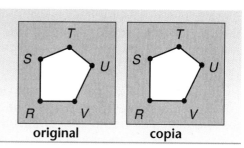

original   copia

Si recortas la copia, ésta coincidirá exactamente al colocarla sobre la figura original. Los lados y los ángulos coincidirán exactamente. La figura original y la copia son congruentes.

COMPRUEBA SI COMPRENDISTE

¿Cuál de estos métodos podrías usar para hacer una copia congruente del cuadrado de abajo?

a. Usar una fotocopiadora para copiar el cuadrado

b. Usar papel de calco para calcar el cuadrado

c. Recortar el cuadrado y usarlo para trazar otro

d. Medir los lados con una regla y después, trazar los lados en ángulos rectos usando un transportador.

Comprueba tus respuestas en la página 391.

Figuras semejantes

Las figuras que tienen exactamente la misma forma se llaman
figuras semejantes. Por lo general, una figura es una
ampliación o reducción de otra. El **factor de cambio de tamaño**
indica la cantidad que se amplía o se reduce. Las figuras
congruentes son semejantes porque tienen la misma forma.

EJEMPLOS Si se usa una fotocopiadora para copiar un dibujo o figura, la copia será
semejante al original.

original   copia

original   copia

original   copia

Copia exacta	Ampliación	Reducción
La fotocopiadora se programa al 100%. El factor de cambio de tamaño es X1.	La fotocopiadora se programa al 200%. El factor de cambio de tamaño es 2X.	La fotocopiadora se programa al 50%. El factor de cambio de tamaño es $\frac{1}{2}$X.

EJEMPLO Los triángulos MAR y SOL son
semejantes. El triángulo más grande es una
ampliación del triángulo más pequeño.

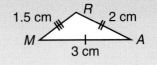

Cada lado y su ampliación forman un par de lados llamados
lados correspondientes. Cada lado correspondiente tiene
el mismo número de marcas.

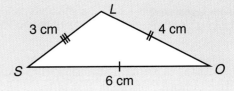

El factor de cambio de tamaño es 2X. Cada lado del
triángulo más grande mide el doble del lado
correspondiente del triángulo más pequeño. El tamaño de
los ángulos es el mismo para ambos triángulos. Por ejemplo,
∠R y ∠L tienen la misma medida en grados.

EJEMPLO Los cuadrángulos ABCD y MNOP son semejantes.
¿Cuánto mide el lado MN? ¿Cuánto mide el lado AD?

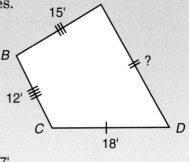

El $\overline{NO}$ mide $\frac{1}{3}$ del largo del $\overline{BC}$. El $\overline{OP}$ mide $\frac{1}{3}$ del largo del lado CD.
Así que el factor de cambio de tamaño es $\frac{1}{3}$X.

El $\overline{AB}$ y el $\overline{MN}$ son lados correspondientes. El $\overline{AB}$ mide 15 pies de largo.
Así que el $\overline{MN}$ debe medir $\frac{1}{3} * 15 = 5$ pies de largo.

El $\overline{AD}$ y el $\overline{MP}$ son lados correspondientes.

El $\overline{MP}$ mide $\frac{1}{3}$ del largo del $\overline{AD}$ y es igual a 7 pies.

Así que, el $\overline{AD}$ debe medir 21 pies de largo.

Reflexiones, traslaciones y rotaciones

En geometría, una figura puede moverse de un lugar a otro. Abajo se muestran tres maneras diferentes de mover una figura.

- Una **reflexión** mueve la figura "volteándola" sobre una línea.

- Una **traslación** mueve la figura "deslizándola" a un nuevo lugar.

- Una **rotación** mueve la figura "girándola" alrededor de un punto.

reflexión
Voltea la F.

traslación
Desliza la F.

rotación
Gira la F.

La figura original, antes de moverse, se llama **preimagen.** La nueva figura que se produce al moverla se llama **imagen.**

Cada punto de la preimagen se mueve a un nuevo punto de la imagen, llamado **punto de encuentro.** Un punto y su punto de encuentro también se llaman **puntos correspondientes.**

Para cada uno de los movimientos que se muestran arriba, la imagen tiene el mismo tamaño y forma que la preimagen. La imagen y la preimagen son figuras congruentes.

Reflexiones

La reflexión es un movimiento que "voltea" una figura. La línea sobre la que se voltea la figura se llama **eje de reflexión.** La figura y su reflexión están en los lados opuestos del eje de reflexión.

Para cualquier reflexión:

- La preimagen y la imagen tienen el mismo tamaño y forma.

- La preimagen y la imagen están invertidas.

- Cada punto y su punto de encuentro están a la misma distancia del eje de reflexión.

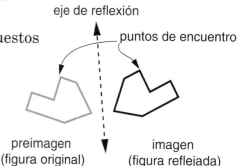

eje de reflexión

puntos de encuentro

preimagen
(figura original)

imagen
(figura reflejada)

Traslaciones

Una traslación es un movimiento que "desliza" una figura. Cada punto de la figura se desliza a la misma distancia en la misma dirección. Imagina un dibujo de la letra T sobre papel cuadriculado.

- Si cada punto de la letra T se desliza 6 recuadros a la derecha, el resultado es una *traslación horizontal.*
- Si cada punto de la letra T se desliza 8 recuadros hacia arriba, el resultado es una *traslación vertical.*
- Imagínate que cada punto de la letra T se desliza 6 recuadros a la derecha y después 8 recuadros hacia arriba. El resultado es una *traslación diagonal.*

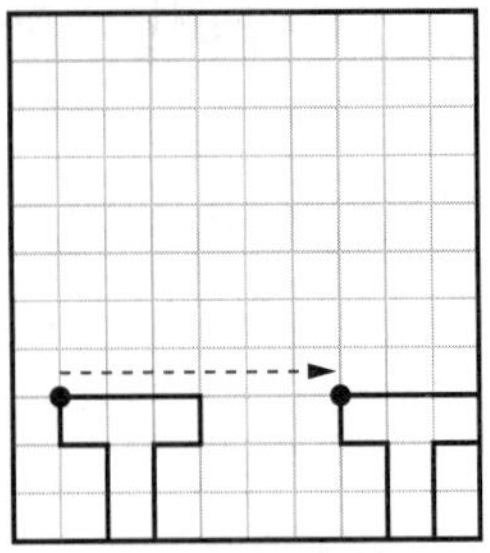
traslación horizontal

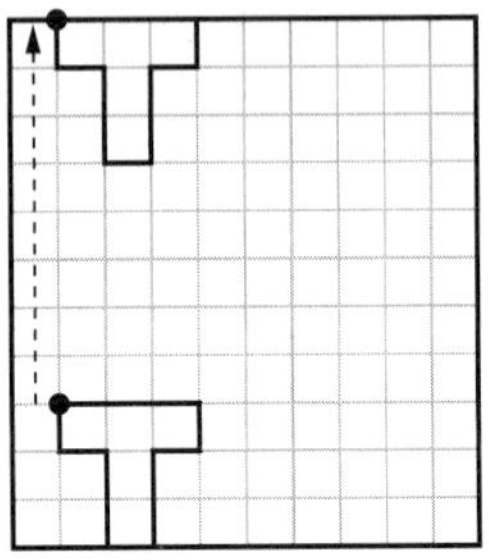
traslación vertical

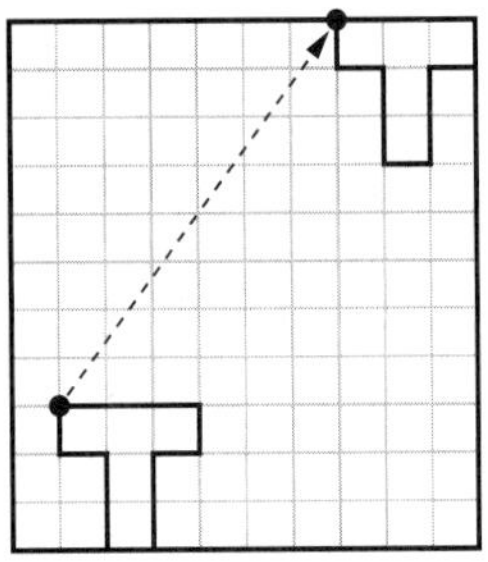
traslación diagonal

Rotaciones

Hacer una rotación de una figura quiere decir hacerla girar un cierto número de grados alrededor de un punto en particular.

Se puede girar una figura en *el sentido de las manecillas del reloj.* También se puede girar en *sentido contrario de las manecillas del reloj.*

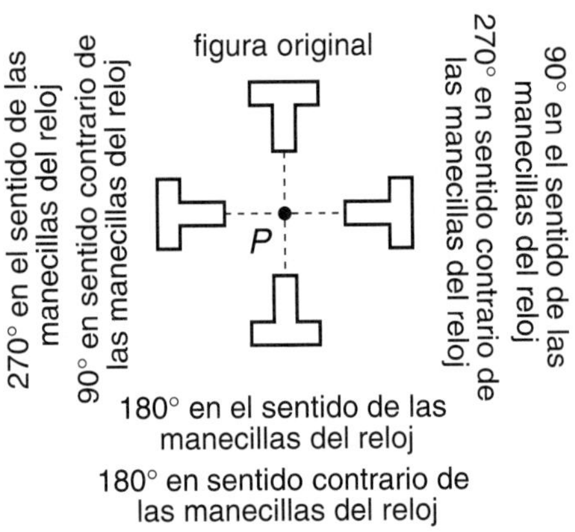

COMPRUEBA SI COMPRENDISTE

1. Copia la figura y refléjala sobre $\overleftrightarrow{AB}$.

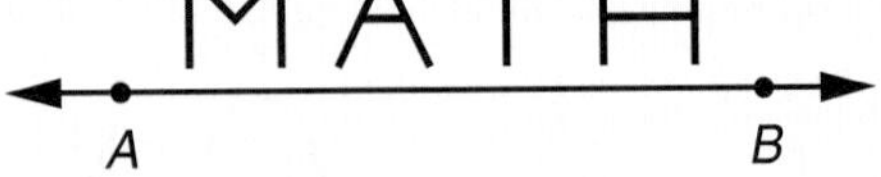

2. ¿Qué figura es una rotación de 90°, en el sentido de las manecillas del reloj, de la figura 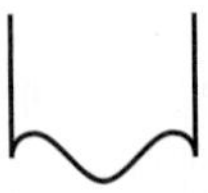 ?

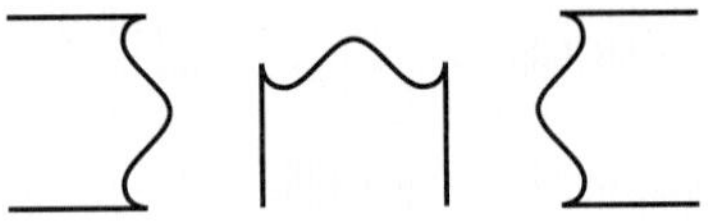

Comprueba tus respuestas en la página 391.

Simetría axial

Se ha trazado una línea punteada a través de la figura de la derecha. Esta línea divide la figura en dos partes. Ambas partes son exactamente iguales pero apuntan hacia direcciones opuestas.

La figura es **simétrica con respecto a un eje.** La línea punteada se llama **eje de simetría** de la figura.

Puedes usar una reflexión para obtener la figura que se muestra a la derecha.

• Piensa en el eje de simetría como en una línea de reflexión.

• Refleja el lado izquierdo de la figura sobre la línea.

• Juntos, el lado izquierdo y su reflexión (el lado derecho) forman la figura completa.

Una manera sencilla de comprobar si una figura tiene *simetría axial* es doblándola a la mitad. Si las dos mitades coinciden exactamente, la figura es simétrica. La línea del doblez es el eje de simetría.

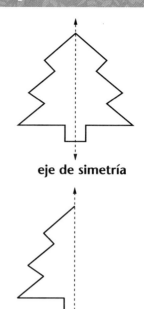

eje de simetría

Refleja el lado izquierdo para obtener la figura de arriba.

EJEMPLOS Las letras T, V, E y X son simétricas. Los ejes de simetría están trazados en cada letra.

La letra X tiene dos ejes de simetría. Si pudieras doblarla sobre cualquiera de las líneas, las dos mitades coincidirían exactamente.

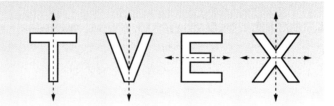

Todas las figuras de abajo son simétricas. Cada una tiene trazado su eje de simetría. Si tienen más de un eje de simetría, también están trazados.

| bandera de Jamaica | mariposa | cuerpo humano | elipse | rectángulo | cuadrado |

COMPRUEBA SI COMPRENDISTE

1. Traza cada figura de bloques geométricos (PB) de tu Plantilla de geometría sobre una hoja de papel. Traza los ejes de simetría de cada figura.

2. ¿Cuántos ejes de simetría tiene un círculo?

Comprueba tus respuestas en la página 391.

Teselados

Un **teselado** es un patrón de figuras cerradas que cubre por completo una superficie.

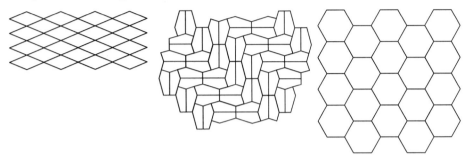

- Las figuras en un teselado no están superpuestas.

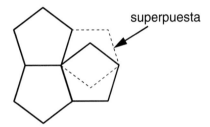

- No hay espacios entre las figuras.

Un **punto de vértice** de un teselado es un punto donde se encuentran los vértices de las figuras.

- La suma de las medidas de los ángulos alrededor del punto de vértice debe ser exactamente 360°.

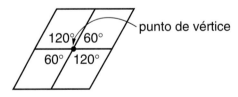

$$120° + 60° + 120° + 60° = 360°$$

- Si la suma es menor que 360°, habrá espacios entre las figuras. El patrón no es un teselado.

- Si la suma es mayor que 360°, las figuras estarán superpuestas. El patrón no es un teselado.

Teselados regulares

Un teselado hecho de copias congruentes repetidas, de una clase de polígono regular, se llama **teselado regular.**

Por ejemplo, se puede hacer un teselado regular de hexágonos regulares.

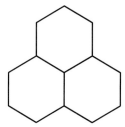

En un teselado regular:

- Todos los polígonos son **congruentes.** (Tienen el mismo tamaño y forma.)

- Los vértices de por lo menos tres polígonos se encuentran en cada punto de vértice.

- Hay por lo menos tres ángulos alrededor de cada punto de vértice.

Hay exactamente tres teselados regulares posibles. Arriba se muestra el teselado de hexágonos regulares. ¿Puedes encontrar los otros dos teselados regulares?

Teselados semirregulares

Los teselados pueden tener más de un tipo de figura.

Un teselado se llama **teselado semirregular** si reúne estas condiciones:

- Usa por lo menos dos figuras diferentes.

- Las figuras usadas son polígonos regulares.

- La misma combinación de polígonos regulares se encuentra en el mismo orden en cada vértice.

El ejemplo que se muestra aquí es un teselado semirregular hecho con cuadrados y triángulos equiláteros. Al moverte en el sentido de las manecillas del reloj alrededor de cualquier punto de vértice, hay 2 triángulos, 1 cuadrado, 1 triángulo y 1 cuadrado.

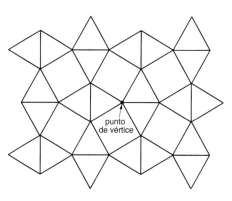

punto
de vértice

La Plantilla de geometría

La **Plantilla de geometría** tiene muchos usos.

La plantilla tiene dos reglas. La escala de pulgadas mide en pulgadas y en fracciones de pulgada. La escala de centímetros mide en centímetros y en milímetros. Usa cualquier lado de la plantilla como una regla para trazar segmentos de recta.

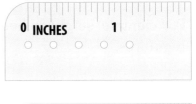

Hay 17 figuras geométricas diferentes en la plantilla. Las figuras rotuladas "PB" son **figuras de bloques geométricos.** Tienen la mitad del tamaño de los bloques geométricos. Hay un hexágono, un trapecio, dos rombos diferentes, un triángulo equilátero y un cuadrado. Serán de mucha ayuda para algunas actividades que harás este año.

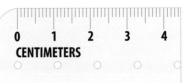

Cada triángulo de la plantilla está rotulado con una T y un número. El triángulo "T1" es un triángulo equilátero cuyos lados son todos del mismo largo. Los triángulos "T2" y "T5" son triángulos rectángulos. El triángulo "T3" es un triángulo cuyos lados son de diferente largo. El triángulo "T4" tiene dos lados del mismo largo.

Las figuras restantes son círculos, cuadrados, un octágono regular, un pentágono regular, una cometa, un rectángulo, un paralelogramo y una elipse.

Los dos círculos que están cerca de la escala de pulgadas pueden usarse como agujeros para carpeta. Úsalos para guardar tu plantilla en tu carpeta.

Usa los **transportadores semicircular** y **circular** de la parte de abajo de la plantilla para medir y trazar ángulos. Usa el **círculo de porcentajes** de la parte de arriba para construir y medir gráficas circulares. El círculo de porcentajes está dividido en intervalos de 1%; y algunas fracciones comunes del círculo están marcadas.

Fíjate en los pequeños agujeros cerca de las marcas de 0, $\frac{1}{4}$, $\frac{2}{4}$ y $\frac{3}{4}$ de pulgada de la escala de pulgadas, y en cada marca de 1 a 7 pulgadas. En el lado de los centímetros, los agujeros están colocados en cada marca de centímetro del 0 al 10. Estos agujeros pueden usarse para trazar círculos.

EJEMPLO Traza un círculo que tenga 4 pulgadas de radio.

Coloca la punta de un lápiz en el agujero del 0. Coloca la punta de otro lápiz en el agujero de 4 pulgadas. Sin mover el lápiz del 0, haz girar el lápiz de las 4 pulgadas (arrastrando la plantilla) y traza el círculo.

No muevas este lápiz.

Círculo de porcentajes

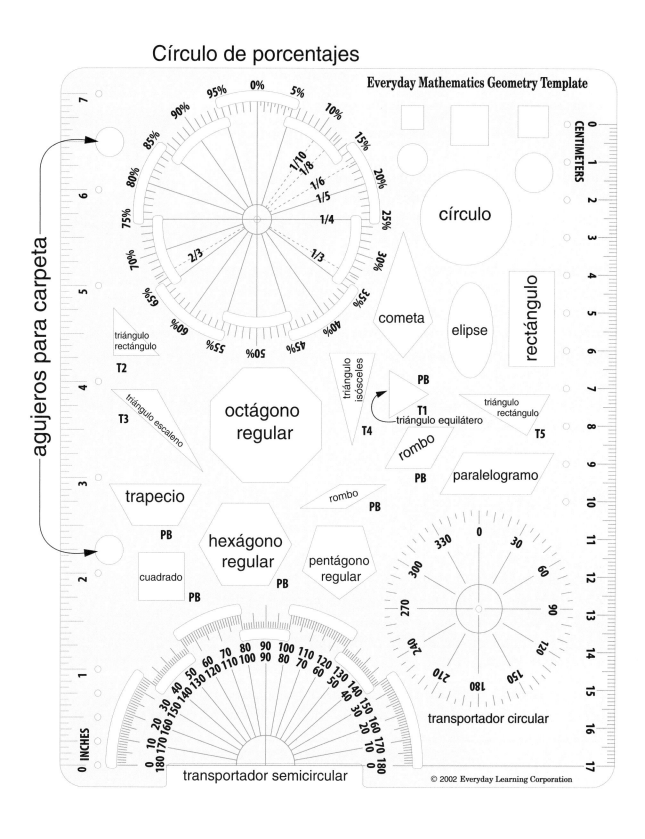

agujeros para carpeta

Everyday Mathematics Geometry Template

0% 5% 95% 90% 85% 80% 75% 70% 65% 60% 55% 50% 45% 40% 35% 30% 25% 20% 15% 10%

1/10 1/8 1/6 1/5 1/4 1/3 2/3

CENTIMETERS

círculo

rectángulo

cometa

elipse

triángulo rectángulo
T2

triángulo escaleno
T3

triángulo isósceles
T4

PB
T1
triángulo equilátero

triángulo rectángulo
T5

octágono regular

rombo
PB

paralelogramo

trapecio
PB

rombo
PB

cuadrado
PB

hexágono regular
PB

pentágono regular

330 0 30 300 60 270 90 240 120 210 150 180

transportador circular

40 50 60 70 80 90 100 110 120 130
30 140 150 20 160 10 170 0 180

transportador semicircular

0 INCHES

© 2002 Everyday Learning Corporation

Construcciones con compás y reglón

Muchas figuras geométricas se pueden dibujar usando sólo un compás y un reglón. El compás se usa para trazar círculos y para marcar longitudes. El reglón se usa para trazar segmentos de recta.

Las **construcciones** de compás y reglón tienen diversas utilidades.

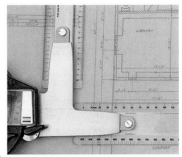

- Los matemáticos las usan para estudiar las propiedades de las figuras geométricas.
- Los arquitectos las usan para hacer planos y dibujos.
- Los ingenieros las usan para desarrollar sus diseños.
- Los diseñadores gráficos las usan para crear ilustraciones en la computadora.

Dibujo arquitectónico del plano de una casa

Para las construcciones, además del compás y el reglón, los únicos materiales que necesitas son una herramienta de dibujo (la mejor es un lápiz con punta afilada) y papel. No podrás medir el largo de los segmentos de recta con una regla ni el tamaño de los ángulos con un transportador.

Dibuja siempre sobre una superficie que sostenga la punta del compás (también llamada **ancla**) para que no se mueva. Puedes dibujar sobre una resma de hojas de papel.

Las instrucciones de abajo describen dos maneras de trazar círculos. Cada método empieza de la misma manera.

Método 1

- Traza un punto que será el centro del círculo.
- Presiona el ancla del compás firmemente sobre el centro del círculo.

Método 1 Sostén el compás por la parte de arriba y haz que gire el lápiz alrededor del ancla. El lápiz debe dar toda la vuelta para completar un círculo. A algunas personas les parece más fácil hacer girar el lápiz hasta donde lleguen en una dirección y luego, hacerlo girar en la dirección contraria hasta completar el círculo.

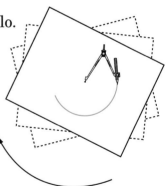

Método 2 Este método funciona mejor con un compañero. Un compañero sostiene el compás en su lugar. El otro hace girar suavemente el papel que está bajo el compás hasta completar el círculo.

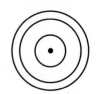

Método 2

COMPRUEBA SI COMPRENDISTE

Los **círculos concéntricos** son círculos que tienen el mismo centro.

Usa un compás para trazar 3 círculos concéntricos.

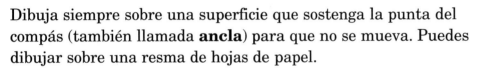

círculos concéntricos

Copiar un segmento de recta

Sigue con cuidado cada paso. Usa una hoja de papel en blanco.

Paso 1: Traza el segmento de recta *AB*.

Paso 2: Traza un segundo segmento de recta. Éste debe ser más largo que el segmento *AB*. Rotula uno de sus extremos con *A*' (se lee "*A* prima").

Paso 3: Coloca el ancla del compás en *A* y la punta del lápiz en *B*.

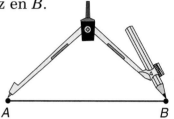

Paso 4: Sin cambiar la abertura del compás, coloca el ancla del compás en *A*' y traza un pequeño arco que cruce el segmento de recta. Rotula el punto donde el arco cruza el segmento de recta con *B*'.

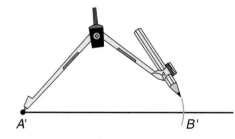

Los segmentos *A*'*B*' y *AB* tienen el mismo largo.

El segmento de recta *A*'*B*' es **congruente** con el segmento de recta *AB*.

COMPRUEBA SI COMPRENDISTE

1. Traza un segmento de recta. Copia el segmento de recta usando sólo el compás y un reglón.

2. Después de haber hecho tu copia, mide los segmentos con una regla para ver con qué precisión copiaste el segmento de recta original.

Copiar un triángulo

Sigue con cuidado cada paso. Usa una hoja de papel en blanco.

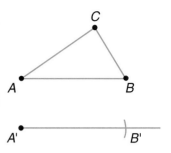

Paso 1: Dibuja un triángulo *ABC*. Traza un segmento de recta que sea más largo que el segmento de recta *AB*. Copia el segmento de recta *AB* sobre el segmento que acabas de trazar (ver página 155). Rotula los extremos de la copia con *A'* y *B'* (se leen "*A* prima" y "*B* prima").

Paso 2: Coloca el ancla del compás en *A* y la punta del lápiz en *C*. Sin cambiar la abertura del compás, coloca el ancla del compás en *A'* y traza un arco.

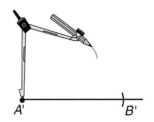

Paso 3: Coloca el ancla del compás en *B* y la punta del lápiz en *C*. Sin cambiar la abertura del compás, coloca el ancla del compás en *B'* y traza otro arco. Rotula el punto donde lo arcos se intersecan con *C'*.

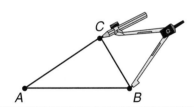
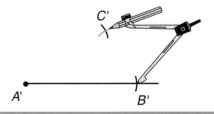

Paso 4: Traza los segmentos de recta *A'C'* y *B'C'*.

Los triángulos *ABC* y *A'B'C'* son congruentes. Quiere decir que son del mismo tamaño y forma.

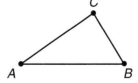
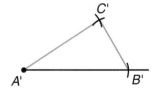

COMPRUEBA SI COMPRENDISTE

Dibuja un triángulo. Copia el triángulo con un compás y un reglón. Recorta la copia y colócala sobre el triángulo original para comprobar que son congruentes.

Construir un paralelogramo

Sigue con cuidado cada paso. Usa una hoja de papel en blanco.

Paso 1: Dibuja un ángulo *ABC*.

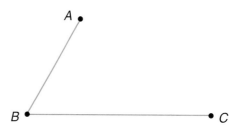

Paso 2: Coloca el ancla del compás en *B* y la punta del lápiz en *C*. Sin cambiar la abertura del compás, coloca el ancla del compás en el punto *A* y traza un arco.

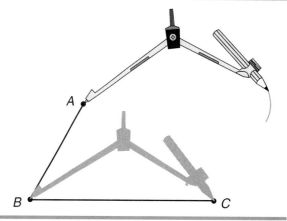

Paso 3: Coloca el ancla del compás en *B* y la punta del lápiz en *A*. Sin cambiar la abertura del compás, coloca el ancla del compás en el punto *C* y traza otro arco que cruce el primer arco. Rotula el punto donde los dos arcos se cruzan como punto *D*.

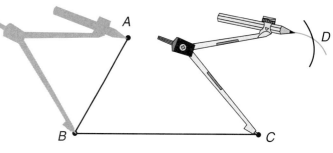

Paso 4: Traza los segmentos de recta *AD* y *CD*.

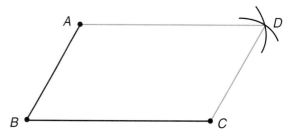

COMPRUEBA SI COMPRENDISTE

1. Usa un compás y un reglón para construir un paralelogramo.

2. Usa un compás y un reglón para construir un rombo.
    (*Pista:* un rombo es un paralelogramo cuyos lados son todos del mismo largo).

Construir un hexágono regular inscrito

Sigue cada paso con cuidado. Usa una hoja de papel en blanco.

Paso 1: Dibuja un círculo y mantén la misma abertura del compás. Haz un punto sobre el círculo. Coloca el ancla del compás sobre ese punto y haz una marca con la punta del lápiz sobre el círculo. Mantén la misma abertura del compás para los pasos 2 y 3.

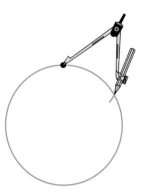

Paso 2: Coloca el ancla del compás en la marca que acabas de hacer. Haz otra marca sobre el círculo.

Paso 3: Haz esto cuatro veces más para dividir el círculo en 6 partes iguales. La sexta marca deberá estar sobre el punto donde empezaste o muy cerca del mismo.

Paso 4: Con el reglón, une las 6 marcas del círculo para formar un hexágono regular.

Con el compás, comprueba que los lados del hexágono sean todos del mismo largo.

El hexágono está **inscrito** en el círculo porque cada vértice del hexágono está sobre el círculo.

COMPRUEBA SI COMPRENDISTE

1. Traza un círculo. Con el compás y el reglón, construye un hexágono regular que esté inscrito en el círculo.

2. Traza un segmento de recta del centro del círculo a cada vértice del hexágono para formar 6 triángulos. Con tu compás, comprueba que los lados de cada triángulo sean del mismo largo.

Construir un cuadrado inscrito

Sigue cada paso con cuidado. Usa una hoja de papel en blanco.

Paso 1: Dibuja un círculo con el compás.

Paso 2: Traza un segmento de recta a través del centro del círculo que tenga los extremos en el círculo. Rotula los extremos como punto A y punto B.

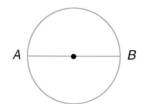

Paso 3: Aumenta la abertura del compás. Coloca el ancla del compás en el punto A. Traza un arco arriba del centro del círculo y otro debajo del centro del círculo.

Paso 4: Sin cambiar la abertura del compás, coloca el ancla del compás en el punto B. Traza arcos que crucen los arcos que trazaste en el paso 3. Rotula como punto C y punto D los puntos donde los arcos se intersecan.

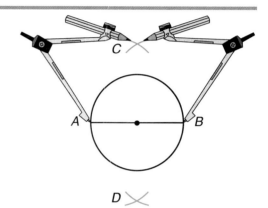

Paso 5: Traza una recta del punto C al punto D.

Rotula como punto E y punto F los puntos donde la recta CD se interseca con el círculo.

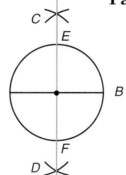

Paso 6: Traza los segmentos de recta AE, EB, BF y FA.

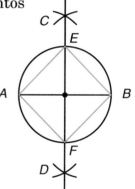

Comprueba con el compás que los cuatro segmentos de recta sean todos del mismo largo. Comprueba con la esquina del reglón o con alguna otra esquina cuadrada, que los cuatro ángulos sean todos ángulos rectos.

El cuadrado está **inscrito** en el círculo porque todos sus vértices están sobre el círculo.

COMPRUEBA SI COMPRENDISTE

Usa un compás y un reglón para construir un cuadrado inscrito.

Bisecar un segmento de recta

Sigue cada paso cuidadosamente. Usa una hoja de papel en blanco.

Paso 1: Traza el segmento de recta *AB*.

Paso 2: Abre tu compás de tal forma que la abertura del compás sea mayor que la mitad de la distancia entre el punto *A* y el punto *B*. Coloca el ancla del compás en el punto *A*. Traza un pequeño arco arriba del $\overline{AB}$ y otro arco debajo del $\overline{AB}$.

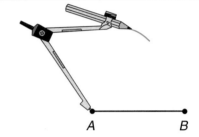

Paso 3: Sin cambiar la abertura del compás, coloca el ancla del compás en el punto *B*. Traza un arco sobre el $\overline{AB}$ y otro arco debajo del $\overline{AB}$, de manera que los arcos crucen los primeros arcos que trazaste. Rotula como *M* y *N* los puntos donde los pares de arcos se intersecan.

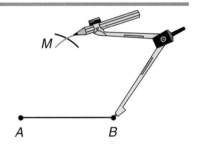

Paso 4: Traza una recta del punto *M* al punto *N*. Rotula como punto *O* el punto donde la $\overleftrightarrow{MN}$ interseca el $\overline{AB}$.

Decimos que el segmento de recta *MN* biseca el segmento de recta *AB* en el punto *O*. La distancia de *A* a *O* es la misma distancia que de *B* a *O*.

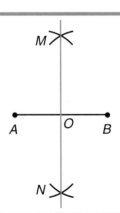

COMPRUEBA SI COMPRENDISTE

Traza un segmento de recta. Usa un compás y un reglón para bisecarlo. Después, mide para comprobar que el segmento de recta ha sido dividido en dos partes iguales.

Construir un segmento de recta perpendicular (Parte 1)

Puedes construir un segmento de recta que sea perpendicular a otro segmento de recta a través de un punto *sobre* el segmento de recta.

Sigue cada paso con cuidado. Usa una hoja de papel en blanco.

Paso 1: Traza un segmento de recta AB. Haz un punto sobre el $\overline{AB}$ y rotúlalo como punto P.

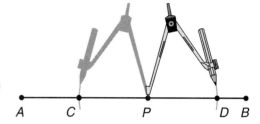

Paso 2: Coloca el ancla del compás en P, y traza un arco que cruce el $\overline{AB}$ en el punto C.

Mantén el ancla sobre el punto P y la misma abertura del compás; traza otro arco que cruce el $\overline{AB}$ en el punto D.

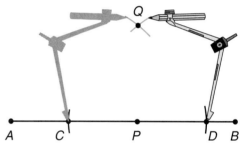

Paso 3: Asegúrate de que la abertura del compás sea mayor que el largo del $\overline{CP}$. Coloca el ancla del compás sobre el punto C y traza un arco arriba del $\overline{AB}$.

Manteniendo la misma abertura del compás, coloca el ancla en el punto D y traza otro arco arriba del $\overline{AB}$ que cruce el primer arco.

Rotula el punto donde los dos arcos se cruzan como punto Q.

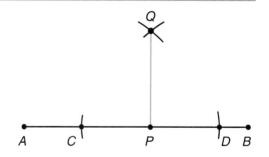

Paso 4: Dibuja el $\overline{QP}$.

El $\overline{QP}$ es **perpendicular** al $\overline{AB}$.

COMPRUEBA SI COMPRENDISTE

Traza un segmento de recta. Traza un punto sobre el segmento de recta y rotúlalo como punto R.

Usa un compás y un reglón. Construye un segmento de recta a través del punto R que sea perpendicular al segmento de recta que dibujaste. Comprueba con el transportador que los segmentos sean perpendiculares.

Construir un segmento de recta perpendicular (Parte 2)

Puedes construir un segmento de recta que sea perpendicular a otro segmento de recta desde un punto que *no* esté sobre el segmento de recta.

Sigue cada paso con cuidado. Usa una hoja de papel en blanco.

Paso 1: Traza un segmento de recta *PQ*.
Traza un punto *M* que no esté sobre el $\overline{PQ}$.

Paso 2: Coloca el ancla del compás en el punto *M* y traza un arco que cruce el $\overline{PQ}$ en dos puntos.

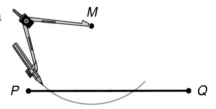

Paso 3: Coloca el ancla del compás en uno de los puntos y traza un arco debajo del $\overline{PQ}$.

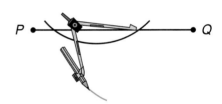

Paso 4: Manteniendo la misma abertura del compás, coloca el ancla del compás sobre el otro punto y traza otro arco que cruce el primer arco.

Rotula como punto *N* el punto donde los dos arcos se cruzan. Después, traza el segmento de recta *MN*.

El $\overline{MN}$ es **perpendicular** al $\overline{PQ}$.

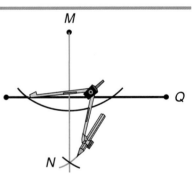

COMPRUEBA SI COMPRENDISTE

1. Traza un segmento de recta *HI* y un punto *G* arriba del segmento de recta. Con un compás y un reglón, construye un segmento de recta desde el punto *G* que sea perpendicular al $\overline{HI}$.

2. Usa la Plantilla de geometría para dibujar un paralelogramo. Después, construye un segmento de recta para mostrar la altura del paralelogramo.

Copiar un ángulo

Sigue cada paso con cuidado. Usa una hoja de papel en blanco.

Paso 1: Dibuja un ángulo B.

Paso 2: Para empezar a copiar el ángulo, traza una semirrecta. Rotula como B' el extremo de la semirrecta.

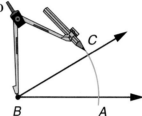

Paso 3: Coloca el ancla del compás en el punto B. Traza un arco que cruce ambos lados del ángulo B. Rotula el punto donde el arco cruza un lado como punto A. Rotula el punto donde el arco cruza el otro lado como punto C.

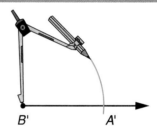

Paso 4: Sin cambiar la abertura del compás, coloca el ancla del compás en el punto B'. Traza un arco más o menos del mismo tamaño que el que dibujaste en el paso 3. Rotula el punto donde el arco cruza la semirrecta como A'.

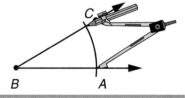

Paso 5: Coloca el ancla del compás en el punto A y la punta del lápiz en el punto C.

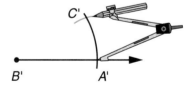

Paso 6: Sin cambiar la abertura del compás, coloca el ancla del compás en el punto A'. Traza un pequeño arco donde la punta del lápiz cruza el arco más grande y rotúlalo como punto C'.

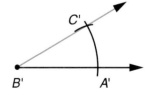

Paso 7: Traza una semirrecta del punto B' al punto C'. El $\angle A'B'C'$ es **congruente** con el $\angle ABC$. Eso significa que los dos ángulos tienen la misma medida en grados.

COMPRUEBA SI COMPRENDISTE

Dibuja un ángulo. Usa un compás y un reglón para copiar el ángulo. Después, mide los dos ángulos con un transportador para comprobar que sean del mismo tamaño.

Copiar un cuadrángulo

Sigue cada paso con cuidado. Usa una hoja de papel en blanco.
Antes de copiar un cuadrángulo usando un compás y un reglón,
necesitas saber cómo copiar segmentos de recta y ángulos. Esas
estructuras se describen en las páginas 155 y 163.

Paso 1: Dibuja un cuadrángulo *ABCD*. Copia el
∠*BAD*. Rotula el vértice del nuevo ángulo
como *A'*. Los lados de tu nuevo ángulo
deben ser más largos que el $\overline{AB}$ y el $\overline{AD}$.

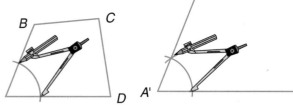

Paso 2: Señala la distancia del punto
A al punto *D* en el lado
horizontal de tu nuevo ángulo.
Rotula como *D'* el extremo.

Señala la distancia del punto
A al punto *B* en el otro lado de
tu nuevo ángulo. Rotula el
extremo como *B'*.

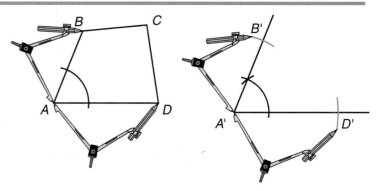

Paso 3: Coloca el ancla del compás en el punto *B* y la punta
del lápiz en el punto *C*. Sin cambiar la abertura del
compás, coloca el ancla del compás en el punto *B'* y haz
un arco.

Paso 4: Coloca el ancla del compás en el punto *D* y la punta del
lápiz en el punto *C*. Sin cambiar la abertura del compás,
coloca el ancla del compás en el punto *D'* y traza un arco
que cruce el arco que hiciste en el paso 3. Rotula el
punto donde se encuentran los dos arcos como punto *C'*.

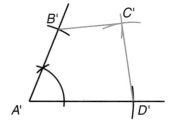

Paso 5: Dibuja el $\overline{B'C'}$ y el $\overline{D'C'}$.

El cuadrángulo *A'B'C'D'* es **congruente** con el
cuadrángulo *ABCD*.

Los dos cuadrángulos tienen el mismo tamaño y forma.

COMPRUEBA SI COMPRENDISTE

Dibuja un cuadrángulo. Copia el cuadrángulo con un compás y un reglón.

Medidas

Medidas naturales y unidades estándar

Los sistemas de pesos y medidas se han usado en muchas partes del mundo desde tiempos antiguos. La gente ya medía longitudes y pesos mucho antes de que tuviera reglas y básculas.

Unidades de peso antiguas

Las conchas y los granos como el trigo o el arroz, a menudo se usaban como unidades de peso. Por ejemplo, un artículo pequeño se decía que pesaba 300 granos. Pesos mayores a menudo se comparaban con la carga que podía soportar un hombre o un animal de carga.

Unidades de longitud antiguas

La gente usaba **medidas naturales** basadas en el cuerpo para medir longitud y distancia. Algunas de estas unidades se muestran abajo.

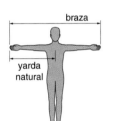
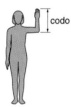
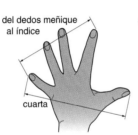
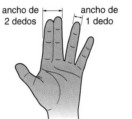

Unidades estándar de longitud y peso

Usar conchas y granos para pesar no es exacto. Aun si las conchas y los granos fueran del mismo tipo, variarían en tamaño y peso.

Usar longitudes del cuerpo para medir la longitud no es exacto. Las medidas del cuerpo que se usan dependen de la persona que está haciendo la medidas. El problema es que el largo de las manos y los brazos de cada persona es diferente.

Una manera de resolver este problema es crear **unidades estándar** de longitud y peso. La mayoría de las reglas están marcadas con pulgadas y centímetros como unidades estándar. Las básculas de baño están marcadas con libras y kilogramos como unidades estándar. Las unidades estándar nunca cambian y son las mismas para todos. Si dos personas miden el mismo objeto usando unidades estándar, las medidas serán las mismas o casi las mismas.

El sistema métrico decimal y el sistema tradicional de EE.UU.

Hace cerca de 200 años se desarrolló un sistema de pesos y medidas llamado **sistema métrico decimal.** Éste usa unidades estándar de longitud, peso y temperatura. En el sistema métrico:

- El **metro** es la unidad estándar de longitud. El símbolo para el metro es **m.** Un metro es aproximadamente el ancho de una puerta.
- El **gramo** es la unidad estándar de peso. El símbolo para el gramo es **g.** Un clip pesa aproximadamente $\frac{1}{2}$ gramo.
- El **grado Celsius** o **°C** es la unidad estándar de temperatura. El agua se congela a 0°C y hierve a 100°C. La temperatura ambiente es alrededor de 20°C.

Los científicos casi siempre usan el sistema métrico decimal para medir. Es fácil de usar porque es un sistema decimal. Las unidades mayores o menores se definen multiplicando o dividiendo las unidades dadas arriba por o entre potencias de diez: 10, 100, 1000, etc.

EJEMPLOS Todas las unidades métricas de longitud se basan en el metro. Cada unidad se define multiplicando o dividiendo el metro por o entre una potencia de 10.

Unidades de longitud basadas en el metro	Prefijo	Significado
1 decímetro (dm) = $\frac{1}{10}$ de metro	deci-	$\frac{1}{10}$
1 centímetro (cm) = $\frac{1}{100}$ de metro	centi-	$\frac{1}{100}$
1 milímetro (mm) = $\frac{1}{1,000}$ de metro	mili-	$\frac{1}{1,000}$
1 kilómetro (km) = 1,000 metros	kilo-	1,000

> **N O T A**
>
> El sistema tradicional de EE.UU. no se basa en potencias de 10. Por eso es más difícil de usar que el sistema métrico. Por ejemplo, para cambiar pulgadas a yardas, debes saber que 36 pulgadas es igual a 1 yarda.

El sistema métrico se usa en la mayoría de los países alrededor del mundo. En Estados Unidos el **sistema tradicional de EE.UU.** se usa para las cosas cotidianas. El sistema tradicional de EE.UU. usa unidades estándar como **pulgada, pie, yarda, milla, onza, libra** y **tonelada.**

COMPRUEBA SI COMPRENDISTE

1. ¿Cuáles de las unidades de abajo son unidades del sistema métrico decimal?

   pie   milímetro   libra   pulgada   gramo   metro   centímetro   yarda

2. ¿Qué significa el prefijo "mili"?   3. 2 gramos = ? miligramos

Comprueba tus respuestas en la página 391.

Convertir unidades de longitud

La tabla de abajo muestra cómo se relacionan las diferentes
unidades de longitud en el sistema métrico. Puedes usar esta tabla
para volver a escribir una longitud usando una unidad diferente.

Comparar unidades métricas de longitud				Símbolos para unidades de longitud	
1 cm = 10 mm	1 m = 1,000 mm	1 m = 100 cm	1 km = 1,000 m	mm = milímetro	cm = centímetro
1 mm = $\frac{1}{10}$ cm	1 mm = $\frac{1}{1,000}$ m	1 cm = $\frac{1}{100}$ m	1 m = $\frac{1}{1,000}$ km	m = metro	km = kilómetro

EJEMPLOS   Usa la tabla de arriba para volver a escribir cada longitud usando una
unidad de medida diferente. Sustituye la unidad dada primero, por una longitud igual con
una unidad nueva.

Problema	Solución
38 centímetros = ? milímetros	38 cm = 38 * 10 mm = 380 mm
38 centímetros = ? metros	38 cm = 38 * $\frac{1}{100}$ m = 0.38 m
7.4 kilómetros = ? metros	7.4 km = 7.4 * 1,000 m = 7,400 m
8.6 metros = ? centímetros	8.6 m = 8.6 * 100 cm = 860 cm

La tabla de abajo muestra cómo se relacionan las diferentes unidades
de longitud en el sistema tradicional de EE.UU. Puedes usar esta tabla
para volver a escribir una longitud con una unidad diferente.

Comparar unidades tradicionales de EE.UU.				Símbolos para unidades de longitud	
1 pie = 12 pulg	1 yd = 36 pulg	1 yd = 3 pies	1 mi = 5,280 pies	pulg = pulgada	pie
1 pulg = $\frac{1}{12}$ pie	1 pulg = $\frac{1}{36}$ yd	1 pie = $\frac{1}{3}$ yd	1 pie = $\frac{1}{5,280}$ mi	yd = yarda	mi = milla

EJEMPLOS   Usa la tabla de arriba para volver a escribir cada longitud con una
unidad de medida diferente. Sustituye la unidad dada primero por una longitud igual
con una unidad nueva.

Problema	Solución
8 pies = ? pulgadas	8 pies = 8 * 12 pulg = 96 pulg
9 pies = ? yardas	9 pies = 9 * $\frac{1}{3}$ yd = $\frac{9}{3}$ yd = 3 yd
4 millas = ? pies	4 mi = 4 * 5,280 pies = 21,120 pies
108 pulgadas = ? yardas	108 pulg = 108 * $\frac{1}{36}$ yd = $\frac{108}{36}$ yd = 3 yd

Referencias personales para medidas de longitud

A veces es difícil recordar lo largos que son un centímetro o una yarda o la relación entre un kilómetro y una milla. Quizá no tengas a la mano una regla, una regla de una yarda o una cinta de medir. Cuando esto suceda, puedes estimar longitudes usando el largo de objetos comunes y las distancias que conoces.

Abajo se dan algunos ejemplos de referencias personales para longitudes. Una buena referencia personal es algo que tú ves o usas a menudo, así no lo olvidarás. Una buena referencia personal no cambia de tamaño. Por ejemplo, un lápiz de madera no es una buena referencia personal para longitud porque se va haciendo más pequeño al sacarle punta.

Referencias personales para unidades métricas de longitud

Aproximadamente 1 milímetro	**Aproximadamente 1 centímetro**
Grosor de un *dime*	Grosor de un crayón
Grosor de la punta de una tachuela	Ancho de la cabeza de una tachuela
Grosor de la parte delgada de un cerillo	Grosor de un bloque geométrico
Aproximadamente 1 metro	**Aproximadamente 1 kilómetro**
Un paso grande (de un adulto)	1,000 pasos grandes (de un adulto)
Ancho de una puerta	Longitud de 10 campos de fútbol americano
De la punta de la nariz a la punta del pulgar, con el brazo extendido (para un adulto)	

Referencias personales para unidades tradicionales de longitud de EE.UU.

Aproximadamente 1 pulgada	**Aproximadamente 1 pie**
Longitud de un clip	Longitud del zapato de un hombre
Ancho (diámetro) de un *quarter*	Longitud de una placa de carro
Ancho del pulgar de un hombre	Longitud de este libro
Aproximadamente 1 yarda	**Aproximadamente 1 milla**
Un paso grande (de un adulto)	2,000 pasos normales (de un adulto)
Ancho de una puerta	Longitud de 15 campos de fútbol americano (con las zonas de los extremos)
De la punta de la nariz a la punta del dedo=pulgar con el brazo extendido (de un adulto)	

N O T A

Las referencias personales para 1 metro pueden usarse también para 1 yarda. 1 yarda = 36 pulgadas, mientras que 1 metro es aproximadamente 39.37 pulgadas. A menudo se dice que un metro es una "yarda gorda", lo que significa una yarda más el ancho de la mano.

Perímetro

A veces queremos saber la **distancia alrededor** de una figura.
Esta distancia se llama **perímetro.** Para medir el perímetro,
usa unidades de longitud como pulgadas, metros o millas.

Para hallar el perímetro de un polígono, suma la longitud de sus
lados. Recuerda dar nombre a la unidad de longitud que se usó
para medir la figura.

EJEMPLO Halla el perímetro del polígono *ABCDE*.

2 cm + 2 cm + 1.5 cm + 2 cm + 2.5 cm = 10 cm

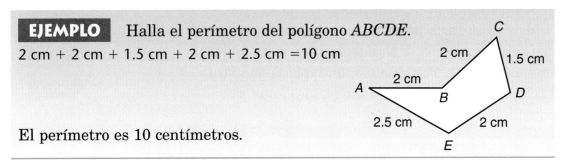

El perímetro es 10 centímetros.

Fórmulas de perímetro

Rectángulos	Cuadrados
$p = 2 * (l + a)$	$p = 4 * l$
p es el perímetro, *l* es el largo, *a* es el ancho del rectángulo.	*p* es el perímetro y *l* es el largo de uno de los lados del cuadrado.

EJEMPLOS Halla el perímetro de cada polígono.

Rectángulo
Usa la fórmula $p = 2 * (l + a)$.
- largo (*l*) = 4 cm
- ancho (*a*) = 3 cm
- perímetro (*p*) =
$$2 * (4\ cm + 3\ cm)$$
$$= 2 * 7\ cm$$
$$= 14\ cm$$

El perímetro es 14 centímetros.

(4 cm, 3 cm)

Cuadrado
Usa la fórmula $p = 4 * l$.
- largo del lado (*l*) = 3 pies
- perímetro (*p*) = 4 * 3 pies
  = 12 pies

El perímetro es 12 pies.

3 pies

COMPRUEBA SI COMPRENDISTE

1. Halla el perímetro de un rectángulo cuyas dimensiones son 3 pies, 3 pulgadas y 7 pies 8 pulgadas.

2. Mide los lados de este libro a la media pulgada más cercana. ¿Cuál es el perímetro del libro?

Comprueba tus respuestas en la página 391.

Circunferencia

El perímetro de un círculo es la **distancia alrededor** del círculo. El perímetro de un círculo tiene nombre especial. Se llama **circunferencia** del círculo.

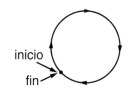

EJEMPLO   La mayoría de las latas de comida son cilindros. Las partes de arriba y de abajo tienen formas circulares. La circunferencia de la parte de arriba de una lata es lo que un abrelatas recorre para abrirla.

El **diámetro** de un círculo es cualquier segmento de recta que pasa por el centro del círculo y tiene ambos extremos en el círculo.

El largo del segmento del diámetro también se llama diámetro.

Si conoces el diámetro, hay una fórmula simple para hallar la circunferencia.

circunferencia = pi ∗ diámetro,   o sea, $c = \pi \ast d$

c es la circunferencia y d es el diámetro del círculo. La letra griega π se llama **pi.** Es aproximadamente igual a 3.14. Cuando trabajas con el número π, puedes usar 3.14 ó $3\frac{1}{7}$ como valores aproximados de π, o una calculadora con la tecla π.

EJEMPLO   Halla la circunferencia del círculo.

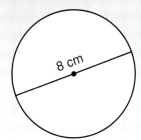

8 cm

Usa la fórmula $c = \pi \ast d$.
- diámetro (d) = 8cm
- circunferencia (c) = $\pi \ast$ 8 cm

Usa la tecla π de la calculadora, o usa 3.14 como un valor aproximado de π.

circunferencia (c) = 25.1 cm, redondeado a la décima de centímetro más cercana

La circunferencia del círculo es 25.1 cm.

COMPRUEBA SI COMPRENDISTE

1. Mide el diámetro de un *quarter* en milímetros.

2. Halla la circunferencia de un *quarter* en milímetros.

3. ¿Cuál es la circunferencia de una pizza cuyo diámetro mide 14 pulgadas?

Comprueba tus respuestas en la página 391.

Área

Área es la medida de la cantidad de superficie interior de un espacio cerrado. Puedes hallar el área contando el número de cuadrados de cierto tamaño que cubren la región dentro del espacio. Los cuadrados deben de cubrir la región completa. No deben superponerse, tener espacios ni cubrir la superficie exterior del espacio.

A veces una región no puede cubrirse con un número exacto de cuadrados. En este caso, primero cuenta el número de cuadrados enteros y después, las fracciones de cuadrados que cubren la región.

El área se mide en unidades cuadradas. Las unidades de área para regiones pequeñas son las pulgadas cuadradas ($pulg^2$), pies cuadrados ($pies^2$), yardas cuadradas (yd^2), centímetros cuadrados (cm^2) y metros cuadrados (m^2). Para áreas grandes, en Estados Unidos se usan millas cuadradas (mi^2), mientras que en otros países se usan los kilómetros cuadrados (km^2).

Puedes medir el área usando cualquiera de las unidades cuadradas. Pero debes escoger una unidad cuadrada que tenga sentido para la región que se está midiendo.

1 centímetro cuadrado
(tamaño real)

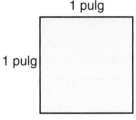

1 pulgada cuadrada
(tamaño real)

EJEMPLOS   El área de un campo de hockey se ha medido de tres maneras diferentes:

El área del campo es 6,000 yardas cuadradas.	El área del campo es 54,000 pies cuadrados.	El área del campo es 7,776,000 pulgadas cuadradas.
Área = 6,000 yd^2	Área = 54,000 $pies^2$	Área = 7,776,000 $pulg^2$
100 yd / 60 yd	300 pies / 180 pies	3,600 pulg / 2,160 pulg

Aunque todas las medidas de arriba son correctas, dar el área en pulgadas cuadradas en realidad no da una buena idea acerca del tamaño del campo. Es difícil imaginar ¡7,776,000 de cualquier cosa!

Área de los rectángulos

Cuando cubres una figura rectangular con unidades cuadradas, los cuadrados pueden acomodarse en filas. Cada fila contiene el mismo número de cuadrados y fracciones de cuadrados.

EJEMPLO Halla el área del rectángulo.

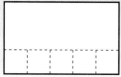
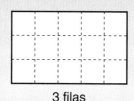

5 cuadrados en una fila   3 filas

3 filas con 5 cuadrados en cada fila, hacen un total de 15 cuadrados.

Área = 15 unidades cuadradas

Para hallar el área de un rectángulo, usa cualquiera de las fórmulas siguientes:

Área = (número de cuadrados en 1 fila) ∗ (número de filas)
Área = largo de la base ∗ altura

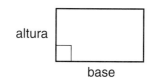

altura   base

Se puede escoger cualquier par de lados paralelos de un rectángulo como su **base.** La **altura** de un rectángulo es la distancia más corta entre sus bases.

Fórmulas de área

Rectángulo	Cuadrado
$A = b * h$	$A = l^2$
A es el área, b es el largo de la base, h es la altura del rectángulo.	A es el área y l es el largo de un lado del cuadrado.

EJEMPLOS Halla el área del rectángulo.

Usa la fórmula $A = b * h$.
• largo de la base (b) = 4 pulg
  altura (h) = 3 pulg
• área (A) = 4 pulg ∗ 3 pulg = 12 pulg^2
El área del cuadrado es 12 pulg^2.

3 pulg

4 pulg

Halla el área del cuadrado.

Usa la fórmula $A = l^2$.
• largo de un lado (l) = 6 pies
• área (A) = 6 pies ∗ 6 pies = 36 pies^2

El área del cuadrado es 36 pies^2.

6 pies

COMPRUEBA SI COMPRENDISTE

Halla el área de las siguientes figuras. Incluye las unidades en tus respuestas.

1.

3 unidades

2 unidades

2.
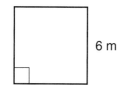
4 pulg

$9\frac{1}{2}$ pulg

3.
6 m

Comprueba tus respuestas en la página 391.

El método rectángulo para hallar el área

Muchas veces vas a necesitar hallar el área de un polígono que no es un rectángulo. Las unidades cuadradas no encajarán bien dentro de la figura y no podrás usar la fórmula para el área del rectángulo.

Una manera de resolver casos como éstos y que funciona bien se llama **método rectángulo.** Se usan rectángulos para rodear la figura o partes de la figura. Después, las únicas áreas que debes calcular son para los rectángulos y las mitades triangulares de los rectángulos.

EJEMPLO ¿Cuál es el área del triángulo *JKL*?

Dibuja un rectángulo alrededor del triángulo.
El rectángulo *JKLM* rodea el triángulo.

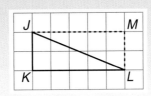

El área del rectángulo *JKLM* es 10 unidades cuadradas.
El segmento *JL* divide el rectángulo en dos triángulos congruentes que tienen la misma área.

El área del triángulo *JKL* es 5 unidades cuadradas.

EJEMPLO ¿Cuál es el área del triángulo *ABC*?

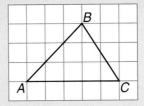

Paso 1: Divide el triángulo *ABC* en dos partes.

Paso 2: Dibuja un rectángulo alrededor de la parte izquierda sombreada. El área del rectángulo es 9 unidades cuadradas. El área sombreada es $4\frac{1}{2}$ unidades cuadradas.

Paso 3: Dibuja un rectángulo alrededor de la parte derecha sombreada. El área del rectángulo es 6 unidades cuadradas. El área sombreada es 3 unidades cuadradas.

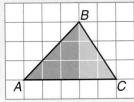

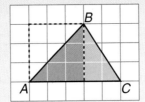

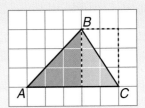

Paso 4: Suma las áreas de las dos partes sombreadas: $4\frac{1}{2} + 3 = 7\frac{1}{2}$ unidades cuadradas.

El área del triángulo *ABC* es $7\frac{1}{2}$ unidades cuadradas.

EJEMPLO   ¿Cuál es el área del triángulo *XYZ*?

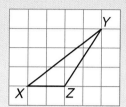

Paso 1: Dibuja un rectángulo alrededor del triángulo.

Paso 2: El área del rectángulo *XRYS* es 12 unidades cuadradas. Así que el área del triángulo *XRY* es 6 unidades cuadradas.

Paso 3: Dibuja un rectángulo alrededor del triángulo *ZSY*. El área del rectángulo es 6 unidades cuadradas, así que el área del triángulo *ZSY* es 3 unidades cuadradas.

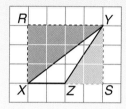

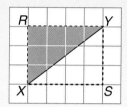

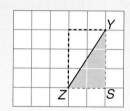

Paso 4: Resta las áreas de los dos triángulos sombreados del área del rectángulo *XRYS*.
12 − 6 − 3 = 3 unidades cuadradas.

El área del triángulo *XYZ* es 3 unidades cuadradas.

COMPRUEBA SI COMPRENDISTE

Usa el método rectángulo para hallar el área de cada figura de abajo.

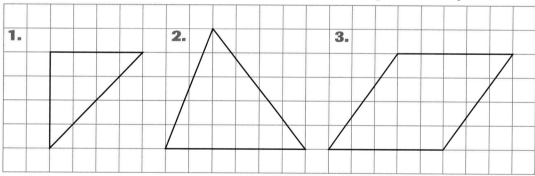

Comprueba tus respuestas en la página 391.

Área de los paralelogramos

En un paralelogramo, se puede elegir cualquier par de lados opuestos como **bases.** La **altura** del paralelogramo es la distancia más corta que hay entre las dos bases.

En el paralelogramo de la derecha, la altura se muestra con una línea punteada que es **perpendicular** (formando un ángulo recto) a la base. En el segundo paralelogramo, la base se ha extendido y la altura punteada queda fuera del paralelogramo.

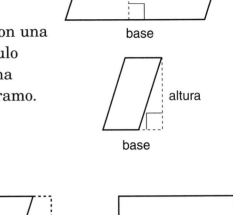

Cualquier paralelogramo puede cortarse en dos piezas y las piezas pueden reacomodarse para formar un rectángulo cuya base y altura son las mismas que la base y la altura del paralelogramo. El rectángulo tiene la misma área que el paralelogramo. Así que puedes hallar el área del paralelogramo de la misma manera que hallas el área del rectángulo: multiplicando el largo de la base por la altura.

Fórmula para el área de los paralelogramos

$$A = b * h$$

A es el área, *b* es el largo de la base y *h* es la altura del paralelogramo.

EJEMPLO   Halla el área del paralelogramo.

2.5 cm

6 cm

Usa la fórmula $A = b * h$.
- largo de la base (b) = 6 cm
- altura (h) = 2.5 cm
- área (A) = 6 cm * 2.5 cm
  = 15 cm^2

El área del paralelogramo es 15 cm^2.

COMPRUEBA SI COMPRENDISTE

Halla el área de cada paralelogramo. Incluye la unidad en tus respuestas.

1.

12 pies

16 pies

2.

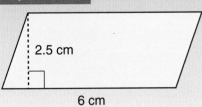

10 pulg

8 pulg

3.

3.8 cm

2.2 cm

1 cm

Comprueba tus respuestas en la página 391.

Área de los triángulos

Puede escogerse cualquiera de los lados de un triángulo como su **base.** La **altura** de un triángulo (para esa base) es la distancia más corta que hay entre la base y el **vértice** opuesto a la base. La altura es siempre perpendicular a la base.

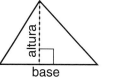

En los triángulos de la derecha, la altura se muestra con una línea punteada que es **perpendicular** (formando un ángulo recto) a la base. En uno de los triángulos, la base se ha extendido y la línea punteada de la altura queda fuera del triángulo.

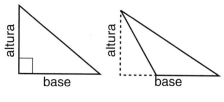

Cualquier triángulo puede combinarse con un segundo triángulo del mismo tamaño y forma para obtener un paralelogramo. Cada triángulo de la derecha tiene el mismo tamaño de base y la misma altura que el paralelogramo. El área de cada triángulo es la mitad del área del paralelogramo. Por lo tanto, el área de un triángulo es la mitad del producto de la base, multiplicada por la altura.

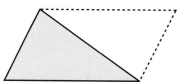
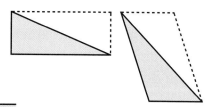

Fórmulas de área

Paralelogramos	Triángulos
$A = b * h$	$A = \frac{1}{2} * (b * h)$
A es el área, b es el largo de la base, h es la altura.	A es el área, b es el largo de la base, h es la altura.

EJEMPLO Halla el área del triángulo.

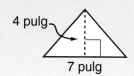

Usa la fórmula $A = \frac{1}{2} * (b * h)$.
- largo de la base (b) = 7 pulg
- altura (h) = 4 pulg
- área (A) = $\frac{1}{2} * (7 \text{ pulg} * 4 \text{ pulg})$
  = $\frac{1}{2} * 28 \text{ pulg}^2 = 14 \text{ pulg}^2$

Así que, el área del triángulo es 14 pulg^2.

COMPRUEBA SI COMPRENDISTE

Halla el área de cada triángulo. Incluye la unidad en tus respuestas.

1.

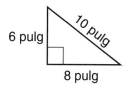

2.

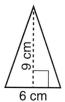

3.

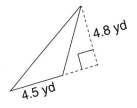

Comprueba tus respuestas en la página 392.

Área de los círculos

El **radio** de un círculo es cualquier segmento de recta que conecta el centro del círculo con cualquier punto del círculo. El largo de un segmento de radio también se llama radio.

El **diámetro** de un círculo es cualquier segmento que pasa a través del centro del círculo y tiene ambos extremos en el círculo. El largo de un segmento de diámetro también se llama diámetro.

Si conoces el radio o el diámetro, puedes hallar la otra longitud. Usa las siguientes fórmulas.

$$\text{diámetro} = 2 * \text{radio} \qquad \text{radio} = \frac{1}{2} * \text{diámetro}$$

Si conoces el radio, hay una fórmula simple para hallar el área del círculo:

$$\text{Área} = \text{pi} * (\text{radio al cuadrado}), \quad \text{o sea,} \quad A = \pi * r^2$$

A es el área y r es el radio del círculo. La letra griega π se llama **pi** y es aproximadamente igual a 3.14. Puedes usar 3.14 ó $3\frac{1}{7}$ como valores aproximados de π, o una calculadora con una tecla de π.

EJEMPLO Halla el área del círculo.

Usa la fórmula $A = \pi * r^2$.
- radio (r) = 3 pulg
- Área (A) = $\pi * 3$ pulg $* 3$ pulg

Usa la tecla π de la calculadora, o usa 3.14 como un valor aproximado de π.
- Área (A) = 28.3 pulg^2, redondeado a la décima de pulgada más cercana

El área del círculo es 28.3 pulg^2.

COMPRUEBA SI COMPRENDISTE

1. Mide el diámetro de un *dime* en milímetros.

2. ¿Cuál es el radio de la moneda?

3. Halla el área de la moneda en milímetros cuadrados.

Comprueba tus respuestas en la página 392.

Volumen y capacidad

Volumen

El **volumen** de un objeto sólido, como un ladrillo o una pelota, es la medida de cuánto *espacio ocupa el objeto.* El volumen de un recipiente como un congelador, es la medida de *cuánto cabe en el recipiente.*

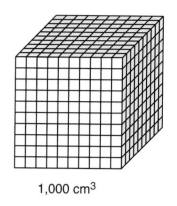

1 cm³

1,000 cm³

El volumen se mide en **unidades cúbicas,** como pulgadas cúbicas (pulg³), pies cúbicos (pies³) y centímetros cúbicos (cm³). Es fácil hallar el volumen de objetos que tienen forma de cubos u otros prismas rectangulares. Por ejemplo, imagínate un recipiente en forma de un cubo de 10 centímetros (esto es, un cubo que tiene 10 cm por 10 cm por 10 cm). Puede llenarse exactamente con 1,000 cubos de un centímetro. Por lo tanto, el volumen de un cubo de 10 centímetros es 1,000 centímetros cúbicos (1,000 cm³).

Para hallar el volumen de un prisma rectangular, todo lo que necesitas saber es el largo y ancho de su base y su altura. El largo, el ancho y la altura se llaman **dimensiones** del prisma.

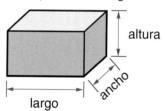

Las dimensiones de un prisma rectangular

altura

ancho

largo

También puedes hallar el volumen de otros cuerpos geométricos, como prismas triangulares, pirámides, conos y esferas, midiendo sus dimensiones. Aún más, también es posible hallar el volumen de objetos irregulares, como rocas o tu propio cuerpo.

Unidades métricas

1 litro (L) = 1,000 mililitros (mL)
1 mililitro = $\frac{1}{1,000}$ de litro
1 litro = 1,000 centímetros cúbicos
1 mililitro = 1 centímetro cúbico

Capacidad

A menudo medimos cosas que pueden ser vertidas en recipientes, tales como líquidos, granos, sal, etc. El volumen de un recipiente que se llena con un líquido o un sólido que puede verterse, a menudo se llama **capacidad** del recipiente.

La capacidad usualmente se mide en unidades como **galones, cuartos, pintas, tazas, onzas líquidas, litros** y **mililitros.**

Las tablas de la derecha comparan diferentes unidades de capacidad. Estas unidades de capacidad no son unidades cúbicas, pero los litros y los mililitros se convierten fácilmente a unidades cúbicas:

1 mililitro = 1 cm³   1 litro = 1,000 cm³

Unidades tradicionales de EE.UU.

1 galón (gal) = 4 cuartos (ct)
1 galón = 2 medios galones
1 medio galón = 2 cuartos
1 cuarto = 2 pintas (pt)
1 pinta = 2 tazas (tz)
1 taza = 8 onzas líquidas (oz líq)
1 pinta = 16 onzas líquidas
1 cuarto = 32 onzas líquidas
1 medio galón = 64 onzas líquidas
1 galón = 128 onzas líquidas

Volumen de los cuerpos geométricos

Puedes pensar en el volumen de un cuerpo geométrico, como en el número total de cubos y fracciones de cubos que se necesitan para llenar el interior del cuerpo sin dejar espacios ni superponerse.

Prismas y cilindros

En un prisma o cilindro, los cubos pueden acomodarse en capas que contengan cada una el mismo número de cubos o fracciones de cubos.

EJEMPLO Halla el volumen del prisma.

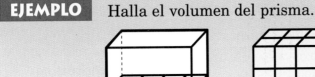

8 cubos en 1 capa   3 capas

3 capas con 8 cubos en cada una hacen un total de 24 cubos.

Volumen = 24 unidades cúbicas

La **altura** de un prisma o cilindro es la distancia más corta entre sus **bases.** El volumen de un prisma o cilindro es el producto del área de la base (el número de cubos en una capa) multiplicado por su altura (el número de capas).

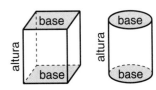

Pirámides y conos

La altura de una pirámide o cono es la distancia más corta que hay entre su base y el vértice opuesto a la base.

Si un prisma y una pirámide tienen la base y la altura del mismo tamaño, entonces el volumen de la pirámide es un tercio del volumen del prisma. Si un cilindro y un cono tienen la base y la altura del mismo tamaño, entonces el volumen del cono es un tercio del volumen del cilindro.

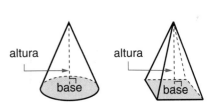

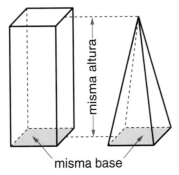

misma base

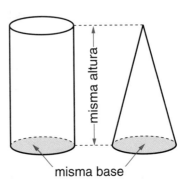

misma base

Volumen de prismas rectangulares y triangulares

Volumen de prismas	Área de rectángulos	Área de triángulos
$V = B * H$	$A = b * h$	$A = \frac{1}{2} * (b * h)$
V es el volumen, B es el área de la base, H es la altura del prisma.	A es el área, b es el largo de la base, h es la altura del rectángulo.	A es el área, b es el largo de la base, h es la altura del triángulo.

EJEMPLO   Halla el volumen del prisma rectangular.

Paso 1: Halla el área de la base *(B)*. Usa la fórmula $A = b * h$.
- largo de la base rectangular *(b)* = 8 cm
- altura de la base rectangular *(h)* = 5 cm
- área de la base *(B)* = 8 cm * 5 cm = 40 cm²

Paso 2: Multiplica el área de la base por la altura del prisma rectangular. Usa la fórmula $V = B * H$.
- área de la base *(B)* = 40 cm²
- altura del prisma *(H)* = 6 cm
- volumen *(V)* = 40 cm² * 6 cm = 240 cm³

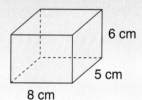

Así que el volumen del prisma rectangular es 240 cm³.

EJEMPLO   Halla el volumen del prisma triangular.

Paso 1: Halla el área de la base *(B)*. Usa la fórmula $A = \frac{1}{2} * (b * h)$.
- largo de la base triangular *(b)* = 5 pulg
- altura de la base triangular *(h)* = 4 pulg
- área de la base *(B)* = $\frac{1}{2}$ * (5 pulg * 4 pulg) = 10 pulg²

Paso 2: Multiplica el área de la base por la altura del prisma triangular. Usa la fórmula $V = B * H$
- área de la base *(B)* = 10 pulg²
- altura del prisma *(H)* = 6 pulg
- volumen *(V)* = 10 pulg² * 6 pulg = 60 pulg³

Así que el volumen del prisma triangular es 60 pulg³.

COMPRUEBA SI COMPRENDISTE

Halla el volumen de cada prisma. Asegúrate de incluir la unidad en tus respuestas.

1.

7 yd
2 yd
3 yd

2.
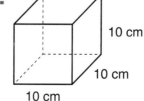
10 cm
10 cm
10 cm

3.
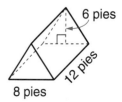
6 pies
12 pies
8 pies

Comprueba tus respuestas en la página 392.

Volumen de cilindros y conos

Volumen de cilindros	Volumen de conos	Área de círculos
$V = B * H$	$V = \frac{1}{3} * (B * H)$	$A = \pi * r^2$
V es el volumen, B es el área de la base, H es la altura del cilindro.	V es el volumen, B es el área de la base, H es la altura del cono.	A es el área, r es el radio del círculo.

EJEMPLO   Halla el volumen del cilindro.

Paso 1: Halla el área de la base (B).
Usa la fórmula $A = \pi * r^2$.
- radio de la base (r) = 5 cm
- área de la base (B) = π * 5 cm * 5 cm

Usa la tecla π de la calculadora o 3.14 como un valor aproximado de π.
- área de la base (B) = 78.5 cm², redondeado a la décima de centímetro cuadrado más cercana

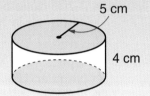

Paso 2: Multiplica el área de la base por la altura del cilindro.
Usa la fórmula $V = B * H$.
- área de la base (B) = 78.5 cm²
- altura del cilindro (H) = 4 cm
- volumen (V) = 78.5 cm² * 4 cm = 314.0 cm³

El volumen del cilindro es 314.0 cm³.

EJEMPLO   Halla el volumen del cono.

Paso 1: Halla el área de la base (B).
Usa la fórmula $A = \pi * r^2$.
- radio de la base (r) = 3 pulg
- área de la base (B) = π * 3 pulg * 3 pulg
Usa la tecla π de la calculadora o 3.14 como un valor aproximado de π.
- área de la base (B) = 28.3 pulg², redondeado a la décima de pulgada cuadrada más cercana

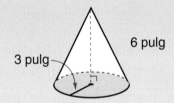

Paso 2: Halla $\frac{1}{3}$ del producto del área de la base multiplicada por la altura del cono.
Usa la fórmula $V = \frac{1}{3} * (B * H)$.
- área de la base (B) = 28.3 pulg²
- altura del cono (H) = 6 pulg
- volumen (V) = $\frac{1}{3}$ * 28.3 pulg² * 6 pulg = 56.6 pulg³

El volumen del cono es 56.6 pulg³.

Volumen de pirámides rectangulares y triangulares

Volumen de pirámides	Área de rectángulos	Área de triángulos
$V = \frac{1}{3} * (B * H)$	$A = b * h$	$A = \frac{1}{2} * (b * h)$
V es el volumen, B es el área de la base, H es la altura de la pirámide.	A es el área, b es el largo de la base, h es la altura del rectángulo.	A es el área, b es el largo de la base, h es la altura del triángulo.

EJEMPLO Halla el volumen de la pirámide rectangular.

Paso 1: Halla el área de la base *(B)*. Usa la fórmula $A = b * h$.
- largo de la base *(b)* = 4 cm
- altura de la base *(h)* = 2.5 cm
- área de la base *(B)* = 4 cm * 2.5 cm = 10 cm²

Paso 2: Halla $\frac{1}{3}$ del producto del área de la base multiplicada por la altura de la pirámide rectangular. Usa la fórmula $V = \frac{1}{3} * (B * H)$.
- área de la base *(B)* = 10 cm²
- altura de la pirámide *(H)* = 9 cm
- volumen *(V)* = $\frac{1}{3}$ * 10 cm² * 9 cm = 30 cm³

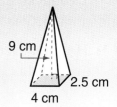

El volumen de la pirámide rectangular es 30 cm³.

EJEMPLO Halla el volumen de la pirámide triangular.

Paso 1: Halla el área de la base *(B)*. Usa la fórmula $A = \frac{1}{2} * (b * h)$.
- largo de la base *(b)* = 10 pulg
- altura de la base *(h)* = 6 pulg
- área de la base *(B)* = $\frac{1}{2}$ * (10 pulg * 6 pulg) = 30 pulg²

Paso 2: Halla $\frac{1}{3}$ del producto del área de la base multiplicada por la altura de la pirámide triangular. Usa la fórmula $V = \frac{1}{3} * (B * H)$.
- área de la base *(B)* = 30 pulg²
- altura de la pirámide *(H)* = $4\frac{1}{2}$ pulg
- volumen *(V)* = $\frac{1}{3}$ * 30 pulg² * $4\frac{1}{2}$ pulg = 45 pulg³

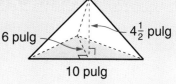

El volumen de la pirámide triangular es 45 pulg³.

COMPRUEBA SI COMPRENDISTE

Halla el volumen de cada pirámide. Asegúrate de incluir las unidades en tus respuestas.

1.

4 yd
Área de la base = 48 yd²

2.
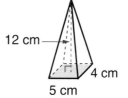
12 cm
5 cm
4 cm

3.
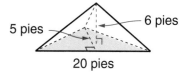
5 pies
6 pies
20 pies

Comprueba tus respuestas en la página 392.

Área de la superficie de prismas rectangulares

Un prisma rectangular tiene seis superficies planas, o **caras.** El **área de la superficie** de un prisma rectangular es la suma de las áreas de las seis caras del prisma. Una manera de hallar el área de la superficie de un prisma rectangular es pensar en las seis caras como en tres pares de caras paralelas opuestas. Ya que las caras opuestas tienen la misma área, puedes hallar el área de una cara en cada par de caras opuestas. Después, halla la suma de estas tres áreas y duplica el resultado.

Las dimensiones de un prisma rectangular son su largo (l), ancho (a) y altura (h), como se muestra en el prisma de la derecha. Puedes hallar el área de la superficie de prismas rectangulares de la siguiente manera:

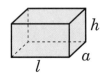

Paso 1: Halla el área de una cara en cada par de caras opuestas.

área de la	área de una cara	área de una cara
base $= l * a$	del frente $= l * h$	lateral $= a * h$

Paso 2: Halla la suma de las áreas de las tres caras.
- suma de las áreas $= (l * a) + (l * h) + (a * h)$

Paso 3: Multiplica la suma de las tres áreas por 2.
- área de la superficie del prisma $= 2 * ((l * a) + (l * h) + (a * h))$

Área de la superficie de prismas rectangulares

$$S = 2 * ((l * a) + (l * h) + (a * h))$$

S es el área de la superficie, l es el largo de la base, a es el ancho de la base, h es la altura del prisma.

EJEMPLO   Halla el área de la superficie del prisma rectangular.

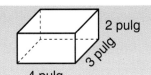

Usa la fórmula $S = 2 * ((l * a) + (l * h) + (a * h))$.
- largo (l) = 4 pulg   ancho (a) = 3 pulg   altura (h) = 2 pulg
- área de la superficie (S) = 2 * ((4 pulg * 3 pulg) + (4 pulg * 2 pulg) + (3 pulg * 2 pulg))
  = 2 * (12 pulg² + 8 pulg² + 6 pulg²) = 2 * 26 pulg² = 52 pulg²

El área de la superficie del prisma rectangular es 52 pulg².

COMPRUEBA SI COMPRENDISTE

Halla el área de la superficie de cada prisma. Asegúrate de incluir las unidades en tus respuestas.

1.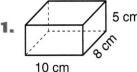

2.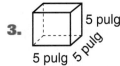

3.

Comprueba tus respuestas en la página 392.

Área de la superficie de los cilindros

Un cilindro tiene caras circulares, llamadas **bases.** Las bases se conectan por una superficie curva. Son paralelas y tienen la misma área.

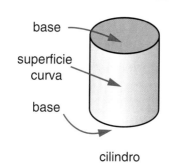

Para hallar el área de la superficie curva de un cilindro, imagínate una lata de sopa con una etiqueta. Si puedes recortar la etiqueta en forma perpendicular a la parte de arriba y de abajo de la lata, quitarla y colocarla sobre una superficie plana, tendrás un rectángulo. El largo del rectángulo es igual que la circunferencia de la base del cilindro. El ancho del rectángulo es igual que la altura de la lata. Por lo tanto, el área de la superficie curva es el producto de la circunferencia de la base multiplicada por la altura de la lata.

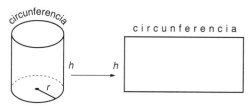

circunferencia de la base = $2 * \pi * r$
área de superficie curva = $(2 * \pi * r) * h$

El área de la superficie de un cilindro es la suma de las áreas de las dos bases $(2 * \pi * r^2)$ y de la superficie curva.

Área de la superficie de cilindros

$$S = (2 * \pi * r^2) + ((2 * \pi * r) * h)$$

S es el área de la superficie, r es el radio de la base, h es la altura del cilindro.

EJEMPLO   Halla el área total del cilindro.

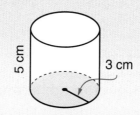

Usa la fórmula $S = (2 * \pi * r^2) + ((2 * \pi * r) * h)$.
- radio de la base = 3 cm
- altura = 5 cm

Usa la tecla π de la calculadora o 3.14 como un valor aproximado de π.
- área de la superficie = $(2 * \pi * 3 \text{ cm} * 3 \text{ cm}) + ((2 * \pi * 3 \text{ cm}) * 5 \text{ cm})$
    = $(\pi * 18 \text{ cm}^2) + (\pi * 30 \text{ cm}^2)$
    = 150.8 cm², redondeado a la décima de centímetro cuadrado más cercana

COMPRUEBA SI COMPRENDISTE

Halla el área de la superficie del cilindro a la décima de pulgada cuadrada más cercana. Asegúrate de incluir las unidades en tus respuestas.

2 pulg — 3 pulg

Comprueba tus respuestas en la página 392.

Peso

Hoy en día en Estados Unidos se usan dos grupos diferentes de unidades estándar para medir el peso.

- La unidad estándar de peso en el sistema métrico es el **gramo.** Un cubito de plástico de base 10 pesa aproximadamente 1 gramo. Pesos más pesados se miden en **kilogramos.** Un kilogramo equivale a 1,000 gramos.

- Dos unidades estándar de peso del sistema tradicional de EE.UU. son la **onza** y la **libra.** Lo más pesado se mide en libras. Una libra equivale a 16 onzas. Algunos pesos se indican en libras y onzas. Por ejemplo, podríamos decir que "la maleta pesa 14 libras y 6 onzas".

Unidades métricas	Unidades tradicionales de EE.UU.
1 gramo (gr) = 1,000 miligramos (mg)	1 libra (lb) = 16 onzas (oz)
1 miligramo = $\frac{1}{1,000}$ gramo	1 onza = $\frac{1}{16}$ libra
1 kilogramo (kg) = 1,000 gramos	1 tonelada (T) = 2,000 libras
1 gramo = $\frac{1}{1,000}$ kilogramo	1 libra = $\frac{1}{2,000}$ tonelada
1 tonelada métrica (t) = 1,000 kilogramos	
1 kilogramo = $\frac{1}{1,000}$ tonelada métrica	

Reglas de oro	Equivalencias exactas
1 onza equivale aproximadamente a 30 gramos.	1 onza = 28.35 gramos
1 kilogramo pesa aproximadamente 2 libras.	1 kilogramo = 2.205 libras

N O T A

La tabla de "Reglas de oro" muestra cómo las unidades de peso en el sistema métrico se relacionan con las unidades del sistema tradicional de EE.UU. Puedes usar esta tabla para convertir onzas a gramos y kilogramos a libras. Para el uso cotidiano, sólo necesitas recordar las sencillas reglas de oro.

EJEMPLOS   Una bicicleta pesa 14 kilogramos. ¿Cuántas libras son?

Solución aproximada: Usa la regla de oro. Ya que 1 kg es igual a unas 2 lb, 14 kg pesan aproximadamente 14 * 2 = 28 lb.

Solución exacta: Usa el equivalente exacto.
Ya que 1 kg = 2.205 lb, 14 kg = 14 * 2.205 = 30.87 lb.

COMPRUEBA SI COMPRENDISTE

Resuelve cada problema.

1. Una pelota de sóftbol pesa 6 onzas. ¿Cuántos gramos son? Usa la regla de oro y una equivalencia exacta.

2. El hermano de Andy pesa 34 libras y 11 onzas. ¿Cuántas onzas son?

Comprueba tus respuestas en la página 392.

Temperatura

La **temperatura** es una medida de lo caliente o frío que está algo. Para leer la temperatura en grados necesitas un marco de referencia que empiece con un punto cero y que tenga un intervalo para la escala. Las dos escalas de temperatura usadas con mayor frecuencia, Fahrenheit y Celsius, tienen diferentes puntos cero.

Fahrenheit

Esta escala fue inventada a principios del año 1700 por el físico alemán G.D. Fahrenheit. El agua pura se congela a 32°F y hierve a 212°F. Una solución de agua salada se congela a 0°F (el punto cero) al nivel del mar. La temperatura normal del cuerpo humano es 98.6°F. La escala Fahrenheit se usa principalmente en Estados Unidos.

Celsius

Esta escala fue desarrollada en 1742 por el astrónomo sueco Anders Celsius. El punto cero (0 grados Celsius o 0°C) es el punto de congelación del agua pura. El agua pura hierve a 100°C. La escala Celsius divide el intervalo entre estos dos puntos en 100 partes iguales. Por esta razón, a veces se conoce como la escala en *centígrados*. La temperatura normal del cuerpo humano es 37°C. La escala Celsius es la escala que usa la mayoría de la gente fuera de Estados Unidos y los científicos de todo el mundo.

Un **termómetro** mide la temperatura. El termómetro común es un tubo de vidrio que contiene un líquido. Cuando la temperatura sube, el líquido se expande y se mueve hacia arriba del tubo. Cuando la temperatura baja, el líquido se encoge y se mueve hacia abajo del tubo.

Aquí hay dos fórmulas para convertir grados Fahrenheit (°F) a grados Celsius (°C) y viceversa:

$$C = \frac{5}{9} * (F - 32) \quad \text{y} \quad F = \frac{9}{5} * C + 32.$$

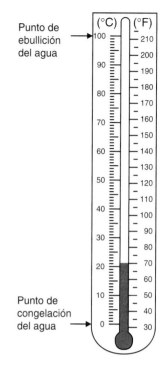

Punto de ebullición del agua

Punto de congelación del agua

El termómetro tiene marcas para mostrar ambas escalas, la Fahrenheit y la Celsius. Las temperaturas de referencia, como los puntos de ebullición y congelación del agua, están indicadas. Este termómetro marca 70°F (o aproximadamente 21°C), que es la temperatura ambiente normal.

| **EJEMPLO** Halla el equivalente en Celsius de 82°F. |

Usa la fórmula $C = \frac{5}{9} * (F - 32)$ y sustituye F por 82:

$C = \frac{5}{9} * (82 - 32)$

Así que, $C = \frac{5}{9} * (50) = 27.77$, o aproximadamente 28°C.

Medir y trazar ángulos

Los ángulos se miden en **grados.** Cuando se escribe la medida de un ángulo, se usa un pequeño círculo elevado (°) como símbolo para la palabra grado.

Los ángulos se miden con un instrumento llamado **transportador.** Encontrarás un transportador circular y otro semicircular en la Plantilla de geometría. Ya que hay 360 grados en un círculo, un ángulo de 1° marca $\frac{1}{360}$ de círculo.

El **transportador circular** de la Plantilla de geometría está marcado en intervalos de 5°, desde 0° hasta 360°. Se puede usar para medir ángulos, pero no puede usarse para trazar ángulos de una medida dada.

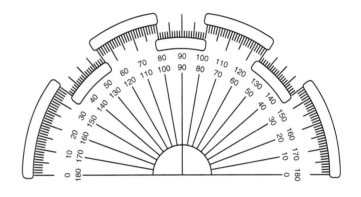

El **transportador semicircular** de la Plantilla de geometría está marcado en intervalos de 1°, desde 0° hasta 180°.

Tiene 2 escalas, cada una de las cuales empieza en 0°. Una escala se lee en el sentido de las manecillas del reloj y la otra se lee en sentido contrario al de las manecillas del reloj.

El transportador semicircular puede usarse para medir y para trazar ángulos de una medida dada.

Dos semirrectas que empiezan desde el mismo extremo forman dos ángulos. El ángulo más pequeño mide entre 0° y 180°. El ángulo más grande se llama **ángulo reflejo.** Mide entre 180° y 360°. La suma de las medidas del ángulo más pequeño y del ángulo reflejo es 360°.

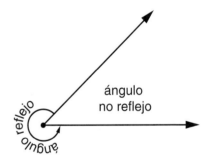

ángulo no reflejo

ángulo reflejo

Medir ángulos con un transportador circular

Piensa en un ángulo como en una rotación del minutero de un reloj. Un lado del ángulo representa el minutero al inicio de un intervalo de tiempo. El otro lado del ángulo representa el minutero después de un tiempo.

EJEMPLO   Para medir el ángulo *IJK* con un transportador circular:

Paso 1: Coloca el centro del transportador sobre el vértice del ángulo, punto *J*.

Paso 2: Alinea la marca de 0° del transportador con la $\vec{JI}$.

Paso 3: Lee la medida en grados donde la $\vec{JK}$ cruza el borde del transportador.

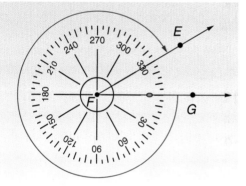

Medida del ángulo *IJK* = 30°

EJEMPLO   Para medir el ángulo reflejo *EFG*:

Paso 1: Coloca el centro del transportador sobre el punto *F*.

Paso 2: Alinea la marca de 0° del transportador con la $\vec{FG}$.

Paso 3: Lee la medida en grados donde la $\vec{FE}$ cruza el borde del transportador.

Medida del ángulo *EFG* = 330°

Medir ángulos con un transportador semicircular

EJEMPLO   Para medir el ángulo *PQR* con un transportador semicircular:

Paso 1: Coloca la línea de base del transportador sobre la $\vec{QR}$.

Paso 2: Desliza el transportador de manera que el centro de la línea de base quede sobre el vértice del ángulo, punto *Q*.

Paso 3: Lee la medida en grados, donde la $\vec{QP}$ cruza el borde del transportador. Hay dos escalas en el transportador. Usa la escala que corresponda al tamaño del ángulo que estás midiendo.

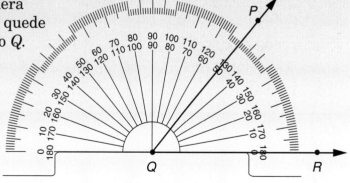

Medida del ángulo *PQR* = 50°

Trazar ángulos con un transportador semicircular

EJEMPLO   Traza un ángulo de 40°.

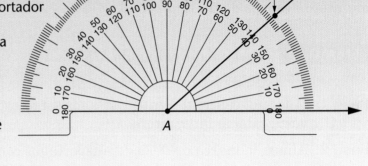

Paso 1: Traza una semirrecta desde el punto *A*.

Paso 2: Coloca la línea de base del transportador sobre la semirrecta.

Paso 3: Desliza el transportador de manera que el centro de la línea de base quede sobre el punto *A*.

Paso 4: Haz una marca en 40° sobre el transportador. Hay dos escalas en el transportador. Usa la escala que tenga sentido para el tamaño del ángulo que estás dibujando.

Paso 5: Traza una semirrecta desde el punto *A* hasta la marca.

Para dibujar un ángulo reflejo usando un transportador semicircular, resta la medida del ángulo reflejo de 360°. Usa esto como la medida del ángulo más pequeño.

EJEMPLO   Dibuja un ángulo de 240°.

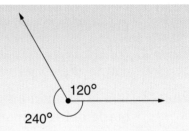

Paso 1: Resta: 360° − 240° = 120°.

Paso 2: Dibuja un ángulo de 120°.

Así que, el ángulo más grande es el ángulo reflejo. Mide 240°.

COMPRUEBA SI COMPRENDISTE

Mide cada ángulo al grado más cercano.

1.
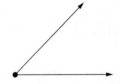

2.
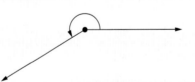

3.
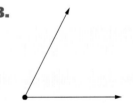

Dibuja cada ángulo.

4. un ángulo de 70°   **5.** un ángulo de 280°   **6.** un ángulo de 55°

Comprueba tus respuestas en la página 392.

Medidas de los ángulos de los polígonos

Cualquier polígono puede dividirse en triángulos.

- Las medidas de los tres ángulos de todo triángulo suman 180°.
- Para hallar la suma de las medidas de todos los ángulos de un polígono, multiplica: (número de triángulos en el polígono) ∗ 180°.

EJEMPLO   ¿Cuál es la suma de las medidas de los ángulos de un hexágono?

Paso 1: Dibuja cualquier hexágono; después, divídelo en triángulos. Este hexágono se puede dividir en cuatro triángulos.

Paso 2: Multiplica el número de triángulos por 180°.

Ya que las medidas de los ángulos de cada triángulo suman 180°, la suma de las medidas de los ángulos = 4 ∗ 180° = 720°.

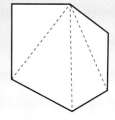
Hexágono

Hallar la medida de un ángulo de un polígono regular

Todos los ángulos de un polígono regular tienen la misma medida. Así que la medida de un ángulo es igual a la suma de las medidas de los ángulos del polígono, dividida entre el número de ángulos.

EJEMPLO   ¿Cuál es la medida de un ángulo de un hexágono regular?

La suma de las medidas de los ángulos de cualquier hexágono es 720°. Un hexágono regular tiene 6 ángulos congruentes.

Por lo tanto, la medida de un ángulo de un hexágono regular es $\frac{720}{6} = 120°$.

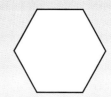
Hexágono regular
(6 lados congruentes y
6 ángulos congruentes)

COMPRUEBA SI COMPRENDISTE

1. ¿En cuántos triángulos puedes dividir
   a. un cuadrilátero?   **b.** un pentágono?
   c. un octágono?   **d.** un polígono de 12 lados?
2. ¿Cuál es la suma de las medidas de los ángulos de un pentágono?
3. ¿Cuál es la medida de un ángulo de un octágono regular?
4. Imagínate que conoces el número de lados de un polígono. Sin dibujarlo, ¿cómo puedes calcular el número de triángulos en que puede dividirse?

Comprueba tus respuestas en la página 392.

Trazar pares ordenados de números

Una **gráfica de coordenadas rectangular** se usa para dar nombre a puntos en un plano. Está formada por dos rectas numéricas llamadas **ejes,** que se cruzan formando ángulos rectos en sus puntos cero. El punto donde las dos rectas se cruzan se llama **origen.**

A cada punto en la gráfica de coordenadas se le puede dar nombre con **un par ordenado de números.** Los dos números que conforman un par ordenado se llaman **coordenadas** del punto. La primera coordenada es siempre la distancia *horizontal* del punto desde el eje vertical. La segunda coordenada es siempre la distancia *vertical* del punto desde el eje horizontal. Por ejemplo, el par ordenado (3,5) da nombre al punto A en la gráfica de la derecha. Los números 3 y 5 son las coordenadas del punto A.

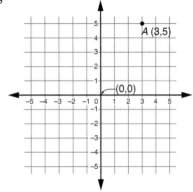

El par ordenado (0,0) le da nombre al origen.

EJEMPLO Traza el par ordenado (5,3).

Paso 1: Localiza el 5 en el eje horizontal.
Paso 2: Localiza el 3 en el eje vertical.
Paso 3: Traza una recta vertical desde el punto 5 en el eje horizontal y una recta horizontal desde el punto 3 en el eje vertical. El punto (5,3) se localiza en la intersección de las dos rectas. Observa que el orden de los números en un par ordenado es importante. El par ordenado (5,3) no denomina el mismo punto que el par ordenado (3,5).

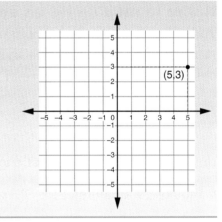

EJEMPLO Localiza $(-2,3)$, $(-4,-1)$ y $(3\frac{1}{2},0)$.

Para cada par ordenado localiza la primera coordenada en el eje horizontal y la segunda coordenada en el eje vertical. Traza rectas secantes desde estos dos puntos.

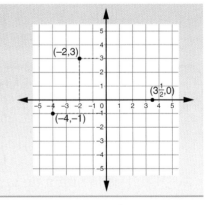

COMPRUEBA SI COMPRENDISTE

Dibuja una gráfica de coordenadas sobre papel para gráficas y traza los siguientes puntos.

1. $(2,4)$ **2.** $(-3,-3)$ **3.** $(0,-6)$ **4.** $(-2,3)$

Comprueba tus respuestas en la página 392.

Latitud y longitud

La Tierra es casi una **esfera** perfecta. Todos los puntos sobre la Tierra están aproximadamente a la misma distancia de su centro. La Tierra gira sobre un **eje,** el cual es una recta imaginaria que conecta el **Polo norte** y el **Polo sur**.

Se trazan líneas de referencia en globos terráqueos y mapas para que sea más fácil encontrar los lugares. Las líneas que van de este a oeste alrededor de la Tierra se llaman **líneas de latitud.** El **ecuador** es una línea especial de latitud. Todo punto sobre el ecuador está a la misma distancia del polo norte y del polo sur. Las líneas de latitud con frecuencia se llaman paralelos proque cada una es un círculo paralelo al ecuador.

Las líneas de latitud se miden en **grados.** El símbolo de grados es (°). Las líneas al norte del ecuador se rotulan °N (grados norte) y las líneas al sur del ecuador, °S (grados sur). El número de grados indica la distancia al norte o al sur del ecuador donde se encuentra un lugar. El área al norte del ecuador se llama **hemisferio norte.** El área al sur del ecuador se llama **hemisferio sur.**

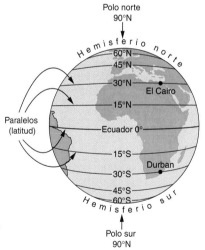

Polo norte
90°N

Hemisferio norte

60°N
45°N
30°N — El Cairo
15°N

Paralelos
(latitud)

Ecuador 0°

15°S
30°S — Durban
45°S
60°S

Hemisferio sur

Polo sur
90°N

> **EJEMPLOS**   La latitud del polo norte es 90°N. La latitud del polo sur es 90°S. Los polos son los puntos más al norte y más al sur de la Tierra.
>
> La latitud de El Cairo, Egipto, es 30°N. Decimos que El Cairo está a 30 grados al norte del ecuador.
>
> La latitud de Durban, Sudáfrica, es 30°S. Durban está en el hemisferio sur.

Un segundo grupo de líneas va de norte a sur. Éstas son semicírculos (medios círculos) que conectan los polos. Se llaman **líneas de longitud** o **meridianos.** Los meridianos no son paralelos ya que se encuentran en los polos.

El **primer meridiano** es un meridiano especial rotulado 0°. El primer meridiano cruza cerca de Londres, Inglaterra. Otro meridiano especial es la **línea internacional de cambio de fecha.** Este meridiano está rotulado 180° y está exactamente opuesto al primer meridiano, al otro lado del mundo.

La longitud se mide en grados. Las líneas al oeste del primer meridiano se rotulan °O. Las líneas al este del primer meridiano se rotulan °E. El número de grados indica a qué distancia al oeste o al este del primer meridiano está un lugar. El área al oeste del primer meridiano se llama **hemisferio occidental.** El área al este del primer meridiano se llama **hemisferio oriental.**

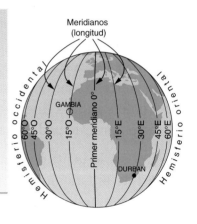

EJEMPLOS   La longitud de Londres es 0° porque Londres está en el primer meridiano.

La longitud de Durban, Sudáfrica, es 30°E. Durban está en el hemisferio oriental.

La longitud de Gambia (un pequeño país de África) es aproximadamente 15°O. Gambia está a 15 grados al oeste del primer meridiano.

Cuando se muestran ambas líneas de latitud y longitud en un globo o mapa, éstas forman un patrón de líneas que se cruzan llamado **cuadrícula.** La cuadrícula puede ayudarte a localizar lugares en el mapa. Puede localizarse cualquier lugar en el mapa diciendo su latitud y longitud.

EJEMPLOS   El mapa se puede usar para hallar la latitud y longitud aproximadas de las ciudades que se muestran. Por ejemplo, Denver, Colorado está aproximadamente a 40° norte y 105° oeste.

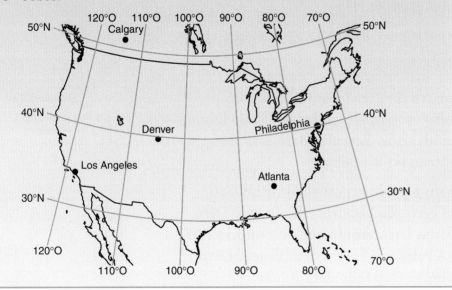

Escalas de mapas y distancias

Escalas de mapas

Las personas que hacen mapas muestran áreas muy grandes de tierra y agua en pedazos pequeños de papel. Los lugares que en realidad están a miles de millas de distancia pueden estar sólo a pulgadas de distancia en un mapa. Cuando usas un mapa, puedes estimar distancias reales usando una **escala de mapa.**

Mapas diferentes usan escalas diferentes. En un mapa, 1 pulgada puede representar 10 millas en el mundo real. En otro mapa, 1 pulgada puede representar 100 millas.

En esta escala, la barra mide 2 pulgadas de largo.
Dos pulgadas en el mapa representan 2,000 millas reales.
Una pulgada en el mapa representa 1,000 millas reales.

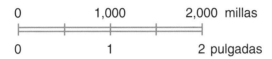

A veces verás una escala de mapa escrita así: "2 pulgadas = 2,000 millas". Este enunciado no es matemáticamente correcto, porque 2 pulgadas no es igual a 2,000 millas. Lo que significa es que 2 pulgadas de distancia en el mapa representan 2,000 millas en el mundo real.

Medir distancias en un mapa

Hay muchas maneras de medir distancias en un mapa. Aquí hay algunas.

Usa una regla

Algunas veces la distancia que quieres medir está a lo largo de una línea recta. Mide la distancia de la línea recta con una regla. Después usa la escala del mapa para cambiar la distancia del mapa a la distancia real.

EJEMPLO   Usa el mapa y la escala que se muestran abajo para hallar la distancia aérea de Denver a Chicago. La distancia aérea es la distancia que hay en línea recta entre dos ciudades.

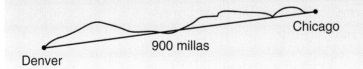

El segmento de recta que conecta Denver y Chicago mide 3 pulgadas de largo. La escala del mapa muestra que 1 pulgada representa 300 millas. Así que 3 pulgadas deben representar 3 * 300 millas, o sea, 900 millas. La distancia aérea de Denver a Chicago es 900 millas.

Usa cuerda y una regla

Algunas veces necesitas hallar la longitud de un camino curvo como el de una carretera o un río. Puedes usar un pedazo de cuerda, una regla y la escala de mapa para hallar la longitud.

- Coloca la cuerda a lo largo del camino que quieres medir. Marca sobre la cuerda los puntos de inicio y fin.
- Estira la cuerda. Ten cuidado de no estirarla más de la cuenta. Mide entre los puntos de inicio y fin con una regla.
- Usa la escala para cambiar la distancia del mapa a la distancia real.

Usa un compás

Algunas veces, cuando las escalas de los mapas no se dan ni en pulgadas ni en centímetros, una regla no es de mucha ayuda. En estos casos puedes hallar las distancias con un compás. Usar un compás también puede ser más fácil que usar una regla, especialmente si estás midiendo un camino curvo y no tienes cuerda.

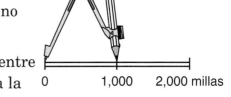

Paso 1: Ajusta el compás de tal manera que la distancia entre la punta del ancla y la punta del lápiz sea igual a la distancia en la escala del mapa.

Paso 2: Imagínate un camino que conecta el punto de inicio y el punto final de la distancia que quieres medir. Coloca la punta del ancla del compás en el punto de inicio. Traza un arco sobre el camino con la punta del lápiz. Mueve la punta del ancla al lugar donde se encuentran el arco y el camino. Continúa moviendo el compás a lo largo del camino hasta que alcances o pases el punto final. Ten cuidado de no cambiar el tamaño de la abertura del compás.

Paso 3: Anota cuántas veces moviste el compás. Cada movimiento representa la distancia en la escala del mapa. Para estimar la distancia total, multiplica el número de movimientos por la distancia que representa cada movimiento.

Si usas un compás para medir la distancia a lo largo de un camino curvo, tu estimación será menor que la distancia real. La distancia a lo largo de una línea recta entre dos puntos es menor que la distancia a lo largo de un camino curvo entre los mismos dos puntos.

Calendario perpetuo

El **calendario perpetuo** consiste en 14 calendarios diferentes de un año. Muestra todos los calendarios posibles de un año. El calendario para un año se determina por el día en que cae el $1^{\underline{o}}$ de enero. Hay 7 calendarios para los años con 365 días. Hay otros 7 calendarios para los años con 366 días.

Los años que tienen 366 días se llaman **años bisiestos.** Suceden cada cuatro años. El día extra se añade a febrero. Los años que son divisibles entre 4 son años bisiestos, exceptuando los años que son múltiplos de 100. Esos años (1600, 1700, 1800, 1900, 2000, etc.) son años bisiestos sólo si son divisibles entre 400. Los años 1600 y 2000 son años bisiestos, pero los años 1700, 1800 y 1900 no son años bisiestos.

1899 1	1925 5	1951 2	1977 7	2003 4
1900 2	1926 6	1952 10	1978 1	2004 12
1901 3	1927 7	1953 5	1979 2	2005 7
1902 4	1928 8	1954 6	1980 10	2006 1
1903 5	1929 3	1955 7	1981 5	2007 2
1904 15	1930 4	1956 8	1982 6	2008 10
1905 1	1931 5	1957 3	1983 7	2009 5
1906 2	1932 13	1958 4	1984 8	2010 6
1907 3	1933 1	1959 5	1985 3	2011 4
1908 11	1934 2	1960 13	1986 4	2012 8
1909 6	1935 3	1961 1	1987 5	2013 3
1910 7	1936 11	1962 2	1988 13	2014 4
1911 1	1937 6	1963 3	1989 1	2015 5
1912 8	1938 7	1964 11	1990 2	2016 13
1913 4	1939 1	1965 6	1991 3	2017 1
1914 5	1940 9	1966 7	1992 11	2018 2
1915 6	1941 4	1967 1	1993 6	2019 3
1916 14	1942 5	1968 9	1994 7	2020 11
1917 2	1943 6	1969 4	1995 1	2021 6
1918 3	1944 14	1970 5	1996 9	2022 7
1919 4	1945 2	1971 6	1997 4	2023 1
1920 12	1946 3	1972 14	1998 5	2024 9
1921 7	1947 4	1973 2	1999 8	2025 4
1922 1	1948 12	1974 3	2000 14	2026 5
1923 2	1949 7	1975 4	2001 2	2027 6
1924 10	1950 1	1976 12	2002 3	2028 14

Calendario que se usa para los años 1899 al 2028

Calendarios 1, 2, 3, 4 y 5 con los meses de enero a diciembre.

6

ENERO							MAYO							SEPTIEMBRE						
D	L	M	M	J	V	S	D	L	M	M	J	V	S	D	L	M	M	J	V	S
					1	2							1				1	2	3	4
3	4	5	6	7	8	9	2	3	4	5	6	7	8	5	6	7	8	9	10	11
10	11	12	13	14	15	16	9	10	11	12	13	14	15	12	13	14	15	16	17	18
17	18	19	20	21	22	23	16	17	18	19	20	21	22	19	20	21	22	23	24	25
24	25	26	27	28	29	30	23	24	25	26	27	28	29	26	27	28	29	30		
31							30	31												

FEBRERO							JUNIO							OCTUBRE						
D	L	M	M	J	V	S	D	L	M	M	J	V	S	D	L	M	M	J	V	S
	1	2	3	4	5	6			1	2	3	4	5						1	2
7	8	9	10	11	12	13	6	7	8	9	10	11	12	3	4	5	6	7	8	9
14	15	16	17	18	19	20	13	14	15	16	17	18	19	10	11	12	13	14	15	16
21	22	23	24	25	26	27	20	21	22	23	24	25	26	17	18	19	20	21	22	23
28							27	28	29	30				24	25	26	27	28	29	30
														31						

MARZO							JULIO							NOVIEMBRE						
D	L	M	M	J	V	S	D	L	M	M	J	V	S	D	L	M	M	J	V	S
	1	2	3	4	5	6					1	2	3		1	2	3	4	5	6
7	8	9	10	11	12	13	4	5	6	7	8	9	10	7	8	9	10	11	12	13
14	15	16	17	18	19	20	11	12	13	14	15	16	17	14	15	16	17	18	19	20
21	22	23	24	25	26	27	18	19	20	21	22	23	24	21	22	23	24	25	26	27
28	29	30	31				25	26	27	28	29	30	31	28	29	30				

ABRIL							AGOSTO							DECIEMBRE						
D	L	M	M	J	V	S	D	L	M	M	J	V	S	D	L	M	M	J	V	S
				1	2	3	1	2	3	4	5	6	7				1	2	3	4
4	5	6	7	8	9	10	8	9	10	11	12	13	14	5	6	7	8	9	10	11
11	12	13	14	15	16	17	15	16	17	18	19	20	21	12	13	14	15	16	17	18
18	19	20	21	22	23	24	22	23	24	25	26	27	28	19	20	21	22	23	24	25
25	26	27	28	29	30		29	30	31					26	27	28	29	30	31	

7

ENERO							MAYO							SEPTIEMBRE						
D	L	M	M	J	V	S	D	L	M	M	J	V	S	D	L	M	M	J	V	S
						1	1	2	3	4	5	6	7					1	2	3
2	3	4	5	6	7	8	8	9	10	11	12	13	14	4	5	6	7	8	9	10
9	10	11	12	13	14	15	15	16	17	18	19	20	21	11	12	13	14	15	16	17
16	17	18	19	20	21	22	22	23	24	25	26	27	28	18	19	20	21	22	23	24
23	24	25	26	27	28	29	29	30	31					25	26	27	28	29	30	
30																				

FEBRERO							JUNIO							OCTUBRE						
D	L	M	M	J	V	S	D	L	M	M	J	V	S	D	L	M	M	J	V	S
		1	2	3	4	5				1	2	3	4							1
6	7	8	9	10	11	12	5	6	7	8	9	10	11	2	3	4	5	6	7	8
13	14	15	16	17	18	19	12	13	14	15	16	17	18	9	10	11	12	13	14	15
20	21	22	23	24	25	26	19	20	21	22	23	24	25	16	17	18	19	20	21	22
27	28						26	27	28	29	30			23	24	25	26	27	28	29
														30	31					

MARZO							JULIO							NOVIEMBRE						
D	L	M	M	J	V	S	D	L	M	M	J	V	S	D	L	M	M	J	V	S
		1	2	3	4	5						1	2			1	2	3	4	5
6	7	8	9	10	11	12	3	4	5	6	7	8	9	6	7	8	9	10	11	12
13	14	15	16	17	18	19	10	11	12	13	14	15	16	13	14	15	16	17	18	19
20	21	22	23	24	25	26	17	18	19	20	21	22	23	20	21	22	23	24	25	26
27	28	29	30	31			24	25	26	27	28	29	30	27	28	29	30	31		
							31													

ABRIL							AGOSTO							DECIEMBRE						
D	L	M	M	J	V	S	D	L	M	M	J	V	S	D	L	M	M	J	V	S
					1	2		1	2	3	4	5	6					1	2	3
3	4	5	6	7	8	9	7	8	9	10	11	12	13	4	5	6	7	8	9	10
10	11	12	13	14	15	16	14	15	16	17	18	19	20	11	12	13	14	15	16	17
17	18	19	20	21	22	23	21	22	23	24	25	26	27	18	19	20	21	22	23	24
24	25	26	27	28	29	30	28	29	30	31				25	26	27	28	29	30	31
31																				

8

ENERO							MAYO							SEPTIEMBRE						
D	L	M	M	J	V	S	D	L	M	M	J	V	S	D	L	M	M	J	V	S
1	2	3	4	5	6	7			1	2	3	4	5							1
8	9	10	11	12	13	14	6	7	8	9	10	11	12	2	3	4	5	6	7	8
15	16	17	18	19	20	21	13	14	15	16	17	18	19	9	10	11	12	13	14	15
22	23	24	25	26	27	28	20	21	22	23	24	25	26	16	17	18	19	20	21	22
29	30	31					27	28	29	30	31			23	24	25	26	27	28	29
														30						

FEBRERO							JUNIO							OCTUBRE						
D	L	M	M	J	V	S	D	L	M	M	J	V	S	D	L	M	M	J	V	S
			1	2	3	4						1	2		1	2	3	4	5	6
5	6	7	8	9	10	11	3	4	5	6	7	8	9	7	8	9	10	11	12	13
12	13	14	15	16	17	18	10	11	12	13	14	15	16	14	15	16	17	18	19	20
19	20	21	22	23	24	25	17	18	19	20	21	22	23	21	22	23	24	25	26	27
26	27	28	29				24	25	26	27	28	29	30	28	29	30	31			

MARZO							JULIO							NOVIEMBRE						
D	L	M	M	J	V	S	D	L	M	M	J	V	S	D	L	M	M	J	V	S
				1	2	3	1	2	3	4	5	6	7					1	2	3
4	5	6	7	8	9	10	8	9	10	11	12	13	14	4	5	6	7	8	9	10
11	12	13	14	15	16	17	15	16	17	18	19	20	21	11	12	13	14	15	16	17
18	19	20	21	22	23	24	22	23	24	25	26	27	28	18	19	20	21	22	23	24
25	26	27	28	29	30	31	29	30	31					25	26	27	28	29	30	

ABRIL							AGOSTO							DECIEMBRE						
D	L	M	M	J	V	S	D	L	M	M	J	V	S	D	L	M	M	J	V	S
1	2	3	4	5	6	7				1	2	3	4							1
8	9	10	11	12	13	14	5	6	7	8	9	10	11	2	3	4	5	6	7	8
15	16	17	18	19	20	21	12	13	14	15	16	17	18	9	10	11	12	13	14	15
22	23	24	25	26	27	28	19	20	21	22	23	24	25	16	17	18	19	20	21	22
29	30						26	27	28	29	30	31		23	24	25	26	27	28	29
														30	31					

9

ENERO							MAYO							SEPTIEMBRE						
D	L	M	M	J	V	S	D	L	M	M	J	V	S	D	L	M	M	J	V	S
	1	2	3	4	5	6				1	2	3	4	1	2	3	4	5	6	7
7	8	9	10	11	12	13	5	6	7	8	9	10	11	8	9	10	11	12	13	14
14	15	16	17	18	19	20	12	13	14	15	16	17	18	15	16	17	18	19	20	21
21	22	23	24	25	26	27	19	20	21	22	23	24	25	22	23	24	25	26	27	28
28	29	30	31				26	27	28	29	30	31		29	30					

FEBRERO							JUNIO							OCTUBRE						
D	L	M	M	J	V	S	D	L	M	M	J	V	S	D	L	M	M	J	V	S
				1	2	3							1			1	2	3	4	5
4	5	6	7	8	9	10	2	3	4	5	6	7	8	6	7	8	9	10	11	12
11	12	13	14	15	16	17	9	10	11	12	13	14	15	13	14	15	16	17	18	19
18	19	20	21	22	23	24	16	17	18	19	20	21	22	20	21	22	23	24	25	26
25	26	27	28	29			23	24	25	26	27	28	29	27	28	29	30	31		
							30													

MARZO							JULIO							NOVIEMBRE						
D	L	M	M	J	V	S	D	L	M	M	J	V	S	D	L	M	M	J	V	S
					1	2		1	2	3	4	5	6						1	2
3	4	5	6	7	8	9	7	8	9	10	11	12	13	3	4	5	6	7	8	9
10	11	12	13	14	15	16	14	15	16	17	18	19	20	10	11	12	13	14	15	16
17	18	19	20	21	22	23	21	22	23	24	25	26	27	17	18	19	20	21	22	23
24	25	26	27	28	29	30	28	29	30	31				24	25	26	27	28	29	30
31																				

ABRIL							AGOSTO							DECIEMBRE						
D	L	M	M	J	V	S	D	L	M	M	J	V	S	D	L	M	M	J	V	S
	1	2	3	4	5	6					1	2	3	1	2	3	4	5	6	7
7	8	9	10	11	12	13	4	5	6	7	8	9	10	8	9	10	11	12	13	14
14	15	16	17	18	19	20	11	12	13	14	15	16	17	15	16	17	18	19	20	21
21	22	23	24	25	26	27	18	19	20	21	22	23	24	22	23	24	25	26	27	28
28	29	30					25	26	27	28	29	30	31	29	30	31				

10

ENERO							MAYO							SEPTIEMBRE						
D	L	M	M	J	V	S	D	L	M	M	J	V	S	D	L	M	M	J	V	S
		1	2	3	4	5					1	2	3		1	2	3	4	5	6
6	7	8	9	10	11	12	4	5	6	7	8	9	10	7	8	9	10	11	12	13
13	14	15	16	17	18	19	11	12	13	14	15	16	17	14	15	16	17	18	19	20
20	21	22	23	24	25	26	18	19	20	21	22	23	24	21	22	23	24	25	26	27
27	28	29	30	31			25	26	27	28	29	30	31	28	29	30	31			

FEBRERO							JUNIO							OCTUBRE						
D	L	M	M	J	V	S	D	L	M	M	J	V	S	D	L	M	M	J	V	S
					1	2	1	2	3	4	5	6	7				1	2	3	4
3	4	5	6	7	8	9	8	9	10	11	12	13	14	5	6	7	8	9	10	11
10	11	12	13	14	15	16	15	16	17	18	19	20	21	12	13	14	15	16	17	18
17	18	19	20	21	22	23	22	23	24	25	26	27	28	19	20	21	22	23	24	25
24	25	26	27	28	29		29	30						26	27	28	29	30	31	

MARZO							JULIO							NOVIEMBRE						
D	L	M	M	J	V	S	D	L	M	M	J	V	S	D	L	M	M	J	V	S
						1			1	2	3	4	5							1
2	3	4	5	6	7	8	6	7	8	9	10	11	12	2	3	4	5	6	7	8
9	10	11	12	13	14	15	13	14	15	16	17	18	19	9	10	11	12	13	14	15
16	17	18	19	20	21	22	20	21	22	23	24	25	26	16	17	18	19	20	21	22
23	24	25	26	27	28	29	27	28	29	30	31			23	24	25	26	27	28	29
30	31													30						

ABRIL							AGOSTO							DECIEMBRE						
D	L	M	M	J	V	S	D	L	M	M	J	V	S	D	L	M	M	J	V	S
		1	2	3	4	5						1	2		1	2	3	4	5	6
6	7	8	9	10	11	12	3	4	5	6	7	8	9	7	8	9	10	11	12	13
13	14	15	16	17	18	19	10	11	12	13	14	15	16	14	15	16	17	18	19	20
20	21	22	23	24	25	26	17	18	19	20	21	22	23	21	22	23	24	25	26	27
27	28	29	30				24	25	26	27	28	29	30	28	29	30	31			
							31													

11

ENERO							MAYO							SEPTIEMBRE						
D	L	M	M	J	V	S	D	L	M	M	J	V	S	D	L	M	M	J	V	S
			1	2	3	4						1	2			1	2	3	4	5
5	6	7	8	9	10	11	3	4	5	6	7	8	9	6	7	8	9	10	11	12
12	13	14	15	16	17	18	10	11	12	13	14	15	16	13	14	15	16	17	18	19
19	20	21	22	23	24	25	17	18	19	20	21	22	23	20	21	22	23	24	25	26
26	27	28	29	30	31		24	25	26	27	28	29	30	27	28	29	30			
							31													

FEBRERO							JUNIO							OCTUBRE						
D	L	M	M	J	V	S	D	L	M	M	J	V	S	D	L	M	M	J	V	S
						1		1	2	3	4	5	6					1	2	3
2	3	4	5	6	7	8	7	8	9	10	11	12	13	4	5	6	7	8	9	10
9	10	11	12	13	14	15	14	15	16	17	18	19	20	11	12	13	14	15	16	17
16	17	18	19	20	21	22	21	22	23	24	25	26	27	18	19	20	21	22	23	24
23	24	25	26	27	28	29	28	29	30					25	26	27	28	29	30	31

MARZO							JULIO							NOVIEMBRE						
D	L	M	M	J	V	S	D	L	M	M	J	V	S	D	L	M	M	J	V	S
1	2	3	4	5	6	7				1	2	3	4	1	2	3	4	5	6	7
8	9	10	11	12	13	14	5	6	7	8	9	10	11	8	9	10	11	12	13	14
15	16	17	18	19	20	21	12	13	14	15	16	17	18	15	16	17	18	19	20	21
22	23	24	25	26	27	28	19	20	21	22	23	24	25	22	23	24	25	26	27	28
29	30	31					26	27	28	29	30	31		29	30					

ABRIL							AGOSTO							DECIEMBRE						
D	L	M	M	J	V	S	D	L	M	M	J	V	S	D	L	M	M	J	V	S
			1	2	3	4							1			1	2	3	4	5
5	6	7	8	9	10	11	2	3	4	5	6	7	8	6	7	8	9	10	11	12
12	13	14	15	16	17	18	9	10	11	12	13	14	15	13	14	15	16	17	18	19
19	20	21	22	23	24	25	16	17	18	19	20	21	22	20	21	22	23	24	25	26
26	27	28	29	30			23	24	25	26	27	28	29	27	28	29	30	31		
							30	31												

12

ENERO							MAYO							SEPTIEMBRE						
D	L	M	M	J	V	S	D	L	M	M	J	V	S	D	L	M	M	J	V	S
				1	2	3							1				1	2	3	4
4	5	6	7	8	9	10	2	3	4	5	6	7	8	5	6	7	8	9	10	11
11	12	13	14	15	16	17	9	10	11	12	13	14	15	12	13	14	15	16	17	18
18	19	20	21	22	23	24	16	17	18	19	20	21	22	19	20	21	22	23	24	25
25	26	27	28	29	30	31	23	24	25	26	27	28	29	26	27	28	29	30		
							30	31												

FEBRERO							JUNIO							OCTUBRE						
D	L	M	M	J	V	S	D	L	M	M	J	V	S	D	L	M	M	J	V	S
1	2	3	4	5	6	7			1	2	3	4	5						1	2
8	9	10	11	12	13	14	6	7	8	9	10	11	12	3	4	5	6	7	8	9
15	16	17	18	19	20	21	13	14	15	16	17	18	19	10	11	12	13	14	15	16
22	23	24	25	26	27	28	20	21	22	23	24	25	26	17	18	19	20	21	22	23
29							27	28	29	30				24	25	26	27	28	29	30
														31						

MARZO							JULIO							NOVIEMBRE						
D	L	M	M	J	V	S	D	L	M	M	J	V	S	D	L	M	M	J	V	S
	1	2	3	4	5	6					1	2	3		1	2	3	4	5	6
7	8	9	10	11	12	13	4	5	6	7	8	9	10	7	8	9	10	11	12	13
14	15	16	17	18	19	20	11	12	13	14	15	16	17	14	15	16	17	18	19	20
21	22	23	24	25	26	27	18	19	20	21	22	23	24	21	22	23	24	25	26	27
28	29	30	31				25	26	27	28	29	30	31	28	29	30				

ABRIL							AGOSTO							DECIEMBRE						
D	L	M	M	J	V	S	D	L	M	M	J	V	S	D	L	M	M	J	V	S
				1	2	3	1	2	3	4	5	6	7				1	2	3	4
4	5	6	7	8	9	10	8	9	10	11	12	13	14	5	6	7	8	9	10	11
11	12	13	14	15	16	17	15	16	17	18	19	20	21	12	13	14	15	16	17	18
18	19	20	21	22	23	24	22	23	24	25	26	27	28	19	20	21	22	23	24	25
25	26	27	28	29	30		29	30	31					26	27	28	29	30	31	

13

ENERO							MAYO							SEPTIEMBRE						
D	L	M	M	J	V	S	D	L	M	M	J	V	S	D	L	M	M	J	V	S
					1	2	1	2	3	4	5	6	7					1	2	3
3	4	5	6	7	8	9	8	9	10	11	12	13	14	4	5	6	7	8	9	10
10	11	12	13	14	15	16	15	16	17	18	19	20	21	11	12	13	14	15	16	17
17	18	19	20	21	22	23	22	23	24	25	26	27	28	18	19	20	21	22	23	24
24	25	26	27	28	29	30	29	30	31					25	26	27	28	29	30	
31																				

FEBRERO							JUNIO							OCTUBRE						
D	L	M	M	J	V	S	D	L	M	M	J	V	S	D	L	M	M	J	V	S
	1	2	3	4	5	6				1	2	3	4							1
7	8	9	10	11	121	3	5	6	7	8	9	10	11	2	3	4	5	6	7	8
14	15	16	17	18	19	20	12	13	14	15	16	17	18	9	10	11	12	13	14	15
21	22	23	24	25	26	27	19	20	21	22	23	24	25	16	17	18	19	20	21	22
28	29						26	27	28	29	30			23	24	25	26	27	28	29
														30	31					

MARZO							JULIO							NOVIEMBRE						
D	L	M	M	J	V	S	D	L	M	M	J	V	S	D	L	M	M	J	V	S
		1	2	3	4	5						1	2			1	2	3	4	5
6	7	8	9	10	11	12	3	4	5	6	7	8	9	6	7	8	9	10	11	12
13	14	15	16	17	18	19	10	11	12	13	14	15	16	13	14	15	16	17	18	19
20	21	22	23	24	25	26	17	18	19	20	21	22	23	20	21	22	23	24	25	26
27	28	29	30	31			24	25	26	27	28	29	30	27	28	29	30			
							31													

ABRIL							AGOSTO							DECIEMBRE						
D	L	M	M	J	V	S	D	L	M	M	J	V	S	D	L	M	M	J	V	S
					1	2		1	2	3	4	5	6					1	2	3
3	4	5	6	7	8	9	7	8	9	10	11	12	13	4	5	6	7	8	9	10
10	11	12	13	14	15	16	14	15	16	17	18	19	20	11	12	13	14	15	16	17
17	18	19	20	21	22	23	21	22	23	24	25	26	27	18	19	20	21	22	23	24
24	25	26	27	28	29	30	28	29	30	31				25	26	27	28	29	30	31

14

ENERO							MAYO							SEPTIEMBRE						
D	L	M	M	J	V	S	D	L	M	M	J	V	S	D	L	M	M	J	V	S
						1		1	2	3	4	5	6						1	2
2	3	4	5	6	7	8	7	8	9	10	11	12	13	3	4	5	6	7	8	9
9	10	11	12	13	14	15	14	15	16	17	18	19	20	10	11	12	13	14	15	16
16	17	18	19	20	21	22	21	22	23	24	25	26	27	17	18	19	20	21	22	23
23	24	25	26	27	28	29	28	29	30	31				24	25	26	27	28	29	30
30	31																			

FEBRERO							JUNIO							OCTUBRE						
D	L	M	M	J	V	S	D	L	M	M	J	V	S	D	L	M	M	J	V	S
		1	2	3	4	5					1	2	3	1	2	3	4	5	6	7
6	7	8	9	10	11	12	4	5	6	7	8	9	10	8	9	10	11	12	13	14
13	14	15	16	17	18	19	11	12	13	14	15	16	17	15	16	17	18	19	20	21
20	21	22	23	24	25	26	18	19	20	21	22	23	24	22	23	24	25	26	27	28
27	28	29					25	26	27	28	29	30		29	30	31				

MARZO							JULIO							NOVIEMBRE						
D	L	M	M	J	V	S	D	L	M	M	J	V	S	D	L	M	M	J	V	S
			1	2	3	4							1				1	2	3	4
5	6	7	8	9	10	11	2	3	4	5	6	7	8	5	6	7	8	9	10	11
12	13	14	15	16	17	18	9	10	11	12	13	14	15	12	13	14	15	16	17	18
19	20	21	22	23	24	25	16	17	18	19	20	21	22	19	20	21	22	23	24	25
26	27	28	29	30	31		23	24	25	26	27	28	29	26	27	28	29	30		
							30	31												

ABRIL							AGOSTO							DECIEMBRE						
D	L	M	M	J	V	S	D	L	M	M	J	V	S	D	L	M	M	J	V	S
						1			1	2	3	4	5						1	2
2	3	4	5	6	7	8	6	7	8	9	10	11	12	3	4	5	6	7	8	9
9	10	11	12	13	14	15	13	14	15	16	17	18	19	10	11	12	13	14	15	16
16	17	18	19	20	21	22	20	21	22	23	24	25	26	17	18	19	20	21	22	23
23	24	25	26	27	28	29	27	28	29	30	31			24	25	26	27	28	29	30
30														31						

Álgebra

Álgebra

El álgebra es un tipo de aritmética que usa letras (u otros símbolos tales como espacios en blanco o signos de interrogación) además de números. Gran parte del álgebra trata de cómo escribir y resolver oraciones numéricas como $8 + n = 13$ o $y = x + 3$.

En la antigüedad, el álgebra implicaba hallar el valor de un número que faltaba (llamado "incógnita") en una ecuación. Estas incógnitas se expresaban con palabras: "Cinco más algún número es igual a ocho". Después, al final del siglo XVI, François Viète empezó a usar letras, como en $5 + x = 8$, para representar las cantidades desconocidas. La invención de Viète facilitó resolver ecuaciones y permitió hacer muchos descubrimientos en las matemáticas y en las ciencias.

> **N O T A**
>
> La palabra *álgebra* viene del título de un libro escrito hace más de 1,000 años por Muhammad ibn Musa al-Khwarizmi, un matemático persa que escribía en árabe. Pero los orígenes del álgebra datan desde antes del antiguo Egipto y Babilonia.

Variables e incógnitas

Las letras que a veces ves en una oración numérica se llaman **variables.**

Las variables se usan para representar incógnitas.

Por ejemplo, en la oración numérica $5 + x = 8$, la variable x representa una incógnita. Para hacer que esta oración sea verdadera, se tiene que hallar el número correcto para x. La gente a veces usa otros símbolos, como signos de interrogación o espacios en blanco para las incógnitas.

El papiro Rhind, escrito hace casi 4,000 años

Las variables se usan para enunciar propiedades de los sistemas numéricos.

Las propiedades de un sistema numérico son válidas para todos los números. Por ejemplo, cualquier número multiplicado por 1 es igual a sí mismo. Las variables con frecuencia se usan en enunciados que describen propiedades, como en $a * 1 = a$.

 209   205–206

Las variables se usan en fórmulas.

Las fórmulas se usan en la vida cotidiana, en las ciencias, en los negocios y en muchas otras situaciones, como una manera fácil de describir relaciones. La fórmula para el área de un círculo, por ejemplo, es $A = \pi * r^2$, donde A es el área, r es el radio y π es el número 3.1415... La fórmula $A = \pi * r^2$ también se puede escribir sin el símbolo de multiplicación: $A = \pi r^2$. Poner las letras o variables una junto a otra sin dejar espacio, significa que se deben multiplicar. La fórmula para la circunferencia de un círculo es $c = \pi * d,$ o sea, $c = \pi d$.

> **NOTA**
>
> π no es una variable; es un número tan importante que se le ha dado el nombre de la letra del alfabeto griego, pi, o sea, π.

Las variables se usan para expresar relaciones generales o funciones.

Las tablas de las máquinas de funciones y de "¿Cuál es mi regla?" tienen reglas que te dicen cómo obtener los números de "salida" a partir de los números de "entrada". Estas reglas se pueden escribir usando variables.

Regla

$y = 3 * x$

x	y
0	0
1	3
2	6
3	9
...	...

Las variables se usan en computadoras y en calculadoras.

Las variables se usan en hojas de cálculo de computadoras, lo cual hace posible evaluar fórmulas rápida y eficientemente. Las variables también se usan para escribir programas de computadora. Los programas de computadora están hechos de una serie de "comandos" que contienen variables, muy parecidas a las variables de las ecuaciones.

Algunas calculadoras, especialmente las calculadoras gráficas, usan variables para dar nombre a las teclas de funciones de la calculadora.

COMPRUEBA SI COMPRENDISTE

En cada problema, escribe una oración numérica que tenga una letra para la incógnita.

1. La mitad de un número es igual a 32.   **2.** Un número es igual a 16 veces 3.

Halla la circunferencia de los círculos de abajo. Usa la fórmula $c = \pi * d$. Usa 3.14 para π.

3.

d = 2 cm

4.
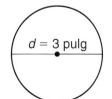
d = 3 pulg

Comprueba tus respuestas en la página 392.

Expresiones algebraicas

Las variables se pueden usar para expresar relaciones entre cantidades.

EJEMPLO   Claude gana $6 por hora. Usa una variable para expresar la relación entre la ganancia de Claude y la cantidad de tiempo que trabajó.

Si usas la variable H para representar el número de horas que Claude trabaja, puedes escribir su paga como $H * 6$.

$H * 6$ es un ejemplo de una **expresión algebraica.** Una expresión algebraica usa símbolos de operaciones $(+, -, *, \text{ etc.})$ para combinar variables y números.

EJEMPLO   Escribe el enunciado como una expresión algebraica.

Enunciado	Expresión algebraica
Marshall es 5 años mayor que Carol.	Si Carol tiene C años, entonces la edad de Marshall en años es $C + 5$.

Hallar el valor numérico de expresiones

Evaluar algo es hallar cuánto vale. Para hallar el valor numérico de una expresión algebraica, primero, reemplaza cada variable con su valor.

EJEMPLOS   Halla el valor numérico de cada expresión algebraica.

$6 * H$

Si $H = 3$, entonces $6 * H$ es $6 * 3$, o sea, 18.

$x * x * x$

Si $x = 3$, entonces $x * x * x$ es $3 * 3 * 3$, o sea, 27.

COMPRUEBA SI COMPRENDISTE

Escribe una expresión algebraica para cada situación, usando la variable sugerida.

1. Alan mide A pulgadas de estatura. Si Bárbara mide 4 pulgadas menos que Alan, ¿cuál es la estatura de Bárbara en pulgadas?

2. Toni corre 3 millas todos los días. ¿Cuántas millas correrá en D días?

¿Cuál es el valor de cada expresión cuando $k = 2$?

3. $k + 3$

4. $k * k$

5. $k / 2$

Comprueba tus respuestas en la página 392.

Paréntesis

El significado de una oración numérica no siempre es claro. Por ejemplo, en: $17 - 4 * 3 = n$, ¿deberías trabajar primero de izquierda a derecha o multiplicar 4 por 3 y después, restar el resultado de 17?

Si trabajas de izquierda a derecha, obtendrás como respuesta 39. Multiplicar primero y después restar, te dará como respuesta 5. Sólo hay una respuesta correcta para la oración numérica $17 - 4 * 3$.

Puedes usar paréntesis para que el significado sea más claro. Los paréntesis en los siguientes ejemplos te dicen qué operación hacer primero.

EJEMPLO $(17 - 4) * 3 = n$

Los paréntesis te dicen que primero restes 17 − 4, y después multipliques por 3.
$(17 - 4) * 3 = 39$

$(17 - 4) * 3 = n$
$13 * 3 = n$
$39 = n$

EJEMPLO $17 - (4 * 3) = n$

Los paréntesis te dicen que primero multipliques 4 * 3, y después restes.
$17 - (4 * 3) = 5$

$17 - (4 * 3) = n$
$17 - 12 = n$
$5 = n$

COMPRUEBA SI COMPRENDISTE

Resuelve.

1. $(5 * 5) + 20 = y$

2. $(100 - 80) * 30 = x$

3. $w = (15 - 11) + (5 * 4)$

4. $v = (10 - 3) * 8$

Inserta paréntesis para hacer verdaderas estas oraciones numéricas.

5. $25 - 15 + 10 = 0$

6. $60 = 5 * 9 + 3$

7. $5 = 3 + 6 * 3 / 3 * 3$

8. $24 = 8 + 4 * 2$

Comprueba tus respuestas en la página 392.

Orden de las operaciones

En aritmética y álgebra, hay reglas que te dicen qué hacer primero y qué hacer después. Sin estas reglas, sería difícil saber cuál es la solución de un problema. Por ejemplo, ¿cuál es la respuesta de 8 + 4 * 3? ¿Es la respuesta 36 ó 20? Debes saber si multiplicar o sumar primero.

Reglas para el orden de las operaciones

1. Primero, realiza las operaciones dentro de los **paréntesis.** Sigue las reglas 2 a 4.
2. Calcula todas las expresiones que tengan **exponentes.**
3. **Multiplica** y **divide** en orden, de izquierda a derecha.
4. **Suma** y **resta** en orden, de izquierda a derecha.

A algunas personas les resulta más fácil recordar el orden de las operaciones al memorizar esta frase:

Por **E**ste **M**undo **D**e **S**onrisas y **R**isas.

Paréntesis **E**xponentes **M**ultiplicación **D**ivisión **S**uma **R**esta

---

EJEMPLO Halla el valor numérico. $17 - 4 * 3 = ?$

Multiplica primero, después resta.

$$17 - 4 * 3 = ?$$
$$17 - 12 = 5$$

$17 - 4 * 3 = 5$

EJEMPLO Halla el valor numérico. $5^2 + (3 * 4 - 2) / 5 = ?$

Primero, resuelve los paréntesis.
Después, calcula los exponentes.
Divide y después, suma.

$$5^2 + (3 * 4 - 2) / 5 = ?$$
$$5^2 + 10 / 5 = ?$$
$$25 + 10 / 5 = ?$$
$$25 + 2 = ?$$

$5^2 + (3 * 4 - 2) / 5 = 27$

COMPRUEBA SI COMPRENDISTE

Halla el valor numérico de cada expresión.

1. $12 - 4 / 2 + 3$
2. $10 + (7 + 5) / 4$
3. $5 (3 / 3 - 4 / 4) / 12 + 1$

Comprueba tus respuestas en la página 392.

Algunas propiedades de la aritmética

Algunos hechos son válidos para todos los números. Algunos son obvios, por ejemplo: "todo número es igual a sí mismo" pero otros son menos obvios. Como has estado trabajando con números durante años, probablemente ya conoces la mayoría de estos hechos o propiedades, aunque tal vez no conozcas sus nombres matemáticos.

Las propiedades de identidad

La suma de cualquier número y 0 es ese número. Por ejemplo, $15 + 0 = 15$. El 0 es la **identidad** de la suma. Usando variables, escribirías esto así: $a + 0 = a$, donde a es cualquier número.

El producto de cualquier número y 1 es ese número. Por ejemplo, $75 * 1 = 75$. El 1 es la **identidad** de la multiplicación. Usando variables, escribirías esto así: $a * 1 = a$, donde a es cualquier número.

Las propiedades conmutativas

En la suma, el orden de los números no importa. Por ejemplo, $8 + 5 = 5 + 8$. Esto se conoce como **propiedad conmutativa de la suma.** Usando variables, escribirías esto así: $a + b = b + a$, donde a y b pueden ser cualquier número.

En la multiplicación, el orden de los números no importa. Por ejemplo, $7 * 2 = 2 * 7$. Esto se conoce como **propiedad conmutativa de la multiplicación.** Usando variables, escribirías esto así: $a * b = b * a$, donde a y b pueden ser cualquier número.

Las propiedades asociativas

Cuando se suman tres números, no importa qué dos números se sumen primero. Por ejemplo, $(3 + 4) + 5 = 3 + (4 + 5)$. Esto se conoce como la **propiedad asociativa de la suma.** Usando variables, escribirías esto así: $(a + b) + c = a + (b + c)$, donde a, b y c pueden ser cualquier número.

Cuando tres números se multiplican, no importa qué dos números se multipliquen primero. Por ejemplo, $(3 * 4) * 5 = 3 * (4 * 5)$. Esto se conoce como la **propiedad asociativa de la multiplicación.** Usando variables, escribirías esto así: $(a * b) * c = a * (b * c)$, donde a, b y c pueden ser cualquier número.

La propiedad distributiva

Cuando juegas a *Luchas de multiplicación*, o cuando multiplicas con el método de productos parciales, usas la **propiedad distributiva.**

Por ejemplo, cuando resuelves $60 * 38$ con productos parciales, piensas en 38 como $30 + 8$ y multiplicas cada parte por 60.

$$38$$
$$* \underline{60}$$
$$60 * 30 = 1800$$
$$60 * 8 = \underline{480}$$
$$60 * 38 = 2{,}280$$

La propiedad distributiva dice que $60 * (30 + 8) = (60 * 30) + (60 * 8)$.

EJEMPLO Demuestra cómo funciona la propiedad distributiva hallando el área del rectángulo A de dos maneras diferentes.

Método 1 Para hallar el área del rectángulo A, podrías hallar el ancho total y multiplicarlo por la altura.

$$5 * (3 + 4) = 5 * 7$$
$$= 35$$

Método 2 Otra manera de hallar el área del rectángulo A sería hallar primero el área de los dos rectángulos más pequeños y después, sumarlos.

$$(5 * 3) + (5 * 4) = 15 + 20$$
$$= 35$$

El área del rectángulo A es 35 unidades cuadradas.

Como ambos métodos dan el área del rectángulo A, sabes que $5 * (3 + 4) = (5 * 3) + (5 * 4)$. Éste es un ejemplo de la propiedad distributiva.

La propiedad distributiva también funciona con la resta.

EJEMPLO Halla el área del rectángulo sombreado.

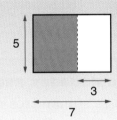

$$5 * (7 - 3) = 5 * 4 = 20, \text{ ó}$$

$$(5 * 7) - (5 * 3) = 35 - 15 = 20$$

El área del rectángulo sombreado es 20 unidades cuadradas.

COMPRUEBA SI COMPRENDISTE

Aplica la propiedad distributiva para completar los espacios en blanco.

1. $7 * (13 + 11) = (7 * \underline{\quad}) + (7 * \underline{\quad})$ **2.** $(6 * 21) + (6 * 31) = 6 * (\underline{\quad} + \underline{\quad})$

3. $12 * (\underline{\quad} - \underline{\quad}) = (12 * 19) - (12 * 17)$

Comprueba tus respuestas en la página 392.

Relaciones

Una **relación** nos dice cómo se comparan dos cosas. La tabla de abajo muestra las relaciones más comunes que comparan números.

Símbolo	Significado
=	es igual a
≠	no es igual a
<	es menor que
>	es mayor que
≤	es menor que o igual a
≥	es mayor que o igual a

NOTA

Recordatorio:
Cuando escribas > ó <, asegúrate de que la punta de la flecha apunte al número menor.

Ecuaciones

La igualdad es la relación más importante entre los números. Gran parte de la aritmética no es más que hallar nombres equivalentes para los números. Por ejemplo, 75 es otro nombre para 15 * 5. La palabra *equivalente* se usa a menudo con fracciones. Por ejemplo, dices que $\frac{1}{4}$ es equivalente a $\frac{4}{16}$.

Las oraciones numéricas que contienen el símbolo de = se llaman **ecuaciones.** Una ecuación puede ser verdadera o falsa.

EJEMPLOS Aquí hay algunas ecuaciones:

$$5 + 8 = 13 \qquad\qquad (32 - 6) * 4 = 68 \qquad\qquad 58 = 58$$

La primera y la tercera ecuación de arriba son verdaderas. La segunda ecuación es falsa.

COMPRUEBA SI COMPRENDISTE

¿Verdadera o falsa?

1. $15 + 6 = 21$ **2.** $84 = 8 * 12$ **3.** $46 - (3 * 9) = 19$

4. $1,498 = 1,498$ **5.** $6 * 9 - 3 = 36$ **6.** $20 = 8 + 3 * 4$

Comprueba tus respuestas en la página 392.

Desigualdades

Las oraciones numéricas que no tienen un símbolo de igual se llaman **desigualdades.** Igual que las ecuaciones, las desigualdades pueden ser verdaderas o falsas.

EJEMPLOS Aquí hay algunas desigualdades:

$5 + 6 < 15$ | $25 > 12 * 3$ | $36 \neq 7 * 6$

La primera y la tercera desigualdad de arriba son verdaderas; la segunda desigualdad es falsa.

Los símbolos $\leq$ y $\geq$ combinan dos significados. $\leq$ significa "es menor que o igual a"; $\geq$ significa "es mayor que o igual a".

EJEMPLOS Aquí hay algunas desigualdades:

$5 \leq 5$ Verdadera	$300 \geq 350$ Falsa	$5 + 8 \geq 10$ Verdadera
$35 \geq 40 + 5$ Falsa	$60 \leq 100 - 25$ Verdadera	$40 - 5 \leq 35$ Verdadera

Desigualdades en la recta numérica

En cualquier par de números en la recta numérica, el número de la izquierda es menor que el número de la derecha.

EJEMPLO Usa la recta numérica para complementar cada enunciado. $-5 \square 2$ $3 \square -4$

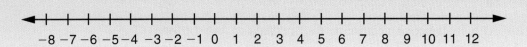

-5 está a la izquierda de 2. Así que, -5 es menor que 2. $(-5 < 2)$

3 está a la derecha de -4. Así que, 3 es mayor que -4. $(3 > -4)$

COMPRUEBA SI COMPRENDISTE

¿Verdadera o falsa?

1. $-20 \geq 0$

2. $5 \leq 2 * 2 * 2$

3. $-15 \leq -100$

Compara. Usa $=$, $<$ ó $>$ para que sea verdadera cada oración numérica.

4. $-50 \square 10$

5. $\frac{1}{8} \square 0.125$

6. $-3 \square -10$

Comprueba tus respuestas en la página 392.

Oraciones numéricas

Una **oración numérica** está hecha con **símbolos matemáticos**.

Símbolos matemáticos

Dígitos	Símbolos de operación	Símbolos de relación	Símbolos de agrupación
0, 1, 2, 3, 4,	+ −	= ≠	( )
5, 6, 7, 8, 9	× *	< >	[ ]
	/ ÷	≤ ≥	

Una oración numérica debe tener un **símbolo de relación**. Las oraciones numéricas que contienen el símbolo = se llaman **ecuaciones**. Las oraciones numéricas que contienen los símbolos ≠, <, >, ≤ ó ≥ se llaman **desigualdades**.

207–208

Recuerda que una oración numérica puede ser **verdadera** o **falsa**. Por ejemplo, la oración numérica $12 + 8 = 20$ es verdadera; la oración numérica $14 = 10$ es falsa.

Oraciones abiertas

En algunas oraciones numéricas, faltan uno o más números. En el lugar del número o números que faltan hay una variable. Estas oraciones se llaman **oraciones abiertas**.

200–201

Las oraciones abiertas no son ni verdaderas ni falsas. Por ejemplo, $9 + x = 15$ no es ni verdadera ni falsa. Si sustituyes x por un número, obtienes una oración numérica que puede ser verdadera o falsa.

- Si sustituyes x por 10, obtienes $9 + 10 = 15$, la cual es falsa.
- Si sustituyes x por 6, obtienes $9 + 6 = 15$, la cual es verdadera.

Si el número usado en lugar de la variable, hace que la oración numérica sea verdadera, ese número se llama una **solución** de la oración abierta. Por ejemplo, el número 6 es una solución de la oración abierta $9 + x = 15$, porque la oración numérica $9 + 6 = 15$ es verdadera. Cuando se te pide que resuelvas una oración numérica, se te está pidiendo que halles su solución (o soluciones).

COMPRUEBA SI COMPRENDISTE

Resuelve.

1. $3 + y = 30$　　　**2.** $\dfrac{3}{8} = \dfrac{z}{16}$　　　**3.** $15 - m = 2$

Comprueba tus respuestas en la página 392.

Modelos matemáticos

Una buena manera de aprender sobre algo es trabajar con un modelo que lo represente. Un modelo a escala del cuerpo humano te ayuda a entender cómo trabajan juntos los diferentes sistemas de tu cuerpo.

Los modelos también son importantes en matemáticas. Un modelo matemático puede ser tan sencillo como represeutar un problema con fichas o bloques. Otros modelos matemáticos usan diagramas o símbolos. Los modelos matemáticos te pueden ayudar a entender y a resolver problemas.

Diagramas de situaciones

EJEMPLO   Aquí hay algunos ejemplos de cómo puedes usar diagramas para representar problemas sencillos.

Problema	Diagrama
Situación de las partes y el total En la clase de Kaitlin hay 17 niñas y 13 niños. ¿Cuántos estudiantes hay en total?	**Total** / ? / **Parte** 17 | **Parte** 13
Situación de cambio Jonathan tenía $20 y gastó $13.49 en un CD. ¿Cuánto dinero le quedó?	**Inicio** $20.00 / **Cambio** −$13.49 / **Fin** ?
Situación de comparación En el verano, la temperatura alta media en El Cairo, Egipto, es de 95°F. En el verano, la temperatura alta media en Reykjavik, Islandia, es de 56°F. ¿Cuánto más caluroso es El Cairo que Reykjavik?	**Cantidad** 95°F / **Cantidad** 56°F | **Differencia** ?
Situación de tasa Mitch compró 3 paquetes de lápices. Hay doce lápices en cada paquete. ¿Cuántos lápices compró Mitch?	**paquetes** 3 | **lápices por paquete** 12 | **lápices en total** ?

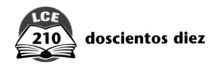

Los diagramas de la página 210 funcionan bien con muchos problemas sencillos; pero para problemas más difíciles necesitas usar herramientas más complejas, como gráficas, tablas y modelos numéricos.

Modelos numéricos

Las oraciones numéricas proporcionan otra manera de representar situaciones. En *Matemáticas diarias,* una oración numérica que representa o describe una situación, es un **modelo numérico.** A menudo, dos o más modelos numéricos pueden servir en una situación dada.

Problema	Modelos numéricos
En la clase de Kaitlin hay 17 niñas y 13 niños. ¿Cuántos estudiantes hay en total?	$17 + 13 = n$
Jonathan tenía $20 y gastó $13.49 en un CD. ¿Cuánto dinero le quedó?	$r = \$20 - \$13.49$ ó $\$20 = \$13.49 + r$
En el verano, la temperatura alta media en El Cairo, Egipto, es de 95°F. En el verano, la temperatura alta media en Reykjavik, Islandia, es de 56°F. ¿Cuánto más caluroso es El Cairo que Reykjavik?	$d = 95°F - 56°F$ ó $95°F = 56°F + d$
Mitch compró 3 paquetes de lápices. Hay 12 lápices en cada paquete. ¿Cuántos lápices compró Mitch?	$3 * 12 = n$

Los modelos numéricos te pueden ayudar a mostrar la respuesta después de haber resuelto el problema: $20 = $13.49 + $6.51.

Los modelos numéricos también te pueden ayudar a resolver problemas. Por ejemplo, la oración numérica $20 = $13.49 + r sugiere contar hacia adelante para hallar el cambio que recibió Jonathan al comprar un CD de $13.49 con un billete de $20.

COMPRUEBA SI COMPRENDISTE

Dibuja un diagrama y escribe un modelo numérico para cada problema. Después, resuelve cada problema.

1. Becky tenía $8.50. Quería comprar un CD que costaba $11.95 ¿Cuánto dinero más necesitaba?

2. Los estudiantes de la clase del Dr. O'Malley van a ir a un museo. El costo del viaje será de $4.25 por cada uno de los 28 estudiantes. ¿Cuánto costará el viaje en total?

Comprueba tus respuestas en la página 392.

Problemas y ecuaciones de balanza

Si dos tipos de objetos diferentes se ponen en los platillos de una balanza para que se equilibren, entonces, puedes hallar el peso de un tipo de objeto en función del otro tipo de objeto.

Cuando resuelves un problema de balanza, los platillos se deben equilibrar después de cada paso. Si siempre haces lo mismo con los objetos en ambos platillos, entonces, los platillos estarán en equilibrio. Por ejemplo, puedes quitar el mismo número del mismo tipo de objeto de ambos platillos. Si los platillos estaban en equilibrio antes de que hubieras quitado los objetos, quedarán en equilibrio después de que los hayas quitado.

EJEMPLO ¿Cuántos clips equilibran una pluma?

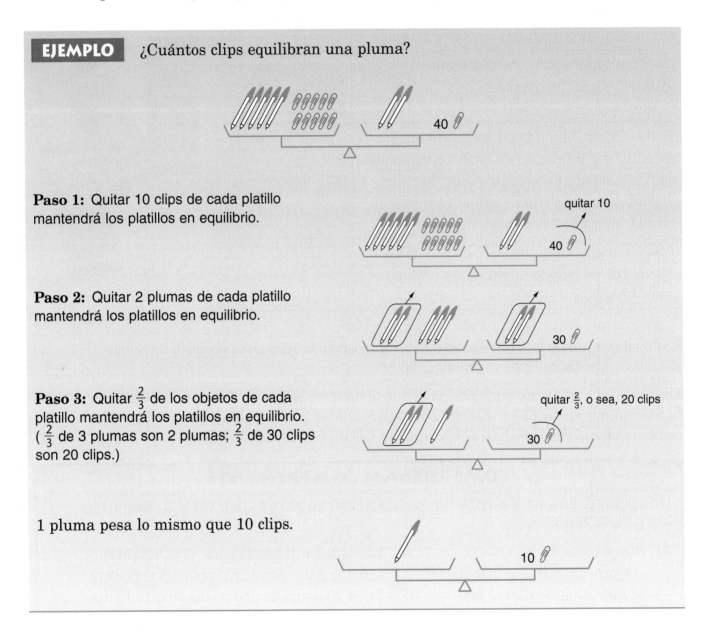

Paso 1: Quitar 10 clips de cada platillo mantendrá los platillos en equilibrio.

Paso 2: Quitar 2 plumas de cada platillo mantendrá los platillos en equilibrio.

Paso 3: Quitar $\frac{2}{3}$ de los objetos de cada platillo mantendrá los platillos en equilibrio. ($\frac{2}{3}$ de 3 plumas son 2 plumas; $\frac{2}{3}$ de 30 clips son 20 clips.)

1 pluma pesa lo mismo que 10 clips.

Ecuaciones de balanza

Puedes pensar en las ecuaciones como modelos para los problemas de balanza. El ejemplo de la página 212 se puede representar con la ecuación $5P + 10C = 2P + 40C$. (C representa el peso de un clip; P representa el peso de una pluma.)

$$5P \quad + \quad 10C \qquad 2P \quad + \quad 40C$$

Paso 1: Quitar 10 clips de cada platillo mantendrá los platillos en equilibrio.

quitar 10C

$$5P \quad + \quad \boxed{10C} \qquad 2P \quad + \quad 40C$$

Paso 2: Quitar 2 plumas de cada platillo mantendrá los platillos en equilibrio.

quitar 2P

$$5P \qquad \boxed{2P} \quad + \quad 30C$$

Paso 3: Quitar $\frac{2}{3}$ de los objetos de cada platillo los mantendrá en equilibrio.

quitar 2P   quitar 20C

$$3P \qquad 30C$$

Por lo tanto, 1 pluma pesa lo mismo que 10 clips.

Así que, $P = 10C$.

$$P \qquad 10C$$

> **NOTA**
>
> Recuerda, P representa $1P$, o sea, el peso de 1 pluma.

COMPRUEBA SI COMPRENDISTE

1. Un cubo pesa lo mismo que _____ canicas.

2. Un cubo (C) pesa lo mismo que _____ canicas (M).

$$2C \quad + \quad 3M \qquad 1C \quad + \quad 6M$$

Comprueba tus respuestas en la página 393.

Patrones numéricos

Puedes usar figuras de puntos para explorar patrones numéricos.

Números pares

Los **números pares** son
números que se pueden dividir
entre 2 con un residuo de 0. A
la derecha tenemos una
manera de representar
números pares con puntos.

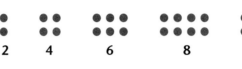

Números impares

Los **números impares**
son números que tienen
residuo de 1 cuando se
dividen entre 2.

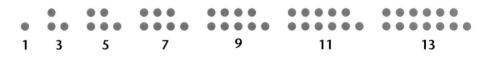

Números triangulares

Los **números triangulares** se
pueden representar con puntos
que se acomodan en triángulos.

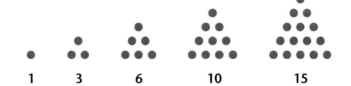

Números cuadrados

Los **números cuadrados** se pueden mostrar
con puntos que se acomodan en un cuadrado
que tiene el mismo número de puntos en cada
fila y columna. Un número cuadrado es el
producto de un número entero multiplicado
por sí mismo. Por ejemplo,16 es $4 * 4$ ó 4^2.

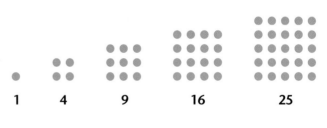

Números rectangulares

Los **números rectangulares** se pueden
representar con puntos que se acomodan en
un rectángulo. El número de puntos por fila
siempre es 1 más que el número de filas.

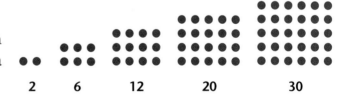

COMPRUEBA SI COMPRENDISTE

Haz una figura de puntos para representar cada número, y di qué tipo de número es.
Puede haber más de una respuesta correcta.

1. 14　　　　　　　**2.** 25　　　　　　　**3.** 20　　　　　　　**4.** 15

Comprueba tus respuestas en la página 393.

Máquinas de funciones y problemas de "¿Cuál es mi regla?"

Una **máquina de funciones** es una máquina imaginaria que recibe algo de "entrada", lo modifica y después, da algo de "salida". Las máquinas de funciones en *Matemáticas diarias* reciben números de entrada, usan reglas para cambiar esos números y dan números de salida.

Aquí está un dibujo de una máquina de funciones. La máquina tiene la regla "$* 10 + 1$". Esta máquina multiplicará cualquier número que se ponga dentro por 10, le sumará 1 y después, dará de salida el resultado.

3

Regla

$* 10 + 1$

31

Si pones 3 dentro de esta máquina de "$* 10 + 1$", multiplicará $3 * 10$ y después, sumará 1. Saldrá el número 31. Si pones 60 dentro de esta máquina, multiplicará $60 * 10$ y después, sumará 1. Saldrá el número 601.

Para llevar un registro de lo que entra y de lo que sale, puedes organizar los números que "entran" y "salen" en una tabla.

En años anteriores, resolviste muchos problemas con máquinas de funciones. Tenías que hallar los números de "entrada", de "salida" o una regla que concordara con los números de "entrada" y de "salida" dados. En *Matemáticas diarias,* estos problemas se llaman problemas de "¿Cuál es mi regla?".

entra	sale
x	$x * 10 + 1$
3	31
60	601
...	...
n	$n * 10 + 1$

EJEMPLO   Halla los números que "salen".

Regla

Suma 7

La regla es: suma 7 a cada número que "entra". Cada número que "sale" debe ser 7 veces más que el número que "entra".

entró 2, así que salió $2 + 7$, o sea, 9.

entró 8, así que salió $8 + 7$, o sea, 15.

entró 22, así que salió $22 + 7$, o sea, 29.

entró 50, así que salió $50 + 7$, o sea, 57.

entra	sale
2	
8	
22	
50	

EJEMPLO	Halla los números que "entran".

Regla

Resta 10

entra	sale
r	$r - 10$
	2
	0
	−1

La regla es restar 10 de cada número que "entra". Así que, los números que "entran" deben ser 10 más que los números que "salen".

Salió el 2, así que entró 10 + 2, o sea, 12.

Salió el 0, así que entró 10 + 0, o sea, 10.

Salió el −1, así que entró 10 + (−1), o sea, 9.

EJEMPLO	Usa la tabla para hallar la regla.

Regla

?

entra	sale
1	1
2	3
3	5

La tabla es fácil de continuar, ya que los números que salen son únicamente números impares.

Hallar una regla que funcione para cualquier número que entre, es más difícil.

Una regla que funciona es "duplica y resta 1".

COMPRUEBA SI COMPRENDISTE

Copia y completa.

1.

Regla

Duplica y suma 1

entra	sale
v	$2 * v + 1$
0	
1	
2	

2.

Regla

Multiplica por 5

entra	sale
z	$5z$
	25
	45
	100

3.

Regla

?

entra	sale
10	5
20	10
2	1
100	50

Comprueba tus respuestas en la página 393.

Reglas, tablas y gráficas

Las relaciones entre variables se pueden mostrar con reglas, en tablas o en gráficas.

EJEMPLOS Lauren gana $4 por hora. Usa una regla, una tabla y una gráfica para mostrar la relación entre cuántas horas trabaja Lauren y cuánto gana.

Regla: Las ganancias de Lauren son iguales a $4 multiplicado por el número de horas que trabaja.

Tabla

Tiempo (horas)	Ganancias ($)
h	4 * h
0	0
1	4
2	8
3	12
4	16
...	...

Gráfica

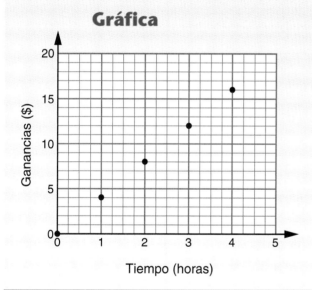

EJEMPLOS   Usa la tabla, la gráfica y la regla para hallar cuánto gana Lauren si trabaja $3\frac{1}{2}$ horas.

Una manera de usar la *tabla* para hallar las ganancias de Lauren es pensar en $3\frac{1}{2}$ como 3 horas $+$ $\frac{1}{2}$ hora. Por 3 horas, Lauren gana $12. Por $\frac{1}{2}$ hora, Lauren gana la mitad de $4, o sea, $2. En total, Lauren gana $12 $+$ $2 $=$ $14.

Otra manera de usar la tabla es darse cuenta de que $3\frac{1}{2}$ horas está a la mitad del camino entre 3 horas y 4 horas, así que sus ganancias se encontrarían entre $12 y $16, lo cual es $14.

Para usar la *gráfica,* primero, halla $3\frac{1}{2}$ horas en el eje horizontal. Después, sube a la línea de las ganancias de Lauren. Voltea a la izquierda y cruza hacia el eje vertical. Obtendrás la misma respuesta, $14, que cuando usaste la tabla.

También puedes usar la *regla* para hallar las ganancias de Lauren:

ganancias $=$ 4 $*$ el número de horas trabajadas

$$= 4 * 3\frac{1}{2}$$
$$= 14$$

La respuesta, $14, coincide con la respuesta de la gráfica y la tabla, como debía ser.

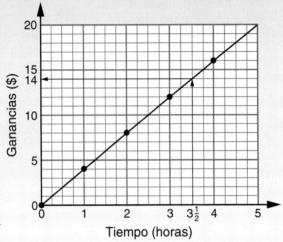

COMPRUEBA SI COMPRENDISTE

1. Las galletas cuestan $4.00 por libra. Usa la gráfica de la derecha para hallar el costo de $2\frac{1}{2}$ libras.

2. La velocidad media de Jim al conducir fue de 50 millas por hora en su viaje a las montañas. Usa la regla para hallar qué distancia recorrió Jim en 6 horas.
   Regla: Distancia $=$ 50 millas $*$ número de horas que condujo

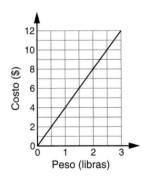

Comprueba tus respuestas en la página 393.

Resolver problemas

Modelos matemáticos

Un **modelo matemático** es aquel que representa algo del mundo real. Una esfera, por ejemplo, es un modelo de una pelota de baloncesto. La oración numérica $5.00 - (3 * 0.89) = 2.33$ es un modelo para la compra de tres libretas que cuestan 89¢ con un billete de $5 y recibiendo un cambio de $2.33. La gráfica de la derecha es un modelo que muestra el promedio de días de clases en varias regiones de Estados Unidos en 1900.

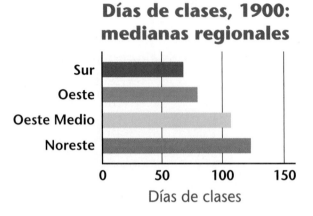

Días de clases, 1900: medianas regionales

Has usado modelos matemáticos para resolver problemas por muchos años. En kindergarten y en primer grado, probablemente usaste fichas o hiciste dibujos. En grados posteriores, aprendiste a usar otros modelos como diagramas de situaciones, gráficas y modelos numéricos. Conforme estudies matemáticas, aprenderás a hacer y a usar modelos matemáticos más complicados.

Matemáticas diarias enseña problemas de diferentes tipos. Algunos problemas piden que halles algo. Otros piden que hagas algo. Cuando crezcas, se te pedirá que sustentes tus ideas y tendrás que dar razones convincentes de por qué algo es verdadero o correcto.

Problemas para hallar	Problemas para hacer
1. La temperatura a la medianoche era de 5°F. La temperatura con el factor viento era de −14°F. ¿Cuánto más caliente era la temperatura real que la que incluía el factor viento?	**3.** Esto es $\frac{1}{4}$ de una figura: Dibuja la figura entera.
2. ¿Cuáles son los números que faltan? 1, 3, 7, 15, ——, 63, ——, 255	**4.** Usa un compás y un reglón para hacer un triángulo que tenga sus lados la misma longitud que el segmento *AB* de abajo: A ———— B

Los problemas que sabes cómo resolver son una buena práctica para mejorar tus destrezas. Los problemas que te ayudarán a aprender más, son los que no pudiste resolver rápidamente. Aprender a resolver problemas significa saber qué decisiones tomar cuando no sabes qué hacer.

Una guía para resolver historias de números

Aprender a resolver problemas es la principal razón del estudio de las matemáticas. Una manera de aprender a resolver problemas es resolviendo historias de números. Una **historia de números** es una historia que tiene un problema que se puede resolver usando la aritmética.

> **Una guía para historias de números**
> 1. Comprende el problema.
> 2. Planea qué hacer.
> 3. Lleva a cabo tu plan.
> 4. Revisa.

1. Comprende el problema.

- Lee el problema. ¿Puedes repetirlo usando tus propias palabras?
- ¿Qué sabes?
- ¿Qué necesitas averiguar?
- ¿Tienes toda la información necesaria para resolver el problema?

2. Planea qué hacer.

- ¿Se parece el problema a otro que hayas resuelto antes?
- ¿Puedes usar algún patrón?
- ¿Puedes hacer un dibujo o un diagrama que te ayude?
- ¿Puedes escribir un modelo númerico o hacer una tabla?
- ¿Puedes usar fichas, bloques de base 10 o alguna otra herramienta?
- ¿Puedes estimar la respuesta y comprobar si estás en lo correcto?

3. Lleva a cabo tu plan.

- Después de decidir qué hacer, hazlo. Ten cuidado.
- Anota lo que hagas.
- Responde a la pregunta.

4. Revisa.

- ¿Tiene sentido tu respuesta?
- ¿Coincide la respuesta con tu estimación?
- ¿Puedes escribir un modelo numérico para el problema?
- ¿Puedes resolver el problema de otra manera?

> **NOTA**
> Comprender el problema es el paso más importante. Las personas que saben resolver problemas, ocupan la mayor parte de su tiempo en asegurarse de que entienden realmente el problema.

> **NOTA**
> Algunas veces es fácil saber qué hacer. Otras veces necesitas ser creativo.

COMPRUEBA SI COMPRENDISTE

1. Una tienda vende cierto cereal en dos tamaños:
- una caja de 10 onzas que cuesta $2.50
- una caja de 15 onzas que cuesta $3.60

¿Qué caja conviene más comprar? ¿Por qué?

2. Si conduces a una velocidad media de 50 millas por hora, ¿qué distancia recorres en cada período de tiempo?

a. en 3 horas

b. en $\frac{1}{2}$ hora

c. en $2\frac{1}{2}$ horas

d. en 12 horas

Comprueba tus respuestas en la página 393.

Un diagrama para resolver problemas

Los problemas de la vida cotidiana, las ciencias y los negocios son a veces más complicados que las historias de números que resuelves en la escuela. A veces los pasos de la "Guía para resolver historias de números" no ayudan mucho.

El diagrama de abajo muestra otra forma de resolver problemas. Este diagrama es más complicado que una lista, pero es más parecido a lo que hacemos cuando resolvemos problemas en las ciencias y los negocios. Las flechas que conectan las casillas muestran que no siempre se hacen las cosas en el mismo orden.

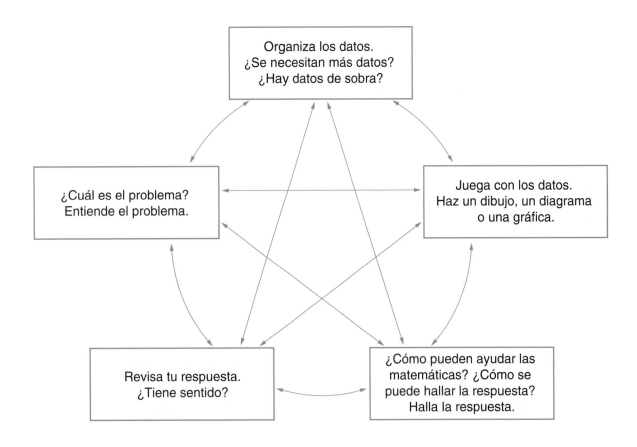

Pensar en el diagrama de la página anterior mientras resuelves problemas puede ayudarte a resolverlos mejor. Aquí tienes algunas ideas para usar en cada casilla del diagrama. Recuerda que no son reglas. Son sólo sugerencias que te pueden ayudar.

- ¿Cuál es el problema? ¿Puedes repetirlo usando tus propias palabras? ¿Qué sabes? ¿Qué necesitas averiguar? Trata de imaginar cómo sería la respuesta. Trata de comprender el problema.

- Estudia los datos que tienes. Busca más datos si los necesitas. Descarta cualquier dato que no necesites. Organiza los datos en una lista o de otra forma.

- Juega con los datos. Trata de hacer un dibujo, un diagrama o una gráfica. ¿Puedes escribir un modelo numérico? ¿Puedes representar el problema usando fichas o bloques?

- Haz las cuentas. Usa aritmética, geometría u otra área de las matemáticas para hallar la respuesta. Escribe las unidades en la respuesta.

- Comprueba tu respuesta. ¿Tiene sentido? Compárala con la de tu pareja. Prueba la respuesta en el problema. ¿Puedes resolver el problema de otra manera?

COMPRUEBA SI COMPRENDISTE

Aquí tienes una escalera que sube y baja, con 5 escalones de altura.

1. ¿Cuántos cuadrados se necesitan para una escalera que tenga 10 escalones?

2. ¿Cuántos cuadrados se necesitan para una escalera que tenga 50 escalones?

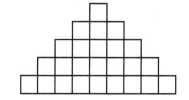

Comprueba tus respuestas en la página 393.

Interpretar el residuo de la división

Algunas historias de números se resuelven dividiendo números enteros. Tal vez necesites decidir qué hacer cuando haya un residuo que no sea cero.

Hay tres posibilidades:

- Ignora el residuo. La respuesta es sólo el cociente.
- Redondea el cociente al siguiente número entero.
- Escribe el residuo como una fracción o decimal. El residuo forma parte de la respuesta.

EJEMPLOS

- Supón que 3 personas comparten 17 fichas por igual. ¿Cuántas fichas obtendrá cada persona?

$17 / 3 \rightarrow 5 \text{ R2}$

Ignora el residuo. El cociente es la respuesta.

Cada persona obtendrá 5 fichas, con 2 fichas que sobran.

- Supón que se pusieron 17 fotos en un álbum. ¿Cuántas páginas se necesitaron si caben 3 fotos en una página?

Necesitas redondear el cociente al siguiente número entero. El álbum tendrá 5 páginas llenas y otra página parcialmente llena.

$17 / 3 \rightarrow 5 \text{ R2}$

Así que, se necesitan 6 páginas.

- Supón que tres amigos comparten una tira de regaliz de 17 pulgadas de largo. ¿Cuánto mide cada pedazo si los amigos reciben partes iguales?

$17 / 3 \rightarrow 5 \text{ R2}$

La respuesta, 5 R2, muestra que cada persona recibe 5 pulgadas de regaliz y sobran 2 pulgadas para dividirse entre ellos. Imagina que el residuo de 2 pulgadas se divide en tercios. Puede dividirse en tres pedazos de $\frac{2}{3}$ de pulgada.

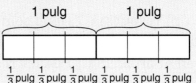

Escribe el residuo como una fracción. El residuo forma parte de la respuesta.

Cada amigo obtendrá un pedazo de regaliz de $5\frac{2}{3}$ pulgadas de largo.

Para escribir un residuo como fracción:

1. Usa el residuo como *numerador* de la fracción.
2. Usa el divisor como *denominador* de la fracción.

Problema	Respuesta	Residuo escrito como fracción	Respuesta escrita como número mixto	Respuesta escrita como decimal
367 / 4	91 R3	$\frac{3}{4}$	$91\frac{3}{4}$	91.75

Estimación

Una **estimación** es una respuesta cercana a la respuesta exacta. Todos los días haces estimaciones.

- Estimas cuánto tiempo te tomará caminar a la escuela.
- Estimas cuánto dinero necesitarás para comprar ciertas cosas en la tienda.

A veces haces una estimación porque es imposible saber la respuesta exacta. Cuando predices el futuro, por ejemplo, tienes que estimar, ya que es imposible saber lo que va a suceder. El informe del tiempo es una estimación de lo que va a suceder en el futuro.

A veces es mejor estimar porque no es práctico hallar la respuesta exacta. Por ejemplo, el número de habitantes en Estados Unidos siempre es una estimación. El número cambia constantemente porque las personas nacen y mueren todos los días.

Otras veces estimas porque no vale la pena hallar una respuesta exacta. Puedes estimar el costo de muchos artículos en la tienda, por ejemplo, para estar seguro de tener el dinero suficiente. No hay necesidad de hallar la respuesta exacta hasta que haya que pagar.

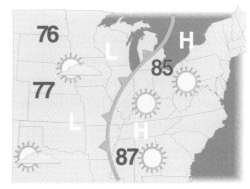

El tiempo para mañana será soleado con 85 grados aproximadamente.

La estimación para resolver problemas

La estimación puede ser útil aun cuando necesites hallar una respuesta exacta. Hacer una estimación cuando empiezas a trabajar en un problema te ayuda a comprender el problema. Estimar antes de resolver el problema es como hacer el borrador de un trabajo escrito.

La estimación también puede ser útil después de haber hallado la respuesta a un problema. Puedes usar la estimación para comprobar si tus respuestas tienen sentido. Si tu estimación no se acerca a la respuesta exacta que hallaste, deberías revisar tu trabajo.

La estimación con dígito delantero

Las personas que mejor estiman por lo general son expertos. Alguien que se dedica a poner alfombras, por ejemplo, probablemente haría una buena estimación del tamaño de una habitación. Un mesero haría una buena estimación de la cantidad adecuada de una propina.

Una manera de estimar es usar únicamente el primer dígito de un número. Los demás dígitos se reemplazan por ceros. Esta manera de estimar se llama **estimación con dígito delantero.**

Número exacto	Estimación con dígito delantero
429	400
6	6
8,578	8,000
68	60
125,718	100,000

EJEMPLO   ¿Cuánto cuestan 5 libras de naranjas a 74¢ por libra?

Usa la estimación con dígito delantero. Las naranjas cuestan alrededor de 70¢ por libra.

Así que, 5 libras costarían alrededor de 5 * 70¢, o sea, $3.50.

Las estimaciones con dígito delantero son aproximaciones. Sin embargo, una aproximación puede ser útil para revisar cálculos. Si la estimación y la respuesta exacta no se acercan, deberías buscar el error en tu trabajo.

EJEMPLO   Elisa sumó 694 + 415 + 382 y obtuvo 1,025. ¿Es correcto?

La estimación con dígito delantero es 1,300. Esto no es cercano a 1,025. Elisa no estaba en lo correcto. Ella debe comprobar su trabajo.

Número exacto		Estimación con dígito delantero
694	→	600
415	→	400
+ 382	→	+ 300
		1,300

COMPRUEBA SI COMPRENDISTE

Usa la estimación con dígito delantero para decidir si las respuestas son correctas.

1. Emily sumó 921 + 345 + 618 y obtuvo 1,054.

2. Luis dijo que 893 / 45 era 197.

Comprueba tus respuestas en la página 393.

Redondear

Redondear es una manera de simplificar los números para que sea más fácil trabajar con ellos. Los números más simples normalmente dan mejores estimaciones que las que obtendrías si hicieras una estimación con dígito delantero.

EJEMPLOS

1. Redondea 4,538 a la centena más cercana.   **2.** Redondea 26,781 al millar más cercano.
3. Redondea 5,295 a la decena más cercana.   **4.** Redondea 3.573 a la décima más cercana.

	Paso 1: Halla el dígito del lugar al que estás redondeando.	**Paso 2:** Escribe el número otra vez. Reemplaza todos los dígitos a la derecha de este dígito por ceros. Éste es el número más bajo.	**Paso 3:** Suma 1 al dígito del lugar al que estás redondeando. Si la suma es 10, escribe 0 y suma 1 al dígito a su izquierda. Éste es el número más alto.	**Paso 4:** ¿El número que estás redondeando es más cercano al número más bajo o al número más alto?	**Paso 5:** Redondea al número más cercano de los dos. Si el número está exactamente a la mitad entre el número más alto y el más bajo, redondéalo al número más alto.
1.	4,538	4,500	4,600	número más bajo	4,500
2.	26,781	26,000	27,000	número más alto	27,000
3.	5,295	5,290	5,300	la mitad	5,300
4.	3.573	3.500	3.600	número más alto	3.600 = 3.6

Pensar en una recta numérica también puede ser útil cuando redondeas números.

EJEMPLO   Redondea 7,385 al millar más cercano.

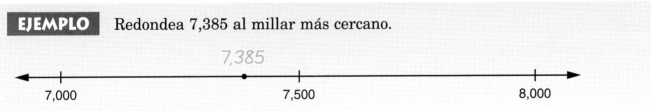

7,385 está más cercano a 7,000 que a 8,000.
Por eso, 7,385 redondeado al millar más cercano, es 7,000.

COMPRUEBA SI COMPRENDISTE

Redondea 75,695 a la:

1. centena más cercana   **2.** decena de millar más cercana   **3.** decena más cercana

Comprueba tus respuestas en la página 393.

Otras estimaciones

Estimaciones de intervalo

Una **estimación de intervalo** contiene un rango de valores posibles. El valor exacto cae entre el valor más bajo y el más alto en el rango.

Aquí tienes una manera de hacer una estimación de intervalo:

- Di un número que estés seguro de que es *menor que el valor exacto*.
- Di un número que estés seguro de que es *mayor que el valor exacto*.

Mientras más pequeña sea la diferencia entre los números mayor y menor, más útil será la estimación de intervalo.

Una estimación de intervalo puede enunciarse de varias formas.

> **EJEMPLOS** Hay *al menos* 30[12] en 427, pero *no más de* 40[12].
>
> El número de libros en la biblioteca de la escuela es *mayor que* 3,000 pero *menor que* 3,500.
>
> *Entre* 225 y 300 personas viven en mi edificio de apartamentos.

Estimaciones de magnitud

Una **estimación de magnitud** es un tipo de estimación no muy aproximada. Al hacer una estimación de magnitud, pregúntate: "¿Está la respuesta en las decenas, en las centenas, en los millares, etc.?" Éstas son buenas preguntas para comprobar las respuestas en la pantalla de una calculadora o para juzgar si la información que leíste u oíste tiene sentido.

> **EJEMPLO** Haz una estimación de magnitud. 49,741 / 178
>
> 49,741 / 178 es alrededor de 50,000 / 200, lo cual es lo mismo que 500 / 2, o sea, 250.
>
> Así que, la respuesta a 49,741 / 178 está en las centenas.

COMPRUEBA SI COMPRENDISTE

Haz una estimación de magnitud. ¿La respuesta está en las decenas, en las centenas o en los millares?

1. 289 * 35.7

2. 78,293 / 92

3. 2,398 / 1.23

Comprueba tus respuestas en la página 393.

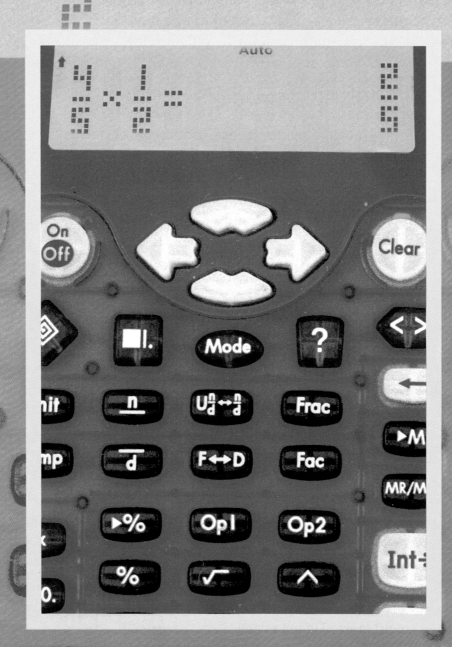

Calculadoras

Acerca de las calculadoras

A lo largo de tu estudio de las matemáticas, has usado
herramientas tales como fichas, reglas, cintas de medir,
bloques geométricos, compases, transportadores y la Plantilla
de geometría. Desde kindergarten, has usado también
calculadoras. En los primeros grados, usaste calculadoras para
aprender a contar. Ahora las usas para calcular usando números
enteros, fracciones, decimales y porcentajes.

Aunque una calculadora te puede ayudar a calcular rápidamente
y con precisión, debes saber cuándo y cómo usarla. Debes decidir
cuándo es mejor resolver un problema mentalmente, usando papel
y lápiz o con una calculadora. Cuando elijas usar una calculadora,
la estimación debería ser siempre parte de tu trabajo. Puedes
hacer una estimación de magnitud de la respuesta para
comprobar si marcaste un número u operación equivocada.
Siempre pregúntate si el número en la pantalla tiene sentido.

Hay muchos tipos diferentes de calculadoras. Las calculadoras
simples de cuatro funciones hacen poco más que sumar, restar,
multiplicar y dividir números enteros y decimales. Otras
calculadoras también realizan operaciones con fracciones.

En lugar de tratar de describir cómo funcionan varias
calculadoras, hemos elegido una calculadora a la que
nos referiremos a lo largo de este libro. Si tienes una
calculadora diferente, no te preocupes. Hay muchas
otras calculadoras que sirven para *Matemáticas diarias*.
Si las instrucciones de este libro no sirven para tu
calculadora, puedes referirte a las instrucciones que
vienen con ella o pedir ayuda a tu maestro o maestra.

Un *recordatorio*: Así como los carpinteros,
los dentistas y las personas en muchas otras
ocupaciones deben ser cuidadosos con sus
herramientas para que funcionen correctamente,
así debes tú cuidar tu calculadora. Dejarla caer,
olvidarla al sol u otro descuido, pueden romperla
o hacerla menos fiable.

Operaciones básicas

Oprimir una tecla en la calculadora se dice también "marcar".
En este libro, las teclas de la calculadora, a excepción de los
números, se muestran en casillas rectangulares: ⊕, (Enter), (X),
etc. Un conjunto de instrucciones para hacer un cálculo se llama
"secuencia de teclas". Las secuencias de teclas de este libro son
para la calculadora que se muestra en la página anterior, pero
muchas de ellas también funcionan para otras calculadoras.

(On/Off) prende o apaga la calculadora. Cuando prendas la
calculadora, verás parpadear un triángulo parecido a éste: ◁.
Es el cursor.

Aritmética simple: (On/Off), ⊕, ⊖, (X), (÷), (Enter)

Probablemente ya sabes cómo usar una calculadora para la
aritmética básica. Normalmente, sólo marcas los números y las
operaciones y oprimes (Enter) para ver la respuesta. Resuelve cada
problema en tu calculadora.

Tecla	Problema	Secuencia de teclas	Pantalla
⊕	$4.7 + 6.8$	4 · 7 ⊕ 6 · 8 (Enter)	$4.7 + 6.8 = 11.5$
	$\frac{3}{8} + \frac{1}{4}$	3 (n) 8 (d) ⊕ 1 (n) 4 (d) (Enter)	$\frac{3}{8} + \frac{1}{4} = \frac{5}{8}$
⊖	$12.3 - 5.9$	12 · 3 ⊖ 5 · 9 (Enter)	$12.3 - 5.9 = 6.4$
	$\frac{7}{8} - \frac{1}{3}$	7 (n) 8 (d) ⊖ 1 (n) 3 (d) (Enter)	$\frac{7}{8} - \frac{1}{3} = \frac{13}{24}$
(X)	$3.5 * 7.4$	3 · 5 (X) 7 · 4 (Enter)	$3.5 \times 7.4 = 25.9$
	$\frac{4}{5} * \frac{3}{8}$	4 (n) 5 (d) (X) 3 (n) 8 (d) (Enter)	$\frac{4}{5} \times \frac{3}{8} = \overset{\frac{N}{D} \to \frac{n}{d}}{\frac{12}{40}}$
(÷)	$24.9 / 1.6$	24 · 9 (÷) 1 · 6 (Enter)	$24.9 \div 1.6 = 15.5625$
	$\frac{5}{6} / \frac{1}{2}$	5 (n) 6 (d) (÷) 1 (n) 2 (d) (Enter)	$\frac{5}{6} \div \frac{1}{2} = \overset{\frac{N}{D} \to \frac{n}{d}}{1\frac{4}{6}}$

Corregir y borrar: ⌫ , Clear , ⇐ , ⇒

⌫ borra el número o símbolo a la izquierda del cursor.

EJEMPLO Marca 123.444. Cámbialo a 123.456.

Secuencia de teclas	Pantalla
1 2 3 ⊙ 4 4 4	123.444
⌫ ⌫	123.4
5 6	123.456

Puedes usar ⇐ y ⇒ para mover el cursor a la izquierda y a la derecha. Esto sirve para corregir errores en medio de las expresiones que has marcado.

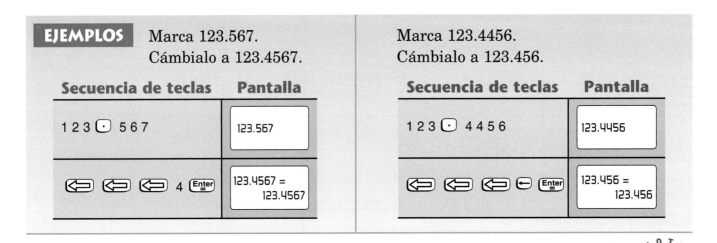

EJEMPLOS Marca 123.567. Cámbialo a 123.4567.

Secuencia de teclas	Pantalla
1 2 3 ⊙ 5 6 7	123.567
⇐ ⇐ ⇐ 4 Enter	123.4567 = 123.4567

Marca 123.4456. Cámbialo a 123.456.

Secuencia de teclas	Pantalla
1 2 3 ⊙ 4 4 5 6	123.4456
⇐ ⇐ ⇐ ⌫ Enter	123.456 = 123.456

Clear borra lo todo que hay en la pantalla. Si el cursor está en medio de la pantalla, necesitarás oprimir Clear dos veces para borrar la pantalla completa. Si sostienes oprimidos On/Off y Clear a la vez por un momento, se borrará la memoria de la calculadora completamente. Cuando uses la calculadora, primero, debes borrar la memoria completamente.

NOTA
Aunque se apague, la calculadora tiene en la memoria lo que se le programó y los problemas que ha resuelto. Si no empiezas borrando la memoria completamente, puede ser que no funcione como debería.

Orden de las operaciones y paréntesis:

La calculadora que se muestra en la página 230 sigue las reglas para el orden de las operaciones.

Si tienes una calculadora diferente, comprueba si sigue las reglas del orden de las operaciones. Para ello, marca 5 ⊞ 6 ⊠ 2 (Enter). Si tu calculadora sigue el orden de las operaciones, multiplicará primero, sumará después y la pantalla mostrará 17. Una calculadora que no sigue el orden de las operaciones, probablemente hará las operaciones en el orden en que se marquen, sumando primero, multiplicando después, y la pantalla mostrará 22.

Si quieres que la calculadora haga operaciones en un orden diferente del usual, usa ⬭ y ⬭ .

| **EJEMPLO** | Halla el valor numérico. $7 - (2 + 1)$ |

Secuencia de teclas	Pantalla
7 ⊟ ⬭ 2 ⊞ 1 ⬭ (Enter)	7 − (2 + 1) = 4

A veces, las expresiones se dan sin los signos de multiplicación. Recuerda oprimir la tecla de multiplicación aunque el signo no esté escrito.

| **EJEMPLO** | Halla el valor numérico. $9 - 2(1 + 2)$ |

Secuencia de teclas	Pantalla
9 ⊟ 2 ⊠ ⬭ 1 ⊞ 2 ⬭ (Enter)	9 − 2 × (1 + 2) = 3

$9 - 2(1 + 2) = 3$

COMPRUEBA SI COMPRENDISTE

Usa tu calculadora para hallar el valor numérico de cada expresión.

1. $34 - (5 + 8)$ **2.** $57 - 3(4 + 2)$ **3.** $8(7 + 4) - 23$ **4.** $3(54 - 6) + 25$

Comprueba tus respuestas en la página 393.

Números negativos: (-)

Usa (-) para marcar un número negativo.

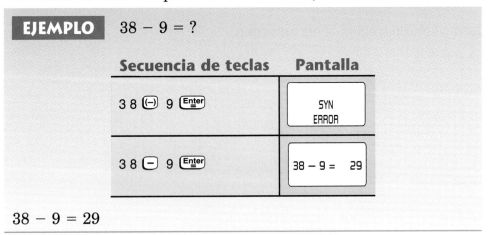

EJEMPLO	Marca −45.

Secuencia de teclas	Pantalla
(-) 4 5 (Enter)	-45 = -45

Fíjate en que (-) no es una operación. La tecla para restar es (−).
Si tratas de usar (-) para hacer una resta, obtendrás un error.

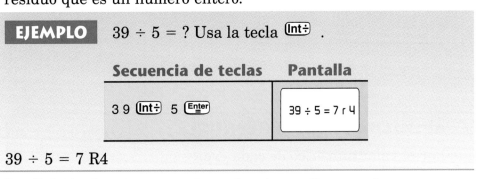

EJEMPLO	38 − 9 = ?

Secuencia de teclas	Pantalla
3 8 (-) 9 (Enter)	SYN ERROR
3 8 (−) 9 (Enter)	38 − 9 = 29

38 − 9 = 29

División con residuo: (Int÷)

El resultado de una división con números enteros, a menudo no
es un número entero. La mayoría de las calculadoras muestran
ese resultado como decimal. Muchas calculadoras también
tienen otra tecla de división, (Int÷), que muestra los resultados
de una división con un cociente que es un número entero y un
residuo que es un número entero.

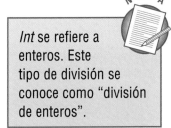

EJEMPLO	39 ÷ 5 = ? Usa la tecla (Int÷).

Secuencia de teclas	Pantalla
3 9 (Int÷) 5 (Enter)	39 ÷ 5 = 7 r 4

39 ÷ 5 = 7 R4

La división de números enteros funciona sólo con números
enteros positivos. Si tratas de usar números negativos o una
fracción, obtendrás un error.

Fracciones y porcentajes

Ciertas calculadoras pueden manejar fracciones. Una vez marcadas las fracciones en estas calculadoras, se pueden sumar, restar, multiplicar y dividir, usando las teclas ⊞ , ⊟ , ⊠ o ⊡ .

Marcar fracciones y números mixtos: ⟨n⟩, ⟨d⟩, ⟨Unit⟩, ⟨U n/d↔n/d⟩

Usa ⟨n⟩, ⟨d⟩, y ⟨Unit⟩ para marcar fracciones y números mixtos.

68–69

EJEMPLO $\frac{3}{4} + \frac{7}{8} = ?$

Secuencia de teclas	Pantalla
3 ⟨n⟩ 4 ⟨d⟩ ⊞ 7 ⟨n⟩ 8 ⟨d⟩ ⟨Enter⟩	$\frac{3}{4} + \frac{7}{8} = 1\frac{5}{8}$

NOTA

No es necesario oprimir ⟨d⟩ después de marcar el denominador.

$\frac{3}{4} + \frac{7}{8} = 1\frac{5}{8}$

EJEMPLO $1\frac{1}{2} \div 2\frac{1}{2} = ?$

Secuencia de teclas	Pantalla
1 ⟨Unit⟩ 1 ⟨n⟩ 2 ⟨d⟩ ⊡ 2 ⟨Unit⟩ 1 ⟨n⟩ 2 ⟨d⟩ ⟨Enter⟩	$\frac{N}{D} \to \frac{n}{d}$ $1\frac{1}{2} \div 2\frac{1}{2} = \frac{6}{10}$

79–80

$1\frac{1}{2} \div 2\frac{1}{2} = \frac{6}{10}$

Usa ⟨U n/d↔n/d⟩ para convertir de números mixtos a fracciones impropias y viceversa.

EJEMPLO

Secuencia de teclas	Pantalla
4 5 ⟨n⟩ 7 ⟨d⟩ ⟨Enter⟩	$\frac{45}{7} = 6\frac{3}{7}$
⟨U n/d↔n/d⟩	$\frac{45}{7}$
⟨U n/d↔n/d⟩	$6\frac{3}{7}$

62–63

Calculadoras

Simplificar fracciones: Simp, Fac

Por lo general, la calculadora de la página 230 no simplifica fracciones automáticamente. El mensaje $\frac{N}{D} \rightarrow \frac{n}{d}$ en la pantalla, significa que la fracción que se muestra no está en su mínima expresión.

Usa Simp para simplificar fracciones. Cuando oprimes Simp Enter, la calculadora divide el numerador y el denominador entre un factor común. Para ver qué número usó la calculadora, oprime Fac. Tal vez tengas que oprimir Simp Enter varias veces para poner una fracción en su mínima expresión.

EJEMPLO Convierte $\frac{18}{24}$ a su mínima expresión.

Secuencia de teclas	Pantalla
1 8 [n] 2 4 [d] [Simp] [Enter]	$\frac{N}{D} \rightarrow \frac{n}{d}$ $\frac{18}{24} \vdash \cdot :$ $\frac{9}{12}$
[Simp] [Enter]	$\frac{9}{12} \vdash \cdot :$ $\frac{3}{4}$
[Fac]	3

$\frac{18}{24} = \frac{3}{4}$

Si quieres que la calculadora divida el numerador y el denominador entre cierto número, marca ese número después de oprimir Simp. Si usas el máximo común divisor del numerador y del denominador, puedes simplificar la fracción en un solo paso.

EJEMPLO Convierte $\frac{18}{24}$ a su mínima expresión usando solo un paso, dividiendo el numerador y el denominador entre su máximo común divisor, 6.

Secuencia de teclas	Pantalla
1 8 [n] 2 4 [d] [Simp] 6 [Enter]	$\frac{18}{24} \vdash \cdot : 6$ $\frac{3}{4}$
[Fac]	6

Porcentaje: [%], [▸%]

En la calculadora que se muestra en la página 230, [%] divide el número que está antes entre 100. [%] se puede usar para convertir porcentajes a decimales.

EJEMPLOS

Secuencia de teclas	Pantalla
85 [%] [Enter]	85% = 0.85
250 [%] [Enter]	250% = 2.5
1 [%] [Enter]	1% = 0.01

La tecla [▸%] multiplica un número por 100.

[%] también se puede usar para resolver problemas con porcentajes.

EJEMPLO Halla el 25% de 180.

Secuencia de teclas	Pantalla
2 5 [%] [×] 1 8 0 [Enter]	25% × 180 = 45

25% de 180 = 45

La tecla [%] divide un número entre 100.

[▸%] hace lo contrario que [%]. Esto es, [▸%] multiplica el número anterior por 100. [▸%] se puede usar para convertir un número a un porcentaje equivalente.

EJEMPLOS

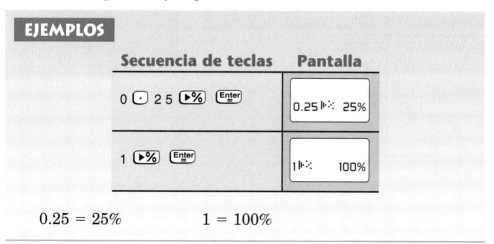

Secuencia de teclas	Pantalla
0 [·] 2 5 [▸%] [Enter]	0.25 ▸%: 25%
1 [▸%] [Enter]	1 ▸%: 100%

0.25 = 25%   1 = 100%

Conversión de fracciones, decimales y porcentajes: F↔D

Las calculadoras se pueden usar para convertir fracciones, decimales y porcentajes entre sí. La conversión de fracciones a decimales y porcentajes se puede hacer en cualquier calculadora. Por ejemplo, para dar otro nombre a $\frac{3}{5}$ como decimal, simplemente marca 3 ÷ 5 Enter. La pantalla mostrará 0.6. Para dar otro nombre a un decimal como porcentaje, sólo multiplica por 100.

La conversión de decimales y porcentajes a fracciones se puede hacer directamente, sólo en las calculadoras que tienen teclas especiales para fracciones. Esas calculadoras por lo general, tienen teclas especiales para convertir una fracción a su decimal equivalente o un decimal a una fracción equivalente.

Usa F↔D para convertir fracciones y decimales entre sí. Cuando los decimales se convierten a fracciones, a veces se deben simplificar.

EJEMPLO Convierte $\frac{3}{8}$ a un decimal y de nuevo a una fracción en su mínima expresión.

Secuencia de teclas	Pantalla
3 n 8 d Enter	$\frac{3}{8} = \frac{3}{8}$
F↔D	0.375
F↔D	$\frac{N}{D} \rightarrow \frac{n}{d}$ $\frac{375}{1000}$
Simp Enter	$\frac{N}{D} \rightarrow \frac{n}{d}$ $\frac{375}{1000} \vdash \frac{75}{200}$
Simp Enter	$\frac{N}{D} \rightarrow \frac{n}{d}$ $\frac{75}{200} \vdash \frac{15}{40}$
Simp Enter	$\frac{15}{40} \vdash \frac{3}{8}$

La tabla muestra ejemplos de varias conversiones. Aunque sólo una secuencia de teclas se muestra para cada conversión, hay otras maneras de hacer la mayoría de estas conversiones.

Conversión	Número inicial	Secuencia de teclas	Pantalla
Fracción a decimal	$\frac{3}{5}$	3 [n] 5 [d] [Enter] [F↔D]	0.6
Decimal a fracción	0.125	0 [·] 1 2 5 [Enter] [F↔D]	$\frac{N}{D} \to \frac{n}{d}$ $\frac{125}{1000}$
Decimal a porcentaje	0.75	0 [·] 7 5 [▶%] [Enter]	0.75 ⊩∴ 75%
Porcentaje a decimal	125%	1 2 5 [%] [Enter]	125% = 1.25
Fracción a porcentaje	$\frac{5}{8}$	5 [n] 8 [d] [▶%] [Enter]	$\frac{5}{8}$ ⊩∴ 62.5%
Porcentaje a fracción	35%	3 5 [%] [Enter] [F↔D]	$\frac{N}{D} \to \frac{n}{d}$ $\frac{35}{100}$

COMPRUEBA SI COMPRENDISTE

Usa tu calculadora para convertir fracciones, decimales y porcentajes entre sí.

1. $\frac{5}{12}$ a decimal
2. 0.235 a fracción
3. 0.72 a porcentaje
4. 365% a decimal
5. $\frac{7}{8}$ a porcentaje
6. 95% a fracción
7. $\frac{7}{13}$ a decimal
8. 0.587 a fracción
9. 0.98 a porcentaje
10. 475% a decimal
11. $\frac{6}{8}$ a porcentaje
12. 25% a fracción

Comprueba tus respuestas en la página 393.

Operaciones avanzadas

Tu calculadora puede hacer más que aritmética simple con números enteros, fracciones y decimales. Las páginas siguientes explican algunas de las otras cosas que tu calculadora puede hacer.

Subir y bajar: ⬆, ⬇

⬆ y ⬇ te permiten ver lo que marcaste primero y los resultados. Mover hacia arriba y hacia abajo, para ver lo que previamente había en pantalla, se llama **subir y bajar.** Las flechas pequeñas en la pantalla te dicen en qué dirección puedes ir.

Puedes usar ⬆ y ⬇ para ver los problemas que marcaste antes. Después, puedes usar ⬅, ➡ y ⬅ para cambiar esos problemas si lo deseas.

⬆ y ⬇ también se usan con los menús.

Menús: Mode

La calculadora que se muestra en la página 230 tiene varios menús para cambiar su funcionamiento. En cada menú, la elección actual está subrayada. Usa ⬅ y ➡ para cambiar lo que está subrayado. Después, oprime Enter para activar tu nueva elección. Si no oprimes Enter, el menú anterior seguirá activo.

La mayoría de los menús aparecen oprimiendo Mode. Los menús de fracciones aparecen oprimiendo Frac.

Usa las teclas ⬆ y ⬇ para subir y bajar por los menús, las entradas y los resultados.

Usa la tecla Mode para buscar menús.

Secuencia de teclas	Pantalla	Propósito
Mode	⌐ N/d ÷	Controla que los cocientes se muestren como decimales o como números mixtos.
Mode ⬇	+1 ? OP	Controla que las operaciones se muestren o se oculten cuando se usen Op1 y Op2.
Mode ⬇ ⬇	OP1 OP2 CLEAR	Se usan para borrar una operación constante.
Mode ⬇ ⬇ ⬇	N Y RESET	Se usan para volver a programar la calculadora.

EJEMPLO Divide. Halla el cociente como número mixto.

$56 / 3 = ?$

Secuencia de teclas	Pantalla
(Mode) (➡) (Enter)	$\frac{n}{d}$ ÷ · n/d ÷
(Mode)	$\frac{n}{d}$ ÷
5 6 (÷) 3 (Enter)	$\frac{n}{d}$ ÷ $56 ÷ 3 = 18\frac{2}{3}$

$56 / 3 = 18\frac{2}{3}$

EJEMPLO Vuelve a programar la calculadora.

Secuencia de teclas	Pantalla
(Mode) (⬇) (⬇) (⬇) (➡)	n Y RESET
(Enter)	MEM CLEARED

Menús para fracciones: (Frac)

Hay dos menús para cambiar el manejo de las fracciones en la calculadora. Usa (Frac) para llegar a esos menús. Así como en otros menús, usa (⬅) y (➡) para cambiar lo que está subrayado. Después, oprime (Enter) para activar tu nueva elección. Si no oprimes (Enter), la opción anterior seguirá activa.

Secuencia de teclas	Pantalla	Propósito
(Frac)	U n/d n/d	Controla que los resultados se muestren como números mixtos o fracciones impropias.
(Frac) (⬇)	MAN AUTO	Controla que la simplificación de fracciones se haga manual o automáticamente.

EJEMPLO Resuelve $\frac{4}{5} * \frac{1}{2}$ con la calculadora en modo MAN ("manual") y luego, otra vez en modo AUTO.

Secuencia de teclas	Pantalla
4 [n] 5 [d] [×] 1 [n] 2 [d] [Enter=]	$\frac{4}{5} \times \frac{1}{2} = \overset{\frac{N}{D} \to \frac{n}{d}}{\frac{4}{10}}$
[Simp] [Enter=]	$\frac{4}{10} \vdash\vdots \qquad \frac{2}{5}$
[Frac] [↓] [⇒] [Enter=]	Auto MAN **AUTO**
[Frac] [Clear]	Auto
4 [n] 5 [d] [×] 1 [n] 2 [d] [Enter=]	Auto $\frac{4}{5} \times \frac{1}{2} = \frac{2}{5}$

$\frac{4}{5} * \frac{1}{2} = \frac{2}{5}$

EJEMPLO Cambia al modo de fracciones impropias y resuelve $\frac{5}{2} + \frac{8}{3}$. Después, convierte la respuesta a número mixto.

Secuencia de teclas	Pantalla
[Frac] [⇒] [Enter=]	U n/d n/d
5 [n] 2 [d] [+] 8 [n] 3 [d] [Enter=]	$\frac{5}{2} + \frac{8}{3} = \frac{31}{6}$
[U$\frac{n}{d}$↔$\frac{n}{d}$]	$5\frac{1}{6}$

$\frac{5}{2} + \frac{8}{3} = 5\frac{1}{6}$

Redondear

Para programar la calculadora para redondear, oprime (Fix) y uno de los números en las teclas rojas debajo de la tecla (Fix).

La calculadora se puede programar para redondear a cualquier lugar, desde los millares (1000.) hasta las milésimas (0.001). Para apagar la función de redondear, oprime (Fix) (.).

EJEMPLO Primero, programa la calculadora para redondear a las centenas. Después, redondea 1,376, 79 y 23 a la centena más cercana.

Secuencia de teclas	Pantalla
(Fix) (100.)	Fix
1376 (Enter)	Fix 1376 = 1400.
79 (Enter)	Fix 79 = 100.
23 (Enter)	Fix 23 = 000.

EJEMPLO Resuelve 73 * 19 y 1,568 + 399. Halla las respuestas exactas. Después, halla las respuestas redondeadas a la centena más cercana.

Secuencia de teclas	Pantalla
7 3 (×) 1 9 (Enter)	73 × 19 = 1387
1 5 6 8 (+) 3 9 9 (Enter)	1568 + 399 = 1967

Secuencia de teclas	Pantalla
(Fix) (100.)	Fix
7 3 (×) 19 (Enter)	Fix 73 × 19 = 1400.
1 5 6 8 (+) 3 9 9 (Enter)	Fix 1568 + 399 = 2000.

COMPRUEBA SI COMPRENDISTE

Usa tu calculadora para redondear 22,350:

1. a la decena más cercana   **2.** a la centena más cercana   **3.** al millar más cercano

Comprueba tus respuestas en la página 393.

Calculadoras

Potencias y raíces cuadradas: $\boxed{\land}$, $\boxed{\sqrt{}}$

$\boxed{\land}$ se usa en muchas calculadoras para elevar los números a potencias. A veces se usa $[y^x]$ u otra tecla. Los exponentes negativos se permiten, pero asegúrate de oprimir $\boxed{\ominus}$ cuando vayas a marcar un número negativo. Si oprimes $\boxed{-}$, puedes obtener un error.

NOTA

El símbolo ^ se llama "signo de intercalación". Se usa a menudo en la programación de computadoras para elevar números a potencias.

$5\char94 2$ significa
$5^2 = 5 * 5 = 25$

EJEMPLOS Halla el valor de 3^4 y 5^{-2}.

Problema	Secuencia de teclas	Pantalla
3^4	3 $\boxed{\land}$ 4 $\boxed{Enter}$	$3 \char94 4 = \quad 81$
5^{-2}	5 $\boxed{\land}$ $\boxed{\ominus}$ 2 $\boxed{Enter}$	$5 \char94 -2 = \ 0.04$

Para hallar el recíproco de un número, eleva el número a la potencia -1.

EJEMPLOS Halla los recíprocos de 25 y $\frac{2}{3}$.

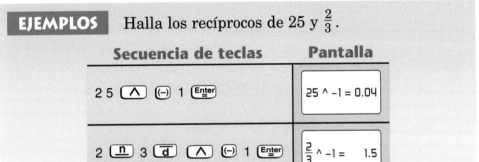

Secuencia de teclas	Pantalla
2 5 $\boxed{\land}$ $\boxed{\ominus}$ 1 $\boxed{Enter}$	$25 \char94 -1 = 0.04$
2 $\boxed{n}$ 3 $\boxed{d}$ $\boxed{\land}$ $\boxed{\ominus}$ 1 $\boxed{Enter}$	$\frac{2}{3} \char94 -1 = \quad 1.5$

Nota: Para ver el recíproco de $\frac{2}{3}$ como fracción, marca $\boxed{F \leftrightarrow D}$, $\boxed{Simp}$ y $\boxed{U\frac{n}{d} \leftrightarrow \frac{n}{d}}$. El recíproco de $\frac{2}{3}$ escrito como fracción, es $\frac{3}{2}$.

Muchas calculadoras tienen una tecla especial para hallar raíces cuadradas. Fíjate en que antes de oprimir $\boxed{Enter}$, tienes que oprimir $\boxed{)}$.

EJEMPLOS Halla la raíz cuadrada de 25 y 10,000.

Secuencia de teclas	Pantalla
$\boxed{\sqrt{}}$ 2 5 $\boxed{)}$ $\boxed{Enter}$	$\sqrt{(25)} = \quad 5$
$\boxed{\sqrt{}}$ 1 0 0 0 0 $\boxed{)}$ $\boxed{Enter}$	$\sqrt{(10000)} = \quad 100$

NOTA

En algunas calculadoras, la tecla para hallar la raíz cuadrada, $\boxed{\sqrt{}}$, se marca después del número; en otras, se marca antes que el número. En la calculadora que se muestra en la página 230, la tecla de la raíz cuadrada se marca antes del número.

Notación científica

En muchas calculadoras, los números que tienen más dígitos de los que caben en la pantalla, aparecen automáticamente en notación científica. Las calculadoras difieren en la manera de mostrar la notación científica.

La notación científica es una manera de escribir números, en la cual, un número se escribe como el producto de un número y una potencia de 10. El número debe ser 1 o mayor, pero menor que 10. En notación científica, 900,000 se escribe $9 * 10^5$.

Algunas calculadoras pueden mostrar exponentes elevados, pero la mayoría, no pueden. Algunas calculadoras que tienen notación científica no muestran la base, la cual siempre es 10, y usan un espacio o letra para mostrar el exponente. Otras, como la de la página 230, muestran la base, pero usan un signo de intercalación, ^, para mostrar el exponente.

EJEMPLOS

Secuencia de teclas	Pantalla
7 ⊗ 10 ^ 4 Enter	7 × 10 ^ 4 = 70000
4 · 35 ⊗ 10 ^ 5 Enter	4.35 × 10 ^ 5 = 435000
4 ⊗ 10 ^ (−) 3 Enter	4 × 10 ^ -3 = 0.004

COMPRUEBA SI COMPRENDISTE

Usa tu calculadora para convertir a notación estándar lo siguiente:

1. $6.5 * 10^{-3}$ **2.** $9.8 * 10^6$ **3.** $7.6 * 10^7$ **4.** $3.4 * 10^{-4}$

Comprueba tus respuestas en la página 393.

Los números con más de 10 dígitos pueden marcarse en la calculadora de la página 230; (el máximo número de dígitos permitido es 88). Las respuestas con más de 10 dígitos se muestran en notación científica.

EJEMPLO Escribe 123,123,123,123,123,123 en notación científica.

Secuencia de teclas	Pantalla
1 2 3 1 2 3 1 2 3 1 2 3 1 2 3 1 2 3 (Enter)	1.231 × 10 ^ 17

$123,123,123,123,123,123 = 1.231 * 10^{17}$

EJEMPLO Escribe en notación científica. 1*2*3*4*5*6*7*8*9*10*11*12*13*14*15

Secuencia de teclas	Pantalla
1 × 2 × 3 × 4 × 5 × 6 × 7 × 8 × 9 × 10 × 11 × 12 × 13 × 14 × 15 (Enter)	1.308 × 10 ^ 12

$1 * 2 * 3 * 4 * 5 * 6 * 7 * 8 * 9 * 10 * 11 * 12 * 13 * 14 * 15 = 1.308 * 10^{12}$

COMPRUEBA SI COMPRENDISTE

Escribe en notación científica.

1. $899 * 8 * 43 * 87 * 608 * 799 * 686$

2. $465 * 879 * 650 * 797$

3. $132 * 519 * 86 * 51 * 767 * 920 * 440$

4. $12^9 * 12 * 31 * 1,384$

Convierte de notación científica a notación estándar.

5. $6.022 * 10^9$

6. $9.8 * 10^6$

Comprueba tus respuestas en la página 394.

Pi: $\boxed{\pi}$

Las fórmulas para el perímetro, área y volumen de muchas figuras geométricas, requieren el uso de pi (π). Pi es un número que es un poco más que 3. Los primeros dígitos de π son 3.14159265... Tu calculadora tiene una tecla especial para pi, $\boxed{\pi}$. Cuando necesites usar π para un cálculo, marca $\boxed{\pi}$.

Nota: Para ver π en forma decimal, oprime $\boxed{\pi}$ $\boxed{\text{Enter}}$ $\boxed{\text{F↔D}}$.

EJEMPLO Halla el área de un círculo que tiene un radio de 4 pies. Usa la fórmula $A = \pi r^2$.

Secuencia de teclas	Pantalla
$\boxed{\pi}$ $\boxed{\times}$ 4 $\boxed{\wedge}$ 2 $\boxed{\text{Enter}}$	$\Pi \times 4 \wedge 2 = 16\Pi$

Fíjate en que la respuesta que se muestra es 16π. Ésta es el área exacta para un círculo que tiene un radio de 4 pies. Para ver 16π como un decimal, oprime $\boxed{\text{F↔D}}$.

$\boxed{\text{F↔D}}$	50.26548246

Esta respuesta, 50.26548246 pies cuadrados, tiene más dígitos de los que son significativos. En realidad, se sabe el radio del círculo con sólo un dígito significativo, por lo tanto, no es necesario tener 10 dígitos en el área. Necesitas redondear el resultado a un número apropiado de lugares decimales. Aquí, puedes decir que el área es de 50 pies cuadrados o tal vez de 50.3 pies cuadrados.

EJEMPLO Halla la circunferencia de un círculo con un diámetro de 15 pies. Usa la fórmula $c = \pi d$.

Secuencia de teclas	Pantalla
$\boxed{\pi}$ $\boxed{\times}$ 15 $\boxed{\text{Enter}}$	$\Pi \times 15 = 15\Pi$
$\boxed{\text{F↔D}}$	47.1238898

La circunferencia es de alrededor de 47 pies.

Memoria: ▶M , MR/MC

La memoria de una calculadora es el lugar donde se puede guardar un número mientras la calculadora está trabajando con otros. Después, cuando lo necesites, puedes hacer que ese número regrese de la memoria. La mayoría de las calculadoras muestran una M o un símbolo similar cuando haya un número que no sea 0 en la memoria.

La tecla ▶M guarda el número que aparece en la pantalla.

Secuencia de teclas	Propósito
▶M Enter	Guarda en la memoria el número que aparece en la pantalla y *reemplaza* cualquier otro número que ya esté en la memoria.
MR/MC	Hace que el número guardado en la memoria regrese a la pantalla.
MR/MC MR/MC	Borra la memoria. (Esto en realidad significa que en la memoria está 0.)

La memoria de la calculadora sólo trabaja con los números que son el resultado de cálculos. Esto significa que debes oprimir Enter antes de poder guardar un número en la memoria.

EJEMPLO Guarda 25 en la memoria.

Secuencia de teclas	Pantalla
2 5 ▶M Enter	MEM ERROR
2 5 Enter ▶M Enter	M 25 = 25
Clear	M
MR/MC	M 25

La tecla MR/MC hace que el número guardado en la memoria regrese a la pantalla.

COMPRUEBA SI COMPRENDISTE

Guarda π en la memoria. Borra la pantalla de la calculadora. Después, calcula el área de un círculo cuyo radio es 18, sin oprimir la tecla π (Área = πr^2).

Comprueba tus respuestas en la página 394.

EJEMPLO Calcula un 15% de propina en una cuenta de $25. Guarda la propina en la memoria. Después, halla el total de la cuenta.

Secuencia de teclas	Pantalla
15 % × 25 Enter	15% × 25 = 3.75
▶M Enter	M 15% × 25 = 3.75
25 + MR/MC Enter	M 25 + 3.75 = 28.75

Para borrar la memoria, oprime MR/MC dos veces. No oprimas MR/MC más de dos veces.

Secuencia de teclas	Pantalla	Número en la memoria
5 Enter ▶M Enter	M 5 = 5	5
MR/MC	M 5	5
MR/MC	5	0

NOTA

Si oprimes MR/MC más de dos veces, la calculadora hará que regrese un 0 de la memoria.

COMPRUEBA SI COMPRENDISTE

Usa tu calculadora para resolver cada problema.

1. Calcula una propina del 15% en una cuenta de $45.50.

2. Calcula una propina del 20% en una cuenta total de $65.25.

Comprueba tus respuestas en la página 394.

Puedes usar la memoria de la calculadora para resolver problemas que tienen varios pasos.

EJEMPLO   Marguerite ordenó la siguiente comida: 2 hamburguesas de $1.49 cada una y 3 *hot dogs* de $0.89 cada uno. ¿Cuánto recibirá de cambio, de un billete de $10?

Secuencia de teclas	Pantalla
2 × 1 ⊙ 4 9 (Enter) (▶M) (Enter)	M 2 × 1.49 = 2.98
3 (×) ⊙ 8 9 (Enter) (▶M) (+)	M 3 × .89 = 2.67
1 0 (−) (MR/MC) (Enter)	M 10 − 5.65 = 4.35

Marguerite recibirá $4.35 de cambio.

EJEMPLO   El Sr. Beckman compró 2 boletos de adultos a $8.25 cada uno y 3 boletos de niño a $4.75 cada uno. Usó un certificado de regalo de $5. ¿Cuánto pagó por los boletos?

Secuencia de teclas	Pantalla
2 (×) 8 ⊙ 2 5 (Enter) (▶M) (Enter)	M 2 × 8.25 = 16.5
3 (×) 4 ⊙ 75 (Enter) (▶M) (+)	M 3 × 4.75 = 14.25
(MR/MC) (−) 5 (Enter)	M 30.75 − 5 = 25.75

El Sr. Beckman pagó $25.75 por los boletos.

Repetir una operación: Op1 , Op2

La mayoría de las calculadoras tienen una opción que te permite repetir una operación. Se llama **función constante.** *(Constante* significa que *no cambia.)*

Para usar la función constante en la calculadora, sigue estos pasos.

1. Oprime Op1 .
2. Oprime las teclas que definen la función constante.
3. Oprime Op1 .
4. Marca un número.
5. Oprime Op1 .

Puedes repetir los pasos 4 y 5 para tantos números como quieras.

Las teclas Op1 y Op2 te permiten programar y repetir operaciones.

EJEMPLO Prepara la calculadora para multiplicar números por 7. Después, multiplica varios números por 7.

Secuencia de teclas	Pantalla
Op1 × 7 Op1	Op1 × 7
8 Op1	Op1 8 × 7 1 56
20 Op1	Op1 20 × 7 1 140

Usa Mode para borrar la operación u operaciones constantes.

Secuencia de teclas	Pantalla
Mode ⬇ ⬇ Enter	Op1 Op2 CLEAR

En grados anteriores, tal vez usaste la función constante para practicar contar de cierto número en cierto número.

EJEMPLO Cuenta de 7 en 7, empezando por 3.

Secuencia de teclas	Pantalla
[Op1] [+] 7 [Op1]	Op1 + 7
3 [Op1]	Op1 3 + 7 1 10
[Op1]	Op1 10 + 7 2 17
[Op1]	Op1 17 + 7 3 24
[Op1]	Op1 24 +7 4 31
[Op1]	Op1 31 + 7 5 38

> **NOTA**
>
> Los números de la esquina inferior izquierda de la pantalla muestran el número de cómputos que has hecho.

Puedes usar [Op2] para definir una segunda operación constante. [Op2] funciona exactamente de la misma manera que [Op1].

Otras características

La calculadora que se muestra en la página 230 tiene diversas características que no se tratan en este libro. La mayoría de éstas tienen que ver con las teclas rojas: ⬗, ▥, ⑦, etc. Algunas de estas teclas se usan para el valor posicional. Otras, hacen que la calculadora te muestre problemas para practicar aritmética. Para saber más detalles, pregúntale a tu maestro o maestra, o lee las instrucciones que trae la calculadora.

COMPRUEBA SI COMPRENDISTE

Usa la calculadora para realizar los cómputos. Escribe cinco de cada uno.

1. Cuenta de 5 en 5, empezando por 7.

2. Cuenta de 12 en 12, empezando por 3.

Comprueba tus respuestas en la página 394.

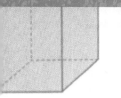

Prisma
rectangular

Pirámide
rectangular

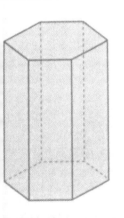

Prisma
hexagonal

Pirámide
triangular

Cilindro

Juegos

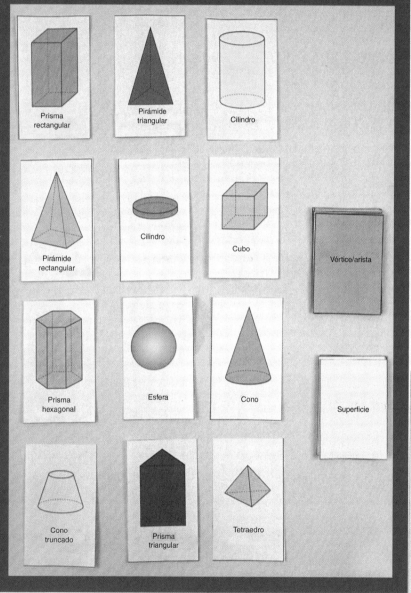

Prisma rectangular	Pirámide triangular	Cilindro
Pirámide rectangular	Cilindro	Cubo
Prisma hexagonal	Esfera	Cono
Cono truncado	Prisma triangular	Tetraedro

Vértice/arista

Superficie

Esfera

Cono

Vértice/ar

Superf

Juegos

A lo largo del año, jugarás juegos para practicar importantes destrezas matemáticas. Los juegos matemáticos te dan la oportunidad de practicar destrezas matemáticas de una forma diferente y divertida.

En esta sección de tu *Libro de consulta del estudiante*, encontrarás las instrucciones para muchos juegos. Los números en la mayoría de los juegos están generados al azar. Esto significa que se puede jugar una y otra vez sin repetir los mismos problemas.

Muchos estudiantes han creado sus propias variaciones de estos juegos para hacerlos más interesantes. Te animamos a hacer lo mismo. ¡Esperamos que juegues a menudo y que te diviertas!

Materiales

Necesitas una baraja de tarjetas de números para muchos de los juegos. Puedes usar una baraja de Todo matemáticas, una baraja regular o hacer tu propia baraja con tarjetas de fichas.

La baraja de Todo matemáticas incluye 54 tarjetas. Hay cuatro tarjetas para cada uno de los números del 0 al 10. Y hay una tarjeta para cada uno de los números del 11 al 20.

Una baraja de cartas incluye 54 cartas (52 cartas normales y 2 comodines). Para crear una baraja con estas tarjetas, márcalas con un marcador permanente de la siguiente manera:

- Marca cada uno de los cuatro ases con el número 1.
- Marca cada una de las cuatro reinas con el número 0.
- Marca cada una de las cuatro jotas y los cuatro reyes con los números 11 al 18.
- Marca los dos comodines con los números 19 y 20.

Para algunos juegos, tendrás que hacer un tablero de juego, una hoja de puntaje o un juego de tarjetas que no estén numeradas. Las instrucciones para hacer esto se incluyen con las instrucciones del juego. Tu maestro o maestra te puede dar tableros y barajas más complejos.

Juego	Destreza	Página
Elección de álgebra	Sustituir variables, resolver ecuaciones	256-257
Enredo de ángulos	Estimar y medir el tamaño de los ángulos	258
Béisbol de multiplicaciones	Operaciones básicas de multiplicación del 1 al 6	259
Béisbol de multiplicaciones (versiones avanzadas)	Operaciones básicas de multiplicación hasta 12, operaciones básicas extendidas	260
Gánale a la calculadora	Destrezas de multiplicación mental	261
Juegos de calculadora rota	Estimación, dar otro nombre	262
Construye	Comparar y ordenar fracciones	263
Juegos de zumbido	Hallar múltiplos y múltiplos comunes	264
Juego de crédito y débito	Suma y resta de números positivos y negativos	265
Juego de crédito y débito (versión avanzada)	Suma y resta de números positivos y negativos	266
División relámpago	División de números de 2 dígitos entre números de 1 dígito	267
Estimación apretada	Estimar raíces cuadradas	268
Pelota de exponentes	Convertir de notación exponencial a notación estándar, comparar probabilidades	269
Bingo de factores	Hallar factores de un número	270
Capturador de factores	Hallar factores de un número	271
Supera el factor	Hallar factores de un número	272
Primero al 100	Sustituir variables, resolver ecuaciones	273
Tres en raya de fracciones	Dar otro nombre a fracciones como decimales y porcentajes	274-276
Fracción de acción, fracción de fricción	Estimar sumas de fracciones	277
Concentración de fracción y porcentaje	Reconocer fracciones y porcentajes que son equivalentes	278
Supera la fracción	Comparar fracciones	279
Llegar a uno	Estimación	280
Tesoro escondido	Trazar pares ordenados, desarrollar una estrategia de búsqueda	281
Lanzar números altos	Valor posicional, notación exponencial	282
Lanzar números altos: versión decimal	Valor posicional para decimales, resta y suma	283
Tiro al blanco de multiplicación	Multiplicación mental	284
Luchas de multiplicación	Algoritmo de productos parciales	285
Dale nombre a ese número	Dar nombres a números con expresiones	286
Supera el número (Números de 7 dígitos)	Valor posicional para números enteros	287
Supera el número (Decimales de 3 lugares)	Valor posicional para decimales	288
Captura de polígonos	Propiedades de los polígonos	289
Lanzar notación científica	Convertir de notación científica a notación estándar	290
Revoltura de cucharas	Multiplicación de fracciones, decimales y porcentajes	291
Práctica de tiro al blanco en la resta	Resta de 2 y 3 dígitos	292
Clasificar figuras tridimensionales	Propiedades de figuras tridimensionales	293
Juegos de supéralo	Operaciones básicas de suma, resta, multiplicación y división	294-295
Supéralo con números positivos y números negativos	Suma y resta de números positivos y negativos	296

Elección de álgebra

Materiales ☐ 32 Tarjetas de problemas de *Primero al 100* (*Originales,* págs. 46 y 47)
☐ Mapa de votos electorales (*Originales,* págs. 48 y 49)
☐ 1 dado de 6 lados
☐ 4 *pennies* u otras fichas pequeñas
☐ calculadora

Jugadores 2 equipos con 2 jugadores cada uno

Objetivo del juego Los jugadores mueven sus fichas en el mapa de Estados Unidos. En cada estado, o el Distrito de Columbia (D.C.), al que llegue un jugador, trata de ganar los votos electorales de ese estado solucionando un problema. El primer equipo que junte 270 o más votos gana las elecciones. Los miembros del equipo ganador se convierten en presidente y vicepresidente.

Instrucciones

1. Cada jugador pone su ficha en Iowa.
2. Un miembro de cada equipo tira el dado. El equipo con el número más alto empieza.
3. Túrnense entre equipos y miembros de los equipos: equipo 1, jugador 1; equipo 2, jugador 1; equipo 1, jugador 2; equipo 2, jugador 2.
4. Barajen las tarjetas. Colóquenlas boca abajo en un montón.
5. El primer jugador tira el dado. El resultado dice cuántos movimientos debe hacer el jugador desde el estado donde se encuentre. Cada estado nuevo cuenta como un movimiento. Los movimientos pueden hacerse en cualquier dirección, siempre y cuando se pase a estados que compartan una frontera común.
   Excepciones: Los jugadores pueden llegar o salir de Alaska vía el estado de Washington, o llegar o salir de Hawaii, vía California. Una vez que un jugador ha estado en un estado, no puede regresar al mismo estado en el mismo turno.

¿Cuántas pulgadas hay en x pies? ¿Cuántos cm hay en x metros? **1**	¿Cuántos cuartos hay en x galones? **2**	¿Cuál es el menor número de x que puedes sumar para obtener una suma mayor que 100? **3**	¿Es $50 * x$ mayor que 1,000? ¿Es $\frac{x}{10}$ menor que 1? **4**
$\frac{1}{2}$ de $x = ?$ $\frac{1}{10}$ de $x = ?$ **5**	$1 - x = ?$ $x + 998 = ?$ **6**	Si x personas comparten por igual 1,000 estampillas, ¿cuántas recibe cada persona? **7**	¿Qué hora será en x minutos? ¿Qué hora era hace x minutos? **8**
Debes viajar 102 millas hasta tu destino. Ya viajaste x millas. ¿Cuántas millas faltan? **9**	¿Qué número entero o mixto es igual a x dividido entre 2? **10**	¿Es x un número primo o un número compuesto? ¿Es x divisible entre 2? **11**	Son las 11:05 a.m. El tren partió hace x minutos. ¿A qué hora partió el tren? **12**
Bill nació en 1939. Freddy nació el mismo día, pero x años más tarde. ¿En qué año nació Freddy? **13**	¿Cuál es mayor: $2 * x$ ó $x + 50$? **14**	Hay x filas de asientos. Hay 9 asientos en cada fila. ¿Cuántos asientos hay en total? **15**	Sargon gastó x centavos en manzanas. Si pagó con un billete de $5, ¿cuánto cambio va a recibir? **16**

La temperatura era de 25°F. Bajó x grados. ¿Cuál es la nueva temperatura? **17**	Cada piso de un edificio tiene 10 pies de altura. Si el edificio tiene x pisos, ¿qué altura tiene? **18**	¿Cuál es mayor: $2 * x$ ó $\frac{100}{x}$? **19**	$20 * x = ?$ **20**
Nombra todos los factores de x que sean números enteros. **21**	¿Es x un número par o un número impar? ¿Es x divisible entre 9? enteros. **22**	Shalanda nació un martes. Linda nació x días después. ¿En qué día de la semana nació Linda? **23**	Will tenía un *quarter* más x centavos. ¿Cuánto dinero tenía en total? **24**
Halla el perímetro y área de este cuadrado. x cm x cm **25**	¿Cuál es la mediana de estos pesos? 5 libras 21 libras x libras ¿Cuál es el rango? **26**	**27**	$x^2 = ?$ 50% de $x^2 = ?$ **28**
$(3x + 4) - 8 = ?$ **29**	x de cada 100 estudiantes votaron por Ruby. ¿Es esto más del 25% de los estudiantes, menos del 25% o exactamente el 25%? **30**	Hay 200 estudiantes en la escuela Wilson. El x% de ellos habla español. ¿Cuántos estudiantes hablan español? **31**	Unas personas contestaron Sí o No a una pregunta de una encuesta. El x% contestó Sí. ¿Qué porcentaje contestó No? **32**

6. El jugador mueve su ficha el número indicado y la pone en el último estado al que llegue. El mapa indica cuántos votos electorales tiene ese estado.
7. El jugador toma la Tarjeta de problemas de arriba. El número de votos electorales del estado se sustituye por la variable x en los problemas de la tarjeta. El jugador resuelve el o los problemas y da una respuesta. El otro equipo comprueba la respuesta con una calculadora.

8. Si la respuesta es correcta, el equipo del jugador gana los votos electorales del estado. Hacen lo siguiente:

   - Escriben el nombre del estado y sus votos electorales en un pedazo de papel.
   - Escriben sus iniciales en lápiz sobre el estado para mostrar que ellos lo ganaron.

   Una vez que se gana un estado, queda fuera del juego. El equipo contrincante puede caer en el estado, pero no puede obtener sus votos.

NOTA: Alaska y Hawaii no están dibujados a escala.

9. Si los miembros del equipo no resuelven el o los problemas correctamente, el estado permanece abierto. Los jugadores pueden seguir tratando de ganar sus votos.

10. El siguiente jugador tira el dado y mueve su ficha.

11. El primer equipo que obtenga por lo menos 270 votos gana la elección.

12. Cuando todas las Tarjetas de problemas se hayan usado, barajen las tarjetas y úsenlas otra vez.

13. Cada jugador empieza un turno en el último estado en donde cayó.

Notas

- "Un estado" significa "un estado o el Distrito de Columbia (D.C.)".
- Los miembros del equipo pueden discutir el problema unos con otros. Sin embargo, cada jugador tiene que responder al problema por sí mismo.
- Si un jugador no quiere responder a una Tarjeta de problemas, el jugador puede decir "Paso", y sacar otra tarjeta. Un jugador puede "Pasar" 3 veces durante un juego.
- Si la Tarjeta de problemas tiene varios problemas, un jugador debe contestar todas las preguntas de la tarjeta correctamente para ganar los votos del estado.
- Estrategia sugerida: Observa el mapa para ver qué estados tienen la mayoría de votos, después, trabaja con tu pareja para ganar esos estados.

Variaciones:

1. Pónganse de acuerdo en el tiempo límite para responder a los problemas.

2. O den un punto extra si el jugador sabe el nombre de la capital del estado en donde cae.

3. Se puede hacer una versión más corta del juego pasando por las 32 tarjetas sólo una vez. El equipo con la mayoría de los votos en ese momento es el ganador.

Enredo de ángulos

Materiales ☐ transportador
☐ reglón
☐ hojas de papel en blanco

Jugadores 2

Instrucciones

En cada ronda:

1. El jugador 1 usa un reglón para dibujar un ángulo en una hoja de papel.

2. El jugador 2 estima los grados que mide el ángulo.

3. El jugador 1 mide el ángulo con un transportador. Los jugadores se ponen de acuerdo en la medida.

4. El puntaje del jugador 2 es la diferencia entre la estimación y la medida real del ángulo. (La diferencia será un 0 o un número positivo.)

5. Los jugadores intercambian papeles y repiten los pasos 1–4.

Los jugadores suman sus puntajes al final de cinco rondas. El jugador con el total de puntaje más bajo gana el juego.

EJEMPLO

	Jugador 1			Jugador 2		
	Estimación	Medida real	Puntaje	Estimación	Medida real	Puntaje
Ronda 1	120°	108°	12	50°	37°	13
Ronda 2	75°	86°	11	85°	87°	2
Ronda 3	40°	44°	4	15°	19°	4
Ronda 4	60°	69°	9	40°	56°	16
Ronda 5	135°	123°	12	150°	141°	9
Puntaje total			48			44

El jugador 2 tiene el puntaje final más bajo. El jugador 2 gana el juego.

Béisbol de multiplicaciones
(Operaciones básicas del 1 al 6)

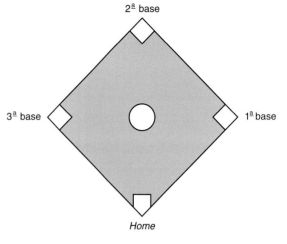

Materiales ☐ Tablero de juego de *Béisbol de multiplicaciones (Originales, pág. 44)*
    ☐ 2 dados de 6 lados
    ☐ 4 *pennies*
    ☐ calculadora o una tabla de multiplicación y división

Jugadores 2 ó 2 equipos

Objetivo del juego Anotar el mayor número de carreras en un juego de 3 *innings*

Instrucciones

Preparación: Dibujen un diamante y rotúlenlo: *Plato de home, 1ª base, 2ª base* y *3ª base*. Hagan un tablero de anotaciones parecido al que se muestra a la derecha. Túrnense para ser el *lanzador* y el *bateador*. Las reglas son similares a las del béisbol, pero este juego sólo dura tres *innings*.

Inning		1	2	3	Total
Equipo 1	outs				
	carreras				
Equipo 2	outs				
	carreras				

1. Al inicio del *inning*, el bateador pone una de las monedas en el plato de *home*. El lanzador tira los dados. El bateador multiplica los números que aparecen y da la respuesta. El lanzador comprueba la respuesta y puede usar una calculadora para hacerlo.

2. Si la respuesta es correcta, el bateador busca el producto en la Tabla de bateo de la derecha. Si es un *hit,* el bateador mueve todas las monedas en el campo el número de bases que se muestran en la tabla. Si el producto no es un *hit*, entonces es un *out*.

3. Una respuesta incorrecta es un *strike* y se lanza otra bola (se tiran los dados). Tres *strikes* hacen un *out*.

4. Se anota una carrera cada vez que una moneda cruza el plato de *home*. El bateador pone una marca de conteo en el tablero de anotaciones cada vez que se anota una carrera.

5. Después de cada *hit* o *out*, el bateador pone una moneda en el plato de *home*. Un jugador es el bateador durante tres *outs*. Después, los jugadores se intercambian los papeles. El *inning* termina cuando ambos jugadores hayan hecho tres *outs*.

Tabla de bateo Operaciones básicas del 1 al 6	
1 a 9	*Out*
10 a 18	Sencillo (1 base)
20 a 28	Doble (2 bases)
30 a 35	Triple (3 bases)
36	Jonrón (4 bases)

El jugador que tiene más carreras al final de los tres *innings* gana el juego. Si hay empate al final de los tres *innings*, el juego continúa con *innings* extras hasta que gane un jugador.

Béisbol de multiplicaciones (versiones avanzadas)

Operaciones básicas del 1 al 10

Materiales ☐ tarjetas de números del 1 al 10 (4 de cada una)

Sigan las reglas básicas. El lanzador saca dos tarjetas de la baraja. El bateador halla el producto y usa la Tabla de bateo de la derecha para averiguar cómo mover las monedas.

Operaciones básicas del 2 al 12

Materiales ☐ 4 dados de 6 lados

Sigan las reglas básicas. El lanzador tira cuatro dados. El bateador los separa en dos pares, suma los números en cada par y multiplica las sumas. Usen la Tabla de bateo de la derecha.

Según hagan las parejas con los números pueden determinar el tipo de *hit* o si tendrán un *out*. Por ejemplo, imagínense que tiran 1, 2, 3 y 5. Pueden sumar los pares de diferentes maneras y multiplicar como sigue:

una manera	una segunda manera	una tercera manera
1 + 2 = 3	1 + 3 = 4	1 + 5 = 6
3 + 5 = 8	2 + 5 = 7	2 + 3 = 5
3 * 8 = 24	4 * 7 = 28	6 * 5 = 30
Out	Sencillo	Sencillo

Juego de tres factores

Materiales ☐ 3 dados de 6 lados

El lanzador tira tres dados. El bateador multiplica los tres números (factores) y usa la Tabla de bateo de la derecha.

Juego de 10 * 10

Materiales ☐ 4 dados de 6 lados

Las reglas para este juego son las mismas que para el juego de **Operaciones básicas del 2 al 12** con dos excepciones:

1. Una suma de 2 hasta 9 representa 20 hasta 90. Una suma de 10 hasta 12 se representa a sí misma. Por ejemplo:

   Sacas 1, 2, 3 y 5. Sumas 6 y 5. Multiplicas 60 * 50.
   Sacas 3, 4, 6 y 6. Sumas 12 y 7. Multiplicas 12 * 70.

2. Usen la Tabla de bateo de la derecha.

Tabla de bateo
Operaciones básicas del 1 al 10

1 a 21	*Out*
24 a 45	Sencillo (1 base)
48 a 70	Doble (2 bases)
72 a 81	Triple (3 bases)
90 a 100	Jonrón (4 bases)

Tabla de bateo
Operaciones básicas del 2 al 12

4 a 24	*Out*
25 a 49	Sencillo (1 base)
50 a 64	Doble (2 bases)
66 a 77	Triple (3 bases)
80 a 144	Jonrón (4 bases)

Tabla de bateo
Juego de tres factores

1 a 54	*Out*
60 a 90	Sencillo (1 base)
96 a 120	Doble (2 bases)
125 a 150	Triple (3 bases)
180 a 216	Jonrón (4 bases)

Tabla de bateo
Juego de 10 * 10

100 a 2,000	*Out*
2,100 a 4,000	Sencillo (1 base)
4,200 a 5,400	Doble (2 bases)
5,600 a 6,400	Triple (3 bases)
7,200 a 8,100	Jonrón (4 bases)

Gánale a la calculadora
Operaciones básicas de multiplicación

Materiales ☐ tarjetas de números del 1 al 10 (4 de cada una)

☐ 1 calculadora

Jugadores 3

Instrucciones

1. Un jugador es el "Anunciador", otro es la "Calculadora" y el otro es el "Cerebro".

2. Barajen las tarjetas. Colóquenlas boca abajo.

3. El Anunciador saca dos tarjetas de la baraja y pregunta cuál es el producto.

4. La Calculadora resuelve el problema con una calculadora. El Cerebro lo resuelve sin calculadora. El Anunciador decide quién dijo la respuesta primero.

5. El Anunciador continúa sacando dos tarjetas de la baraja al mismo tiempo y pregunta cuál es el producto.

6. Los jugadores se intercambian los papeles más o menos cada 10 turnos.

EJEMPLO   El Anunciador saca un 10 y un 7 y dice "10 por 7". El Cerebro y la Calculadora resuelven el problema. El Anunciador decide quién dijo la respuesta primero.

Operaciones básicas de multiplicación extendidas

En esta versión del juego, el Anunciador:

• Saca dos tarjetas de la baraja.
• Agrega un 0 a cualquiera de los dos factores o a ambos, antes de preguntar cuál es el producto.

EJEMPLO   Si el Anunciador voltea un 4 y un 6, puede crear cualquiera de los siguientes problemas:

4 * 60   40 * 6   40 * 60

El Cerebro y la Calculadora resuelven el problema. El Anunciador decide quién dijo la respuesta primero.

Juegos de calculadora rota

Teclas numéricas rotas

Materiales ☐ 1 calculadora

Jugadores 2

Instrucciones

1. Los jugadores fingen que una de las teclas numéricas está rota.
2. Un jugador dice un número.
3. El otro jugador trata de que aparezca ese número en la calculadora sin usar la tecla "rota".

EJEMPLO Imagínate que 8 es la tecla "rota".

El número 18 puede mostrarse oprimiendo 9 ⊕ 7 ⊕ 2 (Enter), o 9 ⊗ 2 (Enter) o 72 ⊘ 4 (Enter).

Anotar puntos: El puntaje de un jugador es el número de teclas que se oprimen para mostrar el número. Se calcula el total de puntos por cinco rondas. El jugador que tenga el total más bajo gana.

Teclas de operaciones rotas

Instrucciones

1. Los jugadores fingen que una de las teclas de operaciones está rota.
2. Un jugador dice una oración abierta.
3. El otro trata de resolver la oración en la calculadora sin usar la tecla "rota".

EJEMPLO Imagínate que ⊖ es la tecla "rota".

¿Cuál es la solución a la oración abierta $452 + x = 735$?

Sustituye la variable x con un número y fíjate si obtienes una oración numérica verdadera. Si no es verdadera, prueba con otros números hasta que obtengas una oración verdadera. Aquí tienes una solución:

Prueba **400:** 452 ⊕ **400** (Enter) 852 400 es demasiado grande.
Prueba **300:** 452 ⊕ **300** (Enter) 752 A 300 le faltan 17.
Prueba **317:** 452 ⊕ **317** (Enter) 769 Error
Prueba **283:** 452 ⊕ **283** (Enter) 735 Oración verdadera

La respuesta es 283.

Anotar puntos: El puntaje de un jugador es el número de pruebas que le tomó llegar a la oración numérica verdadera. Se saca el total de puntos por cinco rondas. El jugador que tenga el total más bajo, gana.

Construye

Materiales ☐ 1 baraja de tarjetas de fracciones de *Construye* (*Originales*, pág. 101)

☐ 1 Tablero de juego de *Construye* por jugador (*Originales*, pág. 102)

Jugadores 2

Objetivo del juego Ser el primero en orendar cinco tarjetas de fracciones de la menor a la mayor

Instrucciones

1. Cada jugador dibuja y rotula un tablero de juego como el que se muestra a la derecha.

2. Barajen las tarjetas de fracciones. Pongan una tarjeta boca abajo en cada uno de los cinco espacios de los dos tableros de juego de *Construye*.

3. Pongan las tarjetas restantes boca abajo en un montón. Volteen la tarjeta de encima y pónganla boca arriba en un montón de descarte.

4. Los jugadores voltean las cinco tarjetas en su tablero de juego. No se puede cambiar el orden de las tarjetas en ningún momento durante el juego.

5. Los jugadores se turnan. Cuando sea tu turno:
   - Toma la primera tarjeta del montón de tarjetas boca abajo o la primera tarjeta del montón de descarte.
   - Decide si te quedas con esa tarjeta o la devuelves boca arriba al montón de descarte.
   - Si te quedas con la tarjeta, ésta deberá reemplazar una de las cinco tarjetas que están en tu tablero de juego *Construye*. Devuelve la tarjeta que reemplazaste, boca arriba en el montón de descarte.

6. Si se usaron todas las tarjetas boca abajo, recojan el montón de descarte, barájenlo y vuelvan a empezar.

7. Gana el primer jugador que tenga las cinco tarjetas en su tablero de juego en orden, de la fracción menor a la mayor.

$\frac{5}{9}$	$\frac{1}{3}$	$\frac{11}{12}$	$\frac{1}{12}$
$\frac{7}{12}$	$\frac{3}{8}$	$\frac{1}{4}$	$\frac{1}{5}$
$\frac{2}{3}$	$\frac{3}{7}$	$\frac{4}{7}$	$\frac{3}{4}$
$\frac{3}{5}$	$\frac{4}{5}$	$\frac{7}{9}$	$\frac{5}{6}$

Más cercano a 0 → Más cercano a 1

doscientos sesenta y tres

Juegos de zumbido

Buzz

Materiales ninguno
Jugadores de 5 a 10

Instrucciones

1. Los jugadores se sientan en un círculo y eligen un líder. El líder dice cualquier número entero del 3 al 9. Este número es el número BUZZ. El líder también elige el número de ALTO. El número de ALTO debe ser por lo menos 30.

2. El jugador a la izquierda del líder empieza el juego diciendo "uno". El juego continúa en el sentido de las manecillas del reloj con cada jugador diciendo ya sea el siguiente número entero o "BUZZ".

3. Un jugador debe decir "BUZZ" en lugar del siguiente número si:
   • El número es el número BUZZ o un múltiplo del número BUZZ; o si,
   • El número contiene el número BUZZ como uno de sus dígitos.

4. Si un jugador comete un error, el siguiente jugador empieza por 1.

5. El juego continúa hasta alcanzar el número de ALTO.

6. Para la siguiente ronda, el jugador a la derecha del líder se convierte en el nuevo líder.

EJEMPLO El número BUZZ es 4. El juego debe proceder de la siguiente manera: 1, 2, 3, BUZZ, 5, 6, 7, BUZZ, 9, 10, 11, BUZZ, 13, BUZZ, 15, etc.

Bizz-Buzz

Bizz–Buzz se juega como *Buzz,* excepto que el líder dice dos números: un número BUZZ y un número BIZZ.

Los jugadores dicen:

1. "BUZZ" si el número es un múltiplo del número BUZZ.

2. "BIZZ" si el número es un múltiplo del número BIZZ.

3. "BIZZ–BUZZ" si el número es un múltiplo del número BUZZ y del número BIZZ.

> **NOTA**
>
> Los números 6 y 12 en el ejemplo de abajo se sustituyen por "BIZZ - BUZZ", ya que 6 y 12 son múltiplos de 6 y 3.

EJEMPLO El número BUZZ es 6 y el número BIZZ es 3. El juego debe proceder de la siguiente manera: 1, 2, BIZZ, 4, 5, BIZZ–BUZZ, 7, 8, BIZZ, 10, 11, BIZZ–BUZZ, 13, 14, BIZZ, 16, etc.

Juego de crédito y débito

Materiales ☐ 1 baraja completa de tarjetas de números
☐ hoja de registro *(Originales,* pág. 97)

Jugadores 2

Instrucciones

Imagínate que eres el contador de un negocio. Tu trabajo es anotar el balance actual de la compañía. El balance actual también se llama "línea de base". Al reportar los créditos y débitos, los anotarás y después, ajustarás la línea de base.

	Hoja de registro		
	Inicio	**Cambio**	**Fin/siguiente inicio**
1	+$10		
2			
3			
4			
5			
6			
7			
8			
9			
10			

1. Revuelve la baraja y colócala boca abajo entre los jugadores.

2. Las tarjetas numeradas negras son los "créditos" y las tarjetas numeradas azules o rojas son los "débitos".

3. Cada jugador empieza con una línea de base de +$10.

4. Los jugadores se turnan. En tu turno, haz lo siguiente:

   • Saca una tarjeta. La tarjeta te dice la cantidad de dólares y si ésta es un crédito o un débito a la línea de base. Anota el crédito o débito en la columna de "Cambio".

   • Usa el crédito o débito para ajustar la línea de base.

   • Anota el resultado en la tabla.

EJEMPLOS Ellen tiene un balance de "Inicio" de +$20. Ella saca un 9 negro. Esto es un crédito de $9, así que anota +$9 en la columna de "Cambio". Suma $9 a la línea de base: $20 + $9 = $29. Luego, Ellen anota +$29 en la columna "Fin". También anota +$29 en la columna "Inicio" en la siguiente línea.
Larry tiene un balance de "Inicio" de +$10. Él saca un 12 rojo. Esto es un débito de $12, así que anota –$12 en la columna de "Cambio". Resta $12 de la línea de base: $10 – $12 = –$2. Luego, Larry anota –$2 en la columna de "Fin". También anota –$2 en la columna de "Inicio" en la siguiente línea.

Anotar puntos: Después de que cada quien haya sacado 10 tarjetas, el jugador que tenga más dinero gana la ronda. Si ambos jugadores tienen cantidades de dólares negativas, gana el jugador cuya cantidad esté más cercana a 0.

Juego de crédito y débito (versión avanzada)

Materiales ☐ 1 baraja completa de tarjetas de números
☐ 1 *penny*
☐ hoja de registro para cada jugador
(*Originales,* pág. 97)

Jugadores 2

Instrucciones

Imagínate que eres el contador de un negocio. Tu trabajo es anotar el balance actual de la compañía, también llamado "línea de base".

		Cambio		Fin y siguiente inicio
	Inicio	**Suma o resta**	**Crédito o débito**	
1	+$10			
2				
3				
4				
5				
6				
7				
8				
9				
10				

Hoja de registro

1. Barajen las tarjetas. Colóquenlas boca abajo entre los jugadores.

2. Las tarjetas de números negros son los "créditos", y las tarjetas de números azules o rojos son los "débitos".

3. El lado de la cara de la moneda indica **sumar** un crédito o débito a la línea de base. El lado de la cruz de la moneda indica **restar** un crédito o un débito de la línea de base.

4. Cada jugador empieza con una línea de base de +$10.

5. Los jugadores se turnan. En tu turno, haz lo siguiente:
   - Lanza la moneda. Esto te dice si sumar o restar.
   - Saca una tarjeta. La tarjeta te dice qué cantidad en dólares (positiva o negativa) sumar o restar a la línea de base. Los números rojos o azules son números negativos.
   - Anota el resultado en la tabla.

EJEMPLOS Max tiene un balance de "Inicio" de +$5. Saca un 8 rojo y anota −$8 en la columna "Crédito o débito". Su moneda cae del lado de la cara y él anota + en la columna de "Suma o resta". Max suma $5 + (−$8) = −$3. Anota −$3 en la columna de balance "Fin" y en la columna "Inicio" en la siguiente línea. Beth tiene un balance de "Inicio" de −$20. Su moneda cae del lado de la cruz, lo que significa restar. Ella saca un 11 negro (+$11). Resta: −$20 − (+$11) = −$31. Su balance de "Fin" es −$31.

Anotar puntos: Cuando todos hayan jugado 10 veces, el jugador que tenga más dinero gana la ronda. Si ambos jugadores tienen cantidades de dólares negativas, gana el jugador cuya cantidad esté más cercana a 0.

División relámpago

Materiales ☐ calculadora para cada jugador

☐ hoja de registro

Jugadores 1 ó 2

Objetivo del juego Llegar a 100 en el menor
número de divisiones posibles

Instrucciones

1. En una hoja de papel, preparen una hoja de registro
como la que se muestra a la derecha.

2. Los jugadores borran la memoria de sus
calculadoras. Luego, cada jugador elige un número
mayor que 1,000 y oprime la siguiente secuencia de
teclas en su calculadora:

   (Op1) (∧) (·) 5 (Op1) [número elegido] (Op1)

3. Cada jugador usa el dígito final de la pantalla de la
calculadora como número de 1 dígito y los dos
dígitos anteriores al dígito final, como número de 2 dígitos.

4. Cada jugador divide el número de 2 dígitos entre el número
de 1 dígito y anota el resultado. (Este resultado es el cociente.
Los residuos no se toman en cuenta.) Los jugadores calculan
mentalmente o en papel; no usan la calculadora.

5. **Los jugadores no borran la memoria de sus calculadoras.**
Sólo oprimen (Op1) y repiten los pasos 3 y 4 hasta que la suma
de los cocientes de un jugador sea 100 o más. El ganador es el
primer jugador que llegue por lo menos a 100. Si sólo hay un
jugador, el objetivo del juego es llegar a 100 o más en el menor
número posible de turnos.

Jugador 1		Jugador 2	
Cociente	Puntaje	Cociente	Puntaje

EJEMPLO

	Cociente	Puntaje

Primer turno: Oprime (Op1) (∧) (·) 5 (Op1) 5678 (Op1)
En una pantalla de 10 dígitos, el resultado es 7 5 . 3 5 2 5 0 <u>4 9</u> <u>4</u>.

Divide 49 entre 4. El cociente es 12 con residuo 1. — 12 — 12

Segundo turno: Oprime (Op1). El resultado es 8 . 6 8 0 5 8 2 <u>0 6</u> <u>2</u>.
Divide 06, ó sea 6, entre 2. El cociente es 3. — 3 — 15

Tercer turno: Oprime (Op1). El resultado es 2 . 9 4 6 2 8 2 <u>7 5</u> <u>3</u>.
Divide 75 entre 3. El cociente es 25. — 25 — 40

Continúen hasta que un jugador tenga una puntuación total de 100 o más.

Estimación apretada

Materiales ☐ calculadora

Jugadores 2

Objetivo del juego Estimar la raíz cuadrada de un número sin usar la tecla ⌧ en la calculadora

Instrucciones

1. Elige un número que sea menor que 600 y que NO sea un cuadrado perfecto. (Consulta la tabla de la derecha.) Éste es el **número objetivo.** Anota el número objetivo.

2. Los jugadores se turnan. Cuando sea tu turno:

   - Estima la raíz cuadrada del número objetivo e introduce la estimación en la calculadora.
   - Eleva al cuadrado la estimación usando la calculadora y anótalo.

3. El primer jugador que haga una estimación cuyo cuadrado esté a 0.1 del número objetivo, gana el juego. Por ejemplo, si el número objetivo es 139, la estimación elevada al cuadrado deberá ser mayor que 138.9 y menor que 139.1.

Cuadrados perfectos

1	81	289
4	100	324
9	121	361
16	144	400
25	169	441
36	196	484
49	225	529
64	256	576

Un cuadrado perfecto es el cuadrado de un número entero.
$1 = 1 * 1$, $64 = 8 * 8$, $400 = 20^2$

EJEMPLO Usa tu calculadora para elevar al cuadrado el número 13.5. Oprime 13 · 5 ∧ 2 ⏎, u oprime 13 · 5 ✕ 13 · 5 ⏎. Respuesta: 182.25.

4. No uses la tecla ⌧ en la calculadora. Esta tecla te da la mejor estimación de una raíz cuadrada que puede hacer la calculadora.

EJEMPLO Número objetivo: 139

	Estimación	La estimación elevada al cuadrado	
Nick	12	144	demasiado grande
Erin	11	121	demasiado pequeño
Nick	11.5	132.25	demasiado pequeño
Erin	11.8	139.24	demasiado grande
Nick	11.75	138.0625	demasiado pequeño
Erin	11.79	139.0041	entre 138.9 y 139.1

Gana Erin.

Pelota de exponentes

Materiales □ un Tablero de juego de *Pelota de exponentes*
(*Originales*, pág. 90)
□ 1 dado de 6 lados
□ un *penny* u otra ficha
□ calculadora

Jugadores 2

Instrucciones

1. El juego es parecido al fútbol americano. El jugador que empieza pone la pelota (una ficha) en una de las líneas de 20 yardas. La meta del jugador es alcanzar la línea de anotación a 80 yardas de distancia. Un turno consiste en cuatro oportunidades para avanzar la ficha a la línea de anotación y anotar.

2. Las primeras tres oportunidades deben ser carreras en el campo. Para correr, el jugador tira el dado dos veces. El primer tiro da el nombre de la **base,** el segundo da nombre al **exponente.** Por ejemplo, un tiro de 5 y 4 da nombre al número $5^4 = 625$.

3. El jugador calcula el valor de los tiros. Usa la Tabla 1 en la página del tablero de juego para hallar hasta dónde mover la pelota hacia adelante ($+$) o hacia atrás ($-$).

4. Si el jugador no anota en sus primeras tres oportunidades, el jugador puede elegir si correr o patear en la cuarta oportunidad. Para patear, el jugador tira el dado una vez y multiplica el resultado por 10. El resultado es la distancia que recorre la pelota (Tabla 2 de la página del tablero de juego).

5. Si la pelota alcanza la línea de anotación en una carrera, el jugador anota 7 puntos. Si la pelota alcanza la línea de anotación en una patada, el jugador anota 3 puntos.

6. Si la pelota no alcanza la línea de anotación en cuatro oportunidades, el turno se acaba. El segundo jugador empieza donde el primer jugador se detuvo y se mueve hacia la línea de anotación opuesta.

7. Si el primer jugador anota, el segundo jugador pone la pelota en la línea de las 20 yardas y sigue las instrucciones de arriba.

8. Los jugadores se turnan. Una ronda consiste en cuatro turnos para cada jugador. El jugador con más puntos, gana.

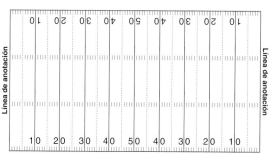

Tabla 1: Carreras		
Valor del tiro	Mover la pelota	Oportunidades de ganar terreno
1	-15 yd	-15 yardas: 1 de 6 o cerca del 17%
2 a 6	$+10$ yd	10 yardas o más: 5 de 6 o cerca del 83%
8 a 81	$+20$ yd	20 yardas o más: 4 de 6 o cerca del 67%
en las centenas	$+30$ yd	30 yardas o más: 13 de 36 o cerca del 36%
en los millares	$+40$ yd	40 yardas o más: 7 de 36 o cerca del 19%
en las decenas de millar	$+50$ yd	50 yardas: 1 de 18 o cerca del 6%

Tabla 2: Patadas		
Valor del tiro	Mover la pelota	Oportunidades de patear
1	$+10$ yd	10 yardas o más: 6 de 6 o 100%
2	$+20$ yd	20 yardas o más: 5 de 6 o cerca del 83%
3	$+30$ yd	30 yardas o más: 4 de 6 o cerca del 67%
4	$+40$ yd	40 yardas o más: 3 de 6 o cerca del 50%
5	$+50$ yd	50 yardas o más: 2 de 6 o cerca del 33%
6	$+60$ yd	60 yardas o más: 1 de 6 o cerca del 17%

N O T A
Si un movimiento hacia atrás lleva la pelota más allá de la línea de anotación, la pelota (la ficha) se pone en la línea de anotación.

Bingo de factores

Materiales ☐ tarjetas de números del 2 al 9 (4 de cada una)
☐ Tablero de *Bingo de factores* para cada jugador (*Originales,* pág. 10)
☐ 12 *pennies* o fichas para cada jugador

Jugadores de 2 a 4

Instrucciones

Preparación: Cada jugador llena los 25 recuadros en su tablero. Elige 25 números cualquiera de los números 2 al 90. Escribe un número en cada recuadro de la cuadrícula. No escribas el mismo número en más de un recuadro. Cada recuadro debe tener un número diferente. Asegúrate de revolver los números. No deben estar en orden.

1. Barajen las tarjetas. Colóquenlas boca abajo sobre la mesa en un montón.

2. Cualquier jugador puede voltear la tarjeta que está encima. El número en la tarjeta es el **factor objetivo.**

3. Cada jugador pone un *penny* u otra ficha en un recuadro de su tablero. Pon una ficha en el recuadro sólo si el factor objetivo es un factor del número escrito en el recuadro. No pongas una ficha en un recuadro donde haya una ficha.

> **EJEMPLO** Se voltea una tarjeta con un 5. El número *5* es el factor objetivo. Un jugador puede poner una ficha en cualquier recuadro cuyo número tenga un *5* como factor, por ejemplo 5, 10, 15, 20, 25, etc.

4. Voltea la siguiente tarjeta y continúa de la misma manera.

5. El primer jugador en tener cinco fichas en una fila, columna o diagonal grita "¡Bingo!" y gana el juego. Un jugador que logre poner las 12 fichas donde sea en el tablero, puede decir también "¡Bingo!" y ganar el juego.

6. Si todas las tarjetas se usan antes de que alguien gane, se barajan y se continúa jugando.

2 3 4 5 6 7 8 9 10
11 12 13 14 15 16 17 18 19 20
21 22 23 24 25 26 27 28 29 30
31 32 33 34 35 36 37 38 39 40
41 42 43 44 45 46 47 48 49 50
51 52 53 54 55 56 57 58 59 60
61 62 63 64 65 66 67 68 69 70
71 72 73 74 75 76 77 78 79 80
81 82 83 84 85 86 87 88 89 90

Escribe cualquiera de los números del 2 al 90 en la cuadrícula de arriba.

Puedes usar un número sólo una vez.

Capturador de factores

Materiales ☐ calculadoras para cada jugador
           ☐ papel y lápiz
           ☐ una cuadrícula de *Capturador de factores*
              (Cuadrícula 1 ó 2) (*Originales*, págs. 5 y 6)
           ☐ fichas del tamaño de una moneda
              (48 para la Cuadrícula 1; 70 para la
              Cuadrícula 2)

Jugadores 2

Instrucciones

1. Para empezar la primera ronda, el jugador 1 (James) elige un número de 2 dígitos en la cuadrícula numérica. Lo cubre con una ficha y anota el número en un papel. Éste es el puntaje de James en esta ronda.

2. El jugador 2 (Emma) cubre todos los factores del número de James. Emma halla la suma de los factores y la escribe en un papel. Éste es el puntaje de Emma en esta ronda.

Un factor podrá ser cubierto sólo una vez durante una ronda.

3. Si a Emma se le escaparon algunos factores, James puede cubrirlos con fichas y sumarlos a su puntaje.

4. En la siguiente ronda, los jugadores intercambian papeles. El jugador 2 (Emma) elige un número que no esté cubierto por una ficha. El jugador 1 (James) cubre todos los factores de ese número.

5. Cualquier número cubierto por una ficha no está disponible y no puede usarse otra vez.

6. El primer jugador en una ronda no podrá cubrir un número menor que 10, a menos que no haya otro número disponible.

7. El juego continúa con los jugadores intercambiando papeles en cada ronda, hasta que todos los números en la cuadrícula hayan sido cubiertos. Entonces, los jugadores usan sus calculadoras para hallar el puntaje final. El jugador con el puntaje total más alto gana el juego.

1	2	2	2	2	2
2	3	3	3	3	3
3	4	4	4	4	5
5	5	5	6	6	7
7	8	8	9	9	10
10	11	12	13	14	15
16	18	20	21	22	24
25	26	27	28	30	32

1	2	2	2	2	3
3	3	3	3	4	4	4
4	5	5	5	5	6	6
6	7	7	8	8	9	9
10	10	11	12	13	14	15
16	17	18	19	20	21	22
23	24	25	26	27	28	30
32	33	34	35	36	38	39
40	42	44	45	46	48	49
50	51	52	54	55	56	60

EJEMPLO

1ª ronda: James cubre 27 y se anota 27 puntos. Emma cubre 1, 3 y 9 y se anota 1 + 3 + 9 = 13 puntos.

2ª ronda: Emma cubre 18 y se anota 18 puntos. James cubre 2, 3 y 6 y se anota 2 + 3 + 6 = 11 puntos. Emma cubre 9 con una ficha porque 9 es también factor de 18. Emma suma 9 puntos a su puntaje.

Supera el factor

Materiales ☐ tarjetas de números del 0 al 9 (4 de cada una)

Jugadores ☐ 2 o más

Instrucciones

1. Barajen las tarjetas y pónganlas boca abajo en un montón.

2. En cada ronda, los jugadores se turnan. Cuando sea tu turno:

- Toma dos tarjetas de arriba del montón.
- Forma un número de 2 dígitos con las tarjetas.
- Anota el número y todos sus factores en un papel.
- Halla la suma de todos los factores. Éste es tu puntaje para esta ronda.

3. Juega 5 rondas.

4. El ganador es el jugador con la mayoría de puntos al final de las 5 rondas.

EJEMPLO Halla el puntaje de cada jugador en una ronda.

Jugador 1 forma el número 95.

Factores: 1, 5, 19, 95

Puntaje: 1 + 5 + 19 + 95 = 120

Jugador 2 forma el número 88.

Factores: 1, 2, 4, 8, 11, 22, 44, 88

Puntaje: 1 + 2 + 4 + 8 + 11 + 22 + 44 + 88 = 180

Jugador 3 forma el número 52.

Factores: 1, 2, 4, 13, 26, 52

Puntaje: 1 + 2 + 4 + 13 + 26 + 52 = 98

El jugador 2 gana.

Primero al 100

Materiales ☐ juego de 32 tarjetas de problemas de
Primero al 100. (Originales, págs. 46 y 47)
☐ 2 dados de seis lados
☐ calculadora

Jugadores de 2 a 4

Objetivo del juego Resolver problemas y ser el primer
jugador en juntar 100 puntos

Instrucciones

1. Barajen las Tarjetas de problemas y pónganlas boca
abajo en un montón.

2. Los jugadores se turnan. Cuando sea tu turno:

   • Tira dos dados y halla el producto de los números.

   • Voltea la Tarjeta de problemas de arriba y
   sustituye la variable *x* por el producto en el
   problema de la tarjeta.

   • Resuelve el problema mentalmente o usa papel y
   lápiz. Después, da la respuesta. (Tienes tres
   oportunidades de usar la calculadora para resolver
   problemas difíciles durante el juego.) Los demás
   jugadores comprueban la respuesta con una
   calculadora.

   • Si la respuesta es correcta, ganas el número de
   los puntos igual al producto que sustituyó la
   variable *x*. Algunas Tarjetas de problemas
   requieren dos o más respuestas. Para ganar
   puntos, debes responder a todas las partes del
   problema correctamente.

   • Pon la Tarjeta de problemas que usaste debajo del
   montón de tarjetas.

3. El primer jugador en conseguir al menos 100 puntos, gana.

¿Cuántas pulgadas hay en *x* pies? ¿Cuántos cm hay en *x* metros? 1	¿Cuántos cuartos hay en *x* galones? 2	¿Cuál es el menor número de *x* que puedes sumar para obtener una suma mayor que 100? 3	¿Es 50 ∗ *x* mayor que 1,000? ¿Es $\frac{x}{10}$ menor que 1? 4
$\frac{1}{2}$ de *x* = ? $\frac{1}{10}$ de *x* = ? 5	1 − *x* = ? *x* + 998 = ? 6	Si *x* personas comparten por igual 1,000 estampillas, ¿cuántas recibe cada persona? 7	¿Qué hora será en *x* minutos? ¿Qué hora era hace *x* minutos? 8
Debes viajar 102 millas hasta tu destino. Ya viajaste *x* millas. ¿Cuántas millas faltan? 9	¿Qué número entero o mixto es igual a *x* dividido entre 2? 10	¿Es *x* un número primo o un número compuesto? ¿Es *x* divisible entre 2? 11	Son las 11:05 a.m. El tren partió hace *x* minutos. ¿A qué hora partió el tren? 12
Bill nació en 1939. Freddy nació el mismo día, pero *x* años más tarde. ¿En qué año nació Freddy? 13	¿Cuál es mayor: 2 + *x* ó *x* + 50? 14	Hay *x* filas de asientos. Hay 9 asientos en cada fila. ¿Cuántos asientos hay en total? 15	Sargon gastó *x* centavos en manzanas. Si pagó con un billete de $5, ¿cuánto cambio va a recibir? 16

La temperatura era de 25°F. Bajó *x* grados. ¿Cuál es la nueva temperatura? 17	Cada piso de un edificio tiene 10 pies de altura. Si el edificio tiene *x* pisos, ¿qué altura tiene? 18	¿Cuál es mayor: 2 ∗ *x* ó $\frac{100}{x}$? 19	20 ∗ *x* = ? 20
Nombra todos los factores de *x* que sean números enteros. 21	¿Es *x* un número par o un número impar? ¿Es *x* divisible entre 9? enteros. 22	Shalanda nació un martes. Linda nació *x* días después. ¿En qué día de la semana nació Linda? 23	Will tenía un *quarter* más *x* centavos. ¿Cuánto dinero tenía en total? 24
Halla el perímetro y área de este cuadrado. *x* cm *x* cm 25	¿Cuál es la mediana de estos pesos? 5 libras 21 libras *x* libras ¿Cuál es el rango? 26	27	x^2 = ? 50% de x^2 = ? 28
(3*x* + 4) − 8 = ? 29	*x* de cada 100 estudiantes votaron por Ruby. ¿Es esto más del 25% de los estudiantes, menos del 25% o exactamente el 25%? 30	Hay 200 estudiantes en la escuela Wilson. El *x*% de ellos habla español. ¿Cuántos estudiantes hablan español? 31	Unas personas contestaron Sí o No a una pregunta de una encuesta. El *x*% contestó Sí. ¿Qué porcentaje contestó No? 32

EJEMPLO Alice tira un 5 y un 6. El producto es 30.

Ella voltea la Tarjeta de problemas: 20 ∗ *x* = ?
Sustituye la *x* por 30 y responde 600.

La respuesta es correcta. Alice gana 30 puntos.

Tres en raya de fracciones
2-4-5-10 Tres en raya de fracciones

Materiales ☐ tarjetas de números del 0 al 10
(4 de cada una)

☐ *Tablero de tarjetas de números:*
(Originales, pág. 62)

☐ *Tablero de juego: (Originales,* pág. 63)

☐ *Fichas:* Fichas (de 2 colores) o *pennies*
(Un jugador usa cara y el otro usa cruz.)

☐ calculadora

Jugadores 2

Preparación: Separen las tarjetas en dos montones en el Tablero de tarjetas de números: un montón de numeradores y un montón de denominadores. Para un juego de *2-4-5-10,* pon dos de cada 2, 4, 5 y 10, en el montón de denominadores. Las otras tarjetas se ponen en el montón de los numeradores.

Barajen las tarjetas de cada montón. Coloquen los montones boca abajo en los espacios de la izquierda. Cuando el montón de numeradores esté completamente usado, vuelvan a barajar las tarjetas y pónganlas boca abajo en el espacio de la izquierda. Cuando el montón de denominadores se haya acabado, sin barajarlo, pónganlo boca abajo en el espacio de la izquierda.

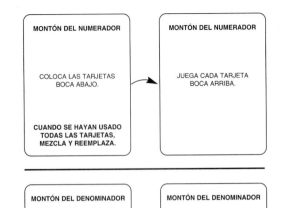

Instrucciones

1. Los jugadores se turnan. Cuando sea tu turno:
    *   Voltea la tarjeta de arriba de cada montón para formar una fracción (la tarjeta del numerador sobre la tarjeta del denominador).

    *   Trata de formar un par con la fracción mostrada y uno de los recuadros en el Tablero de juego. Si hallas el par, cubre el recuadro con una ficha y tu turno termina. Si no hallas el par, termina tu turno.

2. Para convertir la fracción que muestran las tarjetas a un decimal, los jugadores pueden usar, ya sea una calculadora o la *Tabla de decimales equivalentes a fracciones*, pág. 358.

Tablero de juego para la versión de Decimales 2-4-5-10 de Tres en raya de fracciones

>1.0	0 ó 1	>2.0	0 ó 1	>1.0
0.1	0.2	0.25	0.3	0.4
>1.5	0.5	>1.5	0.5	>1.5
0.6	0.7	0.75	0.8	0.9
>1.0	0 ó 1	>2.0	0 ó 1	>1.0

EJEMPLOS

Las cartas muestran la fracción $\frac{4}{5}$. El jugador puede cubrir el recuadro de 0.8, a menos que el recuadro ya haya sido cubierto.

Las cartas muestran la fracción $\frac{0}{5}$. El jugador puede cubrir cualquiera de los cuatro recuadros rotulados "0 ó 1" que no hayan sido cubiertos anteriormente.

Las cartas muestran la fracción $\frac{4}{2}$. El jugador puede cubrir cualquier recuadro rotulado "> 1.0" ó "> 1.5" que no haya sido cubierto anteriormente. El jugador no puede cubrir un recuadro rotulado "> 2.0," porque $\frac{4}{2}$ es igual a, pero no mayor que, 2.0.

3. **Anotar puntos** El primer jugador en cubrir tres recuadros en una fila en cualquier dirección (horizontal, vertical, diagonal), gana.

Variación: Jueguen una versión del juego *2-4-5-10* con el tablero de juego de porcentajes que se muestra a la derecha. Usen *Originales,* pág. 66.

>100%	0% ó 100%	>200%	0% ó 100%	>100%
10%	20%	25%	30%	40%
>100%	50%	>200%	50%	>100%
60%	70%	75%	80%	90%
>100%	0% ó 100%	>200%	0% ó 100%	>100%

Jueguen la versión *2-4-8* o la *3-6-9* del juego. Los tableros para las diferentes versiones se muestran abajo.

- Para el juego *2-4-8*, coloquen dos tarjetas de cada *2*, *4* y *8* en el montón del denominador. Usen *Originales*, páginas 64 ó 69.

- Para el juego *3-6-9*, coloquen dos tarjetas de cada *3*, *6* y *9* en el montón del denominador. Usen *Originales*, página 65 ó 72.

Tres en raya de fracciones 2-4-8

>2.0	0 ó 1	>1.5	0 ó 1	>2.0
1.5	0.125	0.25	0.375	1.5
>1.0	0.5	0.25 ó 0.75	0.5	>1.0
2.0	0.625	0.75	0.875	2.0
>2.0	0 ó 1	1.125	0 ó 1	>2.0

Tres en raya de fracciones 2-4-8

>200%	0% ó 100%	>150%	0% ó 100%	>200%
150%	$12\frac{1}{2}\%$	25%	$37\frac{1}{2}\%$	150%
>100%	50%	25% ó 75%	50%	>100%
200%	$62\frac{1}{2}\%$	75%	$87\frac{1}{2}\%$	200%
>200%	0% ó 100%	$112\frac{1}{2}\%$	0% ó 100%	>200%

Tres en raya de fracciones 3-6-9

>1.0	0 ó 1	$0.\overline{1}$	0 ó 1	>1.0
$0.1\overline{6}$	$0.\overline{2}$	$0.\overline{3}$	$0.\overline{3}$	$0.\overline{4}$
>2.0	$0.\overline{5}$	>1.0	$0.\overline{6}$	>2.0
$0.\overline{6}$	$0.\overline{7}$	$0.8\overline{3}$	$0.\overline{8}$	$1.\overline{3}$
>1.0	0 ó 1	$1.\overline{6}$	0 ó 1	>1.0

Tres en raya de fracciones 3-6-9

>100%	0% ó 100%	11.1%	0% ó 100%	>100%
$16\frac{2}{3}\%$	22.2%	$33\frac{1}{3}\%$	33.3%	44.4%
>200%	55.5%	>100%	66.6%	>200%
$66\frac{2}{3}\%$	77.7%	$83\frac{1}{3}\%$	88.8%	$133\frac{1}{3}\%$
>100%	0% ó 100%	$166\frac{2}{3}\%$	0% ó 100%	>100%

Fracción de acción, fracción de fricción

Materiales ☐ un juego de 16 tarjetas de *Fracción de acción, fracción de fricción (Originales,* pág. 108)

☐ una o más calculadoras

Jugadores 2 ó 3

$\frac{1}{2}$	$\frac{1}{3}$	$\frac{2}{3}$	$\frac{1}{4}$
$\frac{3}{4}$	$\frac{1}{6}$	$\frac{1}{6}$	$\frac{5}{6}$
$\frac{1}{12}$	$\frac{1}{12}$	$\frac{5}{12}$	$\frac{5}{12}$
$\frac{7}{12}$	$\frac{7}{12}$	$\frac{11}{12}$	$\frac{11}{12}$

Objetivo del juego Reunir un juego de tarjetas de fracciones con una suma lo más cercana posible a 2, sin pasar de 2

Instrucciones

1. Barajen las tarjetas y colóquenlas boca abajo entre los jugadores.

2. Los jugadores se turnan.

   • En el primer turno, cada jugador toma una tarjeta de arriba de la baraja y la coloca boca arriba sobre la superficie de juego.

   • En los siguientes turnos, cada jugador anuncia una de las dos opciones siguientes:

   "Acción" Esto significa que el jugador quiere una tarjeta adicional. El jugador cree que la suma de las tarjetas no es lo suficientemente cercana a 2 para ganar la ronda. El jugador piensa que otra tarjeta acercará la suma de las tarjetas a 2, sin pasar de 2.

   "Fricción" Esto significa que el jugador no quiere una tarjeta adicional. El jugador cree que la suma de las tarjetas es tan cercana a 2 como para ganar la ronda. El jugador piensa que si saca otra tarjeta hay muchas posibilidades de que la suma de las 2 tarjetas sea mayor que 2.

Una vez que el jugador dice "Fricción" no puede decir "Acción" en ningún turno posterior.

3. El juego continúa hasta que todos los jugadores hayan dicho "Fricción" o tengan un juego de tarjetas cuya suma es mayor que dos. El jugador cuya suma esté más cerca de 2 sin pasarse de 2 gana la ronda. Los jugadores pueden comprobar en sus calculadoras las sumas de los demás.

4. Barajen las tarjetas otra vez y comiencen de nuevo. El ganador del juego es el primero en ganar cinco rondas.

Concentración de fracción y porcentaje

Materiales ☐ 1 juego de Losas de fracción y porcentaje
(*Originales*, págs. 75 y 76)
☐ calculadora

Jugadores 2 ó 3

Objetivo del juego Emparejar losas de fracciones y losas de porcentajes equivalentes

Instrucciones

1. Coloquen las losas boca abajo sobre la superficie de juego. Hagan dos montones diferentes: un montón de fracciones y un montón de porcentajes. Revuelvan las losas de cada montón. La parte de atrás de las 12 losas de fracción debe mostrar la fracción $\frac{a}{b}$. La parte de atrás de las 12 losas de porcentaje debe mostrar el símbolo de porcentaje %.

2. Los jugadores se turnan. En cada turno, un jugador voltea una losa de fracción y una losa de porcentaje. Si la fracción y el porcentaje son equivalentes, el jugador se queda con las losas. Si las losas no coinciden, el jugador vuelve a ponerlas boca abajo.

3. Los jugadores pueden usar una calculadora para comprobar las comparaciones de los otros.

4. El juego termina cuando se hayan tomado todas las losas. Gana el jugador que tenga más losas.

Losas de fracción y porcentaje			
10%	20%	25%	30%
40%	50%	60%	70%
75%	80%	90%	100%
$\frac{1}{2}$	$\frac{1}{4}$	$\frac{3}{4}$	$\frac{1}{5}$
$\frac{2}{5}$	$\frac{3}{5}$	$\frac{4}{5}$	$\frac{1}{10}$
$\frac{3}{10}$	$\frac{7}{10}$	$\frac{9}{10}$	$\frac{2}{2}$

Supera la fracción

Materiales ☐ 1 baraja de 32 tarjetas de fracciones
(*Originales,* págs. 484 y 485)

Jugadores de 2 a 4

Objetivo del juego Reunir la mayor cantidad de tarjetas

Instrucciones

Preparación: Antes de empezar el juego, escriban la fracción para la parte sombreada en la parte de atrás de cada tarjeta.

1. Repartan el mismo número de tarjetas, con el lado de la fracción hacia arriba, a cada jugador:
   - 16 tarjetas cada uno, si son 2 jugadores
   - 10 tarjetas cada uno, si son 3 jugadores
   - 8 tarjetas cada uno, si son 4 jugadores

2. Coloquen las tarjetas sobre la superficie de juego frente a cada jugador, con el lado de la fracción hacia arriba.

3. Cada jugador juega una tarjeta, empezando con el que repartió y continuando en la dirección de las manecillas del reloj.

4. Coloquen las tarjetas sobre la mesa mostrando el lado de la fracción.

5. El jugador que tenga la fracción mayor gana la ronda y se lleva las tarjetas. Los jugadores pueden comprobar quién tiene la fracción mayor volteando las tarjetas y comparando la cantidad sombreada.

6. Si hay un empate por la fracción mayor, cada jugador juega otra tarjeta. El jugador con la fracción mayor se lleva todas las tarjetas.

7. El jugador que se lleva las tarjetas empieza la siguiente ronda. El juego termina cuando se hayan usado todas las tarjetas.

Gana el jugador que tenga la mayor cantidad de tarjetas.

Tarjetas de fracciones 1

Tarjetas de fracciones 2

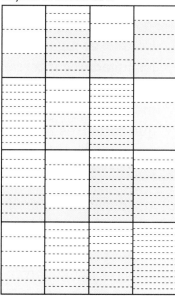

Llegar a uno

Materiales ☐ calculadora
Jugadores 2

Objetivo del juego Adivinar un número misterioso en el menor número posible de intentos

Instrucciones

1. El jugador A elige un número misterioso menor que 100. Imagina que el número misterioso es el 65.

2. El jugador B trata de adivinar el número misterioso.

3. El jugador A usa una calculadora para dividir el número que se adivinó entre el número misterioso. Entonces, el jugador A lee la respuesta que aparece en la calculadora. Si la respuesta tiene más de dos lugares decimales, sólo se leen los primeros dos lugares decimales.

4. El jugador B continúa adivinando hasta que el resultado sea 1. El jugador B anota el número de intentos.

5. Cuando el jugador B haya adivinado el número misterioso, los jugadores intercambian papeles y siguen los pasos del 1 al 4. El jugador que adivine el número misterioso en el menor número de intentos, gana la ronda. El primer jugador que gane tres rondas gana el juego.

EJEMPLO   El jugador A elige como número misterioso el 65.

El jugador B adivina: 55. El Jugador A oprime: 55 ÷ 65 (Enter) .
Respuesta: 0.8461538462   Demasiado pequeño

El jugador B adivina: 70. El Jugador A oprime: 70 ÷ 65 (Enter) .
Respuesta: 1.076923077   Demasiado grande

El jugador B adivina: 65. El Jugador A oprime: 65 ÷ 65 (Enter) . Respuesta: 1   ¡Exacto!

Versión avanzada Permite usar números misteriosos hasta 1,000.

Tesoro escondido

Materiales ☐ Cada jugador hace dos cuadrículas de juego en una hoja de papel cuadriculado. (Ver el ejemplo de la derecha) (*Originales,* pág. 117)

☐ lápiz, pluma roja o crayón

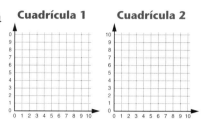

Jugadores 2

Objetivo del juego Cada jugador "esconde" un punto en la cuadrícula. Cada jugador trata de "hallar" el punto que escondió el otro.

Instrucciones

1. Cada jugador traza su par de cuadrículas de juego. Los jugadores se sientan de tal manera que no puedan ver lo que el contrario está escribiendo.

2. Cada jugador marca secretamente un punto en la cuadrícula 1. Estos son los puntos "escondidos".

3. El jugador 1 adivina la ubicación del punto escondido del jugador 2 diciendo un par ordenado. Para decir (1,2), di "1 coma 2".

4. Si el punto escondido del jugador 2 está en esa ubicación, el jugador 1 gana.

5. Si el punto escondido no está en esa ubicación, el jugador 2 marca el intento con lápiz en la cuadrícula 1. El jugador 2 cuenta el menor número de "lados de cuadrado" que se necesitan para viajar del punto escondido al punto adivinado y se lo dice al jugador 1. Se repiten los pasos 3 al 5 invirtiendo los papeles.

Versión avanzada Se usa una cuadrícula de 4 cuadrantes con ejes rotulados del −7 al 7.

EJEMPLO

El jugador 1 marca un punto escondido en (2,5).

Jugador 1

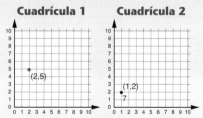

El jugador 2 marca un punto escondido en (3,7).

Jugador 2

- El jugador 1 adivina que el punto escondido del jugador 2 está en (1,2) y lo marca con lápiz en la cuadrícula 2.

- El jugador 2 marca con lápiz el punto (1,2) en la cuadrícula 1 y le dice al jugador 1 que (1,2) está a 7 unidades del punto escondido.

- El jugador 1 escribe 7 junto al punto (1,2) en la cuadrícula 2.

Lanzar números altos

Materiales ☐ 1 dado de seis lados

Jugadores 2

Objetivo del juego Formar el número más grande posible

Instrucciones

> **NOTA**
>
> Si no tienen un dado, pueden usar una baraja de tarjetas de números. Usen los números del 1 al 6. En lugar de tirar el dado, saquen la tarjeta de arriba de la baraja colocada boca abajo.

1. Todos los jugadores trazan cuatro líneas sobre una hoja de papel para anotar los números que salen al tirar el dado.

   Jugador 1: —— —— —— | ——

   Jugador 2: —— —— —— | ——

2. El jugador 1 tira el dado y escribe el número en cualquiera de sus cuatro espacios en blanco. No tiene que ser en el primer espacio, puede ser en cualquiera de ellos. *¡Ten en cuenta que el número más grande gana!*

3. Entonces, el jugador 2 tira el dado y escribe el número en uno de sus espacios en blanco.

4. Los jugadores se turnan para tirar el dado y escribir los números tres veces más cada uno.

5. Entonces, cada jugador usa los cuatro números en sus espacios en blanco para formar un número.

   • Los números de los primeros tres espacios en blanco son los primeros tres dígitos del número que forma el jugador.

   • El número en el cuarto espacio dice el número de ceros que siguen después de los tres dígitos.

6. Todos los jugadores leen su número. (Observa la tabla de valor posicional de abajo.) El jugador que tenga el número más grande gana la ronda. El primer jugador que gane cuatro rondas gana el juego.

Centenas de millón	Decenas de millón	Millones	,	Centenas de millar	Decenas de millar	Millares	,	Centenas	Decenas	Unidades

EJEMPLO

        Tres primeros   Número
            dígitos   de ceros

Jugador 1: <u>1</u> <u>3</u> <u>2</u> | <u>6</u> = 132,000,000 (132 millones)

Jugador 2: <u>3</u> <u>5</u> <u>6</u> | <u>4</u> =   3,560,000 (3 millones 560 mil)

Gana el jugador 1.

Lanzar números altos: versión decimal

Materiales ☐ tarjetas de números del 0 al 9 (4 de cada una)

☐ tarjeta de anotaciones para cada jugador

Jugadores 2

Objetivo del juego Formar el número más grande posible

Instrucciones

Juego 1	
Ronda 1	Anotación
0. __ __ __	_____
Ronda 2	
0. __ __ __	_____
Ronda 3	
0. __ __ __	_____
Ronda 4	
0. __ __ __	_____
Total:	
	_____

1. Cada jugador hace una tarjeta de anotaciones como la que se muestra a la derecha. Los jugadores llenan su tarjeta de anotaciones.

2. Barajen las tarjetas y colóquenlas boca abajo sobre la superficie de juego.

3. En cada ronda:

   • El jugador 1 saca la tarjeta de arriba de la baraja y escribe ese número en cualquiera de los tres espacios en blanco de la tarjeta de anotaciones. No tiene que ser en el primer espacio en blanco, puede ser en cualquiera.

   • El jugador 2 saca la siguiente tarjeta de la baraja y escribe el número en uno de sus espacios en blanco.

   • Los jugadores se turnan y juegan dos veces más. El jugador con el número mayor, gana la ronda.

4. **Anotar puntos** El puntaje del ganador para una ronda es la diferencia entre las anotaciones de los dos jugadores. El perdedor se anota 0 puntos para la ronda.

EJEMPLO

Jugador 1: <u>0</u> . <u>6</u> <u>5</u> <u>4</u>

Jugador 2: <u>0</u> . <u>7</u> <u>5</u> <u>3</u>

El jugador 2 tiene el número mayor y gana la ronda.

Ya que $0.753 - 0.654 = 0.099$, el jugador 2 se anota 0.099 puntos para la ronda. El jugador 1 se anota 0 puntos.

5. Los jugadores se turnan para empezar una ronda. Después de cuatro rondas, suman sus puntajes totales. El jugador que tenga el total mayor gana el juego.

Tiro al blanco de multiplicaciones

Materiales ☐ tarjetas de números del 0 al 9 (4 de cada una)

☐ 1 dado de seis lados

☐ calculadora

Jugadores 2

Instrucciones

1. Barajen las tarjetas y colóquenlas boca abajo sobre la superficie de juego.

2. Los jugadores se turnan. Cuando sea tu turno:

   • Tira el dado. Consulta en la tabla el rango objetivo del producto.

   • Toma cuatro tarjetas de arriba de la baraja.

   • Usa las tarjetas para tratar de formar dos números cuyo producto caiga dentro del rango objetivo. **No uses la calculadora.**

   • Multiplica los dos números en tu calculadora para determinar si el producto cae dentro del rango objetivo. Si es así, le has dado al blanco y anotado 1 punto. Si no es así, no anotas ningún punto.

   • A veces es imposible formar dos números cuyo producto caiga dentro del rango objetivo. Si esto sucede, no anotas ningún punto para esa ronda.

3. El juego termina cuando todos los jugadores hayan hecho cinco jugadas.

4. El jugador que anote más puntos gana el juego.

Número en el dado	Rango objetivo del producto
1	500 o menos
2	501–1,000
3	1,001–3,000
4	3,001–5,000
5	5,001–7,000
6	más de 7,000

EJEMPLO

Tom saca un 3, así que el rango objetivo es de 1,001 a 3,000.

Voltea un 5, un 7, un 2 y un 9.

Tom usa la estimación para tratar de formar dos números cuyo producto caiga dentro del rango objetivo, por ejemplo, 97 y 25.

Tom halla el producto con la calculadora: 97 * 25 = 2,425.

Ya que el producto está entre 1,001 y 3,000, Tom le ha dado al blanco y se anota 1 punto.

Algunos otros productos ganadores posibles con las tarjetas 5, 7, 2 y 9 son: 25 * 79, 27 * 59, 9 * 257 y 2 * 579.

Luchas de multiplicación

Materiales ☐ tarjetas de números del 0 al 9 (4 de cada una)
Jugadores 2

Objetivo del juego Obtener el producto más grande de dos números
de 2 dígitos

Instrucciones

1. Revuelvan la baraja y colóquenla boca abajo.

2. Cada jugador saca cuatro tarjetas y forma dos números de 2 dígitos.
   Hay muchas maneras posibles de formar números de 2 dígitos
   usando cuatro tarjetas. Cada jugador debe formar sus dos números
   de manera que su producto sea lo más grande posible.

3. Los jugadores
   forman dos "equipos
   de lucha",
   escribiendo cada
   uno de sus números
   como una suma de
   decenas y unidades.

4. Después, los dos
   equipos de cada
   jugador luchan.
   Cada miembro del
   primer equipo (por
   ejemplo, 70 y 5) se
   multiplica por cada
   miembro del
   segundo equipo (por
   ejemplo, 80 y 4).
   Después, se suman
   los cuatro productos.

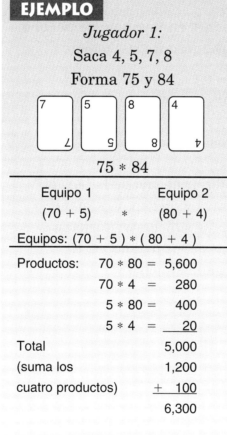

EJEMPLO

Jugador 1:	*Jugador 2:*
Saca 4, 5, 7, 8	Saca 1, 4, 6, 9
Forma 75 y 84	Forma 64 y 91

75 * 84

Equipo 1		Equipo 2
(70 + 5)	*	(80 + 4)

Equipos: (70 + 5) * (80 + 4)

Productos:	70 * 80 =	5,600
	70 * 4 =	280
	5 * 80 =	400
	5 * 4 =	20
Total		5,000
(suma los		1,200
cuatro productos)		+ 100
		6,300

64 * 91

Equipo 1		Equipo 2
(60 + 4)	*	(90 + 1)

Equipos: (60 + 4) * (90 + 1)

Productos:	60 * 90 =	5,400
	60 * 1 =	60
	4 * 90 =	360
	4 * 1 =	4
Total		5,000
(suma los		700
cuatro productos)		120
		+ 4
		5,824

5. **Anotar puntos:**
   El jugador con el
   producto más grande gana la ronda y recibe 1 punto.

6. Para empezar una nueva ronda, todos los jugadores sacan cuatro
   tarjetas nuevas para formar otros dos números. El juego consiste en
   tres rondas.

Dale nombre a ese número

Materiales ☐ 1 baraja completa de tarjetas de números
Jugadores de 2 a 3

Objetivo del juego Reunir la mayor cantidad de tarjetas

Instrucciones

1. Barajen las tarjetas y repartan cinco tarjetas a cada jugador. Coloquen las tarjetas restantes boca abajo. Volteen la tarjeta de arriba y colóquenla al lado de la baraja. Éste es el **número objetivo** para la ronda.

2. Los jugadores tratan de igualar el número objetivo, sumando, restando, multiplicando o dividiendo los números de cuantas tarjetas sea posible. Cada tarjeta sólo puede usarse una vez.

3. Los jugadores escriben sus soluciones en una hoja de papel o pizarra. Cuando los jugadores hayan escrito sus mejores soluciones:

   • Ponen a un lado las tarjetas que usaron para elegir el número objetivo.
   • Las reemplazan sacando nuevas tarjetas de arriba de la baraja.
   • Colocan el número objetivo anterior debajo de la baraja.
   • Voltean un nuevo número objetivo y juegan otra mano.

4. El juego continúa hasta que no haya suficientes tarjetas para reemplazar todas las tarjetas de los jugadores. El jugador que aparte más tarjetas gana el juego.

EJEMPLO   Número objetivo: 16

Tarjetas de un jugador:

Soluciones posibles:

$10 + 8 - 2 = 16$ (tres tarjetas usadas)

$7 * 2 + 10 - 8 = 16$ (cuatro tarjetas usadas)

$8 / 2 + 10 + 7 - 5 = 16$ (las cinco tarjetas usadas)

El jugador aparta las tarjetas usadas para lograr una solución y saca el mismo número de tarjetas de arriba de la baraja.

Supera el número (Números de 7 dígitos)

Materiales ☐ Tarjetas de números del 0 al 9 (4 de cada una)
☐ Tablero de valor posicional (*Originales,*
págs. 22 y 23)

Jugadores de 2 a 5

Objetivo del juego Formar el número más grande posible con
7 dígitos

Instrucciones

1. Barajen las tarjetas. Colóquenlas boca abajo sobre la
superficie de juego.

2. El tablero de valor posicional tiene filas de casillas. Cada jugador
usa una fila de casillas.

3. En cada ronda, los jugadores se turnan para voltear la
tarjeta de arriba de la baraja y colocarla en cualquiera de sus
casillas vacías. Todos los jugadores tienen siete turnos y colocan
siete tarjetas en su fila del tablero de juego.

4. Al final de cada ronda, los jugadores leen en voz alta sus
números y los comparan con los números de los otros
jugadores. El jugador que tenga el número más grande de la
ronda se anota 1 punto. El jugador con el siguiente número
más grande, se anota 2 puntos, etc.

5. Los jugadores juegan cinco rondas en un juego. Revuelvan la
baraja entre cada ronda. El jugador que tenga el menor
número total de puntos después de cinco rondas, gana el juego.

EJEMPLO Roberto y Sally jugaron a *Supera el número* de 7 dígitos.
Aquí está el resultado de una ronda completa.

Tablero de valor posicional

	Millones	Centenas de millar	Decenas de millar	Millares	Centenas	Decenas	Unidades
Roberto	7	6	4	5	2	0	1
Sally	4	9	7	3	5	2	4

El número de Roberto es mayor que el número de Sally. Así que Roberto se anota 1 punto
en esta ronda. Sally se anota 2 puntos.

Supera el número (Decimales de 3 lugares)

Materiales ☐ Tarjetas de números del 0 al 9 (4 de cada una)
☐ Tablero de valor posicional para decimales
(*Originales,* págs. 486 y 487)

Jugadores 2 o más

Objetivo del juego Formar el mayor número decimal de 3
dígitos

Instrucciones

1. Para este juego se usan las mismas instrucciones que para
   Supera el número (*Números de 7 dígitos*). La única diferencia
   es que los jugadores usan el Tablero de valor posicional para
   decimales.
2. En cada ronda, los jugadores se turnan para voltear la
   tarjeta de arriba de la baraja y colocarla en cualquiera de sus
   casillas vacías. Cada jugador tiene dos turnos y coloca dos
   tarjetas en su fila del tablero de juego.

EJEMPLO   Phil y Claire jugaron a *Supera el número* usando
el Tablero de valor posicional para decimales. Aquí está el
resultado.

Tablero de valor posicional para decimales

	Unidades	.	Décimas	Centésimas	Milésimas
Phil	0	.	3	5	8
Claire	0	.	6	4	2

El número de Claire es mayor que el número de Phil, así que
Claire se anota 1 punto en esta ronda y Phil se anota 2 puntos.

Variación: Usen un tablero de valor posicional que tenga
casillas vacías en los lugares de las décimas, centésimas y
milésimas. Cada jugador tiene tres turnos y coloca tres tarjetas
en su fila del tablero de juego.

Captura de polígonos

Materiales ☐ 1 juego de piezas de *Captura de polígonos*
(Diario del estudiante 1, Hoja de actividades 4)

☐ 1 juego de Tarjetas de propiedades de
*Captura de polígonos (Diario del estudiante
2,* Hoja de actividades 5)

Jugadores 2 o dos equipos de 2

Objetivo del juego Reunir la mayor cantidad de polígonos

Instrucciones

1. Coloquen los polígonos sobre la superficie de juego.
Barajen las Tarjetas de propiedades y acomódenlas en
montones de tarjetas de ÁNGULO y tarjetas de LADO.
(Las tarjetas están rotuladas en la parte de atrás.)

2. Los jugadores se turnan para hacer lo siguiente:

* Saca la primera tarjeta de cada montón de Tarjetas de
propiedades.

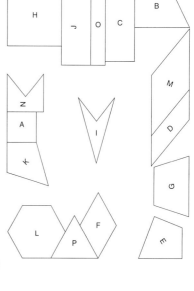

EJEMPLO Liz tiene las tarjetas "Todos los ángulos son
rectos" y "Todos los lados tienen la misma longitud". Puede
tomar todos los cuadrados (polígonos A y H). Liz ha "capturado"
estos polígonos.

* Toma todos los polígonos que tienen ambas
propiedades que indican esas tarjetas.

* Si no hay polígonos que tengan ambas propiedades,
saca una tarjeta adicional, ya sea una tarjeta de
ÁNGULO o de LADO. Busca los polígonos que tengan
esta nueva propiedad y una de las propiedades
anteriores. Toma estos polígonos.

* Al final de cada turno, si un jugador no ha capturado
un polígono que pudo haber tomado, el otro jugador lo
puede identificar y tomarlo.

Sólo hay un ángulo recto.	Hay uno o más ángulos rectos.	Todos los ángulos son rectos.	No hay ángulos rectos.
Hay al menos un ángulo agudo.	Al menos un ángulo mide más de 90°.	Todos los ángulos son rectos.	No hay ángulos rectos.
Todos los lados opuestos son paralelos.	Sólo un par de lados son paralelos.	No hay lados paralelos.	Todos los lados tienen la misma longitud.
Todos los lados son paralelos.	Algunos lados tienen la misma longitud.	Todos los lados opuestos tienen la misma longitud.	**Comodín:** Elige tu propiedad de lado.

3. Cuando se hayan sacado todas las Tarjetas de
propiedades, barajen las tarjetas y acomódenlas otra vez
boca abajo en dos montones. Continúen jugando.

4. El juego termina cuando quedan menos de tres polígonos.

5. Gana el jugador que tenga más polígonos.

Lanzar notación científica

Materiales ☐ 2 dados de seis lados

Jugadores 2

Objetivo del juego Crear el número más grande, escrito en notación científica

Instrucciones

1. Cada jugador tira dos dados. Un número se usa para dar nombre a una potencia de 10, tal como 10^2 ó 10^4. El otro número se usa para multiplicar esa potencia de 10.

EJEMPLOS Se saca un 5 y un 4.	Se saca un 2 y un 3.
Se puede escribir $4 * 10^5$ ó $5 * 10^4$.	Se puede escribir $2 * 10^3$ ó $3 * 10^2$.

2. Cada jugador tira el dado tres veces y escribe cada resultado en notación científica.

3. Los jugadores convierten sus números de notación científica a notación estándar. Después, ordenan los números de mayor a menor.

4. Los jugadores comparan las listas. Gana el jugador que tenga el número mayor. En caso de empate, tiran el dado una cuarta vez.

EJEMPLO

Ann	saca:	2 y 4	5 y 3	1 y 6
	escribe:	$2 * 10^4$	$3 * 10^5$	$1 * 10^6$
		$= 2 * 10,000$	$= 3 * 100,000$	$= 1 * 1,000,000$
		$= 20,000$	$= 300,000$	$= 1,000,000$

ordena: 1,000,000, 300,000, 20,000

Keith	saca:	5 y 5	2 y 1	4 y 3
	escribe:	$5 * 10^5$	$1 * 10^2$	$3 * 10^4$
		$= 5 * 100,000$	$= 1 * 100$	$= 3 * 10,000$
		$= 500,000$	$= 100$	$= 30,000$

ordena: 500,000, 30,000, 100

El número más alto de Ann es mayor que el número más alto de Keith, así es que gana Ann.

Revoltura de cucharas

Materiales ☐ un juego de 16 tarjetas de *Revoltura de cucharas (Originales,* pág. 174)
☐ 3 cucharas

Jugadores 4

Objetivo del juego Evitar tener todas las letras de la palabra *CUCHARA*

$\frac{1}{4}$ de 24	$\frac{3}{4}$ * 8	50% de 12	0.10 * 60
$\frac{1}{3}$ de 21	$3\frac{1}{2}$ * 2	25% de 28	0.10 * 70
$\frac{1}{5}$ de 40	2 * $\frac{16}{4}$	1% de 800	0.10 * 80
$\frac{3}{4}$ de 12	$4\frac{1}{2}$ * 2	25% de 36	0.10 * 90

Instrucciones

1. Coloca las cucharas en el centro de la mesa.
2. Un jugador baraja las tarjetas y reparte cuatro tarjetas boca abajo a todos los jugadores.
3. Los jugadores observan sus tarjetas. Si un jugador tiene cuatro tarjetas de igual valor, pasa al paso 5. Si no, cada jugador elige una tarjeta para descartar y la pasa, boca abajo, al jugador que está a su izquierda.
4. Cada jugador toma la nueva tarjeta y repite el paso 3. El intercambio de las tarjetas debe hacerse lo más rápido posible.
5. En seguida que un jugador tenga cuatro tarjetas del mismo valor, las coloca boca arriba sobre la mesa y toma una cuchara.
6. Los demás jugadores tratan de tomar una de las cucharas que quedan. Al jugador que se quede sin cuchara en cada ronda se le asigna una letra de la palabra *CUCHARA,* empezando por la primera letra. Si un jugador incorrectamente dice tener cuatro tarjetas de igual valor, ese jugador recibe una letra en lugar del jugador que se quedó sin cuchara.
7. Los jugadores vuelven a colocar las cucharas en el centro de la mesa. El que baraja las tarjetas las reparte. Empieza una nueva ronda. (paso 3 de arriba)
8. El juego continúa hasta que tres jugadores tengan todas las letras de la palabra *CUCHARA.* El jugador que no tenga todas las letras es el ganador.

Variaciones

- Para tres jugadores: Elimina un juego de 4 tarjetas equivalentes de *Revoltura de cucharas.* Usa sólo dos cucharas.
- Los jugadores pueden hacer su propio montón de tarjetas de *Revoltura de cucharas.* Cada jugador escribe cuatro problemas de cómputo con respuestas equivalentes en cuatro tarjetas. Asegúrense de que todos los jugadores elijan valores diferentes.

Práctica de tiro al blanco en la resta

Materiales ☐ tarjetas de números del 0 al 9 (4 de cada una)

☐ calculadora para cada jugador

Jugadores 1 o más

Objetivo del juego Llegar lo más cerca posible
del 0, sin pasar debajo del 0

Instrucciones

1. Barajen las tarjetas. Colóquenlas boca abajo en la superficie
   de juego. Cada jugador empieza en 250.

2. Los jugadores se turnan para hacer lo siguiente:

   • Voltea las dos tarjetas de arriba y forma un número de
     2 dígitos. (Puedes colocar las tarjetas en cualquier orden.)
     Resta este número de 250 en papel de apuntes.
     Comprueba la respuesta con la calculadora.

   • Voltea las siguientes dos tarjetas y haz otro número de 2
     dígitos. Resta este número del resultado obtenido en la
     resta anterior. Comprueba la respuesta con la calculadora.

   • Realiza esto tres veces más: toma dos tarjetas; forma un
     número de dos dígitos; réstalo del último resultado;
     comprueba la respuesta con la calculadora.

3. El jugador cuyo resultado final esté más cerca del 0, sin
   pasar debajo del 0, es el ganador. Si el resultado final de
   todos los jugadores está por debajo del 0, nadie gana.

Si sólo hay un jugador, el objetivo del juego es llegar lo más
cerca posible del 0, sin pasar debajo del 0.

EJEMPLO

Turno 1: Saca 4 y 5. Resta 45 ó 54. $250 - 45 = 205$

Turno 2: Saca 0 y 6. Resta 6 ó 60. $205 - 60 = 145$

Turno 3: Saca 4 y 1. Resta 41 ó 14. $145 - 41 = 104$

Turno 4: Saca 3 y 2. Resta 32 ó 23. $104 - 23 = 81$

Turno 5: Saca 6 y 9. Resta 69 ó 96. $81 - 69 = 12$

Variación: Cada jugador empieza en 100, en lugar de 250.

Clasificar figuras tridimensionales

Materiales ☐ 1 juego de 12 Tarjetas de figuras
(*Originales,* pág. 158)

☐ 1 juego de 16 Tarjetas de propiedades
(*Originales,* págs. 159 y 160)

Jugadores 2 o dos equipos de 2

Objetivo del juego Reunir la mayor cantidad de
Tarjetas de figuras

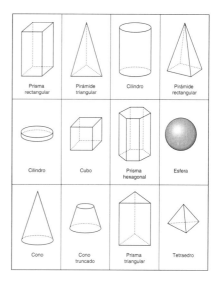

Instrucciones

1. Coloquen las Tarjetas de figuras boca arriba sobre la
   superficie de juego.

   Barajen las Tarjetas de propiedades y clasifíquenlas
   en dos montones de tarjetas: de VÉRTICE-ARISTA y
   de SUPERFICIE.

2. Los jugadores se turnan. Cuando sea tu turno:

   - Toma la tarjeta de arriba de cada montón de
     Tarjetas de propiedades.

   - Toma todas las Tarjetas de figuras que tienen
     ambas propiedades indicadas en las Tarjetas de
     propiedades.

   - Si no hay Tarjetas de figuras con ambas
     propiedades, saca una Tarjeta de propiedades
     adicional, ya sea una tarjeta de VÉRTICE-ARISTA
     o una tarjeta de SUPERFICIE. Busca Tarjetas de
     figuras que tengan la nueva propiedad y una de las
     propiedades anteriores. Toma esas Tarjetas de figuras.

   - Cuando se hayan sacado todas las Tarjetas de
     propiedades, barájenlas y acomódenlas otra vez boca abajo
     en dos montones. Continúen jugando.

   - Al final del turno, si no has tomado una Tarjeta de figuras
     que pudiste haber tomado, otro jugador puede tomarla.

3. El juego termina cuando quedan menos de tres Tarjetas de
   figuras. El ganador es el jugador con la mayor cantidad de
   Tarjetas de figuras.

Tengo un número par de vértices.	No tengo vértices.	Tengo al menos 2 aristas que son paralelas entre sí.	Tengo un número impar de aristas.
Uno de mis vértices está formado por un número par de aristas.	Tengo al menos una arista curva.	Tengo menos de 6 vértices.	Tengo al menos 2 aristas que son perpendiculares entre sí.
Todas mis superficies son polígonos.	Tengo al menos 1 cara (superficie plana).	Tengo al menos 1 superficie curva.	Todas mis caras son triángulos.
Todas mis caras son polígonos regulares.	Al menos 1 de mis caras es un círculo.	Tengo al menos un par de caras que son paralelas entre sí.	**Comodín:** Elige tu propia propiedad de superficie.

Juegos de supéralo

Los materiales, el número de jugadores y el objetivo del juego son los mismos para todos los *Juegos de supéralo.*

Materiales ☐ tarjetas de números del 1 al 10 (4 de cada una)

☐ calculadora (opcional)

Jugadores de 2 a 4

Objetivo del juego Reunir la mayor cantidad de tarjetas

Supera la suma
Instrucciones

1. Barajen las tarjetas y colóquenlas boca abajo en un montón.

2. Cada jugador voltea dos tarjetas y dice la suma de los números. El jugador con la suma mayor se lleva todas las tarjetas. En caso de empate en la suma mayor, los jugadores que empataron voltean dos tarjetas más y dicen la suma. El jugador con la suma mayor se lleva todas las tarjetas de las dos jugadas.

3. Comprueba las respuestas usando una Tabla de sumas o una calculadora.

4. El juego termina cuando no quedan suficientes tarjetas para que cada jugador tenga otro turno.

5. Gana el jugador que tenga más tarjetas.

Variación: Cada jugador voltea tres tarjetas y las suma.

Versión avanzada: Usen sólo las tarjetas de números del 1 al 9. Cada jugador voltea cuatro tarjetas, forma dos números de 2 dígitos y los suma. Los jugadores deben considerar cuidadosamente cómo forman sus números, ya que diferentes arreglos tienen diferentes sumas. Por ejemplo, 74 + 52 da una suma mayor que 25 + 47.

Supera la resta
Instrucciones

1. Cada jugador voltea tres tarjetas, halla la suma de de dos números cualesquiera, y después, halla la diferencia entre la suma y el tercer número.

2. El jugador con la mayor diferencia se lleva todas las tarjetas.

> **EJEMPLO** Se voltea un 4, un 8 y un 3. Hay tres maneras de
> formar los números. Siempre resta el número menor del mayor.
>
> | 4 + 8 = 12 | ó | 3 + 8 = 11 | ó | 3 + 4 = 7 |
> |---|---|---|---|---|
> | 12 − 3 = 9 | | 11 − 4 = 7 | | 8 − 7 = 1 |

Versión avanzada: Usen sólo las tarjetas de números del 1 al
9. Cada jugador voltea cuatro tarjetas, forma dos números de 2
dígitos y halla su diferencia. Los jugadores deben considerar
cuidadosamente cómo forman sus números. Por ejemplo,
75 − 24 tiene una diferencia mayor que 57 − 42.

Supera la multiplicación
Instrucciones

1. Las reglas son las mismas que para *Supera la suma,* excepto
    que los jugadores hallan el producto de los números en lugar
    de la suma.

2. El jugador con el producto mayor se lleva todas las tarjetas.
    Las respuestas pueden comprobarse con una Tabla de
    multiplicar o una calculadora.

Variación: Usen sólo las tarjetas de números del 1 al 9. Cada
jugador voltea tres tarjetas, forma un número de 2 dígitos y
después multiplica el número de 2 dígitos por el número que queda.

Supera la división
Instrucciones

1. Usen sólo las tarjetas de números del 1 al 9. Cada jugador
    voltea tres tarjetas y las usa para generar problemas de
    división como sigue:
    - Elige dos tarjetas para formar el dividendo.
    - Usa la tarjeta que queda como divisor.
    - Divide y descarta el residuo.
2. El jugador que tenga el cociente mayor se lleva todas las
    tarjetas.

Versión avanzada: Usen sólo las tarjetas de números del 1 al
9. Cada jugador voltea cuatro tarjetas, elige tres de ellas para
formar un número de 3 dígitos y después divide el número de 3
dígitos entre el número que queda. Los jugadores deben
considerar cuidadosamente cómo forman sus números de 3
dígitos. Por ejemplo, 462 / 5 es mayor que 256 / 4.

Juegos de supéralo con números positivos y negativos

Materiales ☐ una baraja completa de tarjetas de números
☐ calculadora (opcional)

Jugadores de 2 a 4

Objetivo del juego Reunir la mayor cantidad de tarjetas

Supera la suma con números positivos y negativos
Instrucciones

1. Barajen las tarjetas. Colóquenlas boca abajo en un montón.

2. Cada jugador voltea dos tarjetas y dice la suma. El jugador con la suma mayor se lleva todas las tarjetas. En caso de un empate, los jugadores que empataron voltean dos tarjetas más y dicen la suma. El jugador con la suma mayor se lleva todas las tarjetas de las dos jugadas. Si es necesario, comprueben las respuestas con una calculadora.

3. El juego continúa hasta que no queden suficientes tarjetas para que cada jugador tenga otro turno. Gana el jugador que tenga más tarjetas.

> **NOTA**
>
> Las tarjetas negras (picos y tréboles) son *números positivos*.
>
> Las tarjetas rojas (corazones y diamantes) o las tarjetas azules (baraja de Todo matemáticas) son *números negativos*.

EJEMPLO Lindsey voltea un 5 rojo y un 7 negro. $-5 + 7 = 2$

Fred voltea un 3 rojo y un 4 rojo. $-3 + (-4) = -7$

Lindsey toma las cuatro tarjetas porque 2 es mayor que -7.

Variación: Cada jugador voltea tres tarjetas y las suma.

Supera la resta con números positivos y negativos
Instrucciones

1. Las reglas son las mismas de arriba, excepto que los jugadores restan en lugar de sumar.

2. Cada jugador voltea dos tarjetas, de una en una, y resta el segundo número del primer número. El jugador con la respuesta más alta se lleva todas las tarjetas.

EJEMPLO Lindsey voltea primero un 2 negro, después un 3 rojo. $+2 - (-3) = 5$

Fred voltea primero un 5 rojo, después un 8 negro. $-5 - (+8) = -13$

Lindsey toma las cuatro tarjetas porque 5 es mayor que -13.

Tour de EE.UU.

Introducción

Esta sección del *Libro de consulta del estudiante* se llama "Tour de EE.UU.". Se basa en las matemáticas para conocer la historia, el pueblo y el medio ambiente de Estados Unidos.

Mientras lees la sección de Tour de EE.UU., aprenderás a usar e interpretar mapas, gráficas y tablas. Verás que las matemáticas son una herramienta poderosa para aprender sobre nuestra nación y entenderla.

Cómo usar el Tour de EE.UU.

Durante el año, examinarás el Tour de EE.UU. con todos tus compañeros de clase o en pequeños grupos. También deberás leer y analizar por tu cuenta esta sección del *Libro de consulta del estudiante*. Mientras lees el Tour de EE.UU., haz lo siguiente:

1. Examina la información.

Pregúntate:

¿Qué me han dicho? ¿Cómo se dio la información?
¿Es una cuenta, una medida, una razón o una tasa?

¿Qué exactitud tienen los números? ¿Son datos recientes o viejos?

¿Es una estimación aproximada, una cuenta real o una medida?

¿Son los números medianas, promedios o rangos? ¿O están los números basados solamente en *una* cuenta o medida?

2. Usa la información.

Pregúntate:

¿Qué patrones y tendencias veo? Si organizo y muestro los datos de otra manera, ¿qué más puedo hallar?

¿Cómo puedo usar las matemáticas para estudiar los datos y aprender algo más?

3. Cuestiona la información.

Pregúntate:

¿Puedo estar seguro de que esta información es correcta?

¿Cómo puedo comprobar esta información?

¿Mostraría datos similares otra cuenta o medida?

El géiser *Old Faithful* (Vieja Esperanza) en el parque nacional Yellowstone. El parque nacional Yellowstone es el parque más antiguo de Estados Unidos.

La torre de Sears en Chicago, Illinois, es el edificio más alto de la nación.

El Gran Cañón es el desfiladero más grande del mundo.

Los primeros pobladores de América

Hace cincuenta mil años, gran parte de Canadá y del norte de EE.UU. estaba cubierto por glaciares. Eran enormes capas de hielo, de más de dos millas de espesor. A este período se le llama la era glaciar. Una vasta planicie conectaba lo que hoy es Siberia con Alaska. Nadie vivía ni en América del Norte ni en América del Sur, pero había muchos animales, inclusive mamuts, mastodontes, bisones y alces.

Los primeros seres humanos en América del Norte eran cazadores que tal vez cruzaron el puente de tierra desde Siberia. Nadie sabe exactamente cuándo vinieron. Los científicos estiman que fue entre hace 15,000 y 35,000 años. Estos primeros pobladores siguieron los animales hacia el sur atravesando un valle entre glaciares. El número de seres humanos se incrementó. Hace unos 11,000 años, la gente llegó al extremo sur de América del Sur.

Hace más de 11,000 años, el clima de la Tierra se volvió más cálido y los glaciares se empezaron a derretir. Los océanos crecieron y cubrieron el puente de tierra que los primeros pobladores habían cruzado. Actualmente, Siberia y Alaska están separados por el estrecho de Bering, un cuerpo de agua de alrededor de 50 millas de ancho.

Migraciones de los primeros americanos

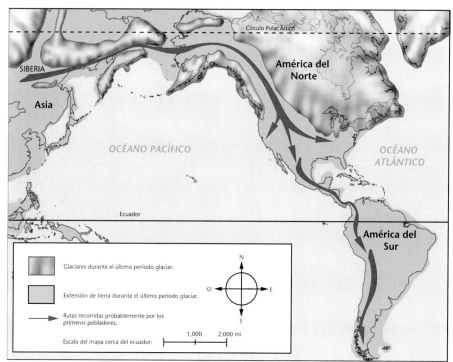

Los pioneros europeos empezaron a llegar a América del Norte a principios del siglo XVII. Podemos estar plenamente seguros de que había al menos 1 millón de indígenas que vivían en América del Norte en ese tiempo. El mapa de abajo muestra que en algunas áreas había muchos más indígenas que en otras.

Densidad de población de indígenas de América del Norte, en 1600

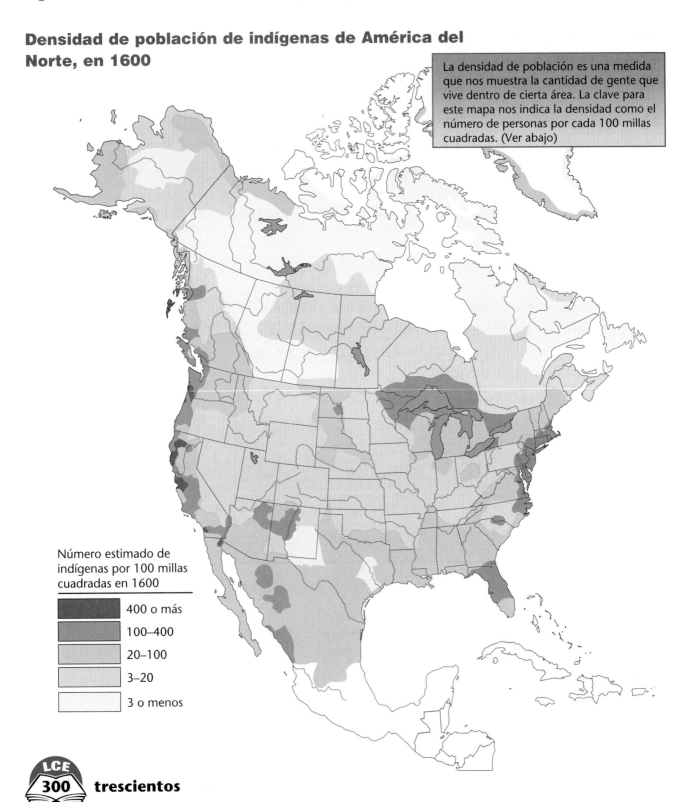

La densidad de población es una medida que nos muestra la cantidad de gente que vive dentro de cierta área. La clave para este mapa nos indica la densidad como el número de personas por cada 100 millas cuadradas. (Ver abajo)

Número estimado de indígenas por 100 millas cuadradas en 1600

- 400 o más
- 100–400
- 20–100
- 3–20
- 3 o menos

De 1500 a 1900, enfermedades y guerras redujeron drásticamente el número de indígenas. Según el censo de 1900, sólo alrededor 250,000 indígenas vivían en EE.UU. durante ese tiempo. Esta tendencia se revirtió durante el siglo XX. Para el año 2000, alrededor de 2,400,000 ciudadanos de EE.UU. se identificaron como indígenas. Se estima que la población de indígenas en EE.UU. puede llegar a exceder los 4 millones para el año 2050.

Indígenas en EE.UU. en el año 2000

El siguiente mapa muestra la población indígena de cada estado en el año 2000. Los datos se reportan en millares. Por ejemplo, la población indígena de Michigan era de alrededor de 61,000 habitantes en el año 2000.

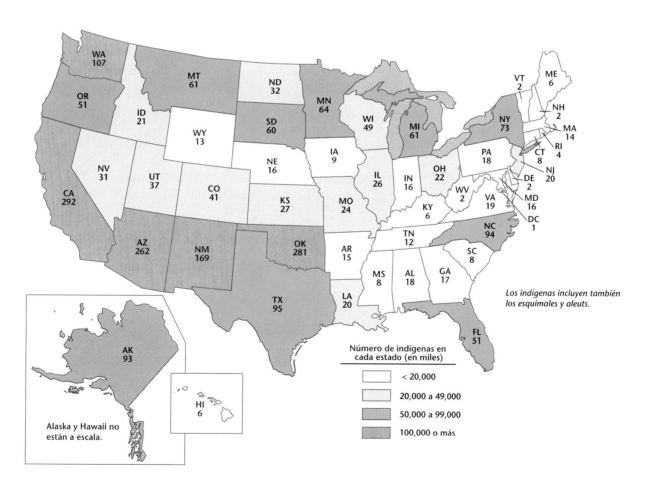

Los indígenas incluyen también los esquimales y aleuts.

Número de indígenas en cada estado (en miles)

☐ < 20,000
☐ 20,000 a 49,000
☐ 50,000 a 99,000
☐ 100,000 o más

Alaska y Hawaii no están a escala.

Una nación diversa

El año 1788 suele considerarse el año en el que los EE.UU. se convirtieron en una nación. En ese año, once de los trece estados originales acordaron aceptar la nueva Constitución.

Casi el 70 por ciento de los habitantes de la nueva nación tenían antepasados ingleses o del oeste de África. Un porcentaje menor tenía raíces de Escocia, Irlanda, Gales, Alemania, Francia o los Países Bajos. Los indígenas no se cuentan en esta estimación ni tampoco en la gráfica de la derecha.

Al menos nueve de cada diez africanos en Estados Unidos en 1790 eran esclavos. Sufrieron un maltrato terrible y cruel. También jugaron un papel importante en la construcción de la nueva nación. Limpiaban terrenos, hacían caminos, cultivaban cosechas y construían casas. Algunos eran artesanos hábiles. Durante la Guerra de la Independencia, más de 5,000 afro-estadounidenses pelearon del lado de los colonos en contra de los británicos.

El número de afro-estadounidenses libres se incrementó durante la primera mitad del siglo XIX. Pero la mayoría de ellos no obtuvo su libertad hasta después de la Guerra Civil. En 1865, se adoptó la decimotercera enmienda a la Constitución. Establecía que "ni la esclavitud ni la servidumbre involuntarias ...deberían existir en Estados Unidos".

Grupos étnicos, 1790

Ingleses 48.2%

Galeses 3.5%

Escoceses 4.3%

Escoceses-irlandeses 8.5%

Irlandeses 4.7%

Franceses 1.7%

Alemanes 7.2%

Holandeses 2.5%

Suecos-finlandeses 0.2%

Africanos 19.3%

Población afro-estadounidense

Año	Número	Porcentaje del total de la población de EE.UU.
1790	757,000	19%
1850	3,639,000	16%
1900	8,834,000	12%
1950	15,042,000	10%
2000	35,454,000	13%

Número de inmigrantes

Un **inmigrante** es una persona que se muda permanentemente de un país a otro. Millones de inmigrantes han venido a EE.UU. en busca de una vida mejor.

La gráfica de abajo muestra el número de inmigrantes que entraron a EE.UU. cada año, desde 1820. El número total de inmigrantes que entraron entre 1820 y 2000 fue de alrededor de 65 millones.

Tasa de inmigración en años máximos

Año	Inmigrantes por 1,000 residentes
1854	16.0
1882	15.2
1907	14.8
1921	7.4
1991	7.2

Inmigración total de todos los países por año

NOTA: los números de 1989–1991 incluyen personas que ya residían en EE.UU. a las que se les otorgó la residencia permanente.

Población nacida fuera del país

Alrededor del 10 por ciento (1 de cada 10) de la población actual de EE.UU. no nació en Estados Unidos. México es el país de nacimiento más común entre los que nacieron en otros países.

Población nacida fuera de EE.UU.

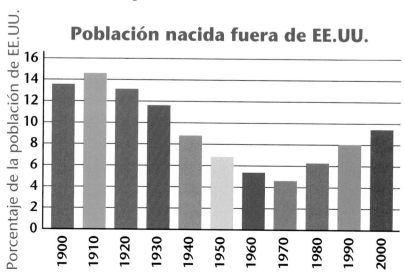

Principales países de nacimiento

País de nacimiento	Número de personas que viven en EE.UU. en 2000
México	Más de 7 millones
Filipinas Cuba Vietnam China	Más de 1 millón de cada país
El Salvador India República Dominicana Gran Bretaña Corea	Más de 500,000, pero menos de 1 millón de cada país

Población que no habla inglés

Alrededor del 15 por ciento de la población en EE.UU. habla una lengua distinta del inglés en casa. Más de la mitad de este número habla español.

Gente de por lo menos 5 años que habla una lengua en casa distinta del inglés (Las subdivisiones en los estados son condados.)

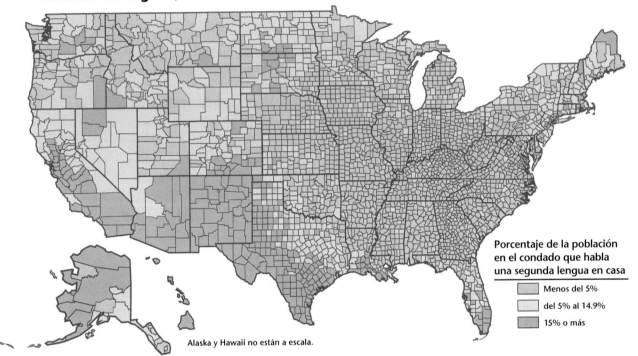

Alaska y Hawaii no están a escala.

Porcentaje de la población en el condado que habla una segunda lengua en casa

Menos del 5%

del 5% al 14.9%

15% o más

En EE.UU., cada estado está dividido en áreas más pequeñas llamadas *condados*. Hay un poco más de 3,000 condados en EE.UU. En el mapa de arriba, las líneas más oscuras son los límites de los estados; las líneas delgadas negras son los límites de los condados.

Cada condado está pintado de naranja, verde o morado. El color indica el porcentaje de la población de ese condado que habla una lengua distinta del inglés en casa. Por ejemplo, la clave del mapa muestra que en los condados pintados de naranja, menos del 5% de la gente habla una segunda lengua en casa.

EJEMPLO   Hay 15 condados en el estado de Arizona y 13 de ellos están pintados de morado. Al menos el 15% de la población en cada uno de esos 13 condados, habla una lengua distinta del inglés en casa. Los otros dos condados en Arizona están pintados de verde. En ambos condados, entre el 5% y el 14.9% de la población habla una lengua distinta del inglés en casa.

Expansión hacia el oeste

En 1790, la mayoría de la población de EE.UU. vivía a 200 millas de la costa del océano Atlántico. En el siglo XIX, la nación se expandió hacia el oeste. Los indígenas vivían en las áreas nuevas que se fueron anexando. Colonos de Francia, España y México también vivían en esas áreas. Alrededor de 1900, el área de territorio de EE.UU. se cuadruplicó (se volvió cuatro veces más grande). La población había empezado una emigración al oeste que aún ahora continúa.

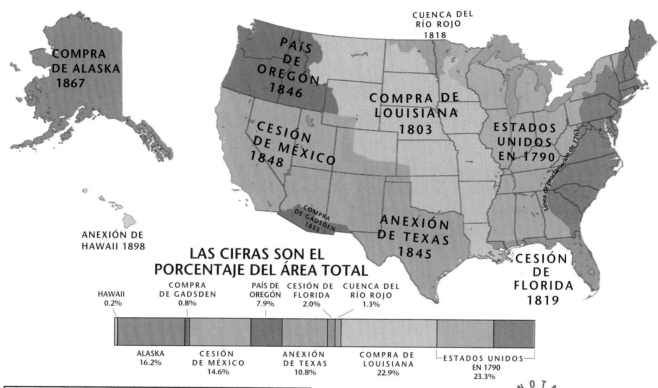

COMPRA DE ALASKA 1867

PAÍS DE OREGÓN 1846

CUENCA DEL RÍO ROJO 1818

COMPRA DE LOUISIANA 1803

ESTADOS UNIDOS EN 1790

CESIÓN DE MÉXICO 1848

Línea de proclamación de 1763

ANEXIÓN DE HAWAII 1898

COMPRA DE GADSDEN 1853

ANEXIÓN DE TEXAS 1845

CESIÓN DE FLORIDA 1819

LAS CIFRAS SON EL PORCENTAJE DEL ÁREA TOTAL

HAWAII 0.2%
COMPRA DE GADSDEN 0.8%
PAÍS DE OREGÓN 7.9%
CESIÓN DE FLORIDA 2.0%
CUENCA DEL RÍO ROJO 1.3%

ALASKA 16.2%
CESIÓN DE MÉXICO 14.6%
ANEXIÓN DE TEXAS 10.8%
COMPRA DE LOUISIANA 22.9%
ESTADOS UNIDOS EN 1790 23.3%

Expansión territotial de EE.UU.

	Fecha	Área[1]
Los 48 estados		
Territorio en 1790	1790	842,432
Compra de Lousiana	1803	827,192
Cuenca del Río Rojo	1818	46,253
Cesión de Florida	1819	72,003
Anexión de Texas	1845	390,143
País de Oregón	1846	285,580
Cesión mexicana	1848	529,017
Compra de Gadsden	1853	29,640
Alaska y Hawaii		
Alaska	1867	586,412
Hawaii	1898	6,450
Estados libres y asociados de EE.UU.		
Puerto Rico	1899	3,435
Islas Marianas del Norte	1976	179
Total de EE.UU.	—	3,618,736

[1]Área total de tierra y agua en millas cuadradas

NOTA

Los límites de las nuevas áreas que se sumaron a menudo no eran muy claras. Por ejemplo, algunos historiadores dicen que la cuenca del Río Rojo era parte de la compra de Lousiana. Otros dicen que fue adquirida de Gran Bretaña.

Patrones de colonización en el siglo XIX

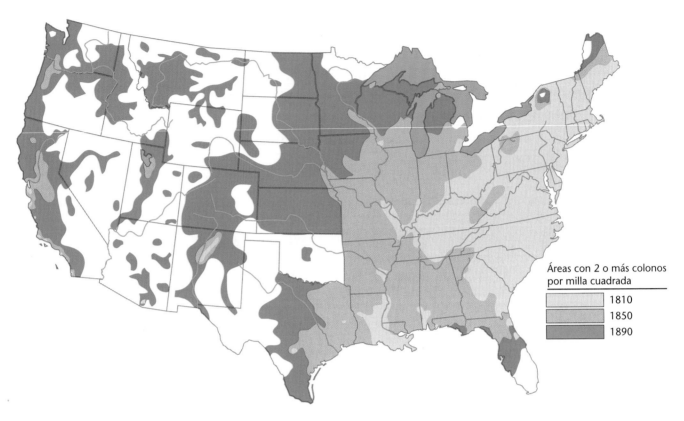

Áreas con 2 o más colonos
por milla cuadrada

	1810
	1850
	1890

El centro de la población se mueve hacia el oeste

Imagina un mapa de EE.UU. que sea delgado, plano y rígido
(que no se puede doblar). Supón que se pone un peso de 1 onza
en el mapa por cada persona de EE.UU. en el lugar donde vive
esa persona. El **centro de la población** es el punto en el mapa
donde se equilibraría el mapa.

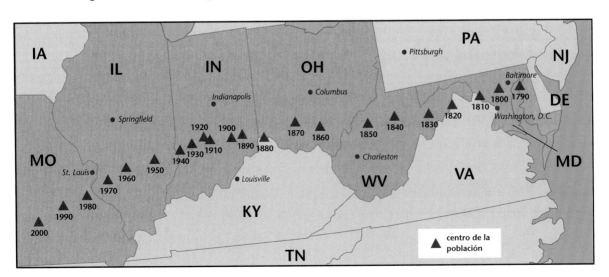

Exploraciones europeas, colonización y establecimiento de los estados

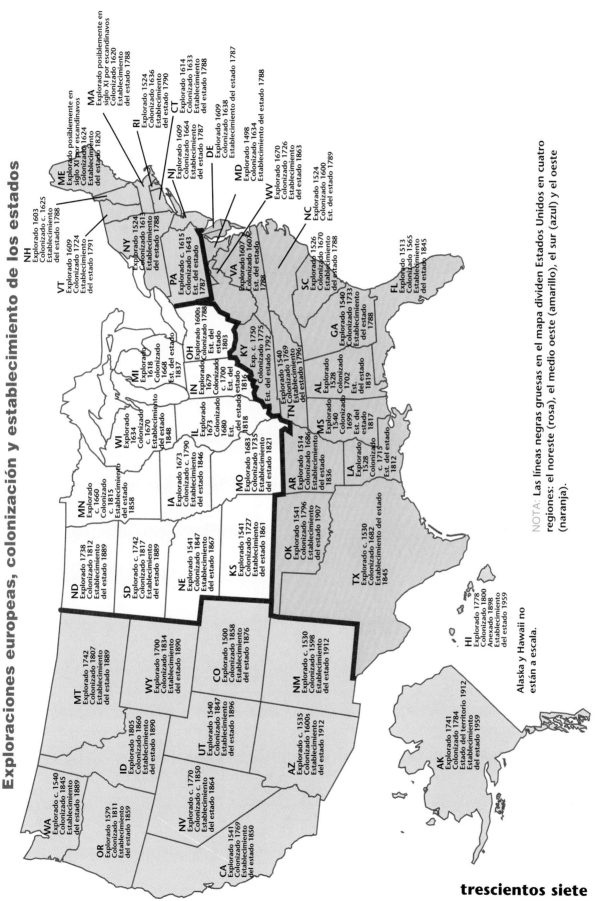

NH
Explorado 1603
Colonizado c. 1625
Establecimiento del estado 1788

VT
Explorado 1609
Colonizado 1724
Establecimiento del estado 1791

ME
Explorado posiblemente en siglo XI por escandinavos
Colonizado 1624
Establecimiento del estado 1820

MA
Explorado posiblemente en siglo XI por escandinavos
Colonizado 1620
Establecimiento del estado 1788

RI
Explorado 1524
Colonizado 1636
Establecimiento del estado 1790

CT
Explorado 1614
Colonizado 1633
Establecimiento del estado 1788

NY
Explorado 1524
Colonizado 1613
Establecimiento del estado 1788

NJ
Explorado 1609
Colonizado 1664
Establecimiento del estado 1787

DE
Explorado 1609
Colonizado 1638
Establecimiento del estado 1787

MD
Explorado 1498
Colonizado 1634
Establecimiento del estado 1788

PA
Explorado c. 1615
Colonizado 1643
Est. del estado 1787

VA
Explorado 1607
Colonizado 1607
Est. del estado 1788

WV
Explorado 1670
Colonizado 1726
Establecimiento del estado 1863

NC
Explorado 1524
Colonizado 1600
Est. del estado 1789

SC
Explorado 1526
Colonizado 1670
Establecimiento del estado 1788

GA
Explorado 1540
Colonizado 1733
Establecimiento del estado 1788

FL
Explorado 1513
Colonizado 1565
Establecimiento del estado 1845

OH
Explorado 1600s
Colonizado 1788
Est. del estado 1803

MI
Explorado 1618
Colonizado 1668
Est. del estado 1837

IN
Explorado 1679
Colonizado c. 1700
Est. del estado 1816

KY
Exp. c. 1750
Colonizado 1775
Est. del estado 1792

IL
Explorado 1673
Colonizado 1680
Est. del estado 1818

TN
Explorado 1540
Colonizado 1769
Establecimiento del estado 1796

AL
Explorado 1528
Colonizado 1702
Est. del estado 1819

WI
Explorado 1634
Colonizado c. 1670
Establecimiento del estado 1848

MO
Explorado 1683
Colonizado 1735
Establecimiento del estado 1821

AR
Explorado 1514
Colonizado 1686
Establecimiento del estado 1836

MS
Explorado 1540
Colonizado 1699
Est. del estado 1817

LA
Explorado 1528
Colonizado 1715
Est. del estado 1812

IA
Explorado 1673
Colonizado c. 1790
Establecimiento del estado 1846

MN
Explorado c. 1660
Colonizado c. 1815
Establecimiento del estado 1858

KS
Explorado 1541
Colonizado 1727
Establecimiento del estado 1861

OK
Explorado 1541
Colonizado 1796
Establecimiento del estado 1907

TX
Explorado c. 1530
Colonizado 1682
Establecimiento del estado 1845

NE
Explorado 1541
Colonizado 1847
Establecimiento del estado 1867

ND
Explorado 1738
Colonizado 1812
Establecimiento del estado 1889

SD
Explorado c. 1742
Colonizado 1817
Establecimiento del estado 1889

MT
Explorado 1742
Colonizado 1807
Establecimiento del estado 1889

WY
Explorado 1700
Colonizado 1834
Establecimiento del estado 1890

CO
Explorado 1500
Colonizado 1858
Establecimiento del estado 1876

NM
Explorado c. 1530
Colonizado 1598
Establecimiento del estado 1912

ID
Explorado 1805
Colonizado 1860
Establecimiento del estado 1890

UT
Explorado 1540
Colonizado 1847
Establecimiento del estado 1896

AZ
Explorado c. 1535
Colonizado 1600s
Establecimiento del estado 1912

WA
Explorado c. 1540
Colonizado 1845
Establecimiento del estado 1889

OR
Explorado 1579
Colonizado 1811
Establecimiento del estado 1859

NV
Explorado c. 1770
Colonizado 1850
Establecimiento del estado 1864

CA
Explorado 1541
Colonizado 1769
Establecimiento del estado 1850

HI
Explorado 1778
Colonizado 1800
Anexado 1898
Establecimiento del estado 1959

AK
Explorado 1741
Colonizado 1784
Estado del territorio 1912
Establecimiento del estado 1959

Alaska y Hawaii no están a escala.

NOTA: Las líneas negras gruesas en el mapa dividen Estados Unidos en cuatro regiones: el noreste (rosa), el medio oeste (amarillo), el sur (azul) y el oeste (naranja).

EE.UU. en 1790

Mapa del área

Distribución de la población

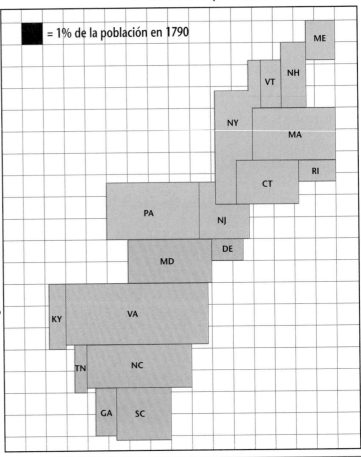

= 1% de la población en 1790

Área: 842,000 millas cuadradas

Porcentaje del área en el año 2000: 23%

Población: 3,929,000

Porcentaje de la población en el año 2000: 1.5%

La región blanca en el mapa de arriba y de abajo está incluida en el área total, pero no en la población total.

EE.UU. en 1850

Mapa del área

Distribución de la población

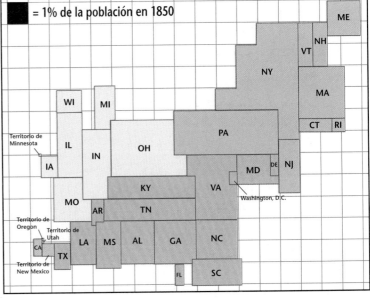

= 1% de la población en 1850

Área: 2,993,000 millas cuadradas

Porcentaje del área en el año 2000: 83%

Población: 23,192,000

Porcentaje de la población en el año 2000: 8.5%

EE.UU. en 1900

Mapa del área

Distribución de la población

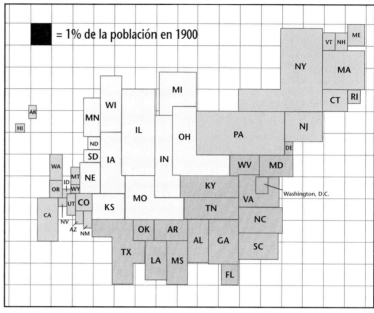

= 1% de la población en 1900

Área: 3,619,000 millas cuadradas

Porcentaje del área en el año 2000: 100%

Población: 76,212,000

Porcentaje de la población en el año 2000: 28%

La región blanca en el mapa está incluida en el área total pero no en la población total.

EE.UU. en 2000

Mapa del área

Distribución de la población

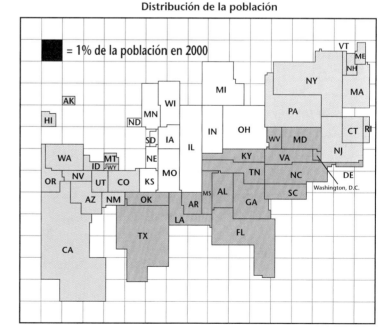

= 1% de la población en 2000

Área: 3,619,000 millas cuadradas

Porcentaje del área en el año 2000: 100%

Población: 274,634,000

Porcentaje de la población en el año 2000: 100%

Viajes

Viajar en el siglo XVIII

Durante el período colonial, viajar era difícil, y a menudo, peligroso. Aun bajo buenas condiciones, tomaba una semana o más viajar 200 millas. En 1787, la Convención Constitucional se aplazó por once días porque muchos delegados no pudieron llegar a Philadelphia. Las lluvias de primavera habían convertido en lodo los caminos y derrumbado muchos puentes.

Mucho de lo que sabemos sobre los viajes del pasado, es por los diarios y las cartas. A finales del siglo XVIII, un viajero llamado Samuel Beck describió un viaje de New York a Boston. Él escribió:

> Un viaje fue en una diligencia destartalada que viajaba alrededor de 40 millas por día… Levantándose a las 3 ó 4 de la madrugada y prolongando el viaje hasta la noche, uno podía llegar a Boston en seis días.

Otra fuente de información era la velocidad de entrega del correo. La tabla de abajo muestra la rapidez con la que se podía repartir el correo cuando las condiciones de viaje eran buenas. Usando un sistema creado por Benjamin Franklin, una serie de jinetes se turnaban para llevar el correo. Cuando un jinete se cansaba, otro tomaba su lugar. Así que los tiempos reportados abajo, eran más rápidos que el tiempo que le llevaba a una persona viajar entre las ciudades.

Tiempo de viaje de los jinetes postales del Servicio express de 24 horas, 1775

De New York City a ...

Boston, Massachusetts	de 2 a 4 días
Philadelphia, Pennsylvania	de 2 a 4 días
Baltimore, Maryland	de 4 a 8 días
Williamsburg, Virginia	de 8 a 12 días
Wilmington, North Carolina	de 12 a 16 días
Charleston, South Carolina	Más de 16 días

Viajar en el siglo XIX

Durante el siglo XIX, los estadounidenses comunes viajaban más lejos y más a menudo que la gente en cualquier otro país. Los estadounidenses estaban en movimiento, a pie y a caballo, por diligencia, carruaje, barco de vapor y ferrocarril.

En l828, un periódico de Boston publicó: "Se hacen más viajes en EE.UU. que en cualquier otra parte del mundo. Aquí, toda la población está en movimiento, mientras que, en países más antiguos, hay millones [de personas] que nunca han estado más allá del sonido de la campana de la parroquia".

Entre 1775 y mediados del siglo XIX, la velocidad y comodidad de los viajes mejoraron, así como los caminos y las diligencias. Se inventaron el barco de vapor y el ferrocarril. Viajar era por lo regular más rápido en la zona más desarrollada del este de EE.UU. Viajar era más lento en el oeste, donde había más senderos que caminos. Además, las Montañas Rocosas y la Sierra Nevada eran más difíciles de atravesar.

Velocidades más rápidas de viaje

Este del río Mississippi, 1800–1840

A pie	de 25 a 35 millas por día
A caballo	de 60 a 70 millas por día
Diligencia	de 8 a 9 millas por hora
Ferrocarril	de 15 a 25 millas por hora [1]

Viajes transcontinentales, 1840–1860

Tren de vagones	2,000 millas en 5 ó 6 meses
Diligencia	3,000 millas de 130 a 150 días
Barco clíper	de New York a San Francisco vía Cape Horn (unas 17,000 millas) de 90 a 120 días

Viajes por tren, 1860–1900

1860 de New York a Chicago	Menos de 2 días
1880 de New York a San Francisco	8 días
1900 de New York a San Francisco	Menos de 5 días

[1] Los ferrocarriles aparecieron por primera vez hacia 1830. Hasta 1850, el servicio era limitado.

Elevación a lo largo del paralelo 39

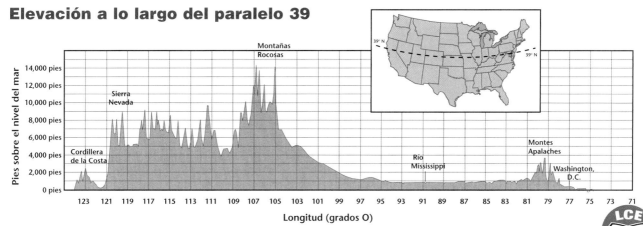

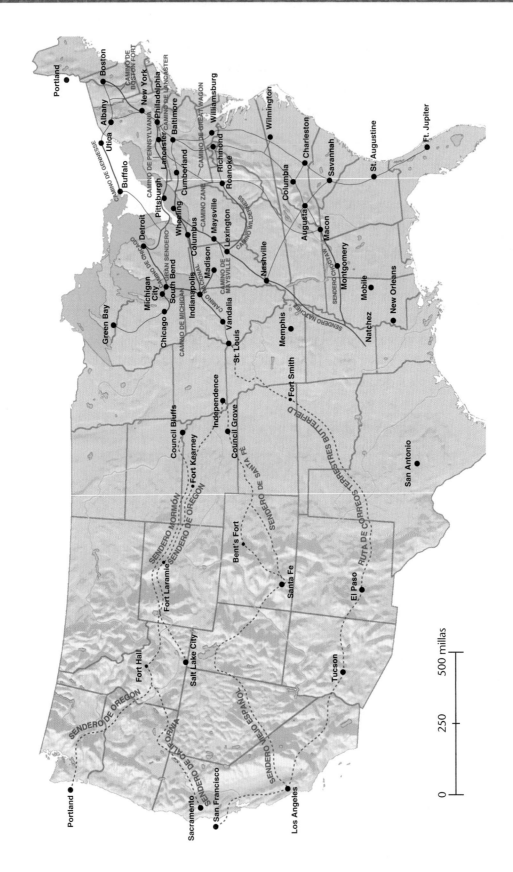

Principales caminos y senderos, 1840–1860

Portland
Boston
Albany
Utica
New York
Philadelphia
Lancaster
Baltimore
CAMINO DE BOSTON FORT
CAMINO DE LANCASTER
CAMINO DE PENNSYLVANIA
CAMINO DE GREAT WAGON
Williamsburg
Richmond
Roanoke
Cumberland
Wilmington
Charleston
Columbia
Savannah
St. Augustine
Ft. Jupiter
Augusta
Macon
Montgomery
Mobile
New Orleans
Natchez
Buffalo
CAMINO DE GENNESEE
Pittsburgh
Wheeling
Columbus
CAMINO ZANE
Maysville
Lexington
Detroit
Madison
Indianapolis
Vandalia
CAMINO DE MAYSVILLE
CAMINO NACIONAL
Michigan City
South Bend
GRAN SENDERO
CAMINO DE CHICAGO
Chicago
CAMINO DE MICHIGAN
Green Bay
St. Louis
Nashville
Memphis
CAMINO WILDER
SENDERO CHOCTAW
SENDERO NATCHEZ
Fort Smith
Council Bluffs
Fort Kearney
Independence
Council Grove
SENDERO DE SANTA FE
TERRESTRES BUTTERFIELD
San Antonio
SENDERO MORMÓN
SENDERO DE OREGON
Fort Laramie
Bent's Fort
Santa Fe
El Paso
RUTA DE CORREOS
Fort Hall
Salt Lake City
SENDERO DE OREGON
Tucson
Portland
Sacramento
San Francisco
SENDERO DE CALIFORNIA
SENDERO VIEJO ESPAÑOL
Los Angeles

0   250   500 millas

Viajar de 1870 al presente

El primer ferrocarril que conectaba las costas del este y el oeste de Estados Unidos, se terminó de construir el 10 de mayo de 1869. Veintiséis años después, en 1895, se fabricó el primer automóvil práctico estadoudinense. En 1903, los hermanos Wright volaron un avión por primera vez con éxito. El vuelo duró sólo 12 segundos y cubrió sólo 120 pies, pero fue el comienzo de la aviación moderna.

Estos tres sucesos marcaron el comienzo de la era moderna de los viajes y el transporte. Trenes, automóviles, camiones y aviones han facilitado que la gente y los bienes se puedan trasladar de una parte de la nación a otra. Como resultado, la vida diaria ha cambiado drásticamente.

Horarios de trenes entre New York y Chicago, en el año 2000

Three Rivers

New York . . .

Pittsburgh . . . Chicago

41			◀ Número de tren ▶		40
Diario			◀ Días de operación ▶		Diario
Leer hacia abajo	Millas	▼		▲	Leer hacia arriba
12 45p	0	Sale	New York, NY–Penn Sta. (ET)	Llega	7 25p
1 03p	10	↓	Newark, NJ–Penn Sta.	↑	6 53p
1 48p	58	↓	Trenton, NJ	↑	6 00p
2 20p	91	Llega	Philadelphia, PA–30th St. Sta.	Sale	5 25p
3 00p		Sale		Llega	4 52p
3 29p	110	↓	Paoli, PA	↑	4 13p
4 20p	159	↓	Lancaster, PA	↑	3 24p
5 05p	195	Llega	Harrisburg, PA (Scranton, Reading)	Sale	2 31p
5 25p		Sale		Llega	2 16p
6 37p	256	↓	Lewistown, PA	↑	12 47p
7 17p	293	↓	Huntingdon, PA	↑	12 06p
8 03p	327	↓	Altoona, PA	↑	11 20a
9 07p	366	↓	Johnstown, PA	↑	10 14a
9 59p	413	↓	Greensburg, PA	↑	9 22a
10 55p	444	Llega	Pittsburgh, PA	Sale	8 38a
11 25p		Sale		Llega	8 23a
1 15a	518	↓	Youngstown, OH	↑	5 58a
2 14a	571	↓	Akron, OH (Canton)	↑	4 50a
4 10a	682	↓	Fostoria, OH (Lima)	↑	3 05a
5 42a	817	↓	Nappanee, IN (Warsaw) (ET)	↑	11 38p
7 00a	900	↓	Hammond-Whiting, IN (CT)	↑	10 14p
8 25a	915	Llega	Chicago, IL–Union Sta. (CT)	Sale	9 20p

(ET) Hora del este
(CT) Hora del centro

Horario de aviones de Chicago a New York, en el año 2000

Salida	Llegada
6:00 a.m.	8:59 a.m.
6:20 a.m.	1:12 p.m.[1]
7:00 a.m.	9:56 a.m.
7:00 a.m.	10:04 a.m.
8:00 a.m.	11:00 a.m.
8:45 a.m.	2:00 p.m.[1]
9:00 a.m.	12:00 p.m.
10:00 a.m.	12:58 p.m.
10:20 a.m.	3:19 p.m.[1]
11:00 a.m.	1:55 p.m.
12:00 p.m.	3:00 p.m.
1:00 p.m.	3:55 p.m.
1:20 p.m.	4:21 p.m.
1:20 p.m.	6:45 p.m.[1]
1:30 p.m.	4:39 p.m.
2:00 p.m.	5:09 p.m.
3:00 p.m.	6:04 p.m.
4:00 p.m.	7:00 p.m.
4:14 p.m.	9:19 p.m.[1]
4:40 p.m.	7:30 p.m.
5:00 p.m.	8:01 p.m.
6:00 p.m.	9:02 p.m.
7:00 p.m.	10:00 p.m.

[1] El vuelo hace escalas.

Nota: Las horas en el horario son locales. En New York (hora del este) es 1 hora más que en Chicago (hora del centro).

Trabajo

Durante los últimos 100 años, la fracción de la población que hacía un cierto tipo de trabajo ha disminuido enormemente. En otros casos, ha crecido enormemente.

Gente que trabaja...

	Agricultores	Ingenieros
1900	1 de 3	1 de 764
1930	1 de 4	1 de 224
1960	1 de 16	1 de 78
2000	1 de 40	1 de 64

Hay un tercer patrón. En algunas ocupaciones, el número de personas ha crecido más o menos al mismo ritmo que el crecimiento de la población. ¿Por qué será?

Gente que trabaja...

	En el clero	Fotógrafos
1900	1 de 316	1 de 1,161
1930	1 de 327	1 de 1,475
1960	1 de 337	1 de 1,283
2000	1 de 405	1 de 854

Número total de trabajadores

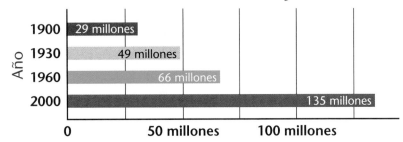

Año	
1900	29 millones
1930	49 millones
1960	66 millones
2000	135 millones

0   50 millones   100 millones

NOTA: Las cifras para 1900 y 1930 están basadas en trabajadores de 14 años y mayores. Las cifras para 1960 y 2000 están basadas en trabajadores de 16 años y mayores. Las cifras corresponden únicamente a la población civil. Se excluyen los miembros de las fuerzas armadas.

En muchos tipos de trabajo, la mayor parte del trabajo la hacen menos personas. Esto se debe al desarrollo continuo de la tecnología y a que los trabajadores tienen mejor preparación académica. Como resultado, en algunas ocupaciones, como en la agricultura, se necesitan menos trabajadores.

En 1900

Había alrededor de 10 millones de agricultores.

Las granjas alimentaban a una población de alrededor de 75 millones de personas.

En 2000

Había alrededor de 3 millones de agricultores.

Clave

Población agrícola de 5 millones de personas

Población de 5 millones de personas

Las granjas alimentaban a una población de alrededor de 275 millones de personas.

Diversión

Durante la primera mitad del siglo XX, ir al cine era la forma más popular de diversión.

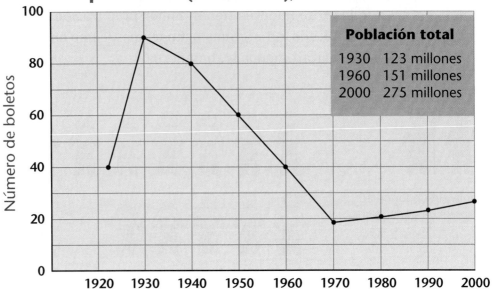

Promedio de número de boletos de cine vendidos por semana (en millones), de 1922 a 2000

Población total	
1930	123 millones
1960	151 millones
2000	275 millones

En la segunda mitad del siglo XX, los cines tuvieron que competir con otras formas de diversión.

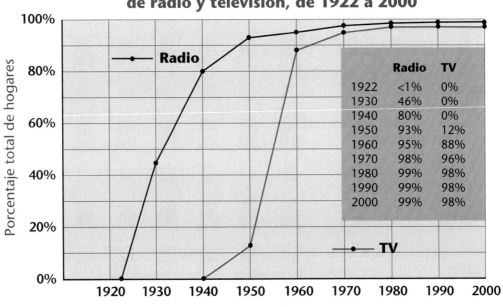

Porcentaje estimado de hogares con aparatos de radio y televisión, de 1922 a 2000

	Radio	TV
1922	<1%	0%
1930	46%	0%
1940	80%	0%
1950	93%	12%
1960	95%	88%
1970	98%	96%
1980	99%	98%
1990	99%	98%
2000	99%	98%

Actualmente, ver televisión es la forma más popular de diversión.

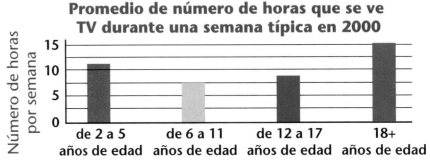

Promedio de número de horas que se ve TV durante una semana típica en 2000

Deportes

¿En qué tipo de deportes y actividades al aire libre participan los niños de 11 años? La tabla de abajo muestra la popularidad de las diferentes actividades entre los niños de 11 años, otros grupos de edad, todas las personas, los hombres y las mujeres.

Los datos provienen de una muestra de 15,000 hogares. A menos que se señale, los datos estiman el porcentaje de las personas que participaron en estas actividades más de una vez durante el año.

Participación en actividades seleccionadas durante un año

Actividad	11 años	35–44 años	65+ años	Hombres	Mujeres	Toda la gente	Rango (para toda la gente)
Ejercicios aeróbicos[1]	7 %	12 %	5 %	5 %	16 %	11 %	10 %
Excursionismo	7	6	0.3	6	4	5	19
Béisbol	20	4	0.2	9	3	6	16
Baloncesto	35	9	0.9	18	8	13	8
Ciclismo[1]	47	17	5	21	16	19	4
Bolos	30	19	5	20	17	19	5
Gimnasia[1]	8	4	2	5	5	5	20
Acampar	29	23	6	22	17	19	6
Caminar[1]	17	36	32	24	39	32	1
Ejercicios con aparatos[1]	10	25	12	19	21	20	3
Pesca en agua dulce	23	18	6	23	10	16	7
Pesca en agua salada	5	6	3	7	3	5	21
Fútbol americano	15	2	0.1	8	2	5	22
Golf	8	14	7	18	5	11	11
Alpinismo	15	14	3	13	10	12	9
Caza con armas de fuego	6	9	2	13	1	7	13
Racquetball	1	2	0.1	3	1	2	25
Correr/Trotar[1]	14	9	1	11	7	9	12
Esquí de montaña	5	4	0.3	4	3	4	24
Esquí a campo traviesa	1	1	0.3	1	1	1	26
Fútbol	23	2	0.3	7	4	6	17
Sóftbol	14	6	0.4	8	6	7	14
Natación[1]	51	24	8	24	25	25	2
Tiro al blanco	6	7	0.9	9	2	6	18
Tenis	6	5	0.9	5	4	5	23
Voleibol	15	7	0.4	7	7	7	15

[1] Participantes que practican esa actividad por lo menos seis veces al año.

¿Qué hacen los adultos?

En el año 2000, había alrededor de 200 millones de adultos viviendo en EE.UU. Durante este año, el siguiente número de adultos hizo estas actividades por lo menos una vez:

- 132 millones (66%) fueron al cine.
- 126 millones (63%) leyeron un libro por placer.
- 114 millones (57%) visitaron un parque de diversiones.
- 94 millones (47%) visitaron un parque histórico.
- 82 millones (41%) fueron a un evento deportivo.
- 70 millones (35%) visitaron un museo de arte.
- 32 millones (16%) fueron a un concierto de música clásica.
- 24 millones (12%) fueron a un concierto de música de jazz.
- 12 millones (6%) fueron a una función de ballet.

Escolaridad

A lo largo de la historia de EE.UU., la preparación académica ha sido importante.

La ordenanza *Northwest Ordinance* de 1787 creó las normas para formar los nuevos estados. Por este medio también se transmitió la importancia que la nación concedía a la preparación académica. Establecía que:

> Siendo necesarios para un buen gobierno y la felicidad de la especie humana, las escuelas y los medios de educación deben ser preservados por siempre.

¿Quién iba a la escuela en 1790?

En los estados del norte, la mayoría de los niños entre los 4 y 14 años de edad iban a la escuela parte del año. En los estados del sur, muchos niños blancos entre esas edades, pero no todos, iban a la escuela. Los afro-estadounidenses que eran esclavos no recibían educación formal en las escuelas, y en general no les era permitido aprender a leer. Algunos, sin embargo, hallaron la manera de aprender en secreto.

La mayoría de las escuelas estaban en áreas rurales. Muchos niños tenían que caminar largas distancias para llegar. Por lo general, había clases solamente dos o tres meses en el invierno y luego, otra vez en el verano. Después de cumplir los 10 años, muchos niños iban a la escuela sólo en invierno, cuando el trabajo de las granjas era ligero.

¿Quién iba a la escuela en 1900?

En 1900, los padres reportaron en el censo que, el 80% de los niños entre 10 y 14 años de edad, habían ido a la escuela en algún lugar, durante los seis meses previos.

Casi todos los niños que asistieron a la escuela en 1900 fueron a la escuela primaria, la cual normalmente tenía ocho grados. Alrededor de 15 millones de estudiantes asistían a escuelas públicas en 1900. Solamente cerca de 500,000, o sea, apenas el 3%, asistieron a la secundaria.

Tres ejemplos de las primeras escuelas estadounidenses

En las escuelas rurales, los estudiantes no estaban separados por edades. Los niños de 5 y 6 años, por lo general, estaban en la misma clase de primaria que los de 15 y 16 años. Los estudiantes más mayores no eran de lento aprendizaje. Tenían que trabajar en las granjas y solamente podían ir a la escuela parte del tiempo.

¿Qué nivel académico alcanzaron los estudiantes en 1900?

En 1900, el número de días que los estudiantes asistían a la escuela difería de estado a estado. Los estudiantes en North Carolina asistían a la escuela sólo 36 días al año, mientras que los estudiantes en Massachusetts asistían a la escuela alrededor de 145 días al año.

Las siguientes tablas y gráficas muestran tres maneras diferentes de examinar estos datos. En la primera tabla, los promedios estatales están en rangos de mayor a menor para cada región.

Promedio de número de días en la escuela por estudiante, 1900

Noreste	Días	Sur	Días	Medio oeste	Días	Oeste	Días
Massachusetts	145	Delaware	116	Illinois	123	California	121
Rhode Island	136	Maryland	110	Ohio	122	Nevada	108
Connecticut	135	Louisiana	89	Indiana	115	Utah	101
New York	131	Kentucky	72	Michigan	115	Colorado	93
Pennsylvania	123	Texas	71	Wisconsin	111	Oregon	84
New Jersey	119	Virginia	70	South Dakota	111	Washington	82
Vermont	111	West Virginia	69	Iowa	105	Arizona	77
New Hampshire	106	Georgia	69	Nebraska	102	Wyoming	73
Maine	105	Florida	69	Missouri	92	Montana	71
		Tennessee	67	Minnesota	91	Idaho	63
		South Carolina	63	North Dakota	87	New Mexico	59
		Oklahoma	61	Kansas	84		
		Alabama	61				
		Mississippi	59				
		Arkansas	48				
		North Carolina	36				

NOTA: No hay datos disponibles para Alaska y Hawaii.

El diagrama de tallo y hojas[1] muestra todos los promedios estatales de la tabla de arriba.

Días en la escuela, 1900: Promedios estatales

Tallos (decenas)	Hojas (unidades)
3	6
4	8
5	9 9
6	1 1 3 3 7 9 9 9
7	0 1 1 2 3 7
8	2 4 4 7 9
9	1 2 3
10	1 2 5 5 6 8
11	0 1 1 1 5 5 6 9
12	1 2 3 3
13	1 5 6
14	5

[1]**Cómo leer este diagrama de tallo y hojas:**
El diagrama muestra que sólo hubo un estado donde el número de días estuvo en los 30. El número fue 36.
Ocho estados tuvieron números en los 60.
Esos números fueron 61, 61, 63, 63, 67, 69, 69 y 69.
Otros números se muestran de manera similar.

La gráfica de barras muestra la mediana de días en la escuela para cada región.

Días en la escuela, 1900: Valor medio regional

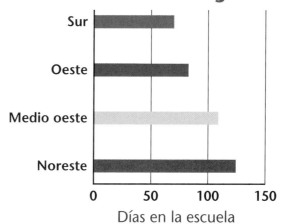

Días en la escuela

La escuela primaria en el siglo veinte

Durante la primera mitad del siglo XX, la escuela primaria se volvió un requisito para todos los niños del país. El año escolar oficial se alargó. El número de estudiantes ausentes decreció. El tiempo que los estudiantes pasaban en la escuela aumentó. En 1900, los estudiantes asistían a la escuela un promedio de 99 días por año. En 1960, había un promedio de 160 días de escuela por año. Después de 1960, el número promedio de días de escuela por año aumentó muy poco.

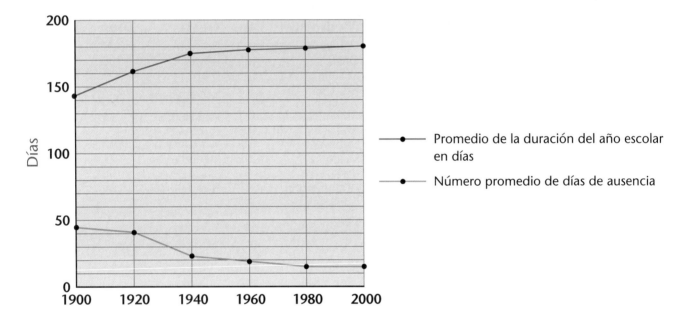

— • — Promedio de la duración del año escolar en días

— • — Número promedio de días de ausencia

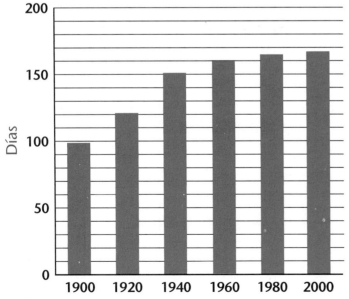

▢ Número promedio de días en la escuela (por estudiante)

Alimentación

La dieta estadounidense ha cambiado a lo largo de los últimos 30 años. La tabla de abajo muestra los patrones de incremento y disminución del uso de muchos alimentos básicos.

De 1970 a 2000, ha habido un aumento del 31% en el consumo de plátanos, manzanas, naranjas y uvas. Ha habido un aumento del 51% en el consumo de lechugas, zanahorias, tomates y brócoli.

La pirámide alimenticia actual (sobre la elección de comida diaria) recomienda que una persona coma de 3 a 5 porciones de verduras y de 2 a 4 porciones de frutas cada día. A la derecha se muestra un ejemplo de la pirámide alimenticia.

Mientras estudias la tabla, recuerda que *per cápita* significa "por cada persona".

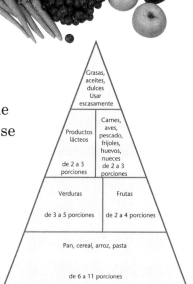

Consumo de comida per cápita[1] 1970-2000
(libras por persona por año)

Alimentos	1970	1980	1990	2000
Carnes rojas	132	126	112	111
Aves	34	41	56	65
Pescado	12	12	15	15
Queso	11	18	25	28
Helado	18	18	16	16
Mantequilla y margarina	16	16	15	13
Harina de trigo	111	117	136	150
Azúcar	102	84	64	67
Plátanos	17	21	24	28
Manzanas	17	19	20	19
Naranjas	16	14	12	14
Uvas	2.5	3.5	8	8
Lechuga	22	26	28	24
Zanahorias	6	6	8	13
Tomates	12	13	16	19
Brócoli	0.5	1.5	3.5	5

[1] *Per cápita* significa "por cabeza, o sea, por cada persona".

Edad

Las dos gráficas que se muestran abajo se llaman **gráficas piramidales de edad.** Muestran cómo ha variado el tamaño de los diferentes grupos de edades, durante los últimos 100 años.

Población de EE.UU. por edad y sexo, 1900

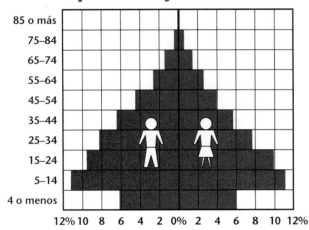

Población de EE.UU. por edad y sexo, 2000

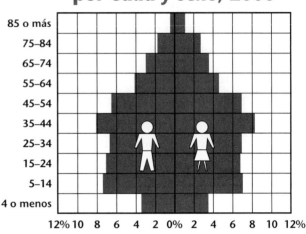

Cada gráfica piramidal muestra información de hombres y mujeres. Los datos sobre hombres se muestran a la izquierda de la línea central. Los datos sobre mujeres, a la derecha de la línea central.

EJEMPLO   La gráfica de barras de abajo muestra información sobre niños de 4 años o menores.

- En 1900, el 6.1% del total de la población de EE.UU. era masculina, de 4 años y menos; y el 6.0%, era femenina, de 4 años y menos.

- En el año 2000, el 3.5% del total de la población era masculina, de 4 años y menos; y el 3.4%, era femenina, de 4 años y menos.

Mediana de la edad de la población de EE.UU.

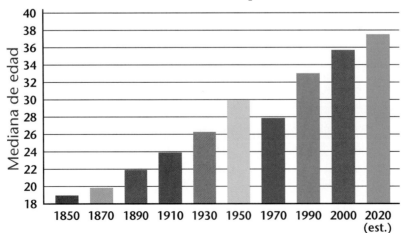

Esperanza de vida

El promedio de vida para una persona nacida en Estados Unidos en 1900 era de alrededor de 47 años. Hacia el año 2000, el promedio de vida había crecido hasta cerca de 76 años.

Un mejor cuidado de la salud es una de las principales razones de este incremento. Durante los últimos 100 años, los médicos han desarrollado maneras nuevas y más eficaces de tratar enfermedades. Hemos sido capaces de controlar muchas enfermedades infecciosas. El desarrollo y el uso de vacunas se ha vuelto común.

El aumento de seguridad en las carreteras y en los lugares de trabajo, y una mejor nutrición, también han ayudado a que las personas vivan más.

Eperanza de vida al nacer, 1900–2010 (hombres y mujeres combinados)

	1900	1910	1920	1930	1940	1950	1960	1970	1980	1990	2000	2010 (estimado)
Eperanza de vida al nacer	47.3	50.0	54.1	59.7	62.9	68.2	69.7	70.8	73.7	75.4	76.4	77.4

Los promedios de esperanza de vida son diferentes entre los hombres y las mujeres. La tabla de arriba ofrece una muestra combinada de la esperanza de vida en años, para hombres y mujeres. La gráfica de abajo muestra los datos para hombres y mujeres en líneas separadas.

Esperanza de vida al nacer, de 1900 a 2010 (hombres y mujeres por separado)

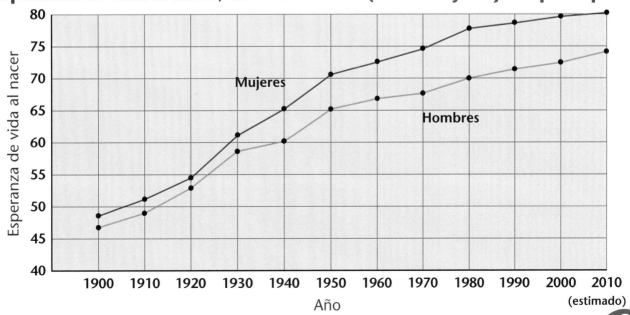

Gobierno

Las leyes que gobiernan EE.UU. son aprobadas por el Congreso y firmadas por el presidente. El Congreso está dividido en dos cámaras.

La Cámara de Representantes	**El Senado**
Hay 435 representantes.	Hay 100 senadores.
Los representantes se eligen por un período de dos años.	Los senadores son elegidos por un período de seis años.
La Cámara de Representantes en su totalidad se elige cada año par.	Un tercio del Senado es elegido cada año par.
Un representante debe tener por lo menos 25 años de edad y debe haber sido ciudadano estadounidense por un mínimo de siete años.	Un senador debe tener por lo menos 30 años de edad y debe haber sido ciudadano estadounidense por un mínimo de nueve años.
El número de representantes de cada estado está basado en la población. La población se cuenta en el censo cada diez años. La población total de los 50 estados se divide entre 435. En el año 2000, el resultado fue que a cada estado le tocó tener un representante por aproximadamente cada 630,000 personas en el estado. Si la población de un estado era menor que 630,000, se le permitió un representante.	El número de senadores de cada estado no está basado en la población. Cada estado elige dos senadores.

Número de representantes en el año 2000

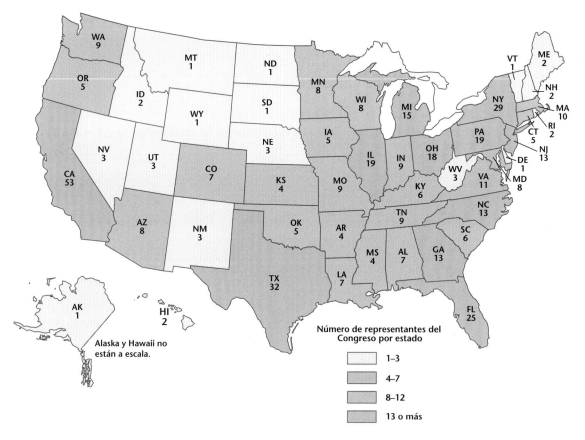

Número de representantes del Congreso por estado

- 1–3
- 4–7
- 8–12
- 13 o más

Alaska y Hawaii no están a escala.

Elegir un presidente

El presidente de Estados Unidos es elegido cada cuatro años. El presidente debe tener por lo menos 35 años y debe haber nacido en Estados Unidos.

Cuando la gente vota por el presidente, vota realmente para indicarle a alguien, llamado **elector,** cómo votar. Cada estado tiene tantos electores como representantes y senadores tenga. Además, Washington, D.C. tiene 3 electores. Los electores de un estado votan por el candidato que recibe el mayor número de votos (llamado **voto popular**) en el estado. Por eso, el candidato que recibe la mayoría de los votos populares en un estado, gana todos los **votos electorales** del estado.

Para ser presidente, un candidato debe ganar más de la mitad de todos los votos electorales. En 1824, 1876, 1888 y 2000, los candidatos con la mayoría de los votos populares no fueron elegidos presidentes porque no ganaron más de la mitad de los votos electorales.

	Voto electoral	Voto popular
1824[1]		
John Quincy Adams	84	108,740
Andrew Jackson	99	152,544
Henry Clay	37	47,136
W. H. Crawford	41	46,618
1876		
Rutherford B. Hayes	185	4,036,572
Samuel Tilden	184	4,284,020
1888		
Benjamin Harrison	233	5,447,129
Grover Cleveland	168	5,537,857
2000		
George W. Bush	271	49,820,518
Albert Gore	266	50,158,094

[1]Ningún candidato recibió más de la mitad de los votos electorales. La elección se decidió en la Cámara de Representantes. Votaron para elegir a John Quincy Adams.

Votos electorales en el año 2000

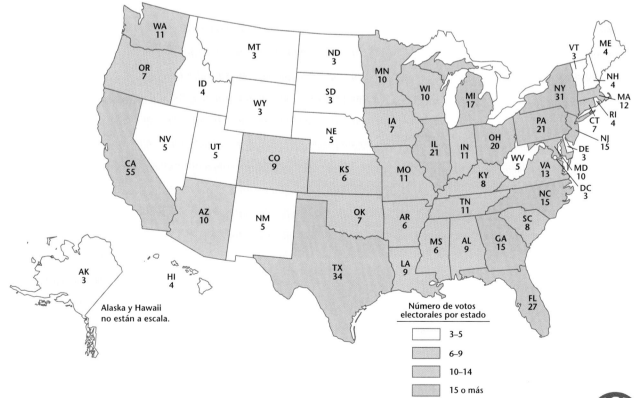

Alaska y Hawaii no están a escala.

Número de votos electorales por estado

3–5
6–9
10–14
15 o más

El total de votos electorales en EE.UU. es 538.

Votar en las elecciones presidenciales

Porcentaje de votantes que votaron en las elecciones presidenciales, de 1824 a 2000

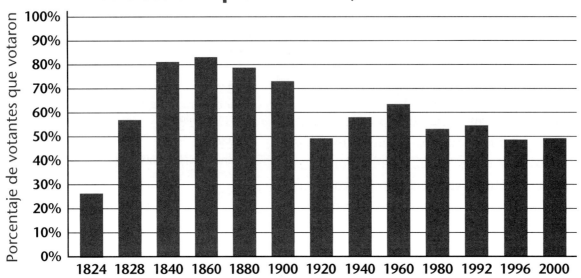

¿Quién es apto para votar por el presidente?

Año	Cambios en la ley que extendieron el derecho al voto
1828	Los electores son elegidos por voto popular directo en todos lo estados excepto en dos.
1870	La 15ª enmienda a la Constitución prohibe a los gobiernos estatales y federales negar a los ciudadanos el derecho al voto por su "raza, color o condición de esclavitud previa".
1920	La 19ª enmienda a la Constitución da a la mujer el mismo derecho al voto que a los hombres.
1964	La 24ª enmienda a la Constitución prohibe cobrar un impuesto[1] en las elecciones federales.
1965	El Acta de los Derechos Civiles de 1965 prohibe el uso de pruebas de alfabetismo para los votantes.
1971	La 26ª enmienda a la Constitución reduce la edad apta para votar de 21 a 18 años de edad.

[1]Un impuesto que se debe pagar antes de que a la persona se le permita votar.

El censo decenal de EE.UU.

¿Qué es?

Un censo es un conteo de la población de una nación. Mientras se cuentan las personas, también se recopila otra información. La palabra *censo* viene del latín *censere,* que significa "gravar" o "evaluar". El censo de EE.UU. es decenal porque se lleva a cabo cada diez años.

¿Cómo se lleva a cabo?

Desde 1970, la mayoría de los formularios del censo se envían y se responden por correo. Algunas personas son difíciles de localizar por correo o no responden. Las visitas personales y las llamadas por teléfono se usan para recopilar información de esas personas.

¿Por qué se lleva a cabo?

Es la ley. Aunque muchos países a lo largo de la historia han realizado censos, EE.UU. fue la primera nación de la historia que exigió un censo regular en su Constitución. Los siguientes fragmentos están tomados del artículo 1, sección 2 de la Constitución de EE.UU.:

> Los representantes...deberán ser distribuidos [divididos] entre los diferentes estados que puedan incluirse dentro de esta unión, de acuerdo con sus números respectivos...

> La enumeración deberá hacerse dentro de los tres años siguientes a la primera reunión del Congreso de EE.UU., y dentro de cada periodo subsiguiente de diez años...

NOTA

¿Cómo se usa?

La información sobre la población recogida por el censo siempre se ha usado para determinar el número de representantes que tendrá cada estado en la Cámara de Representantes. Los totales de un censo también se usan para determinar los límites de los distritos congresionales dentro de cada estado. Muchas oficinas de gobierno y negocios privados usan la información del censo para planificar y ofrecer servicios.

Censo de 1790	Censo de 2000
La información se recopiló personalmente.	La mayor parte de la información se recopiló por correo.
Se hicieron 5 preguntas.	Se hicieron 53 preguntas.
En cada casa se hizo el mismo conjunto de preguntas.	Algunas preguntas se hicieron a un grupo de muestra de 1 de cada 6 casas.
Tomó 18 meses recopilar la información.	La mayor parte de la información se recopiló en los primeros 3 meses.
La tabulación se hizo manualmente.	Se procesó por computadora.
La mayoría de las personas vivían en áreas rurales aisladas; las carreteras eran escasas y de baja calidad.	Fue difícil encontrar o llegar a muchas personas debido a que estaban de viaje, sin hogar, o vivían en lugares alejados. También fue difícil encontrar y censar a personas que viven en el país ilegalmente.
Muchas personas no entendían el porqué del censo. Algunas personas se escondían de los encuestadores y hubo veces en que los atacaron.	

La tabla de abajo es una traducción no oficial, del informe oficial del censo de 1790. Éste fue el primer conteo oficial de habitantes de EE.UU. Las dos últimas áreas en la columna de los "DISTRITOS" no son nombres de estados.

- Territorio Suroeste: esta área incluye lo que actualmente es Tennessee.
- Territorio Noroeste: esta área incluye lo que actualmente son los estados de Ohio, Indiana, Michigan, Illinois, Wisconsin y parte de Minnesota. El primer censo no contó a las personas del territorio Noroeste.

Inventario del número total de personas que vivían en los diferentes distritos de EE.UU., hecho de acuerdo con "un acta que provee la Enumeración de los habitantes de EE.UU.", que se aprobó el 1º de marzo de 1790.

DISTRITOS	Hombres blancos libres de quince años de edad y mayores, cabezas de familias inclusive	Hombres blancos libres menores de quince años de edad	Mujeres blancas libres, cabezas de familias inclusive	Otras personas libres	Esclavos	Total.
• Vermont	22,435	22,328	40,505	255	16	85,539
New Hamp∫hire	36.086	34,851	70,160	630	158	141,885
Maine	24,384	24,748	46,870	538	•	96,540
Ma∬achu∫etts	95,453	87,289	190,582	5,463	•	378,787
Rhode Island	16.019	15,799	32,652	3,407	948	68,825
Conne∄icut	60.523	54.403	117,448	2,808	2,764	237,946
New York	83,700	78.122	152,320	4,654	21,324	340,120
New Jer∫ey	45,251	41,416	83,287	2,762	11,423	184,139
Penn∫ylvania	110,788	106,948	206,363	6,537	3,737	434,373
Delaware	11,783	12,143	22,384	3,899	8,887	59,096
Maryland	55,915	51,339	101,395	8,043	103,036	319,728
Virginia	110,936	116,135	215,046	12,866	292,627	747,610
Kentucky	15,154	17,057	28,922	114	12,430	73,677
North Carolina	69,988	77,506	140,710	4,975	100,572	393,751
South Carolina	35,576	37,722	66,880	1,801	107,094	249,073
Georgia	13,103	14,044	25,739	398	29,264	82,548
				Total,		3,893,635

DISTRITOS	Hombres blancos libres de 21 años de edad y mayores, cabezas de familias inclusive	Hombres blancos libres menores de 21 años de edad	Mujeres blancas libres, cabezas de familias inclusive	Cualquier otra persona	Esclavos	Total.
Terr. del Suroeste	6,271	10,277	15,365	361	3,417	35,691
Terr. del Noroeste	•	•	•	•	•	•

Declaración verdadera tomada de los documentos originales depositados en la oficina del Secretario de Estado.

24 de octubre de 1791.   **TH: JEFFERSON.**

* Este documento no fue firmado por el alguacil, pero fue incluido y referido en una carta escrita y firmada por él.

Estimaciones de la población en los períodos coloniales y continentales, de 1610 a 1790

Año	Vermont	New Hampshire[1]	Maine	Massachusetts[1]	Rhode Island[1]	Connecticut[1]	New York[1]	New Jersey[1]	Pennsylvania[1]	Delaware[1]	Maryland[1]	Virginia[1]	Kentucky	North Carolina[1]	South Carolina[1]	Georgia[1]	Tennessee	TOTAL
1610	—	—	—	—	—	—	—	—	—	—	—	210	—	—	—	—	—	210
1620	—	—	—	100	—	—	—	—	—	—	—	2,400	—	—	—	—	—	2,500
1630	—	500	400	1,300	—	—	500	—	—	—	—	3,000	—	—	—	—	—	5,700
1640	—	800	700	14,000	300	2,000	1,000	—	—	—	1,500	7,600	—	—	—	—	—	28,000
1650	—	1,400	1,000	18,000	800	6,000	3,000	—	—	—	4,500	17,000	—	—	—	—	—	52,000
1660	—	2,300	[3]	25,000[3]	1,500	8,000	6,000	—	—	—	8,000	33,000	—	1,000	—	—	—	85,000
1670	—	3,000	[3]	30,000[3]	2,500	10,000	9,000	2,500	—	—	15,000	40,000	—	2,500	—	—	—	115,000
1680	—	4,000	[3]	40,000[3]	4,000	13,000	14,000	6,000	—	500	20,000	49,000	—	4,000	1,100	—	—	156,000
1690	—	5,000	[3]	54,000[3]	5,000	18,000	20,000	9,000	12,000[4]	[4]	25,000	58,000	—	3,000	4,500	—	—	214,000
1700	—	6,000	[3]	70,000[3]	6,000	24,000	19,000	14,000	20,000[4]	[4]	31,000	72,000	—	5,000	8,000	—	—	275,000
1710	—	7,500	[3]	80,000[3]	8,000	31,000	26,000	20,000	35,000[4]	[4]	43,000	87,000	—	7,000	13,000	—	—	358,000
1720	—	9,500	[3]	92,000[3]	11,000	40,000	36,000	26,000	48,000[4]	[4]	62,000	116,000	—	13,000	21,000	—	—	474,000
1730	[2]	12,000	[3]	125,000[3]	17,000	55,000	49,000[2]	37,000	65,000[4]	[4]	82,000	153,000	—	30,000	30,000	—	—	655,000
1740	[2]	22,000	[3]	158,000[3]	24,000	70,000	63,000[2]	52,000	100,000[4]	[4]	105,000	200,000	—	50,000	45,000	—	—	889,000
1750	[2]	31,000	[3]	180,000[3]	35,000	100,000	80,000[2]	66,000	150,000[4]	[4]	137,000	275,000	—	80,000	68,000	5,000	—	1,207,000
1760	[2]	38,000	[3]	235,000[3]	44,000	142,000	113,000[2]	91,000	220,000[4]	[4]	162,000	346,000	—	115,000	95,000	9,000	—	1,610,000
1770	25,000	60,000	34,000	265,000	55,000	175,000	160,000	110,000	250,000	25,000	200,000	450,000[5]	[5]	230,000	140,000	26,000	—	2,205,000
1780	40,000	85,000	56,000	307,000	52,000	203,000	200,000	137,000	335,000	37,000	250,000	520,000	45,000	300,000	160,000	55,000	—	2,781,000
1790	86,000	142,000	97,000	379,000	69,000	238,000	340,000	184,000	434,000	59,000	320,000	748,000	74,000	394,000	249,000	83,000	36,000	3,929,000

[1]Colonia original
[2]Vermont se incluyó con New York, 1730–1760. Vermont se convirtió en estado en 1791.
[3]Maine se incluyó con Massachusetts, 1660–1760. Maine se convirtió en estado en 1820.
[4]Delaware se incluyó con Pennsylvania, 1690–1760.
[5]Kentucky se incluyó con Virginia en 1770. Kentucky se convirtió en estado en 1792.

La mayoría de las estimaciones de la tabla han sido redondeadas al millar más cercano.

La línea de abajo de la tabla muestra los totales de los estados dados en el informe del censo de 1790.
Los conteos del censo han sido redondeados al millar más cercano.

Cuestionario del censo del año 2000 en EE.UU.

En marzo del 2000, se envió un cuestionario del censo a todos los hogares de EE.UU. A cada cabeza de familia se le pidió que contestara unas cuantas preguntas sobre población y vivienda. Un formulario más extenso se envió a una muestra del 17% del total de hogares.

El *Bureau of the Census* (oficina del censo) incluyó la siguiente carta con cada cuestionario del censo:

United States CENSUS 2000

13 de marzo del 2000

A todos los hogares:

Este es su cuestionario oficial para el Censo 2000 de los Estados Unidos. Este se utiliza para contar a cada persona que vive en esta casa o apartamento—personas de todas las edades, ciudadanos o no ciudadanos.

Sus respuestas son importantes. Primero, el número de representantes que cada estado tiene en el Congreso depende del número de personas que viven en el estado.

La segunda razón puede ser más importante para usted y su comunidad. La cantidad de dinero gubernamental que recibe su vecindario depende de sus respuestas. Ese dinero se utiliza para escuelas, servicios de empleo, asistencia para vivienda, carreteras, servicios para niños y personas de edad avanzada, y muchas otras necesidades locales.

La ley protege su privacidad (título 13 del Código de los Estados Unidos), que, además, requiere que usted conteste estas preguntas. Esta ley asegura que su información se utiliza sólo para propósitos estadísticos y que ninguna persona sin autorización puede ver su cuestionario o averiguar lo que usted nos informa: ninguna otra agencia gubernamental, ninguna corte de ley, NADIE.

Por favor, sea tan preciso como sea posible y conteste lo más que pueda en su cuestionario, y devuélvalo en el sobre con franqueo pagado que se incluye.

Atentamente,

Kenneth Prewitt
Director
Oficina del Censo

Se pidió a cada cabeza de familia que respondiera a una lista corta de preguntas. Algunas de estas preguntas se muestran a continuación.

Uno de cada seis hogares respondió a una lista más larga de preguntas. Algunas de estas preguntas se muestran a continuación.

---

3. ¿Cuál es el nombre de esta persona? *Escriba a continuación el nombre en letra de molde.*

Apellido

| | | | | | | | | | | | | | | | | | |

Nombre   Inicial

| | | | | | | | | | | | | | | | | | |

---

4. ¿Cuál es el número de teléfono de la Persona 1? *Puede que llamemos a esta persona si no entendemos una respuesta.*

Código de área + Número

| | | | | | | | | | | |

---

5. ¿Cuál es el sexo de la Persona 1? Marque UN cuadrado.

☐ Masculino   ☐ Femenino

---

6. ¿Cuál es la edad de la Persona 1 y cuál es su fecha de nacimiento?

Edad el 1 de abril del 2000

| | | | |

Escriba los números en los cuadrados.

Mes Día Año de nacimiento

| | | | | | | | |

→ **NOTA: Por favor conteste las DOS Preguntas 7 y 8.**

7. ¿Es la Persona 1 de origen español/hispano/latino? *Marque* ☒ *el cuadrado "**No**" si no es de origen español/hispano/latino.*

☐ **No**, ni español/hispano/latino   ☐ Sí, puertorriqueño

☐ Sí, mexicano, mexicano-americano, chicano ☐ Sí, cubano

☐ Sí, otro grupo español/hispano/latino—*Escriba el grupo en letra de molde.*

| | | | | | | | | | | | | | | | | |

---

8. ¿Cuál es la raza de la Persona 1? *Marque* ☒ *una o más razas* *para indicar de qué raza se considera esta persona.*

☐ Blanca

☐ Negra, africana americana

☐ India americana o nativa de Alaska—*Escriba en letra de molde el nombre de la tribu en la cual está inscrita o la tribu principal.*

| | | | | | | | | | | | | | | | | |

☐ India asiática   ☐ Japonesa   ☐ Nativa de Hawaii
☐ China   ☐ Coreana   ☐ Guameña o Chamorro
☐ Filipina   ☐ Vietnamita ☐ Samoana
☐ Otra asiática—*Escriba raza.* ☐ Otra de las islas del Pacífico—*Escriba raza.*

| | | | | | | | | | | | | | | | | |

☐ Alguna otra raza — *Escriba la raza en letra de molde.*

| | | | | | | | | | | | | | | | | |

→ **Si más personas viven aquí, continúe con la Persona 2.**

---

8. b. ¿A qué grado o nivel escolar asistía esta persona? *Marque* ☒ *UN cuadrado.*

☐ Guardería infantil (nursery school), prekindergarten
☐ Kindergarten   ☐ Grado 1 al 4
☐ Grado 5 al 8   ☐ Grado 9 al 12
☐ Estudios universitarios a nivel pregraduado (freshman a senior)
☐ Escuela graduada o profesional *(por ejemplo, escuela de medicina, de odontología, o de leyes)*

---

10. ¿Cuál es la ascendencia u origen étnico de esta persona?

| | | | | | | | | | | | | | | | | |

(Por ejemplo: italiana, jamaiquina, africana americana, camboyana, de Cabo Verde, noruega, dominicana, francocanadiense, haitiana, coreana, libanesa, polaca, nigeriana, mexicana, taiwanesa, ucraniana, y así por el estilo.)

11.a. ¿Habla esta persona un idioma que no sea inglés en su hogar?

☐ Sí   ☐ No → *Pase a la pregunta 12*

b. ¿Qué idioma es ése?

| | | | | | | | | | | | | | | | | |

c. ¿Cuán bien habla esta persona el inglés?

☐ Muy bien   ☐ Bien
☐ No bien   ☐ No habla inglés

---

12. ¿Dónde nació esta persona?

☐ En los Estados Unidos—*Escriba en letra de molde el nombre del estado.*

| | | | | | | | | | | | | | | | | |

☐ Fuera de los Estados Unidos—*Escriba en letra de molde el nombre del país extranjero, o Puerto Rico, Guam, etc.*

| | | | | | | | | | | | | | | | | |

---

21. LA SEMANA PASADA, ¿hizo esta persona ALGÚN trabajo por paga o lucro? *Marque* ☒ *el cuadrado "Sí" aun si la persona trabajó sólo 1 hora, o ayudó sin paga en el negocio o finca/rancho/granja de la familia por 15 horas o más, o estuvo en servicio activo en las Fuerzas Armadas.*

☐ Sí   ☐ No → *Pase a la pregunta 25a*

---

41. ¿Hay servicio telefónico disponible en esta casa, apartamento, o casa móvil del cual usted puede hacer y recibir llamadas?

☐ Sí   ☐ No

Población estatal de 1790 a 2010

Estado	1790	1850	1900	1950	2000	2010 (estimación)
REGIÓN NORESTE	**1,968,000**	**8,627,000**	**21,047,000**	**39,478,000**	**52,107,000**	**53,692,000**
Maine	97,000	583,000	694,000	914,000	1,259,000	1,323,000
New Hampshire	142,000	318,000	412,000	533,000	1,224,000	1,329,000
Vermont	86,000	314,000	344,000	378,000	617,000	651,000
Massachusetts	379,000	995,000	2,805,000	4,691,000	6,199,000	6,431,000
Rhode Island	69,000	148,000	429,000	792,000	998,000	1,038,000
Connecticut	238,000	371,000	908,000	2,007,000	3,284,000	3,400,000
New York	340,000	3,097,000	7,269,000	14,830,000	18,146,000	18,530,000
New Jersey	184,000	490,000	1,884,000	4,835,000	8,178,000	8,638,000
Pennsylvania	434,000	2,312,000	6,302,000	10,498,000	12,202,000	12,352,000
REGIÓN SUR	**1,961,000**	**8,983,000**	**24,524,000**	**47,197,000**	**97,614,000**	**107,597,000**
Delaware	59,000	92,000	185,000	318,000	768,000	817,000
Maryland	320,000	583,000	1,188,000	2,343,000	5,275,000	5,657,000
District of Columbia	—	52,000	279,000	802,000	523,000	560,000
Virginia	748,000	1,119,000	1,854,000	3,319,000	6,997,000	7,627,000
West Virginia	—	302,000	959,000	2,006,000	1,841,000	1,851,000
North Carolina	394,000	869,000	1,894,000	4,062,000	7,777,000	8,552,000
South Carolina	249,000	669,000	1,340,000	2,117,000	3,858,000	4,205,000
Georgia	83,000	906,000	2,216,000	3,445,000	7,875,000	8,824,000
Florida	—	87,000	529,000	2,771,000	15,233,000	17,363,000
Kentucky	74,000	982,000	2,147,000	2,945,000	3,995,000	4,170,000
Tennessee	36,000	1,003,000	2,021,000	3,292,000	5,657,000	6,180,000
Alabama	—	772,000	1,829,000	3,062,000	4,451,000	4,798,000
Mississippi	—	607,000	1,551,000	2,179,000	2,816,000	2,974,000
Arkansas	—	210,000	1,312,000	1,910,000	2,631,000	2,840,000
Louisiana	—	518,000	1,382,000	2,684,000	4,425,000	4,683,000
Oklahoma	—	—	790,000	2,233,000	3,373,000	3,639,000
Texas	—	213,000	3,049,000	7,711,000	20,119,000	22,857,000

NOTA: Los totales de los estados y las regiones se tomaron de los informes finales de los censos de 1790, 1850, 1900 y 1950. Los totales para el año 2000 son una estimación del *U.S. Census Bureau* previa a la publicación del informe final del Censo de 2000. Los totales para el año 2010 son las proyecciones del *U.S. Census Bureau.* Todos los totales han sido redondeados al millar más cercano.

Población estatal de 1790 a 2010 (continuación)

Estado	1790	1850	1900	1950	2000	2010 (estimación)
REGIÓN DEL MEDIO OESTE	—	5,404,000	26,333,000	44,461,000	63,502,000	65,914,000
Ohio	—	1,980,000	4,158,000	7,947,000	11,319,000	11,505,000
Indiana	—	988,000	2,516,000	3,934,000	6,045,000	6,318,000
Illinois	—	851,000	4,822,000	8,712,000	12,051,000	12,515,000
Michigan	—	398,000	2,421,000	6,372,000	9,679,000	9,836,000
Wisconsin	—	305,000	2,069,000	3,435,000	5,326,000	5,590,000
Minnesota	—	6,000	1,751,000	2,982,000	4,830,000	5,147,000
Iowa	—	192,000	2,232,000	2,621,000	2,900,000	2,968,000
Missouri	—	682,000	3,107,000	3,955,000	5,540,000	5,864,000
North Dakota	—	—	319,000	620,000	662,000	690,000
South Dakota	—	—	402,000	653,000	777,000	826,000
Nebraska	—	—	1,066,000	1,326,000	1,705,000	1,806,000
Kansas	—	—	1,470,000	1,905,000	2,668,000	2,849,000
REGIÓN DEL OESTE	—	179,000	4,309,000	20,190,000	61,412,000	70,511,000
Montana	—	—	243,000	591,000	950,000	1,040,000
Idaho	—	—	162,000	589,000	1,347,000	1,557,000
Wyoming	—	—	93,000	291,000	525,000	607,000
Colorado	—	—	540,000	1,325,000	4,168,000	4,658,000
New Mexico	—	62,000	195,000	681,000	1,860,000	2,155,000
Arizona	—	—	123,000	750,000	4,798,000	5,522,000
Utah	—	11,000	277,000	689,000	2,207,000	2,551,000
Nevada	—	—	42,000	160,000	1,871,000	2,131,000
Washington	—	1,000	518,000	2,379,000	5,858,000	6,658,000
Oregon	—	12,000	414,000	1,521,000	3,397,000	3,803,000
California	—	93,000	1,485,000	10,586,000	32,521,000	37,644,000
Alaska	—	—	64,000	129,000	653,000	745,000
Hawaii	—	—	154,000	500,000	1,257,000	1,440,000
Total de EE.UU.	3,929,000	23,192,000	76,212,000	151,326,000	274,634,000	297,714,000

NOTA: Los totales de los estados y las regiones se tomaron de los informes finales de los censos de 1790, 1850, 1900 y 1950. Los totales para el año 2000 son una estimación del *U.S Census Bureau* previa a la publicación del informe final del Censo de 2000. Los totales para 2010 son las proyecciones del *U.S Census Bureau* .Todos los totales han sido redondeados al millar más cercano.

EE.UU. en 1790

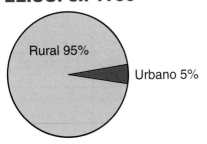

Rural 95%

Urbano 5%

Tiempo de viaje de New York a Chicago:
entre 4 y 6 semanas a caballo, a pie o en canoa

Tamaño del grupo familiar

12%	39%	49%
1 o 2 personas	3–5 personas	6 o más personas

EE.UU. en 1850

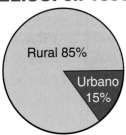

Rural 85%

Urbano 15%

Tiempo de viaje de New York a Chicago:
entre 2 y 3 semanas en diligencia

Tamaño del grupo familiar

14%	42%	44%
1 o 2 personas	3–5 personas	6 o más personas

EE.UU. en 1900

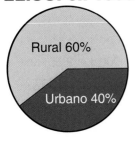

Rural 60%

Urbano 40%

Tiempo de viaje de New York a Chicago:
alrededor de 18 horas en tren

Tamaño del grupo familiar

20%	49%	31%
1 o 2 personas	3–5 personas	6 o más personas

EE.UU. en 2000

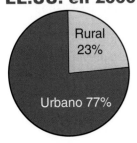

Rural 23%

Urbano 77%

Tiempo de viaje de New York a Chicago:
alrededor de 2 horas por avión

Tamaño del grupo familiar

58%	39%	3%
1 o 2 personas	3–5 personas	6 o más personas

Urbano se refiere a comunidades con 2,500 personas o más.
Rural se refiere a comunidades con menos de 2,500 personas.

Densidad de la población por estado en 2000

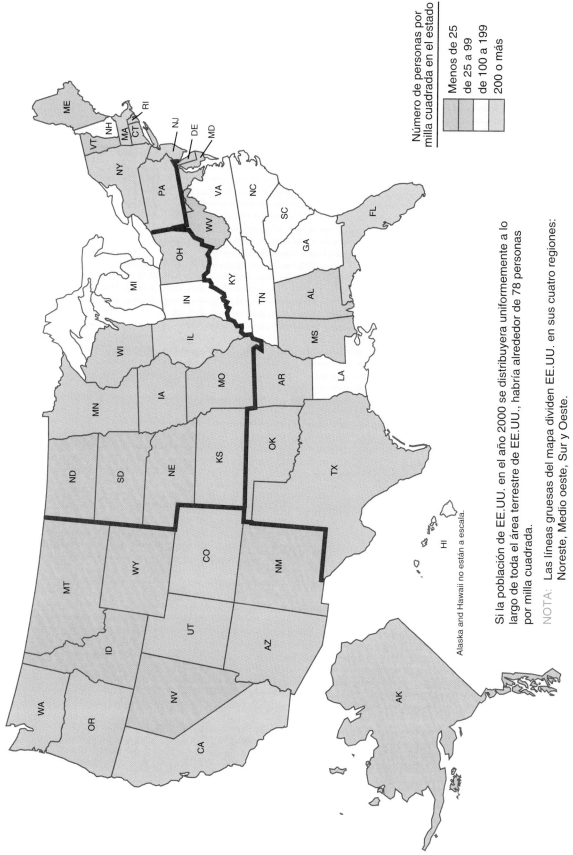

Número de personas por
milla cuadrada en el estado

Menos de 25
de 25 a 99
de 100 a 199
200 o más

Alaska and Hawaii no están a escala.

Si la población de EE.UU. en el año 2000 se distribuyera uniformemente a lo largo de toda el área terrestre de EE.UU., habría alrededor de 78 personas por milla cuadrada.

NOTA: Las líneas gruesas del mapa dividen EE.UU. en sus cuatro regiones: Noreste, Medio oeste, Sur y Oeste.

Clima
Temperatura promedio en...
Enero

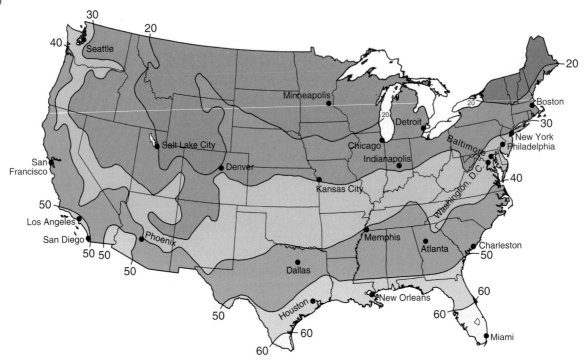

Abril

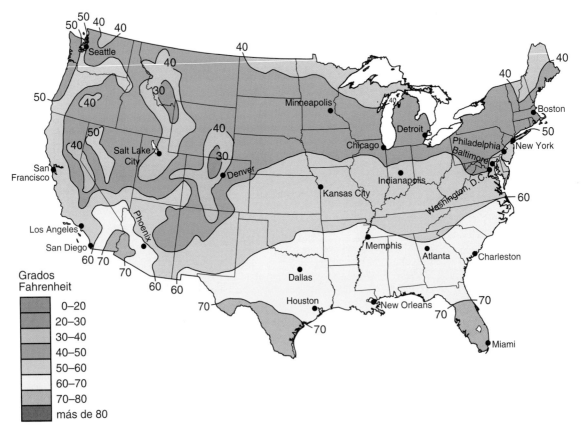

Grados
Fahrenheit

0–20
20–30
30–40
40–50
50–60
60–70
70–80
más de 80

Temperatura promedio en...
Julio

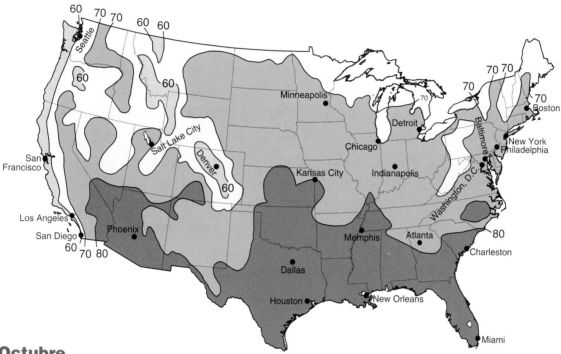

Octubre

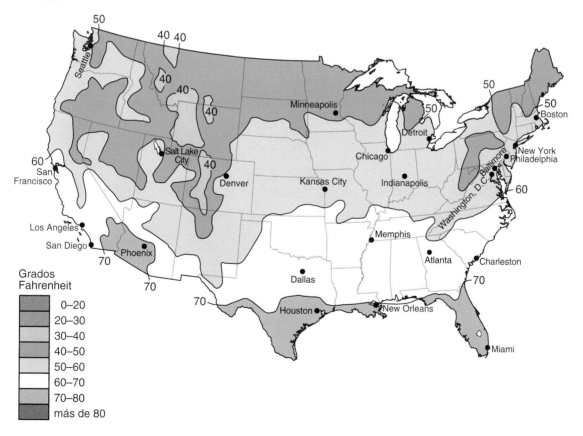

Grados
Fahrenheit

0–20
20–30
30–40
40–50
50–60
60–70
70–80
más de 80

Temporadas de cultivo en EE.UU.

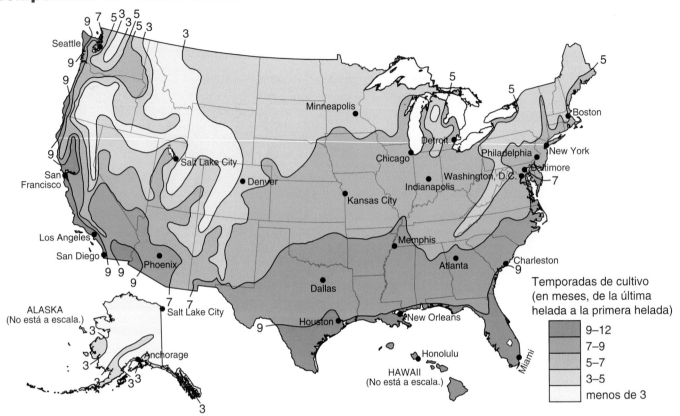

Temporadas de cultivo
(en meses, de la última
helada a la primera helada)

9–12
7–9
5–7
3–5
menos de 3

Precipitación media anual en EE.UU.

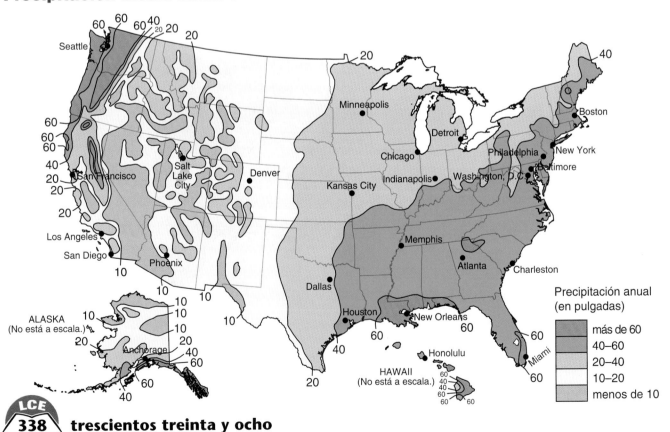

Precipitación anual
(en pulgadas)

más de 60
40–60
20–40
10–20
menos de 10

Geografía
Mapa geográfico de EE.UU.

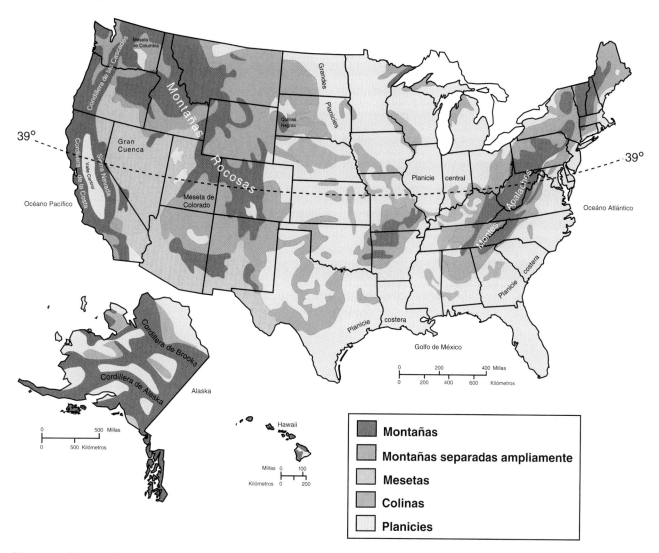

Montañas
Montañas separadas ampliamente
Mesetas
Colinas
Planicies

Elevación a lo largo del paralelo 39

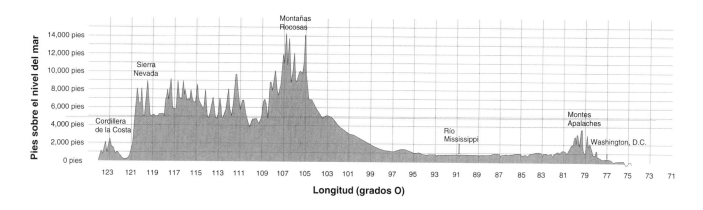

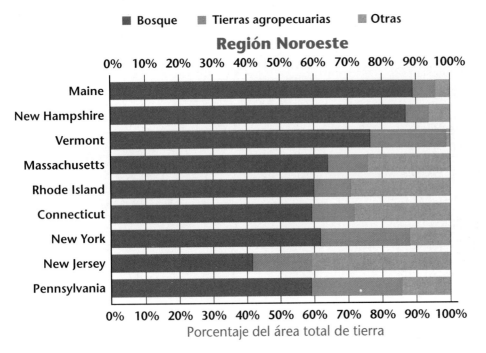

Porcentaje estimado de tierras agropecuarias y bosques

■ Bosque   ■ Tierras agropecuarias   ■ Otras

Región Noroeste

0% 10% 20% 30% 40% 50% 60% 70% 80% 90% 100%

Maine
New Hampshire
Vermont
Massachusetts
Rhode Island
Connecticut
New York
New Jersey
Pennsylvania

0% 10% 20% 30% 40% 50% 60% 70% 80% 90% 100%

Porcentaje del área total de tierra

NOTA

Las tierras agropecuarias incluyen tierra de cultivo y tierras de pastoreo.

Región Sur

0% 10% 20% 30% 40% 50% 60% 70% 80% 90% 100%

Delaware
Maryland
Virginia
West Virginia
North Carolina
South Carolina
Georgia
Florida
Kentucky
Tennessee
Alabama
Mississippi
Arkansas
Louisiana
Oklahoma
Texas

0% 10% 20% 30% 40% 50% 60% 70% 80% 90% 100%

Porcentaje del área total de tierra

■ Bosque ■ Tierras agropecuarias ■ Otras

Región Medio Oeste

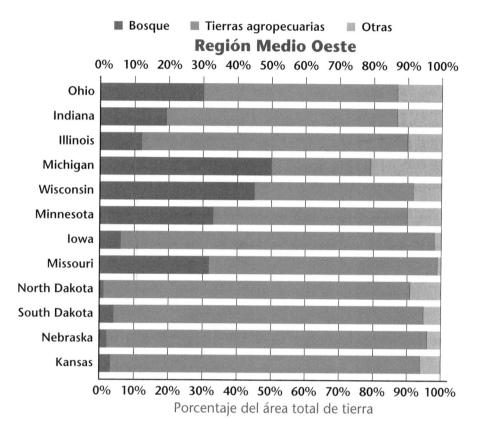

Porcentaje del área total de tierra

Región Oeste

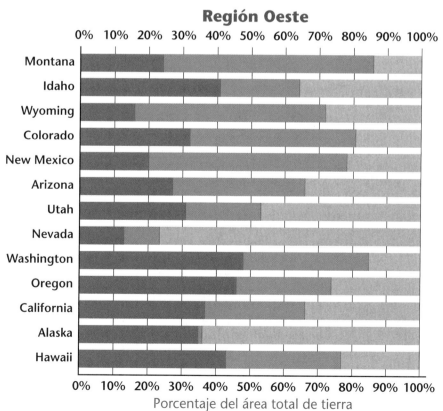

Porcentaje del área total de tierra

Elevaciones más altas y más bajas en EE.UU.

Estado	Punto más alto	Altitud (pies)	Punto más bajo	Elevación (pies)
Alabama	Montaña Cheaha	2,405	Golfo de México	Nivel del mar
Alaska	Monte McKinley	20,320	Océano Pacífico	Nivel del mar
Arizona	Pico Humphreys	12,633	Río Colorado	70
Arkansas	Montaña Magazine	2,753	Río Ouachita	55
California	Monte Whitney	14,494	Valle de la Muerte	−282
Colorado	Monte Elbert	14,433	Río Arkansas	3,350
Connecticut	Monte Frissell	2,380	Estrecho Long Island	Nivel del mar
Delaware	Ebright Road (New Castle Co)	448	Océano Atlántico	Nivel del mar
Florida	Sec. 30, T6N, R20W (Walton Co)[1]	345	Océano Atlántico	Nivel del mar
Georgia	Brasstown Bald	4,784	Océano Atlántico	Nivel del mar
Hawaii	Mauna Kea	13,796	Océano Pacífico	Nivel del mar
Idaho	Pico Borah	12,662	Río Snake	710
Illinois	Montículo Charles	1,235	Río Mississippi	279
Indiana	Municipalidad Franklin (Wayne Co)	1,257	Río Ohio	320
Iowa	Sec. 29, T100N, R41W (Osceola Co)[1]	1,670	Río Mississippi	480
Kansas	Monte Sunflower	4,039	Río Verdigris	679
Kentucky	Montaña Black	4,139	Río Mississippi	257
Louisiana	Montaña Driskill	535	New Orleans	−8
Maine	Monte Katahdin	5,267	Océano Atlántico	Nivel del mar
Maryland	Montaña Backbone	3,360	Océano Atlántico	Nivel del mar
Massachusetts	Monte Greylock	3,487	Océano Atlántico	Nivel del mar
Michigan	Monte Arvon	1,979	Lago Erie	571
Minnesota	Montaña Eagle	2,301	Lago Superior	600
Mississippi	Montaña Woodall	806	Golfo de México	Nivel del mar
Missouri	Montaña Taum Sauk	1,772	Río St. Francis	230
Montana	Pico Granite	12,799	Río Kootenai	1,800
Nebraska	Municipalidad Johnson (Kimball Co)	5,424	Río Missouri	840
Nevada	Pico Boundary	13,140	Río Colorado	479
New Hampshire	Monte Washington	6,288	Océano Atlántico	Nivel del mar
New Jersey	High Point	1,803	Océano Atlántico	Nivel del mar
New Mexico	Pico Wheeler	13,161	Represa Red Bluff	2,842
New York	Monte Marcy	5,344	Océano Atlántico	Nivel del mar
North Carolina	Monte Mitchell	6,684	Océano Atlántico	Nivel del mar
North Dakota	White Butte	3,506	Río Red	750
Ohio	Colina Campbell	1,549	Río Ohio	455
Oklahoma	Black Mesa	4,973	Río Little	289
Oregon	Monte Hood	11,239	Océano Pacífico	Nivel del mar
Pennsylvania	Monte Davis	3,213	Río Delaware	Nivel del mar
Rhode Island	Colina Jerimoth	812	Océano Atlántico	Nivel del mar
South Carolina	Montaña Sassafras	3,560	Océano Atlántico	Nivel del mar
South Dakota	Pico Harney	7,242	Lago Big Stone	966
Tennessee	Clingmans Dome	6,643	Río Mississippi	178
Texas	Pico Guadalupe	8,749	Golfo de México	Nivel del mar
Utah	Kings Peak	13,528	Beaverdam Wash	2,000
Vermont	Monte Mansfield	4,393	Lago Champlain	95
Virginia	Monte Rogers	5,729	Océano Atlántico	Nivel del mar
Washington	Monte Rainier	14,410	Océano Pacífico	Nivel del mar
West Virginia	Spruce Knob	4,861	Río Potomac	240
Wisconsin	Colina Timms	1,951	Lago Michigan	579
Wyoming	Pico Gannett	13,804	Río Belle Fourche	3,099

[1]"Sec." significa Sección; ["T" = "M"] significa Municipalidad; "N" significa Norte; y "O" significa Oeste.

Latitud y longitud de las capitales de los estados

Abreviatura postal	Estado	Capital	Latitud	Longitud
AL	Alabama	Montgomery	32° 23' N	86° 19' O
AK	Alaska	Juneau	58° 18' N	134° 25' O
AZ	Arizona	Phoenix	33° 27' N	112° 04' O
AR	Arkansas	Little Rock	34° 45' N	92° 17' O
CA	California	Sacramento	38° 35' N	121° 30' O
CO	Colorado	Denver	39° 45' N	104° 59' O
CT	Connecticut	Hartford	41° 46' N	72° 41' O
DE	Delaware	Dover	39° 10' N	75° 31' O
FL	Florida	Tallahassee	30° 27' N	84° 17' O
GA	Georgia	Atlanta	33° 45' N	84° 24' O
HI	Hawaii	Honolulu	21° 18' N	157° 52' O
ID	Idaho	Boise	43° 37' N	116° 12' O
IL	Illinois	Springfield	39° 48' N	89° 39' O
IN	Indiana	Indianapolis	39° 46' N	86° 10' O
IA	Iowa	Des Moines	41° 35' N	93° 37' O
KS	Kansas	Topeka	39° 03' N	95° 40' O
KY	Kentucky	Frankfort	38° 11' N	84° 52' O
LA	Louisiana	Baton Rouge	30° 27' N	91° 11' O
ME	Maine	Augusta	44° 19' N	69° 46' O
MD	Maryland	Annapolis	38° 58' N	76° 30' O
MA	Massachusetts	Boston	42° 21' N	71° 03' O
MI	Michigan	Lansing	42° 44' N	84° 33' O
MN	Minnesota	St. Paul	44° 57' N	93° 06' O
MS	Mississippi	Jackson	32° 18' N	90° 11' O
MO	Missouri	Jefferson City	38° 34' N	92° 11' O
MT	Montana	Helena	46° 36' N	112° 02' O
NE	Nebraska	Lincoln	40° 49' N	96° 42' O
NV	Nevada	Carson City	39° 10' N	119° 46' O
NH	New Hampshire	Concord	43° 12' N	71° 32' O
NJ	New Jersey	Trenton	40° 13' N	74° 46' O
NM	New Mexico	Santa Fe	35° 41' N	105° 56' O
NY	New York	Albany	42° 39' N	73° 45' O
NC	North Carolina	Raleigh	35° 47' N	78° 38' O
ND	North Dakota	Bismarck	46° 48' N	100° 47' O
OH	Ohio	Columbus	39° 58' N	83° 00' O
OK	Oklahoma	Oklahoma City	35° 28' N	97° 31' O
OR	Oregon	Salem	44° 56' N	123° 02' O
PA	Pennsylvania	Harrisburg	40° 16' N	76° 53' O
RI	Rhode Island	Providence	41° 50' N	71° 25' O
SC	South Carolina	Columbia	34° 00' N	81° 02' O
SD	South Dakota	Pierre	44° 22' N	100° 21' O
TN	Tennessee	Nashville	36° 10' N	86° 47' O
TX	Texas	Austin	30° 16' N	97° 45' O
UT	Utah	Salt Lake City	40° 45' N	111° 53' O
VT	Vermont	Montpelier	44° 16' N	72° 35' O
VA	Virginia	Richmond	37° 32' N	77° 26' O
WA	Washington	Olympia	47° 03' N	122° 54' O
WV	West Virginia	Charleston	38° 21' N	81° 38' O
WI	Wisconsin	Madison	43° 04' N	89° 23' O
WY	Wyoming	Cheyenne	41° 08' N	104° 49' O

125°O 120°O 115°O 110°O 105°O 100°O

50°N

WASHINGTON
Seattle
Olympia
Spokane
Río
Columbia
Portland
Salem
OREGON

45°N

Helena
MONTANA
NORTH DAKOTA
Bismarck
Río Missouri

Boise
IDAHO
Río Snake

SOUTH DAKOTA
Pierre
Sioux

40°N

Río Sacramento
Sacramento

Great Salt Lago
Salt Lake City

WYOMING

Cheyenne
Río Platte

NEBRASKA
Line

San Francisco
Oakland
San Jose

Carson City
NEVADA
UTAH
Río Colorado

Denver
Colorado Springs
COLORADO
Río Arkansas

KANSAS

Fresno
CALIFORNIA

35°N

Las Vegas

Wichita

OCÉANO PACÍFICO

Los Angeles
Long Beach

San Diego

ARIZONA
Phoenix
Mesa

Tucson

Santa Fe
Albuquerque

NEW MEXICO

Amarillo

OKLAHOMA
Oklahoma City

30°N

El Paso

M É

Río

TEXAS

Fort Worth
Río Brazos

Austin
San Antonio

Círculo Polar Ártico
CANADÁ
Río Yukon
ALASKA
Anchorage
Juneau
Mar de Bering
OCÉANO PACÍFICO

0   350   700
1 pulgada representa 700 millas.

HAWAII
Honolulu

20°N

0   125   250
1 pulgada representa 250 millas. OCÉANO PACÍFICO

Río Grande

X I
C
O

115°O 110°O 105°O 100°O

Capital nacional
Capital estatal
Ciudad

Golfo de México

0   100   200
1 pulgada representa
200 millas.

*OCÉANO
ATLÁNTICO*

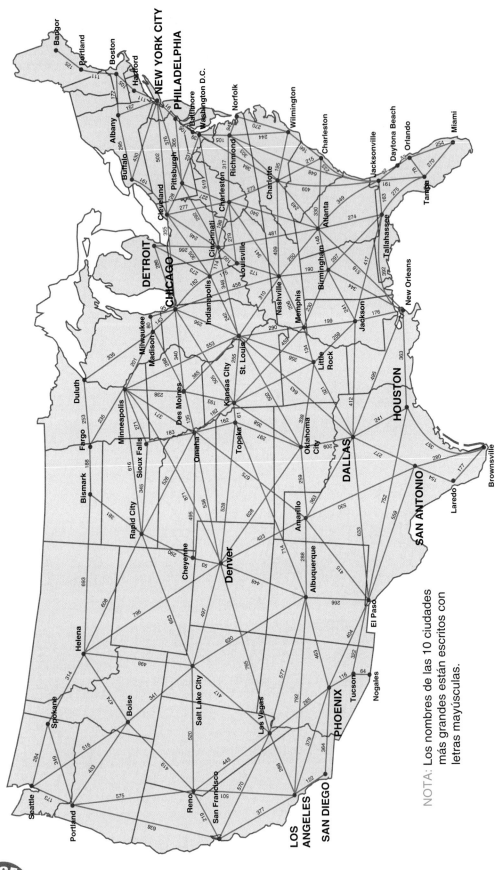

Distancias por carretera en EE.UU. (millas)

NOTA: Los nombres de las 10 ciudades más grandes están escritos con letras mayúsculas.

Distancias aéreas en EE.UU. (millas)

	Atlanta	Boston	Chicago	Dallas	Denver	Detroit	Houston	Kansas City	Los Angeles	Miami	Minneapolis	New Orleans	New York	Omaha	Philadelphia	Phoenix	Pittsburgh	Portland	St. Louis	Salt Lake City	San Francisco	Seattle
Boston	940																					
Chicago	600	860																				
Dallas	720	1550	790																			
Denver	1200	1760	900	650																		
Detroit	590	630	230	980	1130																	
Houston	680	1600	920	210	860	1090																
Kansas City	680	1250	400	450	540	630	640															
Los Angeles	1940	2610	1740	1240	840	1970	1370	1360														
Miami	590	1250	1190	1110	1710	1140	960	1230	2340													
Minneapolis	900	1120	330	850	690	520	1040	390	1530	1500												
New Orleans	420	1360	830	430	1060	930	300	690	1670	670	1040											
New York	760	180	740	1380	1630	500	1410	1110	2470	1090	1020	1180										
Omaha	820	1280	410	580	480	650	790	150	1330	1390	280	840	1150									
Philadelphia	660	280	670	1290	1560	450	1320	1030	2400	1010	980	1090	90	1090								
Phoenix	1580	2300	1440	870	580	1680	1010	1040	370	1970	1270	1300	2140	1030	2080							
Pittsburgh	520	490	410	1060	1300	200	1120	760	2130	1010	720	910	340	820	260	1810						
Portland	2170	2530	1730	1630	980	1950	1830	1490	830	2700	1420	2050	2450	1360	2410	1000	2140					
St. Louis	480	1040	250	540	780	440	660	220	1590	1060	440	600	890	340	810	1260	550	1700				
Salt Lake City	1580	2100	1240	1010	380	1480	1200	910	590	2080	990	1420	1980	830	1930	500	1650	630	1150			
San Francisco	2130	2700	1840	1470	950	2070	1630	1490	330	2580	1580	1910	2580	1430	2520	650	2250	550	1730	590		
Seattle	2180	2490	1720	1670	1010	1930	1870	1480	950	2720	1390	2080	2420	1360	2380	1100	2120	130	1700	680	670	
Washington, D.C.	530	410	590	1160	1460	380	1180	920	2280	910	900	960	220	1000	130	1950	180	2330	690	1830	2410	2300

Área, longitud y ancho de los estados

Estado	Área terrestre (mi^2)	Área de masas de agua en el interior (mi^2)	Área total (mi^2)	Longitud[1] (mi)	Ancho[1] (mi)
Alabama	50,750	968	51,718	330	190
Alaska	570,374	17,501	587,875	1,480	810
Arizona	113,642	364	114,006	400	310
Arkansas	52,075	1,107	53,182	260	240
California	155,973	2,674	158,647	770	250
Colorado	103,729	371	104,100	380	280
Connecticut	4,845	161	5,006	110	70
Delaware	1,955	71	2,026	100	30
Florida	53,937	4,683	58,620	500	160
Georgia	57,919	1,011	58,930	300	230
Hawaii	6,423	36	6,459	—	—
Idaho	82,751	823	83,574	570	300
Illinois	55,593	750	56,343	390	210
Indiana	35,870	315	36,185	270	140
Iowa	55,875	401	56,276	310	200
Kansas	81,823	459	82,282	400	210
Kentucky	39,732	679	40,411	380	140
Louisiana	43,566	4,153	47,719	380	130
Maine	30,865	2,263	33,128	320	190
Maryland	9,775	680	10,455	250	90
Massachusetts	7,838	424	8,262	190	50
Michigan	56,809	1,704	58,513	490	240
Minnesota	79,617	4,780	84,397	400	250
Mississippi	46,914	781	47,695	340	170
Missouri	68,898	811	69,709	300	240
Montana	145,556	1,490	147,046	630	280
Nebraska	76,878	481	77,359	430	210
Nevada	109,806	761	110,567	490	320
New Hampshire	8,969	314	9,283	190	70
New Jersey	7,419	371	7,790	150	70
New Mexico	121,364	234	121,598	370	343
New York	47,224	1,888	49,112	330	283
North Carolina	48,718	3,954	52,672	500	150
North Dakota	68,994	1,710	70,704	340	211
Ohio	40,953	376	41,329	220	220
Oklahoma	68,679	1,224	69,903	400	220
Oregon	96,002	1,050	97,052	360	261
Pennsylvania	44,820	490	45,310	283	160
Rhode Island	1,045	168	1,213	40	30
South Carolina	30,111	1,006	31,117	260	200
South Dakota	75,896	1,225	77,121	380	210
Tennessee	41,219	926	42,145	440	120
Texas	261,914	4,959	266,873	790	660
Utah	82,168	2,736	84,904	350	270
Vermont	9,249	366	9,615	160	80
Virginia	39,598	1,000	40,598	430	200
Washington	66,581	1,545	68,126	360	240
West Virginia	24,087	145	24,232	240	130
Wisconsin	54,314	1,831	56,145	310	260
Wyoming	97,105	714	97,819	360	280

[1]La longitud y el ancho son promedios aproximados para cada estado.
El área terrestre abarca tierra seca y tierra temporal o parcialmente cubierta por agua, como ciénagas y pantanos.

Datos y preguntas

Datos nacionales

Dato o característica	Ubicación	Datos registrados hasta 2000
Estado más grande	Alaska	615,230 mi^2
Estado más pequeño	Rhode Island	1,231 mi^2
Punto más al norte	Punto Barrow, Alaska	71° 23' N
Punto más al sur	Ka Lae (Cabo sur), Hawaii	18° 55' N
Punto más al este	Isla Semisopochnoi, Alaska[1]	179° 46' E
Punto más al oeste	Isla Amatignak, Alaska	179° 06' O
Poblado más alto	Climax, Colorado	11,360 pies sobre el nivel del mar
Poblado más bajo	Calipatria, California	184 bajo el nivel del mar
Parque nacional más antiguo	Parque Nacional Yellowstone, Wyoming, Montana, Idaho	Establecido en 1872
Parque nacional más grande	Wrangell–St. Elias, Alaska	13,006 mi^2
Parque nacional más pequeño	Hot Springs, Arkansas	9 mi^2
Catarata más alta	Cataratas de Yosemite:	
	Total de tres secciones:	2,425 pies
	Cascada Superior de Yosemite,	1,430 pies
	Cascadas en la sección media,	675 pies
	Cascada Inferior de Yosemite	320 pies
Río más largo	Mississippi–Missouri	3,710 millas
Montaña más alta	Monte McKinley, Alaska	20,320 pies sobre el nivel del mar
Punto más bajo	Valle de la Muerte, California	282 pies bajo el nivel del mar
Lago más profundo	Lago Crater, Oregon	1,932 pies
Lugar más lluvioso	Monte Waialeale, Hawaii	Precipitación anual promedio: 460 pulgadas
Desfiladero más grande	Gran Cañón, río Colorado, Arizona,	277 millas de largo, 600 pies a 18 millas de ancho, 1 milla de profundidad
Desfiladero más profundo	Cañón del Infierno, Río Snake, Idaho-Oregon	7,900 pies de profundidad
Vientos más fuertes	Monte Washington, New Hampshire, registrado en 1934	231 m.p.h.
Presa más grande	New Cornelia Tailings, Tenmile Wash, Arizona	274,026,000 yardas cúbicas de material usadas
Edificio más alto	Torre de Sears, Chicago, Illinois	1,454 pies
Edificio más grande	Fábrica Boeing 747, Everett, Washington	205,600,000 pies cúbicos; cubre 47 acres
Estructura más alta	Torre de T.V., Blanchard, North Dakota	2,063 pies
Puente más largo	Puente Verrazano-Narrows, New York	4,260 pies
Puente más alto	Desfiladero Royal, Colorado	1,053 pies sobre el agua
Pozo más profundo	Pozo Gas, Washita County, Oklahoma	31,441 pies

[1] Las islas Aleutanias de Alaska se extienden hacia el hemisferio oriental. En las islas Aleutanias se encuentra técnicamente el punto más al este de EE.UU. Si se excluye Alaska, el punto más al este de EE.UU. es West Quoddy Head, Maine (66° 57' O).

Abreviaturas: pies = pies   mi = milla   m.p.h. = millas por hora
mi^2 = milla cuadrada

Explora más

Aquí hay algunas preguntas que se pueden responder con información del Tour de EE.UU. Piensa en otras más.

- ¿Cómo se compara tu estado con otros estados? Usa las presentaciones de datos para comparar tu estado con el estado promedio o mediano, o para mostrar el lugar que ocupa tu estado en la distribución de todos los estados. Coloca tus resultados en el espacio reservado para el Tour de EE.UU. en tu salón de clases.

- ¿Cuáles son algunos de los datos y características interesantes acerca de tu estado o de otro estado? Usa la información del Tour de EE.UU. para crear un almanaque estatal. Por ejemplo, ¿en qué año se convirtió tu estado en estado? ¿Cuáles son los puntos más altos y más bajos de tu estado? ¿Cómo se compara la población de tu estado en el año 2000 con la población en 1900? ¿En 1850? ¿En 1790?

Aquí hay algunas preguntas que se pueden responder consultando un atlas, otros almanaques y libros de referencia.

- ¿Cuáles son las temperaturas más altas y más bajas registradas en diferentes estados? Haz una presentación que muestre qué estados han tenido temperaturas más altas y más bajas en cada década del siglo veinte. Busca patrones.

- ¿Cómo ha crecido la tecnología? ¿Cuántos carros, teléfonos, computadoras y otros aparatos había en cada década del siglo veinte? ¿Cuántos de cada uno había por persona? Haz una gráfica lineal o de barras que muestre esta información.

- En la última elección presidencial de EE.UU., ¿cuántos votos electorales y populares recibió cada candidato? ¿Qué porcentaje del total del voto popular o electoral recibió cada uno? ¿Qué porcentaje del total del voto popular recibió cada candidato en tu estado? Haz gráficas circulares que muestren esta información.

- ¿Cuándo ocurrieron hechos históricos importantes? ¿Cuándo se inventaron, se descubrieron o se usaron por primera vez cosas como el teléfono, la vacuna contra la polio o las computadoras? ¿En qué época vivieron personas famosas como artistas, actores, científicos o figuras del deporte? Haz líneas cronológicas para mostrar tus hallazgos.

Referencias

Bibliografía

The American Almanac. Austin, Texas: The Reference Press, 1993, 1994.

The Cambridge Factfinder. David Crystal, editor. New York: Cambridge University Press, 1997.

A Century of Population Growth 1790–1900. Reprint of 1909 publication by the Government Printing Office. Baltimore: Genealogical Publishing Company, 1989.

Hakim, Joy. *Colonies to Country* (Book 3 in A *History of US*). *Liberty for All* (Book 5 in *A History of US*). New York: Oxford University Press, 1994.

Hammond United States Atlas. Gemini Edition. Maplewood, New Jersey: Hammond Inc., 1993.

Historical Atlas of the United States. Vols. 1 and 2. William Graves, editor. Washington, D.C.: National Geographic Society, 1993.

Historical Statistics of the United States: Colonial Times to 1970. U.S. Department of Commerce, Bureau of the Census. Washington, D.C.: Government Printing Office. 1975.

Kaestle, Carl. *Pillars of the Republic: Common Schools and American Society 1780–1860*. New York: Hill and Wang, 1983.

Larkin, Jack. *The Reshaping of Everyday Life 1790–1840*. New York: HarperCollins, 1989.

National Center for Education Statistics. U.S. Department of Education. Washington, D.C.: http://nces.ed.gov/

The New York Public Library Book of Chronologies. Bruce Wetterau, editor. New York: Prentice Hall, 1990.

Prisoners of Time. National Education Commission on Time and Learning. Washington, D.C.: Government Printing Office, 1994.

Snipp, C. Matthew. *American Indians: The First of This Land*. New York: Russell Sage Foundation, 1989.

Statistical Abstract of the United States. U.S. Department of Commerce, Bureau of the Census. Washington, D.C.: Government Printing Office, 1999, 2000.

Statistical Atlas of the United States. Washington, D.C.: Government Printing Office, 1914.

Statistics of State School Systems. U.S. Bureau of Education. Washington, D.C.: Government Printing Office, 1901.

The United States Bureau of the Census, Washington, D.C. http://www.census.gov/

The Universal Almanac. Kansas City, Missouri: Andrews & McMeel. 1995.

The World Almanac® *and Book of Facts 2000*. Mahwah, New Jersey: World Almanac Books, 1999.

Fuentes

299 Information and migration map: Derived from UCSMP research.

300 Map: *Historical Atlas of the United States.*

301 Map: based on information from U.S. Census Bureau projections and *Statistical Abstract of the United States.*

302 Graph: *Historical Atlas of the United States*; Table: data from *Statistical Abstract of the United States.*

303 Immigration Graph and Table: *Historical Statistics of the United States* and *Statistical Abstract of the United States;* Foreign-Born Population Graph and Table: *The World Almanac 2000.*

304 Map: based on 1990 U.S. Census data.

305 Map: *Historical Atlas of the United States;* Percent bar and table: information from *Historical Statistics of the United States.*

306 "19th Century Settlement Patterns" Map: based on information from *Statistical Atlas of the United States;* "The Center of Population Moving West" Map: based on *The American Almanac* and UCSMP research.

307 Map: information from *The New York Public Library Book of Chronologies.*

308–309 Data for Area taken from *Historical Statistics of the United States;* Data for Population taken from *Statistical Abstract of the United States,* and *The World Almanac 2000,* and U.S. Census Bureau projections.

310 Table: data based on *A Century of Population Growth 1790–1900.*

311 Table: information from *Historical Atlas of the United States;* Larkin; and Hakim, *Liberty for All;* Graph: based on *Historical Atlas of the United States.*

312 Map: information from *Historical Atlas of the United States.*

313 Information from *The New York Public Library Book of Chronologies;* Train schedule information from Amtrak; Airline schedule information from American Airlines.

314–315 Data from *Historical Statistics of the United States, Statistical Abstract of the United States,* and *The World Almanac 2000.*

316 Data from *Historical Statistics of the United States, The World Almanac 2000, Statistical Abstract of the United States,* and Nielsen Research.

317 Data from *Statistical Abstract of the United States.*

318 "Who Went to School in 1790?" information from Kaestle; "Who Went to School in 1900?" information from 1900 U.S. Census and *Statistics of State School Systems.*

319 Data from *Statistics of State School Systems.*

320 Graphs: data from National Center for Education Statistics.

321 Data from *Statistical Abstract of the United States.*

322 Graph "U.S. Population by Age and Gender, 1900": data from *Twelfth Census of the United States,1900;* Graph "U.S. Population by Age and Gender, 2000": data from U.S. Census Bureau projections; Graph "Median Age of the U.S. Population: data from *Statistical Abstract of the United States* and *The World Almanac 2000.*

323 Table and Graph: data from *The World Almanac 2000* and *Statistical Abstract of the United States.*

324–325 Information from the U.S. Constitution, *Historical Statistics of the United States,* and the 2000 Census.

326 Information from *Historical Statistics of the United States*; Graph: data from *Historical Statistics of the United States, The American Almanac,* and UCSMP research.

327–328 Information from U.S. Bureau of the Census.

329 Data from *A Century of Population Growth 1790–1900.*

330–331 Derived from 2000 U.S. Census Forms D-61A and D-61B.

332–333 Data from *The Universal Almanac* and *Statistical Abstract of the United States* and U.S. Census Bureau projections.

334 Urban/Rural Population data from *Historical Statistics of the United States* and United Nations Statistics Division; Household Size data from *Statistical Abstract of the United States.*

335 Map: information from *The World Almanac 2000.*

336–337 Temperature Maps: based on data from National Oceanic and Atmospheric Administration.

338 Growing Seasons Map: based on data from National Weather Service; Precipitation Map: based on data from National Oceanic and Atmospheric Administration.

339 Landform Map: based on data from U.S. Geological Survey; Graph: based on *Historical Atlas of the United States.*

340–341 Based on data from *The World Almanac 2000.*

342 Data from *The World Almanac 2000.*

343 Data from *The World Almanac 2000.*

344–345 Map: based on data from ArcWorld 1:3m and World 25m by ESRI Data & Maps.

346 Highway distances: based on Rand McNally *Road Atlas 2000.*

347 Air distances: based on *The Cambridge Factfinder.*

348 Land and Inland Water Area: data from *Statistical Abstract of the United States*; Length and Width: data from *World Almanac 2000.*

349 Information from *The World Almanac 2000.*

Tabla de valor posicional

mil millones	centenas de millón	decenas de millón	millones	centenas de millar	decenas de millar	millares	centenas	decenas	unidades	.	décimas	centésimas	milésimas
1,000 millones	100,000,000	10,000,000	1,000,000	100,000	10,000	1,000	100	10	1	.	0.1	0.01	0.001
10^9	10^8	10^7	10^6	10^5	10^4	10^3	10^2	10^1	10^0	.	10^{-1}	10^{-2}	10^{-3}

Prefijos

uni-	uno	tera-	billón (10^{12})
bi-	dos	giga-	mil millones (10^9)
tri-	tres	mega-	millón (10^6)
cuad-	cuatro	kilo-	mil (10^3)
penta-	cinco	hecto-	cien (10^2)
hexa-	seis	deca-	diez (10^1)
hepta-	siete	uni-	uno (10^0)
octa-	ocho	deci-	décima (10^{-1})
nona-	nueve	centi-	centésima (10^{-2})
deca-	diez	mili-	milésima (10^{-3})
dodeca-	doce	micro-	millonésima (10^{-6})
icosa-	veinte	nano-	milmillonésima (10^{-9})

Tabla de multiplicación y división

*,/	1	2	3	4	5	6	7	8	9	10	11	12
1	1	2	3	4	5	6	7	8	9	10	11	12
2	2	4	6	8	10	12	14	16	18	20	22	24
3	3	6	9	12	15	18	21	24	27	30	33	36
4	4	8	12	16	20	24	28	32	36	40	44	48
5	5	10	15	20	25	30	35	40	45	50	55	60
6	6	12	18	24	30	36	42	48	54	60	66	72
7	7	14	21	28	35	42	49	56	63	70	77	84
8	8	16	24	32	40	48	56	64	72	80	88	96
9	9	18	27	36	45	54	63	72	81	90	99	108
10	10	20	30	40	50	60	70	80	90	100	110	120
11	11	22	33	44	55	66	77	88	99	110	121	132
12	12	24	36	48	60	72	84	96	108	120	132	144

Reglas para el orden de las operaciones

1. Realiza las operaciones dentro del paréntesis o de otros símbolos de agrupación antes de hacer cualquier otra cosa.

2. Calcula todas las potencias.

3. Realiza las multiplicaciones o las divisiones en orden, de izquierda a derecha.

4. Después, realiza las sumas o las restas en orden, de izquierda a derecha.

Sistema métrico
Unidades de longitud

1 kilómetro (km)	= 1,000 metros (m)
1 metro	= 10 decímetros (dm)
	= 100 centímetros (cm)
	= 1,000 milímetros (mm)
1 decímetro	= 10 centímetros
1 centímetro	= 10 milímetros

Unidades de área

1 metro cuadrado (m^2)	= 100 decímetros cuadrados (dm^2)
	= 10,000 centímetros cuadrados (cm^2)
1 decímetro cuadrado	= 100 centímetros cuadrados
1 kilómetro cuadrado	= 1,000,000 metros cuadrados

Unidades de volumen

1 metro cúbico (m^2)	= 1,000 decímetros cúbicos (dm^3)
	= 1,000,000 centímetros cúbicos (cm^3)
1 decímetro cúbico	= 1,000 centímetros cúbicos

Unidades de capacidad

1 kilolitro (kL)	= 1,000 litros (L)
1 litro	= 1,000 mililitros (mL)
1 decímetro	= 10 centímetros
1 centímetro cúbico	= 1 mililitro

Unidades de masa

1 tonelada métrica (t)	= 1,000 kilogramos (kg)
1 kilogramo	= 1,000 gramos (g)
1 gramo	= 1,000 miligramos (mg)

Sistemas equivalentes

1 pulgada es alrededor de 2.5 cm (2.54).

1 kilómetro es alrededor de 0.6 millas (0.621).

1 milla es alrededor de 1.6 kilómetros (1.609).

1 metro es alrededor de 39 pulgadas (39.37).

1 litro es alrededor de 1.1 cuartos de galón (1.057).

1 onza es alrededor de 28 gramos (28.350).

1 kilogramo es alrededor de 2.2 libras (2.205).

Sistema tradicional de EE.UU.
Unidades de longitud

1 milla (mi)	= 1,769 yardas (yd)
	= 5,280 pies
1 yarda	= 3 pies
	= 36 pulgadas (pulg)
1 pie	= 12 pulgadas

Unidades de área

1 yarda cuadrada (yd^2)	= 9 pies cuadrados ($pies^2$)
	= 1,296 pulgadas cuadradas ($pulg^2$)
1 pie cuadrado	= 144 pulgadas cuadradas
1 acre	= 43,560 pies cuadrados
1 milla cuadrada (mi^2)	= 640 acres

Unidades de volumen

1 yarda cúbica (yd^3)	= 27 pies cúbicos ($pies^3$)
1 pie cúbico	= 1,728 pulgadas cúbicas ($pulg^3$)

Unidades de capacidad

1 galón (gal)	= 4 cuartos (ct)
1 cuarto	= 2 pintas (pt)
1 pinta	= 2 tazas (tz)
1 taza	= 8 onzas líquidas (oz líq)
1 onza líquida	= 2 cucharadas (cda)
1 cucharada	= 3 cucharaditas (cdta)

Unidades de peso

1 tonelada (T)	= 2,000 libras (lb)
1 libra	= 16 onzas (oz)

Unidades de tiempo

1 siglo	= 100 años
1 década	= 10 años
1 año	= 12 meses
	= 52 semanas (más uno o dos días)
	= 365 días (366 en año bisiesto)
1 mes	= 28, 29, 30 ó 31 días
1 semana	= 7 días
1 día	= 24 horas
1 hora (h)	= 60 minutos
1 minuto (min)	= 60 segundos (seg)

Decimales y porcentajes equivalentes para fracciones "fáciles"

Fracciones "fáciles"	Decimales	Porcentajes
$\frac{1}{2}$	0.50	50%
$\frac{1}{3}$	$0.\overline{3}$	$33\frac{1}{3}\%$
$\frac{2}{3}$	$0.\overline{6}$	$66\frac{2}{3}\%$
$\frac{1}{4}$	0.25	25%
$\frac{3}{4}$	0.75	75%
$\frac{1}{5}$	0.20	20%
$\frac{2}{5}$	0.40	40%
$\frac{3}{5}$	0.60	60%
$\frac{4}{5}$	0.80	80%
$\frac{1}{6}$	$0.1\overline{6}$	$16\frac{2}{3}\%$
$\frac{1}{8}$	0.125	$12\frac{1}{2}\%$
$\frac{3}{8}$	0.375	$37\frac{1}{2}\%$
$\frac{5}{8}$	0.625	$62\frac{1}{2}\%$
$\frac{7}{8}$	0.875	$87\frac{1}{2}\%$
$\frac{1}{10}$	0.10	10%
$\frac{3}{10}$	0.30	30%
$\frac{7}{10}$	0.70	70%
$\frac{9}{10}$	0.90	90%

La cuadrícula del mundo

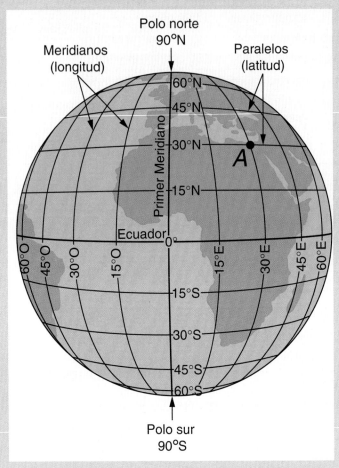

El punto A está ubicado a 30°N, 30°E.

Recta numérica de fracciones y decimales

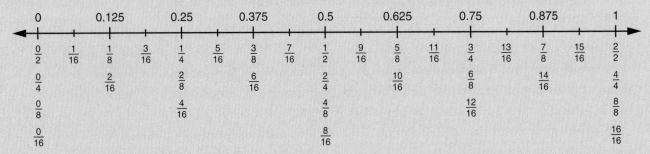

Tabla de barras de fracciones y recta numérica de decimales

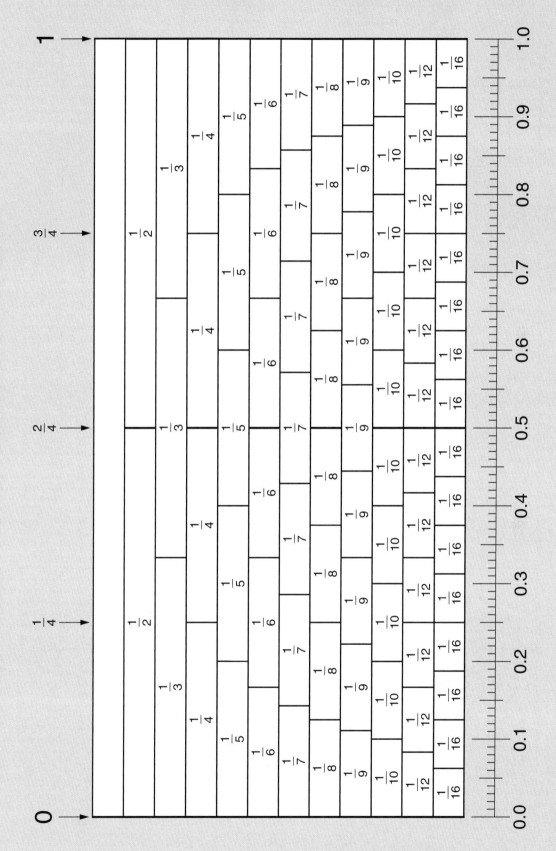

Tabla de decimales equivalentes a fracciones

		Numerador								
Denominador	**1**	**2**	**3**	**4**	**5**	**6**	**7**	**8**	**9**	**10**
1	1.0	2.0	3.0	4.0	5.0	6.0	7.0	8.0	9.0	10.0
2	0.5	1.0	1.5	2.0	2.5	3.0	3.5	4.0	4.5	5.0
3	$0.\overline{3}$	$0.\overline{6}$	1.0	$1.\overline{3}$	$1.\overline{6}$	2.0	$2.\overline{3}$	$2.\overline{6}$	3.0	$3.\overline{3}$
4	0.25	0.5	0.75	1.0	1.25	1.5	1.75	2.0	2.25	2.5
5	0.2	0.4	0.6	0.8	1.0	1.2	1.4	1.6	1.8	2.0
6	$0.1\overline{6}$	$0.\overline{3}$	0.5	$0.\overline{6}$	$0.8\overline{3}$	1.0	$1.1\overline{6}$	$1.\overline{3}$	1.5	$1.\overline{6}$
7	$0.\overline{142857}$	$0.\overline{285714}$	$0.\overline{428571}$	$0.\overline{571428}$	$0.\overline{714285}$	$0.\overline{857142}$	1.0	$1.\overline{142857}$	$1.\overline{285714}$	$1.\overline{428571}$
8	0.125	0.25	.375	0.5	0.625	0.75	0.875	1.0	1.125	1.25
9	$0.\overline{1}$	$0.\overline{2}$	$0.\overline{3}$	$0.\overline{4}$	$0.\overline{5}$	$0.\overline{6}$	$0.\overline{7}$	$0.\overline{8}$	1.0	$1.\overline{1}$
10	0.1	0.2	0.3	0.4	0.5	0.6	0.7	0.8	0.9	1.0

Fracciones, decimales y porcentajes equivalentes

															Decimal	Porcentaje
$\frac{1}{2}$	$\frac{2}{4}$	$\frac{3}{6}$	$\frac{4}{8}$	$\frac{5}{10}$	$\frac{6}{12}$	$\frac{7}{14}$	$\frac{8}{16}$	$\frac{9}{18}$	$\frac{10}{20}$	$\frac{11}{22}$	$\frac{12}{24}$	$\frac{13}{26}$	$\frac{14}{28}$	$\frac{15}{30}$	0.5	50%
$\frac{1}{3}$	$\frac{2}{6}$	$\frac{3}{9}$	$\frac{4}{12}$	$\frac{5}{15}$	$\frac{6}{18}$	$\frac{7}{21}$	$\frac{8}{24}$	$\frac{9}{27}$	$\frac{10}{30}$	$\frac{11}{33}$	$\frac{12}{36}$	$\frac{13}{39}$	$\frac{14}{42}$	$\frac{15}{45}$	$0.\overline{3}$	$33\frac{1}{3}\%$
$\frac{2}{3}$	$\frac{4}{6}$	$\frac{6}{9}$	$\frac{8}{12}$	$\frac{10}{15}$	$\frac{12}{18}$	$\frac{14}{21}$	$\frac{16}{24}$	$\frac{18}{27}$	$\frac{20}{30}$	$\frac{22}{33}$	$\frac{24}{36}$	$\frac{26}{39}$	$\frac{28}{42}$	$\frac{30}{45}$	$0.\overline{6}$	$66\frac{2}{3}\%$
$\frac{1}{4}$	$\frac{2}{8}$	$\frac{3}{12}$	$\frac{4}{16}$	$\frac{5}{20}$	$\frac{6}{24}$	$\frac{7}{28}$	$\frac{8}{32}$	$\frac{9}{36}$	$\frac{10}{40}$	$\frac{11}{44}$	$\frac{12}{48}$	$\frac{13}{52}$	$\frac{14}{56}$	$\frac{15}{60}$	0.25	25%
$\frac{3}{4}$	$\frac{6}{8}$	$\frac{9}{12}$	$\frac{12}{16}$	$\frac{15}{20}$	$\frac{18}{24}$	$\frac{21}{28}$	$\frac{24}{32}$	$\frac{27}{36}$	$\frac{30}{40}$	$\frac{33}{44}$	$\frac{36}{48}$	$\frac{39}{52}$	$\frac{42}{56}$	$\frac{45}{60}$	0.75	75%
$\frac{1}{5}$	$\frac{2}{10}$	$\frac{3}{15}$	$\frac{4}{20}$	$\frac{5}{25}$	$\frac{6}{30}$	$\frac{7}{35}$	$\frac{8}{40}$	$\frac{9}{45}$	$\frac{10}{50}$	$\frac{11}{55}$	$\frac{12}{60}$	$\frac{13}{65}$	$\frac{14}{70}$	$\frac{15}{75}$	0.2	20%
$\frac{2}{5}$	$\frac{4}{10}$	$\frac{6}{15}$	$\frac{8}{20}$	$\frac{10}{25}$	$\frac{12}{30}$	$\frac{14}{35}$	$\frac{16}{40}$	$\frac{18}{45}$	$\frac{20}{50}$	$\frac{22}{55}$	$\frac{24}{60}$	$\frac{26}{65}$	$\frac{28}{70}$	$\frac{30}{75}$	0.4	40%
$\frac{3}{5}$	$\frac{6}{10}$	$\frac{9}{15}$	$\frac{12}{20}$	$\frac{15}{25}$	$\frac{18}{30}$	$\frac{21}{35}$	$\frac{24}{40}$	$\frac{27}{45}$	$\frac{30}{50}$	$\frac{33}{55}$	$\frac{36}{60}$	$\frac{39}{65}$	$\frac{42}{70}$	$\frac{45}{75}$	0.6	60%
$\frac{4}{5}$	$\frac{8}{10}$	$\frac{12}{15}$	$\frac{16}{20}$	$\frac{20}{25}$	$\frac{24}{30}$	$\frac{28}{35}$	$\frac{32}{40}$	$\frac{36}{45}$	$\frac{40}{50}$	$\frac{44}{55}$	$\frac{48}{60}$	$\frac{52}{65}$	$\frac{56}{70}$	$\frac{60}{75}$	0.8	80%
$\frac{1}{6}$	$\frac{2}{12}$	$\frac{3}{18}$	$\frac{4}{24}$	$\frac{5}{30}$	$\frac{6}{36}$	$\frac{7}{42}$	$\frac{8}{48}$	$\frac{9}{54}$	$\frac{10}{60}$	$\frac{11}{66}$	$\frac{12}{72}$	$\frac{13}{78}$	$\frac{14}{84}$	$\frac{15}{90}$	$0.1\overline{6}$	$16\frac{2}{3}\%$
$\frac{5}{6}$	$\frac{10}{12}$	$\frac{15}{18}$	$\frac{20}{24}$	$\frac{25}{30}$	$\frac{30}{36}$	$\frac{35}{42}$	$\frac{40}{48}$	$\frac{45}{54}$	$\frac{50}{60}$	$\frac{55}{66}$	$\frac{60}{72}$	$\frac{65}{78}$	$\frac{70}{84}$	$\frac{75}{90}$	$0.8\overline{3}$	$83\frac{1}{3}\%$
$\frac{1}{7}$	$\frac{2}{14}$	$\frac{3}{21}$	$\frac{4}{28}$	$\frac{5}{35}$	$\frac{6}{42}$	$\frac{7}{49}$	$\frac{8}{56}$	$\frac{9}{63}$	$\frac{10}{70}$	$\frac{11}{77}$	$\frac{12}{84}$	$\frac{13}{91}$	$\frac{14}{98}$	$\frac{15}{105}$	0.143	14.3%
$\frac{2}{7}$	$\frac{4}{14}$	$\frac{6}{21}$	$\frac{8}{28}$	$\frac{10}{35}$	$\frac{12}{42}$	$\frac{14}{49}$	$\frac{16}{56}$	$\frac{18}{63}$	$\frac{20}{70}$	$\frac{22}{77}$	$\frac{24}{84}$	$\frac{26}{91}$	$\frac{28}{98}$	$\frac{30}{105}$	0.286	28.6%
$\frac{3}{7}$	$\frac{6}{14}$	$\frac{9}{21}$	$\frac{12}{28}$	$\frac{15}{35}$	$\frac{18}{42}$	$\frac{21}{49}$	$\frac{24}{56}$	$\frac{27}{63}$	$\frac{30}{70}$	$\frac{33}{77}$	$\frac{36}{84}$	$\frac{39}{91}$	$\frac{42}{98}$	$\frac{45}{105}$	0.429	42.9%
$\frac{4}{7}$	$\frac{8}{14}$	$\frac{12}{21}$	$\frac{16}{28}$	$\frac{20}{35}$	$\frac{24}{42}$	$\frac{28}{49}$	$\frac{32}{56}$	$\frac{36}{63}$	$\frac{40}{70}$	$\frac{44}{77}$	$\frac{48}{84}$	$\frac{52}{91}$	$\frac{56}{98}$	$\frac{60}{105}$	0.571	57.1%
$\frac{5}{7}$	$\frac{10}{14}$	$\frac{15}{21}$	$\frac{20}{28}$	$\frac{25}{35}$	$\frac{30}{42}$	$\frac{35}{49}$	$\frac{40}{56}$	$\frac{45}{63}$	$\frac{50}{70}$	$\frac{55}{77}$	$\frac{60}{84}$	$\frac{65}{91}$	$\frac{70}{98}$	$\frac{75}{105}$	0.714	71.4%
$\frac{6}{7}$	$\frac{12}{14}$	$\frac{18}{21}$	$\frac{24}{28}$	$\frac{30}{35}$	$\frac{36}{42}$	$\frac{42}{49}$	$\frac{48}{56}$	$\frac{54}{63}$	$\frac{60}{70}$	$\frac{66}{77}$	$\frac{72}{84}$	$\frac{78}{91}$	$\frac{84}{98}$	$\frac{90}{105}$	0.857	85.7%
$\frac{1}{8}$	$\frac{2}{16}$	$\frac{3}{24}$	$\frac{4}{32}$	$\frac{5}{40}$	$\frac{6}{48}$	$\frac{7}{56}$	$\frac{8}{64}$	$\frac{9}{72}$	$\frac{10}{80}$	$\frac{11}{88}$	$\frac{12}{96}$	$\frac{13}{104}$	$\frac{14}{112}$	$\frac{15}{120}$	0.125	$12\frac{1}{2}\%$
$\frac{3}{8}$	$\frac{6}{16}$	$\frac{9}{24}$	$\frac{12}{32}$	$\frac{15}{40}$	$\frac{18}{48}$	$\frac{21}{56}$	$\frac{24}{64}$	$\frac{27}{72}$	$\frac{30}{80}$	$\frac{33}{88}$	$\frac{36}{96}$	$\frac{39}{104}$	$\frac{42}{112}$	$\frac{45}{120}$	0.375	$37\frac{1}{2}\%$
$\frac{5}{8}$	$\frac{10}{16}$	$\frac{15}{24}$	$\frac{20}{32}$	$\frac{25}{40}$	$\frac{30}{48}$	$\frac{35}{56}$	$\frac{40}{64}$	$\frac{45}{72}$	$\frac{50}{80}$	$\frac{55}{88}$	$\frac{60}{96}$	$\frac{65}{104}$	$\frac{70}{112}$	$\frac{75}{120}$	0.625	$62\frac{1}{2}\%$
$\frac{7}{8}$	$\frac{14}{16}$	$\frac{21}{24}$	$\frac{28}{32}$	$\frac{35}{40}$	$\frac{42}{48}$	$\frac{49}{56}$	$\frac{56}{64}$	$\frac{63}{72}$	$\frac{70}{80}$	$\frac{77}{88}$	$\frac{84}{96}$	$\frac{91}{104}$	$\frac{98}{112}$	$\frac{105}{120}$	0.875	$87\frac{1}{2}\%$
$\frac{1}{9}$	$\frac{2}{18}$	$\frac{3}{27}$	$\frac{4}{36}$	$\frac{5}{45}$	$\frac{6}{54}$	$\frac{7}{63}$	$\frac{8}{72}$	$\frac{9}{81}$	$\frac{10}{90}$	$\frac{11}{99}$	$\frac{12}{108}$	$\frac{13}{117}$	$\frac{14}{126}$	$\frac{15}{135}$	$0.\overline{1}$	$11\frac{1}{9}\%$
$\frac{2}{9}$	$\frac{4}{18}$	$\frac{6}{27}$	$\frac{8}{36}$	$\frac{10}{45}$	$\frac{12}{54}$	$\frac{14}{63}$	$\frac{16}{72}$	$\frac{18}{81}$	$\frac{20}{90}$	$\frac{22}{99}$	$\frac{24}{108}$	$\frac{26}{117}$	$\frac{28}{126}$	$\frac{30}{135}$	$0.\overline{2}$	$22\frac{2}{9}\%$
$\frac{4}{9}$	$\frac{8}{18}$	$\frac{12}{27}$	$\frac{16}{36}$	$\frac{20}{45}$	$\frac{24}{54}$	$\frac{28}{63}$	$\frac{32}{72}$	$\frac{36}{81}$	$\frac{40}{90}$	$\frac{44}{99}$	$\frac{48}{108}$	$\frac{52}{117}$	$\frac{56}{126}$	$\frac{60}{135}$	$0.\overline{4}$	$44\frac{4}{9}\%$
$\frac{5}{9}$	$\frac{10}{18}$	$\frac{15}{27}$	$\frac{20}{36}$	$\frac{25}{45}$	$\frac{30}{54}$	$\frac{35}{63}$	$\frac{40}{72}$	$\frac{45}{81}$	$\frac{50}{90}$	$\frac{55}{99}$	$\frac{60}{108}$	$\frac{65}{117}$	$\frac{70}{126}$	$\frac{75}{135}$	$0.\overline{5}$	$55\frac{5}{9}\%$
$\frac{7}{9}$	$\frac{14}{18}$	$\frac{21}{27}$	$\frac{28}{36}$	$\frac{35}{45}$	$\frac{42}{54}$	$\frac{49}{63}$	$\frac{56}{72}$	$\frac{63}{81}$	$\frac{70}{90}$	$\frac{77}{99}$	$\frac{84}{108}$	$\frac{91}{117}$	$\frac{98}{126}$	$\frac{105}{135}$	$0.\overline{7}$	$77\frac{7}{9}\%$
$\frac{8}{9}$	$\frac{16}{18}$	$\frac{24}{27}$	$\frac{32}{36}$	$\frac{40}{45}$	$\frac{48}{54}$	$\frac{56}{63}$	$\frac{64}{72}$	$\frac{72}{81}$	$\frac{80}{90}$	$\frac{88}{99}$	$\frac{96}{108}$	$\frac{104}{117}$	$\frac{112}{126}$	$\frac{120}{135}$	$0.\overline{8}$	$88\frac{8}{9}\%$

Nota: Los decimales para los séptimos se han redondeado a la milésima más cercana.

Medidor de probabilidad

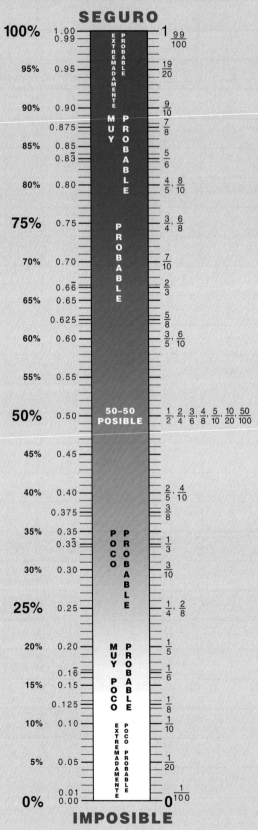

Fórmulas	**Significado de las variables**
Rectángulos • Perímetro: $p = (2 * l) + (2 * a)$ • Área: $A = (b * h)$	p = perímetro; l = largo; a = ancho A = área; b = longitud de la base; h = altura
Cuadrados • Perímetro: $p = 4 * l$ • Área: $A = l^2$	p = perímetro; l = longitud de un lado A = área
Paralelogramos • Área: $A = b * h$	A = área; b = longitud de la base; h = altura
Triángulos • Área: $A = \frac{1}{2} * b * h$	A = área; b = longitud de la base; h = altura
Polígonos regulares • Perímetro: $p = n * l$	p = perímetro; n = número de lados; l = longitud de un lado
Círculos • Circunferencia: $c = \pi * d$, o $c = 2 * \pi * r$ • Área: $A = \pi * r^2$	c = circunferencia; d = diámetro; r = radio A = área
Prismas rectangulares • Volumen: $V = B * h$, or $V = l * a * h$ • Área de la superficie: $S = 2 * ((l * a) + (l * h) + (a * h))$	V = volumen; B = área de la base; l = largo; a = ancho; h = altura S = área de la superficie
Cubos • Volumen: $V = e^3$ • Área de la superficie: $S = 6 * e^2$	V = volumen; e = lado de la arista S = área de la superficie
Cilindros • Volumen: $V = B * h$, o $V = \pi * r^2 * h$ • Área de la superficie: $S = (2 * \pi * r^2) + ((2 * \pi * r) * h)$	V = volumen; B = área de la base; h = altura; r = radio de la base S = área de la superficie
Pirámides • Volumen: $V = \frac{1}{3} * B * h$	V = volumen; B = área de la base; h = altura
Conos • Volumen: $V = \frac{1}{3} * B * h$, o $V = \frac{1}{3} * \pi * r^2 * h$	V = volumen; B = área de la base; h = altura; r = radio de la base
Distancias • $d = r * t$	d = distancia recorrida; r = tasa de velocidad; t = tiempo de viaje

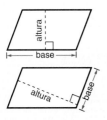

Acre En el sistema tradicional de medidas de EE.UU., una unidad de *área* que es igual a 43,560 pies cuadrados. Un acre es casi del tamaño de un campo de fútbol americano. Una milla cuadrada es igual a 640 acres.

Algoritmo Un conjunto de instrucciones dadas paso a paso para hacer algo, como realizar una operación o resolver un problema.

Altura de un paralelogramo La distancia más corta entre la base del paralelogramo y la línea que contiene el lado opuesto a su base. La altura es perpendicular a la base. Ver también *base de un polígono.*

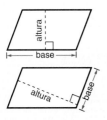

Altura de un prisma o de un cilindro La distancia más corta de la base del prisma o del cilindro al plano que contiene la base opuesta. Ver también *base de un prisma o de un cilindro.*

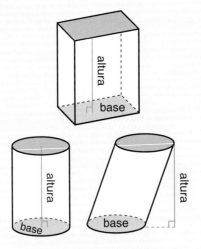

Altura de una pirámide o de un cono La distancia más corta del vértice de una pirámide o de un cono al plano que contiene su base. Ver también *base de una pirámide o de un cono.*

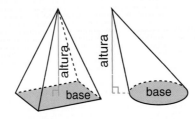

Altura de un triángulo La distancia más corta entre la línea que contiene una base del triángulo y el vértice opuesto a esa base. Ver también *base de un polígono.*

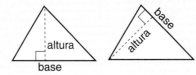

Ampliar Incrementar el tamaño de un objeto o figura. Ver también *factor de cambio de tamaño.*

Ángulo Una figura formada por dos semirrectas o dos segmentos de recta con un extremo común. El extremo común se llama *vértice* del ángulo. Un *ángulo agudo* tiene una medida mayor que 0° y menor que 90°. Un *ángulo obtuso* tiene una medida mayor que 90° y menor que 180°. Un *ángulo reflejo* tiene una medida mayor que 180° y menor que 360°. Un *ángulo recto* mide 90°. Un *ángulo llano* mide 180°. Ver también *extremo, semirrecta* y *vértice.*

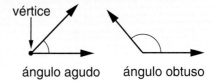

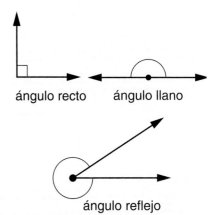

Ángulo recto Un ángulo de 90°.

Ángulos adyacentes Ángulos que están uno junto al otro; los ángulos adyacentes tienen un lado común, pero no se superponen entre sí. En el diagrama, los ángulos 1 y 2 son ángulos adyacentes. También los ángulos 2 y 3, los ángulos 3 y 4 y los ángulos 4 y 1.

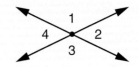

Ángulos complementarios
Dos ángulos cuyas medidas
suman 90°.

**El ∠1 y el ∠2 son
complementarios.**

**Ángulos opuestos por el
vértice** Cuando dos rectas se
intersecan, los ángulos que no
comparten un lado común.
Los ángulos opuestos por el
vértice son de igual medida.

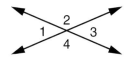

El ∠ 1 y el ∠ 3 son ángulos
opuestos por el vértice.
El ∠ 2 y el ∠ 4 son también ángulos opuestos por el vértice.

Ángulos suplementarios
Dos ángulos cuyas medidas
suman 180°.

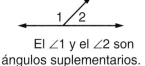

El ∠1 y el ∠2 son
ángulos suplementarios.

Ápice En una pirámide o un
cono, el vértice opuesto a la
base. Ver también *base de una
pirámide o de un cono.*

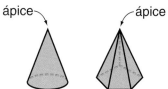

Árbol de factores Una
manera de obtener la
descomposición factorial de
un número. El número
original se escribe como un
producto de factores. Luego,
cada uno de esos factores se
escribe como un producto de
factores, etc., hasta que todos
los factores sean números
primos. Un árbol de factores
se parece a un árbol invertido,
con la raíz (el número
original) arriba y las hojas
(los factores) abajo. Ver
también *descomposición
factorial.*

Arco iris de factores Una
manera de mostrar los pares
de factores en una lista de
todos los factores de un
número. Un arco iris de
factores se puede usar para
revisar que una lista de
factores sea correcta.

arco iris de factores del 24

Área La cantidad de
superficie dentro de una
figura. El área se mide en
unidades cuadradas, como
pulgadas cuadradas o
centímetros cuadrados.

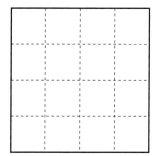

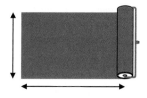

Dos maneras de
representar el área

Arista Un segmento de recta
donde se encuentran dos
superficies de un poliedro.

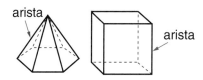

Balanza de platillos Un
instrumento usado para pesar
objetos o comparar sus pesos.

Barra de fracciones Un
diagrama usado en
Matemáticas diarias para
representar fracciones simples.

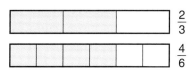

Base de una pirámide o de un cono La cara de una pirámide o un cono que está opuesta a su ápice.

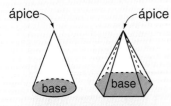

Base de un polígono El lado sobre el que se "sienta" un polígono. La altura de un polígono puede depender del lado al que se llame base. Ver también *altura de un paralelogramo* y *altura de un triángulo.*

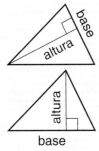

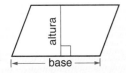

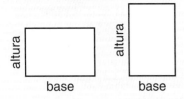

Base de un prisma o de un cilindro Cualquiera de las dos caras paralelas y congruentes que definen la forma de un prisma o un cilindro.

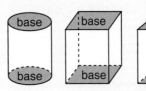

Base 10 La característica de nuestro sistema numérico cuyo resultado es que cada lugar tiene un valor de 10 veces el lugar a su derecha. Ver también *valor posicional.*

Base (en notación exponencial) El número que está elevado a alguna potencia. Por ejemplo, en 5^3, la base es 5. Ver también *notación exponencial.*

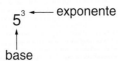

Bidimensional Tener longitud y ancho, pero no espesor. Las figuras bidimensionales tienen área, pero no tienen volumen. Los círculos y los polígonos son bidimensionales.

Braza Unidad usada por gente que trabaja con botes y barcos. Se usa para medir profundidades bajo el agua y longitud de cables. Una braza se define actualmente como 6 pies.

Caja de coleccionar nombres Un diagrama que se usa para escribir nombres equivalentes de un mismo número.

25	37 − 12	20 + 5

꠵꠵꠵ꠀ꠵꠵꠵ꠀ꠵꠵꠵ꠀ꠵꠵꠵ꠀ꠵꠵꠵

twenty-five   veinticinco

Capacidad La cantidad que cabe en un recipiente. También el peso mayor que puede medir una báscula.

Cara Una superficie plana en una figura tridimensional.

Censo Un conteo oficial de la población de un país. En EE.UU., el censo se hace cada 10 años.

Centímetro cúbico Unidad de medida de volumen igual al volumen de un cubo que mide 1 cm en cada lado. 1 centímetro cúbico es igual a 1 mililitro.

Cilindro Una figura tridimensional que tiene dos bases circulares o elípticas que son paralelas y congruentes y se conectan por una superficie curva. Los puntos en la superficie curva de un cilindro forman líneas rectas y conectan los puntos correspondientes de las bases. Una lata tiene forma de cilindro.

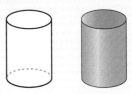

Círculo El conjunto de todos los puntos en un plano que están a una distancia dada de un punto dado en el plano. El punto dado es el *centro* del círculo y la distancia dada es el *radio*.

Círculo de porcentajes Una herramienta en la *Plantilla de geometría* que se usa para medir o dibujar figuras que tienen porcentajes (como las gráficas circulares). Ver también *Plantilla de geometría*.

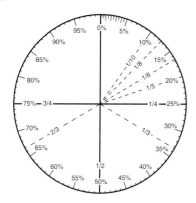

Círculos concéntricos Círculos que tienen el mismo centro pero radios de diferente longitud.

Circunferencia La distancia alrededor de un círculo o esfera; el perímetro de un círculo.

circunferencia

Cociente El resultado de dividir un número entre otro número. Por ejemplo, en $35 \div 5 = 7$, el cociente es 7.

Codo Unidad antigua de longitud. Medida de la punta del codo al final del dedo del medio de la mano. Un codo mide alrededor de 18 pulgadas.

Cometa Un cuadrilátero con dos pares de lados adyacentes iguales. Los cuatro lados no pueden tener todos el mismo largo, así que un rombo no es una cometa.

cometa

Común denominador Cualquier número excepto cero, que sea un múltiplo de los denominadores de dos o más fracciones. Por ejemplo, las fracciones $\frac{1}{2}$ y $\frac{2}{3}$ tienen los denominadores comunes 6, 12, 18, etc. Ver también *denominador*.

Congruente Que tienen exactamente la misma forma y el mismo tamaño.

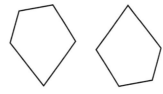

pentágonos congruentes

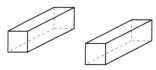

prismas congruentes

Cono Una figura tridimensional que tiene una *base* circular, una superficie curva y un vértice llamado *ápice*. Los puntos en la superficie curva de un cono forman líneas rectas que conectan el ápice y la circunferencia de la base.

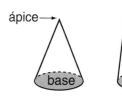

Coordenada Un número que se usa para localizar un punto en una recta numérica, o uno de los dos números usados para localizar un punto en una gráfica de coordenadas. Ver también *gráfica de coordenadas*.

Correspondiente Que tiene la misma posición relativa en *figuras semejantes* o *congruentes*. En el diagrama, los pares de lados correspondientes están marcados con el mismo número de marcas; y los ángulos correspondientes están marcados con los mismos símbolos.

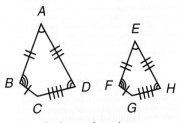

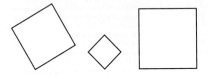

lados y ángulos
correspondientes

Cuadrado Un rectángulo con todos los lados iguales.

Cuadrado de un número El producto de un número multiplicado por sí mismo. Por ejemplo, 81 es el cuadrado de 9 porque 81 = 9 * 9.

Cuadrángulo Un polígono que tiene cuatro ángulos. Lo mismo que un *cuadrilátero*.

Cuadrilátero Un polígono que tiene cuatro lados. Lo mismo que un *cuadrángulo*.

¿Cuál es mi regla?" Un tipo de problema en donde tratas de descubrir una regla para relacionar dos grupos de números. También un tipo de problema en donde tratas de descubrir uno de los grupos de números, dando una regla y el otro grupo de números.

Cuarta La distancia de la punta del pulgar a la punta del dedo meñique (chiquito), cuando la mano está lo más abierta posible.

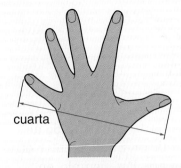

cuarta

Cuarta normal La distancia entre la punta del dedo pulgar a la punta del primer dedo (dedo índice) de una mano estirada. También llamada *palmo*.

cuarta
normal

Cubo Un poliedro con 6 caras cuadradas. Un cubo tiene 8 vértices y 12 aristas.

Cuerpo geométrico Una figura tridimensional como un prisma, pirámide, cilindro, cono o esfera. Un cuerpo geométrico es hueco; esto significa que *no* contiene los puntos en su interior.

prisma
rectangular

pirámide
cuadrangular

cilindro

cono

esfera

 **D**

Datos Información que se recopila contando, midiendo, haciendo preguntas u observando.

Decimal Un número que contiene un punto decimal, como 2.54. Ver *notación estándar*.

Decimal finito Un decimal que termina. Por ejemplo, 0.5 y 0.125 son decimales finitos. Ver también *decimal* y *decimal periódico*.

Decimal periódico Un *decimal* en el que un dígito o un grupo de dígitos se repite sin fin. Por ejemplo, 0.3333... y 0.147 son decimales periódicos. Ver *decimal* y *decimal finito*.

Denominador El número que va debajo de la barra en una fracción. En una fracción donde un entero se divide en partes iguales, el denominador representa el número de partes iguales en las que el entero (la UNIDAD o el todo) se divide. En la fracción $\frac{a}{b}$, b es el denominador.

Denominadores distintos Denominadores que son diferentes, como en $\frac{1}{2}$ y $\frac{1}{3}$.

Densidad Una *tasa* que compara la *masa* de un objeto con su *volumen*. Por ejemplo, supón que una pelota tiene una masa de 20 gramos y un volumen de 10 centímetros cúbicos. Para hallar su densidad, divide su masa entre su volumen:

$20\,g / 10\,cm^3 = 2\,g / cm^3$, o sea, 2 gramos por centímetro cúbico.

Descomposición factorial Un número entero expresado como un producto de factores primos. Cualquier número entero mayor que 1 tiene una descomposición factorial única. Por ejemplo, la descomposición factorial de 24 es $2 * 2 * 2 * 3$.

Descuento La cantidad que se reduce del precio normal de un artículo.

Desigualdad Una oración numérica con $>, <, \geq, \leq$ ó $\neq$. Por ejemplo, la oración $8 < 15$ es una desigualdad.

Diagrama de cambio Un diagrama de *Matemáticas diarias* que se usa para representar situaciones en donde las cantidades aumentan o disminuyen.

Inicio	Cambio	Fin
14	−5	X

Diagrama circular Ver *gráfica circular*

Diagrama de comparación Un diagrama que se usa en *Matemáticas diarias* para representar situaciones donde se comparan dos cantidades.

Cantidad
12

Cantidad	Differencia
9	?

Diagrama de las partes y el total Un diagrama que se usa en *Matemáticas diarias* para representar situaciones donde se combinan dos o más cantidades.

Total	
13	
Parte	**Parte**
8	?

Diagrama de multiplicación Un diagrama usado para problemas donde hay muchos grupos iguales. El diagrama tiene tres partes: un número de grupos, un número en cada grupo y un número total. También se llama *diagrama de multiplicación / división*. Ver también *diagrama de tasa*.

filas	sillas por fila	total de sillas
15	25	?

Diagrama de puntos Un bosquejo de datos donde las X u otras marcas hechas sobre una línea rotulada muestran la frecuencia de cada valor.

```
                    x
              x     x
              x     x
        x     x     x
        x     x     x           x
       ─────────────────────────────
        0     1     2     3     4
```
Número de niños

Número de hermanos

Diagrama de tallo y hojas Una presentación de datos donde los dígitos con *valor posicional* mayor son "tallos", y los dígitos con *valor posicional* menor son "hojas".

Lista de datos: 24, 24, 25, 26, 27, 27, 31, 31, 32, 32, 36, 36, 41, 41, 43, 45, 48, 50, 52

Tallos (10)	Hojas (1)
2	4 4 5 6 7 7
3	1 1 2 2 6 6
4	1 1 3 5 8
5	0 2

Diagrama de tasa Un diagrama que se usa para modelar situaciones de tasa. Ver también *diagrama de multiplicación*.

número de libras	costo por libra	costo total
3	79¢	$2.37

Diámetro Un segmento de recta que pasa por el centro de un círculo o de una esfera y tiene extremos en el círculo o en la esfera; además, la longitud de este segmento de recta. El diámetro de un círculo o de una esfera es el doble del largo de su radio.

Dibujo a escala Un dibujo de un objeto o región donde todas las partes están dibujadas a la misma *escala*. Los arquitectos y constructores a menudo usan dibujos a escala.

Diferencia El resultado de restar un número de otro.

Dígito Uno de los símbolos numéricos 0, 1, 2, 3, 4, 5, 6, 7, 8 y 9.

Dividendo El número que se divide en la división. Por ejemplo, en 35 ÷ 5 = 7, el dividendo es 35.

Divisible entre Un número entero es divisible entre otro número entero si no hay residuo al dividir. Por ejemplo, 28 es divisible entre 7, porque 28 dividido entre 7 es 4 con un residuo de 0.

Divisor El número que divide a otro número en la división. Por ejemplo, en 35 ÷ 5 = 7, el divisor es 5.

Dodecaedro Un poliedro con 12 caras.

Ecuación Una oración numérica que contiene un signo de igual. Por ejemplo, 15 = 10 + 5 es una ecuación.

Eje (1) Cualquiera de las dos rectas numéricas que se intersecan para formar una *gráfica de coordenadas*.

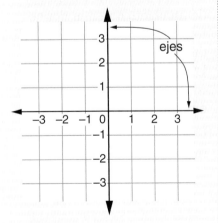

(2) Una línea sobre la cual gira un cuerpo geométrico.

Eje de reflexión Una línea entre una figura (preimagen) y su imagen reflejada. En una reflexión, una figura es "volteada" sobre el eje de reflexión. Ver también *reflexión*.

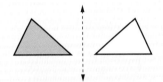

Eje de simetría Una línea dibujada a través de una figura, que divide la figura en dos partes exactamente iguales pero orientadas en direcciones opuestas.

Encuesta Un estudio que recopila datos.

Entero (**UNIDAD**) El objeto entero, la colección de objetos o la cantidad que está siendo considerada; la UNIDAD, o el entero, el 100%.

Escala La *razón* de una distancia en el mapa, globo terráqueo o dibujo a una distancia real. Ver también *escala de mapa*.

Escala de mapa Sistema para estimar distancias reales entre los lugares que se muestran en un mapa, relacionando las distancias en el mapa con distancias en el mundo real. Por ejemplo, una escala de mapa puede mostrar que una pulgada en un mapa representa 100 millas en el mundo real. Ver también *escala*.

Esfera El grupo de todos los puntos en el espacio que están a una distancia dada de un punto dado. El punto dado es el centro de la esfera y la distancia dada es el radio.

Estimación Una respuesta que está cercana a una respuesta exacta.

Estimación de magnitud Una estimación poco aproximada. Una estimación de magnitud indica si una respuesta debe estar en las decenas, las centenas, los millares, las decenas de millar, etc.

Estimar Calcular una respuesta que se acerque al número exacto.

Exponente Un número pequeño, elevado en *notación exponencial* que indica cuántas veces debe multiplicarse la base por sí misma. Por ejemplo, en 5^3, el exponente es 3. Ver también *base* y *notación exponencial*.

Expresión Un grupo de símbolos matemáticos que representan un número o pueden representar un número si se asignan valores a las variables en la expresión.

Expresión algebraica Una expresión que contiene una variable. Por ejemplo, si María mide 2 pulgadas más que Joe, y si la variable M representa la estatura de María, entonces, la expresión algebraica $M - 2$ representa la estatura de Joe. Ver también *expresión*.

Extremo El punto al final de un segmento de recta o una semirrecta. Un segmento de recta normalmente recibe su nombre por las letras de sus extremos. Ver *segmento de recta* y *semirrecta*.

segmento de recta *LT*

Factor Uno de dos o más números que se multiplican para obtener un producto. Los números que se multiplican se llaman *factores* del producto.

Por ejemplo, 4 y 3 son factores de 12, porque $4 * 3 = 12$. Como verbo, *factorizar* significa hallar dos (o más) números menores cuyo producto sea igual a un número dado. Por ejemplo, 15 puede factorizarse como $5 * 3$.

$$4 * 3 = 12$$
factores producto

Factor común Un número que sea un factor de dos o más números. Por ejemplo, 4 es un factor común de 8 y 12 porque $8 = 4 * 2$ y $12 = 4 * 3$.

Factor de cambio de tamaño Un número que indica la cantidad a la que se amplía o se reduce. Ver también *ampliar* y *reducir*.

Factor de escala La *razón* entre el tamaño de un objeto y el tamaño de un dibujo o modelo de ese objeto (como un *dibujo a escala* o un *modelo a escala*).

Factor propio Cualquier *factor* de un número que sea número entero, excepto el número mismo. Por ejemplo, los *factores* de 10 son 1, 2, 5 y 10, pero los *factores propios* de 10 son 1, 2 y 5.

Familia de operaciones Un conjunto de operaciones básicas relacionadas de suma y resta u operaciones básicas relacionadas de multiplicación y división. Por ejemplo, $5 + 6 = 11$, $6 + 5 = 11$, $11 - 5 = 6$ y $11 - 6 = 5$ son una familia de operaciones. $5 * 7 = 35$, $7 * 5 = 35$,

$35 \div 5 = 7$ y $35 \div 7 = 5$ son otra familia de operaciones.

Forma simplificada Una fracción se puede poner en forma simplificada dividiendo su numerador y denominador entre un número entero que sea mayor que 1. Por ejemplo, $\frac{18}{24}$ se puede poner en forma simplificada dividiendo el numerador y el denominador entre 2. El resultado, $\frac{9}{12}$, está en una forma más simple que $\frac{18}{24}$.

Fórmula Una regla general para hallar el valor de algo. Una fórmula con frecuencia se escribe usando letras llamadas variables que representan las cantidades involucradas. Por ejemplo, la fórmula del área de un rectángulo se puede escribir como $A = l * a$, donde A representa el área del rectángulo, l representa su largo o longitud y a representa su ancho.

Fracción Un número con forma $\frac{a}{b}$ o a/b. Las facciones se pueden usar para darle nombre a partes de un entero, para comparar cantidades o para representar una división. Por ejemplo, $\frac{2}{3}$ puede imaginarse como 2 dividido entre 3. Ver también *numerador* y *denominador*.

Fracción impropia Una fracción cuyo numerador es mayor que o igual a su denominador. Por ejemplo, $\frac{4}{3}, \frac{5}{2}, \frac{4}{4}$ y $\frac{24}{12}$ son fracciones impropias. En *Matemáticas diarias*, a las fracciones impropias a veces se les llama fracciones con numerador "pesado".

Fracción integrante Una fracción cuyo numerador es 1. Por ejemplo, $\frac{1}{2}$, $\frac{1}{3}$, $\frac{1}{8}$ y $\frac{1}{20}$ son fracciones integrantes.

Fracción propia Una fracción donde el numerador es menor que el denominador; una fracción propia da nombre a un número que es menor que 1. Por ejemplo, $\frac{3}{4}$, $\frac{2}{5}$ y $\frac{12}{24}$ son fracciones propias.

Fracciones equivalentes Fracciones que tienen diferentes denominadores pero que dan nombre a la misma cantidad. Por ejemplo, $\frac{1}{2}$ y $\frac{4}{8}$ son fracciones equivalentes.

Giro Ver *rotación*.

Grado (°) Una unidad de medida de los ángulos que se basa en dividir un círculo en 360 partes iguales. También es una unidad de medida de temperatura. Un pequeño círculo elevado (°) se usa para mostrar grados.

———————————→

un ángulo que mide 1°

Gráfica circular Una gráfica en la cual un círculo y su interior se dividen en partes para mostrar las partes de un conjunto de datos. El círculo entero representa el conjunto de datos completo. Igual que *diagrama circular*.

Gráfica de barras Una gráfica que usa barras horizontales o verticales para representar datos.

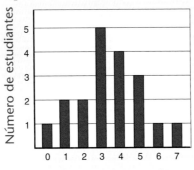

Gráfica de coordenadas Un instrumento para localizar puntos en un plano usando un *par ordenado de números* o *coordenadas*. Una *gráfica de coordenadas rectangular* está formada por dos rectas numéricas que se intersecan formando ángulos rectos en sus puntos cero. Ver también *coordenada* y *par ordenado de números*.

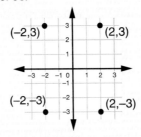

Gráfica de línea quebrada Una gráfica donde los puntos que representan los datos están conectados por segmentos de recta. Igual que *gráfica lineal*.

Asistencia durante la primera semana de clases

Gráfica lineal Ver *gráfica de línea quebrada*.

Hallar el valor numérico Hallar el valor de algo. Para hallar el valor numérico de una expresión matemática, reemplaza las variables (si hay alguna) con números, y después, efectúa las operaciones. Ver también *expresión*.

Hemisferio La mitad de la superficie de la Tierra. También la mitad de una esfera.

Heptágono Un polígono de siete lados.

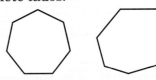

Hexágono Un polígono de seis lados.

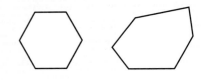

Hexagrama Una estrella de seis picos que se forma al extender los lados de un hexágono regular.

Historia de números Una historia con un problema que se puede resolver con aritmética.

Hitos Una característica notable de un conjunto de datos. Los hitos incluyen *media, mediana, moda, máxima, mínima* y *rango*.

Horizontal En una orientación de izquierda a derecha, paralelo al horizonte.

Icosaedro Un poliedro con 20 caras.

Igual denominador Denominadores que son iguales, como en $\frac{3}{5}$ y $\frac{1}{5}$.

Imagen La reflexión de un objeto que se ve cuando miras en el espejo. También, una figura que se produce por una transformación (por ejemplo, una reflexión, traslación o rotación) de otra figura. Ver también *preimagen*.

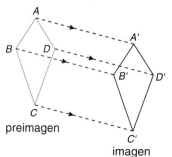

preimagen

imagen

Imagen deslizada Ver *traslación*.

Interior La parte de adentro de una figura bidimensional o tridimensional cerrada. Por lo general, el interior no se considera parte de la figura.

Intersecarse Encontrarse o cruzarse.

Lado Uno de los segmentos de recta que forman un polígono.

Latitud Una medida, en grados, de la distancia de un lugar al norte o al sur del ecuador.

Leyenda del mapa (clave del mapa) Un diagrama que explica los símbolos, las marcas y los colores de un mapa.

Limpio Sin predisposición. Cada lado de un dado limpio o de una moneda saldrá aproximadamente con la misma frecuencia. En un juego limpio cada jugador tiene la misma probabilidad de ganar.

Línea de contorno Una curva de un mapa que atraviesa lugares donde cierta medida (como la temperatura o la elevación) es la misma. Por lo general, las líneas de contorno separan regiones que han sido coloreadas de forma diferente para mostrar un rango de condiciones. Ver también *mapa de contorno*.

Líneas de latitud Líneas que van de este a oeste en un mapa o globo terráqueo e indican la ubicación de un lugar con referencia al ecuador, que también es una línea de latitud. Las líneas de latitud se llaman *paralelos* porque cada una es paralela al ecuador.

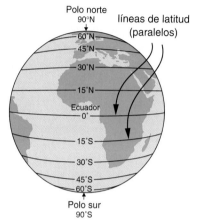

Líneas de longitud Líneas que van de norte a sur en un mapa o globo terráqueo e indican la ubicación de un lugar con referencia al primer meridiano, que también es una línea de longitud. Las líneas de longitud son semicírculos que se unen en los Polos norte y sur. También se llaman *meridianos*.

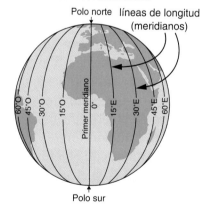

Longitud Una medida en grados que indica a qué distancia está un lugar al este o al oeste del primer meridiano.

Mapa de contorno Un mapa que usa *líneas de contorno* para mostrar características particulares, como las elevaciones o el clima. Ver también *líneas de contorno*.

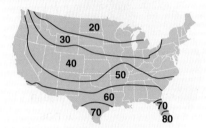

Matriz Un arreglo de objetos formando un patrón regular, usualmente en filas y columnas. Las matrices se pueden usar para hacer un modelo o representar la multiplicación. Por ejemplo, la matriz de abajo es un modelo para 3 * 5 = 15. Ver también *matriz rectangular*.

Matriz rectangular Un arreglo de objetos en filas y columnas de tal manera que cada fila tenga el mismo número de objetos y cada columna también tenga el mismo número de objetos.

Máxima La cantidad más grande; el número mayor en un conjunto de datos.

Máximo común divisor (MCD) El mayor factor que dos o más números tienen en común. Por ejemplo, los factores comunes de 24 y 36 son 1, 2, 3, 4, 6 y 12; el máximo común divisor de 24 y 36 es 12.

Media La suma de un conjunto de números dividida entre el número de números en el conjunto. También se conoce como el *promedio*.

Mediana El valor del medio de un conjunto de datos cuando los datos están en orden de menor a mayor. Si hay un número par de puntos de datos, la mediana es la *media* de los dos valores del medio.

Método de cocientes parciales Una manera de dividir donde el dividendo se divide en una serie de pasos y los cocientes para cada paso (llamados cocientes parciales) se suman para dar la respuesta final.

```
6)1010
- 600   100
  410
- 300   50
  110
-  60   10
   50
-  48    8
    2   168
    ↑    ↑
Residuo  Cociente
```

1,010 / 6 → 168 R2

Método de diferencias parciales Una manera de restar donde las diferencias se computan por separado para cada lugar (unidades, decenas, centenas, etc.). Las diferencias parciales se suman después para dar la respuesta final.

```
              9 3 2
            - 3 5 6
900 - 300 →   6 0 0
 30 - 50  → -   2 0
  2 - 6   → -     4
600 - 20 - 4 → 5 7 6
```

Método de división en columnas Un procedimiento de división en el cual se trazan líneas verticales entre los dígitos del dividendo. Las líneas hacen que el procedimiento sea más fácil de seguir.

```
       1 | 7 | 2
5 | 8  | 6̸ | 3̸
   -5  | 36| 13
    3̸  |-35|-10
        | 1̸ | 3
```

863 / 5 → 172 R3

Método de productos parciales Una manera de multiplicar donde el valor de cada dígito en un factor se multiplica por el valor de cada dígito en otro factor. El producto final es la suma de todos los productos parciales.

```
                6 7
            ×   5 3
50 × 60  →  3 0 0 0
50 × 7   →    3 5 0
3 × 60   →    1 8 0
3 × 7    →  +   2 1
            3 5 5 1
```

Método de restar cambiando primero Un método de resta en donde se hacen todos los cambios antes de hacer cualquier resta.

Método de suma en columnas Un método para sumar números donde primero se suman los dígitos de los sumandos en cada columna de valor posicional por separado y después se hacen cambios de 10 por 1, hasta que cada columna tenga sólo un dígito. Se trazan líneas para separar las columnas de valor posicional.

100	10	1
2	4	8
+ 1	8	7
3	12	15
3	13	5
4	3	5

Método de sumas parciales Una manera de sumar donde se computan las sumas para cada lugar (unidades, decenas, centenas, etc.) por separado y después se suman para dar la respuesta final.

```
                  2 6 8
                + 4 8 3
Suma las centenas.  →    6 0 0
Suma las decenas.   →    1 4 0
Suma las unidades.  →  +   1 1
Suma las sumas parciales. →  7 5 1
```

Método rectángulo Un método para hallar el área, donde se dibujan rectángulos alrededor de una figura o partes de una figura. Los rectángulos forman regiones que son rectángulos o mitades triangulares de rectángulos. El área de la figura original se puede hallar sumando o restando las áreas de estas regiones.

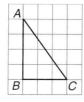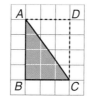

Mínima La cantidad menor; el número menor en un conjunto de datos.

Mínima expresión Una fracción menor que 1 está en su mínima expresión si no hay otro número distinto de 1 que divida su numerador y denominador equitativamente. Un *número mixto* está en su mínima expresión si su parte fraccionaria está en su mínima expresión.

Mínimo común denominador (mcd) Es el *mínimo común múltiplo* de los denominadores de toda fracción en una colección dada. Por ejemplo, el mínimo común denominador de $\frac{1}{2}$, $\frac{4}{5}$ y $\frac{3}{8}$ es 40. Ver también *mínimo común múltiplo*.

Mínimo común múltiplo El número más pequeño que sea múltiplo de dos o más números. Por ejemplo, así como algunos múltiplos comunes de 6 y 8 son 24, 48 y 72, el mínimo común múltiplo de 6 y 8 es 24.

Minuendo El número que se reduce en una resta. Por ejemplo, en $19 - 5 = 14$, el minuendo es 19.

Moda El valor o valores que ocurren más a menudo en un conjunto de datos.

Modelo a escala Un modelo de un objeto, donde todas las partes tienen la misma proporción que en el objeto real. Por ejemplo, muchos modelos de trenes y aviones son modelos a escala de los vehículos reales.

Modelo de área Un modelo para problemas de multiplicación en donde la longitud y el ancho de un rectángulo representan los factores; y el área del rectángulo representa el producto. También, un modelo para representar fracciones como partes de un círculo, rectángulo u otra figura geométrica.

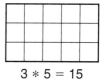

3 * 5 = 15

Modelo numérico Una oración numérica que representa o se adapta a una historia de números o a una situación. Por ejemplo, la historia *Sally tenía $5.00 y después ganó $8.00* puede representarse como $5 + 8 = 13$.

Mover de arriba hacia abajo y viceversa El moverse a través de lo mostrado en las pantallas previas usando las teclas ⬆ y ⬇ de la calculadora.

Muestra Una parte de un grupo elegida para representar al grupo entero.

Multiplicación reticulada Una manera antigua de multiplicar números con muchos dígitos.

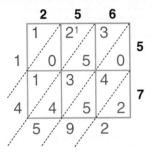

256 * 57 = 14,592

multiplicación reticulada

Múltiplo de un número *n*
(1) Un producto de *n* y un número cardinal. Los múltiplos de 7, por ejemplo, son 7, 14, 21, 28...
(2) Un producto de *n* y un número entero. Los múltiplos de 7, por ejemplo, son..., −21, −14, −7, 0, 7, 14, 21...

Nonágono Un polígono con nueve lados.

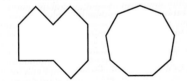

Notación científica Un sistema para escribir números donde un número se escribe como el producto de una potencia de 10 y un número que es por lo menos 1 y menor que 10. La notación científica te permite escribir números grandes y pequeños con pocos símbolos. Por ejemplo, $4 * 10^{12}$ es la notación científica de 4,000,000,000,000.

Notación de número y palabra Una manera de escribir un número grande usando una combinación de números y palabras. Por ejemplo, *27 mil millones* es una notación de números y palabras para 27,000,000,000.

Notación estándar La forma más común de representar números enteros y números decimales. En notación estándar, el valor de cada dígito depende de dónde esté el dígito. Por ejemplo, la notación estándar para trescientos cincuenta y seis es 356. Ver también *valor posicional*.

Notación exponencial Una manera de mostrar la multiplicación repetida por el mismo factor. Por ejemplo, 2^3 es la notación exponencial de 2 * 2 * 2. El pequeño número 3 elevado es el exponente. Indica cuántas veces el número 2, llamado base, se usa como factor.

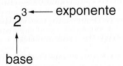

Numerador El número sobre la barra en una fracción. En una fracción donde el entero se divide entre un número de partes iguales, el numerador representa el número de partes iguales que están siendo consideradas. En la fracción $\frac{a}{b}$, *a* es el numerador.

Número abundante Un número cuyos *factores propios* suman más que el número en sí. Por ejemplo, 12 es un número abundante porque la suma de sus factores propios es 1 + 2 + 3 + 4 + 6 = 16, y 16 es mayor que 12. Ver también *factor propio, número deficiente* y *número perfecto*.

Número al azar Un número que tiene la misma probabilidad de aparecer que cualquier otro número. Lanzar un dado *limpio* dará números al azar.

Número compuesto Un número entero que tiene más de dos factores. Por ejemplo, 4 es un número compuesto porque tiene 3 factores: 1, 2 y 4.

Número cuadrado Un número que es el producto de un número entero multiplicado por sí mismo. Por ejemplo, 25 es un número cuadrado porque 25 = 5 * 5. Los números cuadrados son 1, 4, 9, 16, 25, etc.

Número deficiente Un número cuyos factores propios suman menos que el número en sí. Por ejemplo, 10 es un número deficiente porque la suma de sus factores propios es 1 + 2 + 5 = 8 y 8 es menor que 10. Ver también *factor propio*, *número abundante* y *número perfecto*.

Número entero Un número del conjunto { …−4, −3, −2, −1, 0, 1, 2, 3, 4}; cualquiera de los números cardinales, sus opuestos y el 0.

Número impar Un número entero como 1, 3, 5, etc. que no se puede dividir exactamente entre 2. Cuando un número impar se divide entre 2, siempre hay un residuo de 1. Los números impares son 1, 3, 5 etc.

Número irracional Un número que no se puede escribir como una fracción donde el numerador y el denominador sean *números enteros* y el denominador no sea cero. Por ejemplo, π es un número irracional.

Número mixto Un número que se escribe usando un número entero y una fracción. Por ejemplo, $2\frac{1}{4}$ es un número mixto igual a $2 + \frac{1}{4}$.

Número negativo Un número menor que cero; un número a la izquierda del cero en una recta numérica horizontal o bajo el cero en una recta numérica vertical.

Número par Un número entero que se puede dividir entre 2 sin residuo. Los números pares son 2, 4, 6, 8, 10, etc. El cero (0) también puede considerarse par.

Número perfecto Un número cuyos factores propios, al sumarse, dan como resultado el número mismo. Por ejemplo, 6 es un número perfecto porque la suma de sus factores propios es $1 + 2 + 3 = 6$. Ver también *factor propio*, *número abundante* y *número deficiente*.

Número primo Un número entero que tiene exactamente dos *factores*: sí mismo y 1. Por ejemplo, 5 es un número primo porque sus únicos dos factores son 5 y 1.

Número racional Un número que se puede escribir como una fracción usando solamente números enteros y sus opuestos.

Número real Cualquier *número racional* o *irracional*.

Números cardinales Números que se usan para contar objetos. El grupo de números cardinales es {1, 2, 3, 4 ...}. A veces el 0 se considera un número cardinal.

Números triangulares Números que se pueden mostrar con arreglos triangulares de puntos. Los números triangulares son 1, 3, 6, 10, 15, 21, 28, 45…

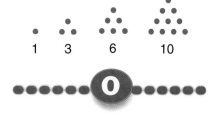

Octaedro Un poliedro con 8 caras.

Octágono Un polígono de ocho lados.

Operación básica de multiplicación extendida Una operación básica de multiplicación que involucra múltiplos de 10, 100, etc. En una operación básica de multiplicación extendida, cada factor tiene sólo un dígito que no es 0. Por ejemplo, 6 * 70, 60 * 7 y 60 * 70 son operaciones básicas de multiplicación extendidas.

Operaciones en orden inverso Un par de operaciones de multiplicación (o suma) donde el orden de los factores (o sumandos) se invierte. Por ejemplo, $3 * 9 = 27$ y $9 * 3 = 27$ son operaciones básicas de multiplicación en orden inverso y $4 + 5 = 9$ y $5 + 4 = 9$ son operaciones básicas de suma en orden inverso. No hay operaciones en orden inverso para la resta ni la división.

Opuesto de un número Un número que está a la misma distancia del 0 en una recta numérica que un número dado, pero sobre el lado opuesto de 0. Por ejemplo, el opuesto de +3 es −3, y el opuesto de −5 es +5.

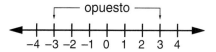

Oración abierta Una *oración numérica* que tiene variables en lugar de uno o más números y que no es ni falsa ni verdadera. Por ejemplo, $5 + x = 13$ es una oración abierta. Ver también *oración numérica* y *variable*.

Oración numérica Una secuencia de por lo menos dos números o expresiones separadas por un símbolo de relación ($=, >, <, \geq, \leq, \neq$). La mayoría de las oraciones numéricas también tienen por lo menos un símbolo de operación ($+, -, \times, *, \bullet, \div, /$). Las oraciones numéricas pueden tener también símbolos de agrupación como los paréntesis.

Oración numérica falsa Una oración numérica donde el símbolo de relación no relaciona apropiadamente los dos lados. Por ejemplo, $8 = 5 + 5$ es una oración numérica falsa.

Oración numérica verdadera Una oración numérica donde el símbolo de relación relaciona exactamente los dos lados. Por ejemplo, $15 = 5 + 10$ y $25 > 20 + 3$ son ambas oraciones numéricas verdaderas.

Orden de las operaciones Las reglas que indican en qué orden resolver las operaciones de aritmética y álgebra.

1. Resuelve las operaciones entre paréntesis primero. (Usa las reglas 2 a 4 dentro de los paréntesis.)

2. Calcula todas las expresiones con exponentes.

3. Multiplica y divide en orden de izquierda a derecha.

4. Suma y resta de izquierda a derecha.

Origen El punto 0 en una recta numérica o en una gráfica de coordenadas.

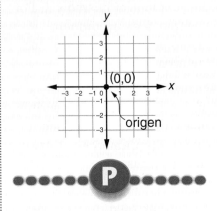

Palmo Ver *cuarta normal*.

Par de factores Dos factores (números enteros) de un número cuyo producto es el número mismo. Un número puede tener más de un par de factores. Por ejemplo, los pares de factores para 18 son 1 y 18, 2 y 9, 3 y 6.

Par ordenado de números Dos números que se usan para localizar un punto en una *gráfica de coordenadas*. El primer número da la posición sobre el eje horizontal y el segundo número da la posición sobre el eje vertical. Los números en un par ordenado se llaman *coordenadas*. Los pares ordenados en general se escriben dentro de paréntesis: (5,3). Ver la ilustración en *gráfica de coordenadas*.

Paralelas Nunca se encuentran y siempre están separadas a la misma distancia. Rectas, segmentos de recta y semirrectas en el mismo plano son paralelos si nunca se encuentran sin importar hasta dónde lleguen. El símbolo $\parallel$ significa "es paralela a".

rectas paralelas   recta paralela a un plano   planos paralelos

Paralelogramo Un cuadrilátero con dos pares de lados paralelos. Los lados opuestos de un paralelogramo son congruentes.

Paréntesis Símbolos de agrupación, ( ), usados para indicar qué partes de una expresión deben calcularse primero.

Pentágono Un polígono de cinco lados.

Perímetro La distancia alrededor de una figura bidimensional cerrada. La fórmula para el perímetro de un rectángulo es $P = 2 * (l + a)$, donde *l* representa el largo y *a* representa el ancho del rectángulo.

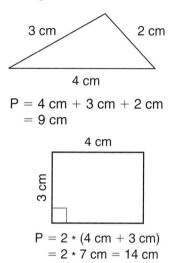

$$P = 4\text{ cm} + 3\text{ cm} + 2\text{ cm}$$
$$= 9\text{ cm}$$

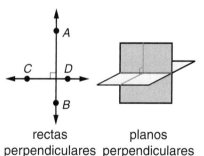

$$P = 2 * (4\text{ cm} + 3\text{ cm})$$
$$= 2 * 7\text{ cm} = 14\text{ cm}$$

Perpendicular Que se encuentran formando ángulos rectos. Rectas, semirrectas, segmentos de recta y planos que se encuentran formando ángulos rectos son perpendiculares. El símbolo ⊥ significa "es perpendicular a".

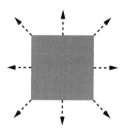

rectas perpendiculares planos perpendiculares

Pi (π) La razón de la *circunferencia* de un círculo a su *diámetro*. Pi es lo mismo para todos los círculos y es alrededor de 3.14. Pi es la decimosexta letra del alfabeto griego y se escribe **π.**

Pictografía Una gráfica construida con dibujos o iconos. Un pictografía te permite comparar de un vistazo las cantidades relativas de dos o más cómputos o medidas.

Árboles plantados en un parque

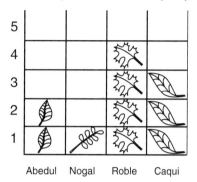

Pirámide Un cuerpo geométrico donde una cara, la *base,* es cualquier polígono, y las otras *caras* son triángulos que se unen en un punto llamado el *vértice* o *ápice.* Las pirámides se denominan según la forma de sus bases.

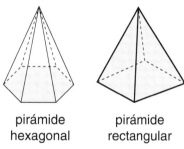

pirámide hexagonal pirámide rectangular

Pirámide o cono rectangular Una pirámide o un cono, cuyo ápice está directamente sobre el centro de su base.

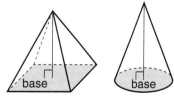

Plano Una superficie plana que se extiende hasta el infinito.

Plantilla de geometría Una herramienta de *Matemáticas diarias* que incluye una regla de milímetros, una regla con intervalos de dieciseisavos de pulgada, transportadores semicircular y circular, un círculo de porcentaj, figuras de bloques geométricos y otras figuras geométricas. La Plantilla también sirve como compás.

Población En un conjunto de datos, el conjunto de personas u objetos que son el centro de estudio.

Poliedro Una figura tridimensional cerrada cuyas superficies o caras están formadas por polígonos y sus interiores.

Poliedro regular Un poliedro cuyas caras están formadas por una sola clase de *polígono regular* congruente y donde cada vértice se ve exactamente igual a cualquier otro vértice. Hay cinco poliedros regulares:

tetraedro   cubo   octaedro

dodecaedro   icosaedro

tetraedro: 4 caras, cada una formada por un triángulo equilátero

cubo: 6 caras, cada una formada por un cuadrado

octaedro: 8 caras, cada una formada por un triángulo equilátero

dodecaedro: 12 caras, cada una formada por un pentágono regular

icosaedro: 20 caras, cada una formada por un triángulo equilátero

Polígono Una figura bidimensional formada por segmentos de recta unidos de extremo a extremo. Los segmentos de recta de un polígono no se cruzan.

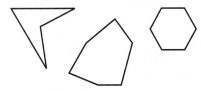

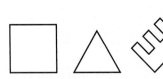

Polígono cóncavo Un polígono en el cual por lo menos un vértice está "hacia dentro". No todos los segmentos de recta con extremos en un polígono cóncavo se hallan

completamente dentro del polígono. Igual que *polígono no convexo*.

polígonos cóncavos

Polígono convexo Un polígono en el cual todos los vértices están "hacia afuera". Cualquier segmento de recta con los extremos sobre un polígono convexo se encuentra completamente dentro del polígono.

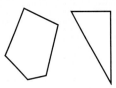

Polígono inscrito Un polígono cuyos vértices están todos en el mismo círculo.

cuadrado inscrito

Polígono *n* Un polígono con *n* lados. Por ejemplo, un polígono 5 es un pentágono y un polígono 8 es un octágono.

Polígono regular Un polígono cuyos lados tienen el mismo tamaño y cuyos ángulos son iguales.

Porcentaje (%) Por ciento o una parte de cada cien. Por ejemplo, "El 48% de los estudiantes en la escuela son

niños" significa que 48 de cada 100 estudiantes en la escuela son niños.

Porcentaje unitario (1%).

Potencia de 10 Un número entero que se puede escribir usando sólo decenas como factores. Por ejemplo, 100 es igual a 10 * 10, o sea, 10^2. 100 se puede llamar la segunda potencia de 10 ó 10 a la segunda potencia. Un número que se puede escribir usando sólo $\frac{1}{10}$ como factor, se conoce como una potencia negativa de 10.

Potencia de un número Normalmente, un producto de factores que son todos los mismos. Por ejemplo, 5 * 5 * 5 (o sea, 125) se llama "5 a la tercera potencia" o "la tercera potencia de 5", porque 5 es un factor tres veces. 5 * 5 * 5 también se puede escribir 5^3.

Precio unitario o por unidad El costo de un artículo o de una unidad de medida.

Preimagen Una figura geométrica que de alguna manera se cambia (a través de una *reflexión*, una *rotación* o una *traslación*, por ejemplo) para producir otra figura. Ver también *imagen*.

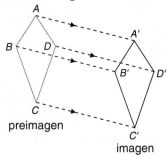

preimagen

imagen

Primer meridiano Un semicírculo imaginario sobre la Tierra que conecta el polo norte con el polo sur y pasa a través de Greenwich, Inglaterra.

Primos semejantes Dos *números primos* que están separados sólo por un *número compuesto.* Por ejemplo, 3 y 5 son primos semejantes, 11 y 13 también son primos semejantes.

Prisma Un cuerpo que tiene dos *caras* paralelas, llamadas *bases,* que son polígonos congruentes y otras *caras* que son paralelogramos. Todos los puntos de las caras laterales de un prisma están sobre líneas que conectan los puntos correspondientes sobre las bases. Los prismas se denominan según la forma de sus bases.

prisma triangular   prisma rectangular

prisma hexágonal

Prisma o cilindro rectangular Un prisma o cilindro cuyas bases son perpendiculares a sus otras caras o superficies.

Probabilidad Un número entre 0 y 1 que indica la posibilidad de que un suceso ocurra. Mientras más se acerque la probabilidad a 1, es más probable que ocurra el suceso.

Producto El resultado de multiplicar dos números llamados *factores.* Por ejemplo, en $4 * 3 = 12$, el producto es 12.

Promedio Un valor típico para un conjunto de números. La palabra *promedio* en general se refiere a la *media* de un conjunto de números, pero hay otros promedios. Ver también *media, mediana* y *moda.*

Propiedad asociativa Una propiedad de la suma y de la multiplicación (no de la resta ni de la división) que dice que al sumar o multiplicar tres números, no importa cuáles dos se suman o multiplican primero. Por ejemplo: $(4 + 3) + 7 = 4 + (3 + 7)$ y $(5 * 8) * 9 = 5 * (8 * 9)$.

Propiedad conmutativa Una propiedad de la suma y de la multiplicación (no de la resta ni de la división) que dice que cambiar el orden de los números que se suman o se multiplican no cambia la respuesta. Por ejemplo: $5 + 10 = 10 + 5$, y $3 * 8 = 8 * 3$.

Propiedad distributiva Una propiedad que relaciona la multiplicación y la suma o la resta. A esta propiedad se le da ese nombre porque "distribuye" un factor sobre los términos que están dentro del paréntesis.

Propiedad distributiva de la multiplicación sobre la suma: $a * (b + c) = (a * b) + (a * c)$, por lo tanto $2 * (5 + 3) = (2 * 5) + (2 * 3) = 10 + 6 = 16$

Propiedad distributiva de la multiplicación sobre la resta: $a * (b - c) = (a * b) - (a * c)$, por lo tanto $2 * (5 - 3) = (2 * 5) - (2 * 3) = 10 - 6 = 4$

Proporción Un modelo numérico que establece que dos fracciones son iguales. Con frecuencia, las fracciones en una proporción representan tasas o razones. Por ejemplo, el problema "La velocidad de Alan es de 12 millas por hora. A la misma velocidad, ¿qué distancia puede recorrer en tres horas?" se puede representar con la proporción:

$$\frac{12 \text{ millas}}{1 \text{ hora}} = \frac{n \text{ millas}}{3 \text{ horas}}$$

Prueba de divisibilidad Una prueba para saber si un número entero es *divisible entre* otro número entero sin necesidad de hacer la división. Una prueba de divisibilidad entre 5, por ejemplo, es fijarse en el último dígito: si el último dígito es 0 ó 5, entonces, el número es divisible entre 5.

Punto Una ubicación exacta en el espacio. El centro de un círculo es un punto.

Punto decimal Un punto que se usa para separar los lugares de las unidades y de las décimas en los números decimales.

Punto del vértice El punto del donde se encuentran las esquinas de las figuras en un *teselado*.

Radio Un segmento de recta desde el centro del círculo (o esfera) a cualquier parte del círculo (o esfera). También, la longitud de este segmento de recta.

Raíz cuadrada de un número La raíz cuadrada de un número n es un número que, cuando se multiplica por sí mismo, da el número n. Por ejemplo, 4 es la raíz cuadrada de 16 porque $4 * 4 = 16$.

Rango Las diferencia entre la *máxima* y la *mínima* en una serie de datos.

Rápido común denominador (RCD) El producto de los denominadores de dos o más fracciones. Por ejemplo, el rápido común denominador de $\frac{1}{4}$ y $\frac{3}{6}$ es $4 * 6$, o sea, 24. Como el nombre sugiere, ésta es una manera rápida de obtener un *denominador común* para un conjunto de fracciones, pero no necesariamente da el *mínimo común denominador*.

Razón Una comparación por medio de división de dos cantidades con unidades iguales. Las razones se pueden expresar con fracciones, decimales, porcentajes o palabras. A veces se escriben con dos puntos entre los dos números que se están comparando. Por ejemplo, si un equipo gana 3 de 5 juegos, la razón de juegos ganados al total de los juegos puede escribirse así: $\frac{3}{5}$, 0.6, 60%, 3 a 5 ó 3:5. Ver también *tasa*.

Recta Una trayectoria recta que se extiende infinitamente en direcciones opuestas.

recta *PR*

Rectángulo Un paralelogramo con cuatro ángulos rectos.

Redondear Ajustar un número para que sea más fácil trabajar con él o para que refleje mejor el nivel de precisión de un dato. A menudo los números se redondean al múltiplo más cercano de 10, 100, 1,000, etc. Por ejemplo, 12,964 redondeado al millar más cercano es 13,000.

Reducir Hacer más pequeño un objeto o figura. Ver también *factor de cambio de tamaño*. También, poner una fracción en *forma simplificada*.

Reflexión "Voltear" una figura sobre una línea (el *eje de reflexión*) de tal manera que su imagen sea una

imagen de espejo del original. Lo mismo que *voltear*.

Regla de cálculo Un instrumento que se usa para realizar cálculos.

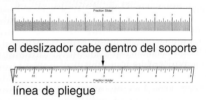

el deslizador cabe dentro del soporte

línea de pliegue

Regla del orden inverso Una regla para resolver problemas de suma y multiplicación basados en la *propiedad conmutativa*. Por ejemplo, si sabes que $6 * 8 = 48$, entonces, con la regla del orden inverso, sabes que $8 * 6 = 48$. Ver también *propiedad conmutativa*.

Reglón Una herramienta para dibujar segmentos de recta. Una regla que no tiene medidas marcadas, así que, si una regla con marcas se usa como reglón, las marcas deben ignorarse.

Residuo La cantidad que sobra cuando se divide un número entre otro número. Por ejemplo, si divides 38 entre 5, obtienes 7 con un residuo de 3. Podemos escribir $38 \div 5 \rightarrow 7$ R3, donde R3 representa el residuo.

Rombo Un cuadrilátero cuyos lados son todos del mismo largo.

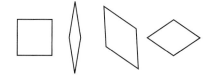

Rotación Un movimiento de una figura alrededor de un punto fijo o eje; un *"giro."*

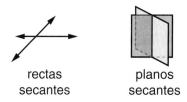

Secantes Que se cortan o se cruzan entre sí. Rectas, segmentos, semirrectas y planos pueden ser secantes.

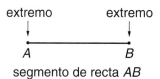

rectas secantes   planos secantes

Segmento de recta Una trayectoria recta que une dos puntos. Los dos puntos se llaman *extremos* del segmento.

extremo   extremo

A   B

segmento de recta *AB*

Semejante Exactamente la misma forma pero no necesariamente el mismo tamaño.

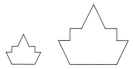

figuras semejantes

Semicírculo La mitad de un círculo. Algunas veces se incluye el diámetro que une los extremos del arco del círculo.

Semirrecta Una trayectoria recta que se extiende desde un punto llamado su *extremo* hasta el infinito.

N

M

extremo

Serie de factores Un número escrito como un producto de por lo menos dos factores. Por ejemplo, una serie de factores para el número 24 es $2 * 3 * 4$. Esta serie de factores tiene tres factores, así que su longitud es 3. El número 1 nunca forma parte de una serie de factores.

Símbolo de operación Un símbolo usado para representar una operación matemática particular. Los símbolos de operación que más se usan son $+, -, \times, *, \bullet, \div$ y /.

Símbolo de relación Un símbolo que se usa para expresar la relación entre dos cantidades.

símbolo	significado
=	"es igual a"
≠	"no es igual a"
>	"es mayor que"
<	"es menor que"
≥	"es mayor que o igual a"
≤	"es menor que o igual a"

Simetría rotacional Una figura tiene simetría rotacional si puede hacer menos de un giro completo alrededor de un punto o eje, de manera que la figura resultante (la *imagen*) coincida exactamente con la figura original (la *preimagen*).

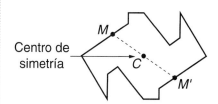

Centro de simetría

M

C

M'

Figura bidimensional con simetría rotational

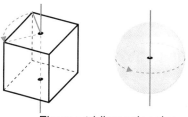

Figuras tridimensionales con simetría rotational

Simétrico Tener el mismo tamaño y forma en cualquier lado de un eje, o verse igual cuando se voltea menos de 360º. Ver también *eje de simetría* y *simetría rotacional*.

←eje de simetría

Sistema de medidas tradicional de EE.UU. El sistema de medidas que más se usa en Estados Unidos.

Sistema métrico de medidas Un sistema de medidas basado en el sistema de numeración decimal. Se usa en la mayoría de los países del mundo.

Solución de una oración abierta Un valor para la variable en una *oración abierta* que hace que la oración sea verdadera. Por ejemplo, 7 es la solución de $5 + n = 12$.

Substraendo En la resta, el número que se resta del otro número. Por ejemplo, en $19 - 5 = 14$, el substraendo es 5.

Suma El resultado de sumar dos o más números. Por ejemplo, en $5 + 3 = 8$, la suma es 8.

Sumando Uno de dos o más números que se suman. Por ejemplo, en $5 + 3 + 1$, los sumandos son 5, 3 y 1.

Superficie (1) El límite exterior de un objeto; la parte de un objeto que está expuesta al aire. Las superficies comunes incluyen la parte de arriba de una masa de agua, la

parte exterior de una pelota y la capa exterior que cubre la Tierra. (2) Cualquier capa bidimensional, como un plano o las caras de un poliedro.

Superficie curva Una superficie que es redondeada en lugar de ser plana.

Tabla de conteo Una tabla que usa marcas llamadas marcas de conteo para mostrar las veces que aparece cada valor en una serie de datos.

Número de levantamientos	Número de niños
0	~~HHH~~ /
1	~~HHH~~
2	////
3	//

tabla de conteo

Tasa Una comparación por medio de división entre dos cantidades con unidades diferentes. Por ejemplo, una velocidad de 55 millas por hora es una tasa que compara distancia con tiempo. Ver también *razón*.

Tasa por unidad Una *tasa* con 1 en el numerador.

Teselado Un arreglo de figuras que cubre completamente una superficie sin dejar espacios ni hacer superposiciones. También se le llama *enlosar*.

Teselado regular Un *teselado* hecho de un solo tipo de

polígono regular. Sólo hay tres teselados regulares. Ver también *teselado* y *teselado semirregular*.

Teselado semirregular Un teselado con más de un tipo de losa en donde cada losa es un polígono regular y los ángulos alrededor de cada vértice son todos congruentes. Hay 8 teselados semirregulares. Ver también *teselado* y *teselado regular*.

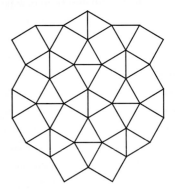

Teselar Hacer un *teselado; enlosar*. Ver también *teselado*.

Tetraedro Un poliedro con 4 caras.

Transformación Algo que se hace a una figura geométrica (la *preimagen*) que produce una nueva figura (la *imagen*). Las transformaciones más comunes son *traslaciones* (imagen deslizada), *reflexiones* (vueltas) y *rotaciones* (giros).

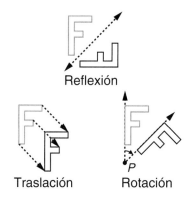

Reflexión

Traslación   Rotación

Transportador Una herramienta para medir y dibujar ángulos. Un transportador semicircular se puede usar para medir y dibujar ángulos de hasta 180°; un transportador circular, para medir y dibujar ángulos de hasta 360°.

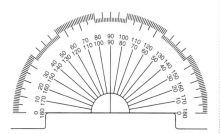

transportador semicircular

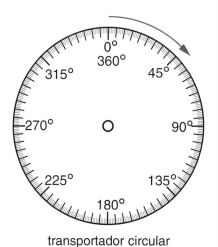

transportador circular

Trapecio Un cuadrilátero que tiene exactamente un par de lados paralelos.

Traslación Un movimiento de una figura sobre una línea recta; una "imagen deslizada".

Triángulo Un polígono con tres lados y tres ángulos.

triángulo   triángulo   triángulo
equilatero   isósceles   escaleno

Triángulo equilátero Un triángulo cuyos tres lados miden el mismo largo. En un triángulo equilátero sus tres ángulos tienen la misma medida.

Triángulo escaleno Un triángulo con tres lados de diferentes largos. Ninguno de los ángulos de un triángulo escaleno tiene la misma medida.

Triángulo isósceles Un triángulo que tiene por lo menos dos lados que miden la misma longitud. En un triángulo isósceles, al menos dos ángulos tienen la misma medida.

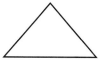

Triángulo rectángulo Un triángulo que tiene un ángulo recto.

Tridimensional (3D) Los objetos sólidos que ocupan un volumen. Los objetos tridimensionales tienen longitud, ancho y espesor.

UNIDAD Ver *entero*.

Unidad Un rótulo que se usa para poner un número en contexto. En medidas de longitud, por ejemplo, pulgadas y centímetros son unidades. En "5 manzanas", la palabra *manzanas* es la unidad. Ver también *entero*.

Unidad cuadrada Una unidad que se usa para medir el área, como centímetros cuadrados o pies cuadrados.

Unidad cúbica Unidad que se usa para medir volumen, como centímetros cúbicos o pies cúbicos.

Valor posicional Un sistema que da valor a un dígito de acuerdo con su posición en el número. En notación estándar, cada lugar tiene un valor que es diez veces más que el lugar a su derecha y una décima del valor del lugar a su izquierda. Por ejemplo, en el número 456, el 4 está en las centenas y tiene un valor de 400.

Variable Una letra u otro símbolo que representa un número. Una variable puede representar un número específico o bien, muchos números diferentes.

Velocidad Una tasa que compara la distancia recorrida con el tiempo que tomó recorrer esa distancia. Por ejemplo, si recorriste 100 millas en 2 horas, tu velocidad fue de 100 mi / 2 h o de 50 millas por hora.

Vertical Derecho; perpendicular al horizonte.

Vértice El punto donde las semirrectas de un ángulo, los lados de un polígono o las aristas de un poliedro se unen.

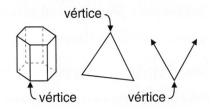

Voltear Ver *reflexión*.

Volumen La cantidad de espacio dentro de un objeto tridimensional. Por lo general, el volumen se mide en unidades cúbicas, como centímetros cúbicos o pulgadas cúbicas. A veces el volumen se mide en unidades de capacidad, como galones o litros.

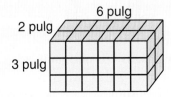

1 centímetro cúbico

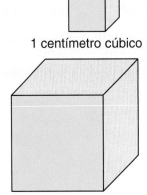

1 pulgada cúbica

Página 4

1. 9,000   **2.** 900,000

3. 90   **4.** 90,000

Página 6

1. 36   **2.** 64   **3.** 1,000,000

4. 9   **5.** 207,936   **6.** 38,416

Página 7

1. $\frac{1}{16}$ **2.** $\frac{1}{1000}$ **3.** 1

4. $\frac{1}{3}$ **5.** 32   **6.** 1

Página 8

1. 25   **2.** 27   **3.** 8

4. 5,000,000   **5.** 840,000   **6.** $6 * 10^2$

7. $5.5 * 10^4$ **8.** $8 * 10^8$

Página 9

1. falso   **2.** falso

3. verdadero   **4.** verdadero

Página 10

1. 1, 2, 4 y 8   **2.** 1, 3, 9 y 27

3. 1, 7 y 49   **4.** 1, 2, 3, 4, 6, 9, 12, 18 y 36

5. 1 y 13   **6.** 1, 2, 4, 5, 10, 20, 25, 50 y 100

Página 11

1. 3, 5   **2.** 2, 3, 5, 6 y 10   **3.** 2

4. 3, 9   **5.** 2, 3, 5, 6, 9 y 10

Página 12

1. $2 * 2 * 3$ **2.** $2 * 2 * 7$ **3.** $2 * 5 * 5$

4. $2 * 2 * 3 * 3$ **5.** $2 * 2 * 2 * 2 * 2$

6. $2 * 2 * 3 * 5$

Página 14

1. 688   **2.** 113   **3.** 221

4. 1,117   **5.** 965   **6.** 1,030

Página 15

1. 36   **2.** 481   **3.** 349

4. 272   **5.** 3,346

Página 16

1. 243   **2.** 246   **3.** 126   **4.** 223

Página 17

1. 376   **2.** 464   **3.** 162   **4.** 1,807

Página 18

1. 800   **2.** 49,000   **3.** 4,900

4. 45,000   **5.** 3,600   **6.** 48,000

Página 19

1. $3 * 200 = 600$
$3 * 80 = 240$
$3 * 4 = 12$
$284 * 3 = 852$

2. $30 * 70 = 2,100$
$30 * 5 = 150$
$7 * 70 = 490$
$7 * 5 = 35$
$37 * 75 = 2,775$

3. $60 * 60 = 3,600$
$60 * 7 = 420$
$0 * 60 = 0$
$0 * 7 = 0$
$60 * 67 = 4,020$

4. $70 * 40 = 2,800$
$70 * 3 = 210$
$8 * 40 = 320$
$8 * 3 = 24$
$78 * 43 = 3,354$

5. $50 * 200 = 10,000$
$50 * 30 = 1,500$
$50 * 7 = 350$
$237 * 50 = 11,850$

Página 20

1.

$7 * 89 = 623$

2.

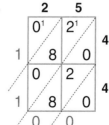

$44 * 25 = 1,100$

Clave de respuestas

3.

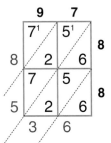

$88 * 97 = 8{,}536$

4.

$7 * 335 = 2{,}345$

5.

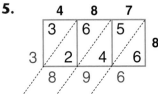

$487 * 8 = 3{,}896$

Página 21

1. 53   **2.** 9,000   **3.** 3,000

4. 420   **5.** 60   **6.** 600

Página 23

1. 15 R3   **2.** 131

3. 96 R2   **4.** 234 R2

Página 27

1. 0.8   **2.** 0.08

3. $3\frac{207}{1{,}000}$ ó $\frac{3{,}207}{1{,}000}$ **4.** $34\frac{35}{100}$ ó $\frac{3{,}435}{100}$

5. $\frac{3}{1{,}000}$

Página 30

1. a. 20,000   **b.** $\frac{2}{100}$ **c.** $\frac{2}{1{,}000}$

2. a. 0.359   **b.** 0.953   **c.** 0.539

Página 33

1. $0.39 > 0.039$ **2.** $0.099 < 0.2$

3. $\frac{1}{4} < 0.35$ **4.** $0.99 > 0.100$

Página 36

1. 13.23   **2.** 1.69   **3.** 0.012

Página 37

1. 345   **2.** 1,600   **3.** $5,500   **4.** 10.8

Página 39

1. 12.88   **2.** 13.392

3. 1.5756   **4.** 0.0032

Página 40

1.

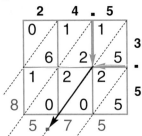

$24.5 * 3.5 = 85.75$

2.

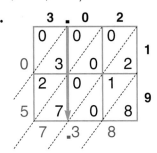

$3.02 * 19 = 57.38$

3.

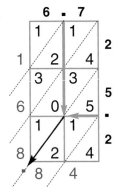

$6.7 * 25.2 = 168.84$

Página 41

1. 6.78   **2.** 0.0054   **3.** $0.29   **4.** 0.004

Página 42

1. 34.8   **2.** 2.61   **3.** 1.4

Página 43

1. 3.1   **2.** 3.2   **3.** 19.0

Página 46

1. a. 2.5   **b.** 45.8   **c.** 0.9

2. a. 2.6   **b.** 45.9   **c.** 1.0

3. a. 2.5   **b.** 45.9   **c.** 11.0

Página 50

1. $32   **2.** $3   **3.** $500

Página 51
1. $2   **2.** $2

Página 53
1. $160   **2.** $150   **3.** 31.6 millones

Página 59
Respuestas de muestra:

1. $\frac{3}{6}$ **2.** $\frac{3}{9}$ **3.** $\frac{10}{12}$

Página 60
Respuestas de muestra:

1. a. $\frac{9}{12}$ **b.** $\frac{25}{40}$ **c.** $\frac{16}{20}$ **d.** $\frac{4}{14}$

2. a. $\frac{3}{4}$ **b.** $\frac{3}{5}$ **c.** $\frac{4}{6}$ **d.** $\frac{15}{20}$

Página 61
1. a. verdadero   **b.** verdadero   **c.** verdadero

2. Respuestas de muestra:

$\frac{4}{6}, \frac{6}{9}, \frac{8}{12}, \frac{10}{15}$

Página 63
1. $\frac{15}{4}$ **2.** $\frac{16}{3}$ **3.** $\frac{23}{5}$

4. $8\frac{2}{3}$ **5.** $7\frac{4}{5}$ **6.** $18\frac{1}{4}$

Página 64
1. 12   **2.** 20   **3.** 45

Página 65
Respuestas de muestra:

1. $\frac{4}{6}$ y $\frac{1}{6}$ **2.** $\frac{5}{10}$ y $\frac{4}{10}$ **3.** $\frac{12}{40}$ y $\frac{30}{40}$

Página 67
1. >   **2.** <   **3.** =

4. <   **5.** <

Página 69
1. $\frac{7}{24}$ **2.** $\frac{3}{8}$ **3.** $\frac{2}{12}$

4. $\frac{8}{12}$ **5.** $\frac{23}{24}$

Página 70
1. $4\frac{1}{4}$ **2.** $8\frac{11}{12}$ **3.** $10\frac{2}{6}$

Página 72
1. $3\frac{1}{4}$ **2.** $2\frac{3}{5}$ **3.** $2\frac{4}{6}$

Página 73
1. $2\frac{1}{2}$ **2.** $4\frac{2}{4}$ **3.** $2\frac{2}{5}$

Página 74
1. 9   **2.** 27   **3.** 16

4. Rita recibió $10. Hunter recibió $5.

Página 75
1. 48   **2.** 6   **3.** 24

Página 76
1. $\frac{1}{6}$ **2.** $\frac{3}{20}$ **3.** $\frac{15}{60}$

Página 78
1. $\frac{6}{4}$ **2.** 24   **3.** $16\frac{2}{10}$

Página 80
1. 12   **2.** 16   **3.** 10

    $6 \div \frac{1}{2} =$ $8 \div \frac{1}{2} =$ $5 \div \frac{1}{2} =$

Página 84
1. 0.25   **2.** 0.80   **3.** 2.50   **4.** 0.65

Página 85
1. 0.30   **2.** 0.875   **3.** 4.33   **4.** 0.75

Página 87
1. 0.375   **2.** 0.167   **3.** 0.56

Página 88
1. 0.375   **2.** 0.62   **3.** 0.625

4. 0.86   **5.** 0.58   **6.** 0.13

Página 90

Fracción	Decimal	Porcentaje
$\frac{1}{4}$	0.25	25%
$\frac{1}{3}$	0.33	33%
$\frac{1}{2}$	0.50	50%
$\frac{2}{3}$	0.67	67%
$\frac{1}{10}$	0.10	10%
$\frac{4}{5}$	0.80	80%

Página 92
1. -2 **2.** -6 **3.** 3   **4.** -8

Página 94
1. -8 **2.** 11   **3.** -4 **4.** -13

Página 97

1. $\dfrac{5 \text{ dólares}}{1 \text{ hora}}$

dólares	5	10	15	20
hora	1	2	3	4

2. $\dfrac{8 \text{ libras}}{1 \text{ galón}}$

libras	8	16	24	32
galón	1	2	3	4

Página 99

1. 15 pies   **2.** $5   **3.** $25   **4.** 48¢

Página 101

1. $16   2. 16

Página 102

1. $\dfrac{3}{5}$ 2. $\dfrac{2}{3}$ 3. 40%

Página 104

1. 6 cm   2. 750 millas

Página 106

1. 9.42 pulgadas   2. 1.91 pulgadas

Página 111

1.

Número de hits	Número de jugadores
0				
1		
2					
3			
4		

2.

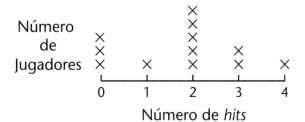

Número de Jugadores — Número de *hits*

Página 112

1.

Número de puntos	Número de partidos
10–19		
20–29	||||
30–39	|||
40–49	|||

2.

Número de puntos anotados

Tallos (10)	Hojas (1)
1	7
2	9 6 8 7 1
3	5 5 5
4	4 6 5

Página 113

1. 0   **2.** 4   **3.** 4   **4.** 2   **5.** 2

Página 114

1. mín. = 0; máx. = 4; rango = 4;
   moda = 2, 3 y 4; mediana = 2.5

2. 14

Página 115

La media (promedio) de Jason es de 80.91.

Página 116

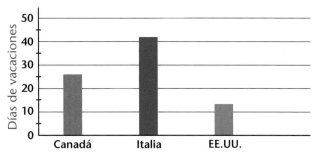

Página 118

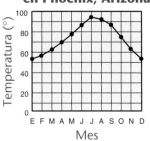

Temperaturas promedio en Phoenix, Arizona

Página 119

3er grado representa el 62% − 45% ó 17%;
4° grado representa el 84% − 62% ó 22%;
5° grado representa el 100% − 84% ó 16%

Página 120

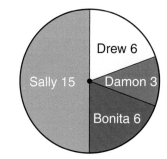

Página 121

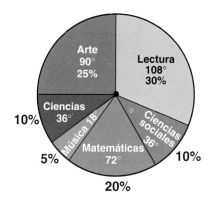

Medidas en grados:

Lectura 108°; Ciencias sociales 36°;
Matemáticas 72°; Música 18°; Ciencias 36°;
Arte 90°

Página 123

1. 6/8 = 3/4 = 75%   **2.** 4/8 = 1/2 = 50%

Página 124

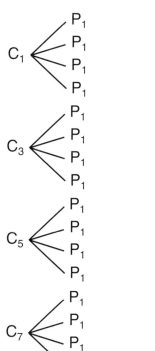

Página 129

1.

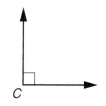

2. Respuesta de muestra:

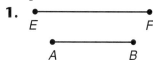

3. a. $\angle 2 = 60°$ **b.** $\angle 1 = 120°$
   c. $\angle 3 = 120°$

Página 130

Respuestas de muestra:

1.

E ●————————● F

A ●————● B

2.

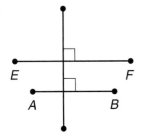

Página 131

Respuestas de muestra:

1.

2.

3.

4.

5.

6.

Página 133

1. a. hexágono

   b. cuadrángulo o cuadrilátero

   c. octágono

2. Respuestas de muestra:

   a.   **b.**

3. Los lados de la portada de este libro no son todos del mismo largo.

Página 134

Respuestas de muestra:

1.

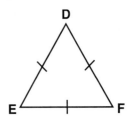

   DFE
   EDF
   EFD
   FDE
   FED

2.

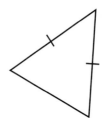

3.

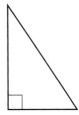

Página 135

1.

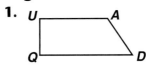

2. No

3. UADQ, ADQU, DQUA, QDAU, DAUQ, AUQD, UQDA

Página 136

Respuestas de muestra:

1. Los cuatro lados de un cuadrado son iguales. Un rectángulo tiene dos pares de lados iguales que son de diferente longitud.

2. Los cuatro lados de un rombo son iguales. Dos lados adyacentes de una cometa tienen una longitud y los otros dos lados tienen una longitud diferente.

3. Un trapecio tiene exactamente un par de lados paralelos. Un paralelogramo tiene dos pares de lados paralelos.

Página 138

Respuestas de muestra:

1. a. Cada uno tiene por lo menos una cara circular. Cada uno tiene una superficie curva.

b. Un cilindro tiene tres superficies; un cono tiene dos. La parte de arriba y de abajo de un cilindro son planas. Un cono tiene la parte de abajo plana y la parte de arriba termina en punta.

2. a. Cada uno tiene por lo menos un vértice. Cada uno tiene una base plana.

b. Un cono tiene una superficie curva; una pirámide tiene superficies planas. Un cono tiene sólo un vértice. Una pirámide tiene por lo menos cuatro vértices.

Página 139

1. a. 5   **b.** 1

2. a. 6   **b.** 6

3. prisma triangular

Página 140

1. a. 8   **b.** 18   **c.** 12

2. prisma decagonal

Página 141

1. a. 4   **b.** 6   **c.** 4

2. pirámide pentagonal

3. Respuestas de muestra:

a. Los dos tienen superficies planas. Se los denomina según la forma de su base.

b. Se diferencian en el número de aristas y en el número de caras.

Página 142

1. tetraedro, octaedro, icosaedro

2. a. 12   **b.** 6

3. Respuestas de muestra:

a. Sus caras son triángulos equiláteros.

b. Un tetraedro tiene cuatro caras; un octaedro tiene ocho caras. Un tetraedro tiene cuatro vértices; un octaedro tiene seis vértices.

Página 145

a, b, c, d o todos ellos

Página 148

1.

2. C

Página 149

1.

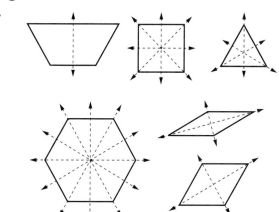

2. infinito; cualquier recta trazada directamente a través de su centro es un eje de simetría.

Páginas 154–164

Las respuestas pueden variar.

Página 167

1. milímetro, gramo, metro, centímetro

2. $\frac{1}{1,000}$ **3.** 2,000 mg

Página 170

1. 21 pies y 10 pulgadas **2.** 39 pulgadas

Página 171

1. 24 mm   **2.** 75.4 mm   **3.** 44.0 pulg

Página 173

1. 6 unidades cuadradas   **2.** 38 pulg^2

3. 36 m^2

Página 175

1. 8 unidades cuadradas

2. 15 unidades cuadradas

3. 20 unidades cuadradas

Página 176
1. 192 pies^2 **2.** 80 pulg^2 **3.** 2.2 cm^2

Página 177
1. 24 pulg^2 **2.** 27 cm^2 **3.** 1.2 yd^2

Página 178
1. 18 mm **2.** 9 mm
3. 254.5 mm^2

Página 181
1. 42 yd^3 **2.** 1,000 cm^3 **3.** 576 pies^3

Página 183
1. 64 yd^3 **2.** 80 cm^3 **3.** 100 pies^3

Página 184
1. 340 cm^2 **2.** 48 pulg^2 **3.** 150 pulg^2

Página 185
1. 94.2 cm^2

Página 186
1. 180 gramos; 170.1 gramos **2.** 555 onzas

Página 190
1. 45° **2.** 210° **3.** 62°
Respuestas de muestra:

4.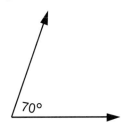
70°

5.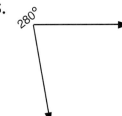
280°

6.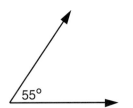
55°

Página 191
1. a. 2 **b.** 3 **c.** 6 **d.** 10
2. 540° **3.** 135°
4. número de triángulos = número de lados − 2

Página 192
1–4.
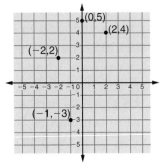

Página 201
1. $\frac{1}{2}x = 32$ o $\frac{x}{2} = 32$
2. $n = 16 * 3$
3. $C = \pi * d = \pi * 2$ cm = 6.28 cm
4. $C = \pi * d = \pi * 3$ pulg = 9.42 pulg

Página 202
1. a. $B = A - 4$ **2.** $M = 3 * D$
3. 5 **4.** 4 **5.** 1

Página 203
1. $y = 45$ **2.** $x = 600$ **3.** $w = 24$
4. $v = 56$ **5.** $25 - (15 + 10) = 0$
6. $60 = 5 * (9 + 3) = 0$
7. $5 = 3 + (6 * 3)/(3 * 3)$
8. $24 = (8 + 4) * 2$

Página 204
1. 13 **2.** 13 **3.** 4 **4.** 1

Página 206
1. $7 * (13 + 11) = (7 * 13) + (7 * 11)$
2. $(6 * 21) + (6 * 31) = 6 * (21 + 31)$
3. $12 * (19 - 17) = (12 * 19) - (12 * 17)$

Página 207
1. verdadera **2.** falsa **3.** verdadera
4. verdadera **5.** falsa **6.** verdadera

Página 208
1. falsa **2.** verdadera **3.** falsa
4. $-50 < 10$ **5.** $\frac{1}{8} = 0.125$ **6.** $-3 > -10$

Página 209
1. $y = 27$ **2.** $z = 6$ **3.** $m = 13$

Página 211

1. $\$11.95 - \$8.50 = x$, $x = \$3.45$

2. $28 * \$4.25 = \$119$

Página 213

1. Un cubo pesa lo mismo que 2 canicas.

2. Un cubo pesa lo mismo que 3 canicas.

Página 214

1. 14: par

●●●●●●●
●●●●●●●

2. 25: cuadrado impar

●●●●●
●●●●●　●
●●●●●　●●●●●●●●●●●
●●●●●　●●●●●●●●●●●●
●●●●●

3. 20: rectangular par

●●●●●
●●●●●　●●●●●●●●●●
●●●●●　●●●●●●●●●●
●●●●●

4. 15: triangular impar

　●
　●●　　●
　●●●　●●●●●●●
　●●●●　●●●●●●●
　●●●●●

Página 216

1.

entra	sale
v	$2 * v + 1$
0	1
1	3
2	5

2.

entra	sale
z	$5z$
5	25
9	45
20	100

3.

Regla
÷2

Página 218

1. $\$10.00$

2. 300 millas

Página 221

1. La caja de 15 onzas es la mejor compra. Cuesta $\$0.24$ por onza; la caja de 10 onzas cuesta $\$0.25$ por onza.

2. a. 150 millas **b.** 25 millas

c. 125 millas **d.** 600 millas

Página 223

1. 100 cuadrados (Piensa: $1+3+5+7+9+11+13+15+17+19$)

2. 2,500 cuadrados (Fíjate en el patrón: 5 escalones de altura $= 5^2 = 25$ cuadrados; 10 escalones de altura $= 10^2 = 100$ cuadrados; 50 escalones de altura $= 50^2 = 2,500$ cuadrados)

Página 226

1. Emily no está en lo correcto. La estimación con dígito delantero da $900+300+600 = 1,800$. Debe comprobar su trabajo.

2. Luis no está en lo correcto. La estimación con dígito delantero da $800/40 = 20$. Debe comprobar su trabajo.

Página 227

1. 75,700 **2.** 80,000 **3.** 75,700

Página 228

1. millares **2.** centenas

3. millares

Página 233

1. 21 **2.** 39 **3.** 65 **4.** 169

Página 239

1. 0.417 **2.** $\frac{235}{1000}$ **3.** 72% **4.** 3.65

5. 87.5% **6.** $\frac{95}{100}$ **7.** 0.538 **8.** $\frac{587}{1000}$

9. 98% **10.** 4.75 **11.** 75% **12.** $\frac{25}{100}$

Página 243

1. 22,350 **2.** 22,400 **3.** 22,000

Página 245

1. 0.0065 **2.** 9,800,000

3. 76,000,000 **4.** 0.00034

Página 246

1. $8.966 * 10^{15}$ **2.** $2.117 * 10^{11}$

3. $9.329 * 10^{16}$ **4.** $2.657 * 10^{15}$

5. 6,022,000,000   **6.** 9,800,000

Página 248

1. $1,017.88$ pies^2

Página 249

1. Propina: $6.83

2. Propina: $13.05

Página 252

1. 12, 17, 22, 27, 32.   **2.** 15, 27, 39, 51, 63.

A

Álgebra
  definición e historia, 200
  denominadores comunes
    rápidos, 65
  desigualdades, 208–209
  diagramas de situación, 210
  ecuaciones de balanza, 207,
    212–213
  ecuaciones, 207, 209
  hallar el valor numérico de
    una expresión, 202
  incógnita, 200
  juego, 256–257
  máquinas de funciones, 201,
    215
  modelos numéricos, 211
  números irracionales, 82
  oraciones abiertas, 209
  oraciones numéricas, 200,
    209
  orden de operaciones, 204
  paréntesis, 203
  patrones numéricos, 214
  problemas de "¿Cuál es mi
    regla?", 215
  Propiedad distributiva, 206
  Propiedades aritméticas,
    205–206
  Propiedades asociativas, 205
  Propiedades conmutativas,
    205
  Propiedades de identidad,
    205
  reglas, tablas y gráficas,
    217–218
  relaciones, 207, 209
  símbolos, 202, 209
  soluciones, 209
  variables, 65, 200–202
Algoritmos
  de división, 22–24, 42–44,
    86–87
  de multiplicación, 19–20, 37,
    65, 78
  de resta, 15–17, 35–36,
    71–72, 92–93
  de suma, 13–14, 35, 70,
    92–93
Altura
  cuerpos geométricos,
    179–181, 184–185
  figuras geométricas, 173,
    176–177
  Ancho, 179, 184–185, 349
  Ancla de un compás, 143, 154

Ángulos
  adyacente, 129
  agudo, 129
  círculos, 54
  clasificación, 129
  congruente, 145
  copiar, 163
  dar nombre, 128
  definición, 128, 131
  dibujar, 188, 190
  extremos, 128, 188
  grados, 128, 188
  juego, 258
  llano, 129
  medir, 128–129, 188–189, 191
  obtuso, 129
  polígonos, 191
  recto, 129
  reflejo, 129, 188, 190
  símbolo, 128, 131
  suplementario, 129
  teselados, 151
  transportadores, 188–190
  vertical, 129
Años bisiestos, 197
Ápice, 138
Árboles de factores, 12
Arcos, 119, 143
Área de la superficie, 184–185
Área
  bases de cuerpos
    geométricos, 181–183
  cilindros, 185
  círculos, 54, 178, 182, 247
  cuadrados, 173
  de la superficie, 184–185
  definición, 172
  estados en EE.UU., 348
  fórmulas, 173, 176, 178,
    181–185, 245
  método rectángulo para
    hallar, 174–175
  modelo para la
    multiplicación, 73, 76
  paralelogramos, 176
  polígonos, 174–178
  rectángulos, 173, 181, 183
  superficies curvas, 185
  triángulos, 174–175, 177,
    181, 183
  unidades cuadradas, 172
  unidades de medida, 355
Aristas de cuerpos geométricos,
  138

B

Balanza. *Ver* ecuaciones de
  balanza.
Béisbol de multiplicaciones,
  259–260
Bases paralelas, 185
Bases
  con notación exponencial,
    6–7, 245
  de cuerpos geométricos, 137,
    140–141, 180–185
  de figuras geométricas, 173,
    176–177
Bidimensional, 137
Bingo de factores, 270
  bisectriz, 160
  congruentes, 145
  de latitud y de longitud,
    193–194
  definición, 131
  diámetros, 171
  paralelas, 130–131
  perpendiculares, 130–131,
    160–162, 176–178
Bloques de base 10, 32–34

C

Calculadora rota, 262
Calculadoras
  borrar, 232, 240–241
  conversiones de fracciones,
    decimales y porcentajes,
    89, 238
  corregir, 232
  decimales, 36, 45, 50, 67,
    88–89, 238–239
  división, 88, 231, 234–235,
    240–241
  residuos, 234
  enteros, 234
  exponentes, 6, 244–245
  fracciones impropias, 242
  fracciones, 63, 69, 88–90,
    235–236, 238, 241–242
  funciones constantes,
    251–252
  hallar descuentos, 51
  hallar la media, 115
  juegos con, 256, 259–262,
    267–269, 271, 273–278,
    284, 292
  memoria, 232, 248, 250, 268
  menús, 240–242
  modos, 240, 242
  multiplicación, 50, 231, 250

notación científica, 245
números mixtos, 70, 235, 242
números negativos, 234
operaciones avanzadas, 240–252
orden de operaciones, 231, 233
pantallas, 45, 88, 245–246
paréntesis, 233
pi, 106, 247
porcentajes, 50–53, 237–239
potencias de 10 con, 244
raíces cuadradas, 244
recíprocos, 244
redondear números, 88, 243
repetir operaciones, 251
respuestas estimadas, 36, 230
resta, 69, 231, 250
secuencias de teclas, 231, 250
signo de intercalación para exponentes, 244–245
subir y bajar, 240
suma, 231, 235, 250
usos, 230
variables, 201
volver a programar, 240–241
Calendario perpetuo, 197–198
Capacidad, 179, 355
Captura del polígono, 289
Capturador de factores, 271
Caras de cuerpos geométricos, 137, 141–142, 184–185
Celdas en retículas, 20
Censos, 109, 327–333
Cero
como marcador de lugar, 28
como un número entero, 3
como número racional, 82
en calculadoras, 248
en decimales, 30, 33, 37, 41
en división, 11, 21, 41
en la suma, 14
en multiplicación, 18, 37
en rectas numéricas, 91–92
en reglas de cálculo, 93
en situaciones del mundo real, 91
opuestos, 91
potencias de 10, operaciones con, 18
puntos, 3, 119, 189, 192
rellenar con, 33
temperaturas, 81, 91, 187
y números negativos, 3, 81, 91

Cilindros,
cuerpos geométricos, 137–138
volumen, 180, 182
Círculos,
ángulos, 54
arcos, 119
área, 178, 182, 247
centro, 143
circunferencia, 105, 171, 185, 247
concéntrico, 154
congruente, 145
conversiones con fracciones y porcentajes, 83–90
definición, 143
de porcentajes, 119–120, 152–153
diámetros, 105, 143, 171, 178
dibujar, 143, 154
figuras inscritas, 158–159
grados en, 54, 121
gráficas, 119–121
interiores, 119
radio, 143, 178
sectores, 119
transportadores, 54, 121
Circunferencias,
calculadoras, 247
cilindros, 185
fórmula, 171
Cocientes, 11, 22, 42–43
Cometas, 136
Compases
anclas, 143, 154
construcciones geométricas, 154
dibujar círculos, 119, 143
medir distancias en mapas, 196
Computadoras, 201, 244
Concentración de fracción y porcentaje, 278
Conos, 137–138, 180, 182
Construcciones
Construcciones geométricas
ángulos, 163, 188–190
cuadrados inscritos, 159
cuadrángulos, 164
dibujar con compás y reglón, 154
dibujar una gráfica circular, 120–121
hexágonos regulares inscritos, 158
paralelogramos, 157
polígonos, 191
segmentos de recta, 155
bisectrices, 160
perpendiculares, 161–162

triángulos, 156
Constrúyelo, 263
Coordenadas, 192, 281
Crédito y débito, 265–266
Cuadrado
números, 6
pirámides, 141
raíces, 244
unidades, 172
Cuadrados, 133, 136, 142
área, 173
inscritos, 159
perímetros, 170
Cuadrángulos, 132–133, 135–136, 164
Cuadrículas
coordenada, 192
en globos, 193, 356
juego, 281
Cuadriláteros, 133, 135–136
Cubos, 137, 142
Cuerpos geométricos, 137–138
cilindros, 180
conos, 180
esferas, 144
pirámides, 141, 180
poliedros, 139
prismas, 140, 180–181
volumen, 179–185

D

Dale nombre a ese número, 286
Dar otro nombre a
decimales, 89–90, 238
exponentes en la calculadora, 6
fracciones como decimales, 67, 83–88, 238
fracciones como fracciones equivalentes, 65, 68, 238
fracciones como números enteros, 63
fracciones como números mixtos, 63
fracciones como porcentajes, 48–49, 51, 89, 238
fracciones con denominadores comunes, 65–68, 70–71
números mixtos, 62, 70, 77
porcentajes, 89–90, 237
tasas, 97
Datos agrupados, 112
Datos
agrupar, 112
definición, 108
describir, 113–118
diagrama de puntos, 111, 114

diagramas de tallos y hojas, 112
encuestas, 108, 110
hacer gráficas, 116–121
hitos estadísticos, 113–115
muestras, 109–110
organizar, 111–112
recopilar, 108–110
tablas de conteo, 111–112
tablas, 123
Datos significativos, 247
Decimales
  bloques de base 10 con, 32, 34
  calculadoras, 36, 67, 88–89, 238, 247
  ceros en, 30, 33, 41
  comparar, 32–33
  dar otro nombre
    como porcentaje, 90
    como fracción, 89
    a fracciones como, 26, 89
    a porcentajes como, 90
  darle nombre a números, 26
  división, 42–44
  equivalentes, 67, 83, 358
  finitos, 83, 88
  historia, 3, 27–28
  juego, 283, 288
  leer, 27
  lugares, 39, 86–87
  método de suma en columnas, 35
  método de sumas parciales, 35
  multiplicación, 37–40, 50
  notación, 27
  números intermedios, 26
  periódicos, 83, 88
  porcentajes, 50
  potencias de 10 con, 31, 37–41
  probabilidad, 122
  puntos, 26–27, 37–43
  recta numérica, 357
  redondear, 45–46
  rellenar con ceros, 33
  resta, 34–36
  sistema decimal, 26, 30
  suma, 34–36
  usos de, 3, 26
  valor posicional, 28–32
Denominadores comunes,
  comparar fracciones, 67
  definición, 65
  división con, 79
  iguales, 66–68
  mínimo, 65
  operaciones con, 68
  rápidos, 65

Denominadores
  comunes, 65–68, 79
  definición, 56
  distintos, 67–68
  iguales, 66
  mínimos comunes, 65
  potencias de 10 como, 84
  rápidos comunes, 65
Descomposición factorial, 12
Descuentos, 51
Desigualdades, 208–209
Diagonales, 20, 40, 148
Diagramas
  circulares, 119
  de árbol, 124, 136
  de cambio, 210
  de comparación, 210
  de las partes y el total, 210
  de puntos, 111, 114
  de situación, 210
  de tallo y hojas, 112
  resolver problemas, 222–223
  tasa, 210
Diámetros, 143–144, 171, 178
Dígitos
  definición, 4
  diagrama de tallo y hojas, 112
  elevados. *Ver* exponentes
  oraciones numéricas, 209
  significativos, 246–247
  sistema decimal, 28
Dimensiones, 179, 184, 348
Distancias, 104, 195
Distintos denominadores, 67–68
Distintos numeradores, 67
Dividendos, 22
División,
  algoritmos, 22–24, 42–44, 86–87
  calculadoras, 88, 231, 234–235, 240–241, 267
  cocientes, 11, 22, 42–43
  darle otro nombre a fracciones como decimales, 83, 86–87
  de enteros, 234
  decimales, 42–44
  dividendos, 22
  divisores, 22
  estimar cocientes, 86–87
  factores que faltan, 80
  fracciones, 56–57, 60, 79–80, 86–87, 235
  grupos iguales en, 50, 79
  hallar
    fracciones equivalentes, 56, 59–60
    el entero, 52–53
    la media, 115

historias numéricas, 224
juegos, 267, 280, 295
mental, 21
método de cocientes parciales, 22–23, 42–43, 86–87
método en columnas, 24, 44
método de multiplicación de contar salteado, 64
notación, 22
operaciones básicas extendidas, 21
orden de operaciones, 204
porcentajes, 52–53
potencias de 10 con, 21, 41
radios, 102
razones, 102
residuos, 11, 22, 43, 63, 224
en calculadoras, 63, 234
tablas, 44, 354
tasas, 99
División relámpago, 267
Divisores, 22
Dodecaedros, 142

E

Ecuaciones de balanza, 207, 212–213
Ecuaciones, 207, 209
  de balanza de platillos, 212–213
Ecuador, 193
Egipcios,
  pirámides, 141
  sistema de números, 28
Eje, 118, 192
  de la Tierra, 193
  de reflexión, 147
  de simetría, 149
Elección de álgebra, 256–257
Electores y votos electorales, 325–326
Elevaciones, 91
En el sentido de las manecillas del reloj, 148, 188
Encuestas, 108, 110
Enredo de ángulos, 258
Enteros, (*Ver también* UNIDAD) 82, 93, 234
  en fracciones, 56
  en porcentajes, 52
  números, 2–24
Escala en
  gráficas lineales, 118
  mapas y dibujos, 58, 104, 195
  Plantilla de geometría, 152–153, 188
  reglas, 152

transportadores, 188
Escala Fahrenheit, 187
Esferas, 137–138, 144, 193
Estados Unidos. *Ver* Tour de
  EE.UU.
Estimación apretada, 268
Estimaciones
  aproximadas, 38
  cuando se usan calculadoras,
    36, 230
  de dígito delantero, 226
  de magnitud, 38–40, 42–43,
    228, 230
  decimales, 37
  división, 86–87
  intervalo, 228
  juego, 268
  redondear números, 39, 227
  resolver problemas, 225
  respuestas, 36, 225–226
  usos, 225
Evaluar, 202
Exponentes
  en calculadoras, 244–245
  en orden de las operaciones,
    204
  en potencias de 10, 5
  juego, 269
  negativo, 7, 31, 244
  positivo, 7
Expresiones algebraicas, 202
Expresiones, 202
Extremos
  ángulos, 128, 188
  diámetros, 178
  polígonos, 132

F

Factores
  ampliación y reducción, 103
  cambio de tamaño, 103
  comunes, 236
  descomposición factorial, 12
  división, 80
  escala, 104
  juegos, 270–272
  máximo común, 236
  multiplicación decimal, 38
  multiplicación, 10, 80
  notación exponencial, 6–7
  potencias de 10 como, 31
  simplificar fracciones, 236
Figuras congruentes, 145–146,
  151
Figuras geométricas inscritas,
  158–159

Figuras semejantes, 103, 146
Figuras tridimensionales, 293
Filas, 6, 10, 112
Fórmulas
  área de superficie, 184–185
  área, 173, 176, 178, 181–185,
    245
  circunferencia, 171, 178, 185,
    247
  diámetro, 178
  figuras y cuerpos geométricos,
    361
  perímetro, 170
  radio, 178
  volumen, 181–183
Fracciones equivalentes
  comparar, 65–67
  dar otro nombre, 52, 83–84
  definición, 56, 59
  denominadores comunes,
    65–67
  hallar, 60
  porcentajes, 47, 49–50, 52
  proporciones como, 100–101
  reglas de la multiplicación y
    división para, 60
  tabla de barras de fracciones,
    59
  tabla, 61, 359
Fracciones impropias
  dar otro nombre a los
    números mixtos, 62–63, 77
  en calculadoras, 235, 242
Fracciones
  calculadoras, 67, 69, 231,
    235, 238, 241–242
  comparar, 66–67, 56–58,
    96–97
  dar nombre
  dar otro nombre
    como decimales, 26, 83, 86
    como porcentajes, 48
    decimales como, 89
    denominadores comunes, 65
    equivalentes, 60
    números mixtos, 62, 235
  de números enteros, 74
    porcentajes como, 90
  denominar
    medidas intermedias,
      56–57
    parte de una colección, 57
    partes de un entero, 48–49
  denominadores, 56–57,
    65–69, 79, 84
  división, 56–57, 60, 79–80,
    86–87, 235

en herramientas de medida,
  56
en mínimo común múltiplos,
  64
en rectas numéricas, 57, 73
equivalentes *Ver* Fracciones
  equivalentes.
equivalentes de porcentajes,
  47–53
escalas de mapas, 58
escalas, 58
escribir, 56
faciles, 50–51, 356
*Fracción acción, fracción
  fricción,* 277
historia, 3, 56
impropias, 62–63, 77
integrantes, 75
juegos, 263, 274–279
medidas con, 56–57
mínima expresión, 61
modelos de área para la
  multiplicación, 73
multiplicación, 60, 65, 73–74,
  76–78, 242
notación, 56–57, 60
numeradores, 56, 66–67
números mixtos, 62
números racionales, 81, 83
potencias de 10 con, 84
probabilidad, 58, 122
propias, 62
proporciones como, 100–102
razones, 56–57, 102
restar, 68–69
simplificar, 61, 236
suma, 68–69, 73, 235
tabla de decimales
  equivalentes, 358
tasas, 56–58, 96
unidad, 75
UNIDAD, 56
usos de, 3, 56–57, 96
Funciones constantes, 251

G

Gánale a la calculadora, 261
Geometría. *Ver también*
Construcciones geométricas
  ángulos, 128–129, 131, 145,
    163, 188–191
  círculos, 142–144, 179–185
  construcciones, 120, 154–164,
    188–190
  cuerpos, 137–142, 144,
    179–185, 293
  ejemplos en el mundo real,
    126–127

Plantilla, 119, 152–153, 188
polígonos, 132–136, 191
rectas y segmentos de recta, 130–131
reflexiones, rotaciones, traslaciones, 147
Giros, 147–148
Globos, 193–194, 356
Grados Celsius, 167, 187
Grados
ángulos, 128, 188
Celsius, 167, 187
círculos, 54, 121
Fahrenheit, 187
latitud y longitud, 193–194
temperaturas, 167
Gráfica de barras apiladas, 117
Gráficas de barras de lado a lado, 117
Gráficas de barras, 116–117
Gráficas de coordenadas, 192, 281
Gráficas lineales, 118
Gráficas de líneas quebradas, 118
Gráficas de relación, 217–218
Gráficas piramidales de edad, 322
Gráficas
de barras, 116–117
circulares, 119–121
etiquetas en, 116
de línea quebrada, 118
lineales, 118
de pastel, 119
pirámide de edades, 322
Grupos iguales, 79

H

Hemisferios norte y sur, 193
Hemisferios, 193–194
Heptágonos, 132–133
Hexágonos, 133, 191
regulares, 158
Hitos, 113, 115
Hojas de cálculo, 201
Horizontales
ejes, 118, 192
escalas en gráficas, 118
gráficas de barras, 116–117
rectas numéricas, 91
traslaciones, 148

I

Icosaedros, 142
Igual denominador, 6–68
Igual numerador, 66

Igualdad, 9, 207
Imágenes, 147
Inmigrantes, 303
Interiores de figuras, 119, 132, 143
Intervalos, 112, 188, 228

J

Juegos
Béisbol de multiplicaciones, 259–260
Bingo de factores, 270
Captura de polígonos, 289
Capturador de factores, 271
Clasificar figuras tridimensionales, 293
Concentración de fracción y porcentaje, 278
Construye, 263
de calculadora rota, 262
de crédito y débito, 265–266
de supéralo, 272, 279, 287–288, 294–296
de zumbido, 264
División relámpago, 267
Elección de álgebra, 256–257
Enredo de ángulos, 258
Estimación apretada, 268
Fracción de acción, fracción de fricción, 277
Gánale a la calculadora, 261
Lanzar notación científica, 290
Lanzar números altos, 282–283
Llegar a uno, 280
Luchas de multiplicación, 285
materiales necesarios para jugar, 254
Dale nombre a ese número, 286
Pelota de exponentes, 269
Práctica de tiro al blanco en la resta, 292
Primero al 100, 273
Estimación apretada, 268
Revoltura de cucharas, 291
Supera el factor, 272
Supera el número, 287–288
Supera la fracción, 279
tabla de contenido, 255
Tesoro escondido, 281
Tiro al blanco de multiplicaciones, 284
Tres en raya de fracciones, 274–276

L

Lados de los polígonos, 128, 132, 173
Lanzar notación científica, 290
Lanzar números altos, 282–283
Latitudes, 193–194, 343–344
Línea internacional de cambio de fecha, 193
Líneas de latitud y longitud, 193–194
Líneas bisectrices, 160
Llegar a uno, 280
Longitud, 166–169, 179, 184, 355
Longitudes, 193–194, 343
Luchas de multiplicación, 285

M

Mapas
distancias en, 104, 195–196, 346–347
escala, 58, 104, 195
Estados Unidos, 344–345
mapa geográfico de EE.UU., 339
Máquinas de funciones, 201, 215–216
Marcar, 231, 250
Marcador de lugar, 28
Masa, 355
Matrices, 6, 10
Máxima, 113–114
Máximo común divisor, 236
Media, 115
Mediana, 113–115
Medidas
altura, 173, 176–177, 179–181, 184–185
ángulos, 128, 188–191
con carátulas de reloj, 189
área, 172–178, 181–185
capacidad, 179
circunferencias, 105, 171, 185, 247
cuerpos geométricos, 179–185
distancias, 195–196
fracciones, 56
gráfica de coordenadas, 192
historia, 166
latitudes y longitudes, 193–194
longitud, 166–169
medidas corporales, 166
medidas naturales, 166
números intermedios, 56–57
perímetros, 170–171

peso, 166, 186
referencias personales, 169
sistema métrico, 167–169,
179, 186
sistema tradicional de
EE.UU., 167–169, 179, 186
temperaturas, 187
tiempo, 197–198
transportadores, 128,
188–190
unidades cuadradas, 172–173,
186
unidades cúbicas, 179
unidades estándar, 166
volumen, 179–183
Medidas de referencia personal,
169
Medidas de tiempo, 355
Medidor de probabilidad, 122,
360
Meridianos, 193–194
Método corto de suma, 14, 35
Método de división de cocientes
parciales, 22–23, 42–43,
86–87
Método de división por columnas,
24, 44
Método de multiplicación de
contar salteado, 64
Método de multiplicación de
productos parciales, 19,
37–39, 78
Método de multiplicación
reticulada, 20, 40
Método de resta de diferencias
parciales, 17, 36
Método de resta de izquierda a
derecha, 16, 36
Método de restar cambiando
primero, 15, 35
Método de suma con sumas
parciales, 13, 35
Método rectángulo para hallar
el área, 174–175
Metros, 167
Mínima, 113–114
Mínima expresión, 61
Mínimo común denominador, 65
Mínimo común múltiplo, 64–65
Moda, 113–114
Modelos a escala, 58, 104
Modelos matemáticos, 210–211,
220
Muestras, 109
Muestras al azar, 108, 109, 110
Multiplicación ojo de buey, 284

Multiplicación
algoritmos, 19–20, 37, 65, 78
calculadoras, 50, 231, 250
decimales, 37–40, 50
estimar productos, 37, 40
factores, 10, 260
fracciones, 65, 73–77
hallar la media, 115
juegos, 259–261, 270–273,
284–285, 295
mental, 18
método de contar salteado,
64
método de productos
parciales, 19, 37–39, 78
método reticulado, 20, 40
modelos de área, 73, 76
modelos numéricos, 10
notación, 19
números mixtos, 77–78
operaciones básicas
extendidas, 18, 261
orden de las operaciones, 204
porcentajes, 50
potencias de 10, 18, 37
Principio contable, 124
productos, 5, 10
Propiedad asociativa, 205
Propiedad conmutativa, 205
Propiedad de las fracciones,
76
Propiedad distributiva, 206
Propiedades, 76, 205–206
rectas numéricas, 73
regla para fracciones
equivalentes, 60
tabla, 354
tasas, 98
Múltiplos comunes, 64

N

Nonágonos, 133
Notación científica
calculadoras y, 106, 245–246
definición, 8
juego, 290
potencias de 10 en, 167, 245
Notación exponencial, 5–8, 12,
31, 290
Notación
científica, 8, 245–246
decimales periódicos, 88
decimales, 26–27
división, 22, 57
estándar, 5, 8

exponencial, 5–8, 12, 31
fracciones, 56–57, 60
grados, 128, 167, 188, 193
multiplicación, 19, 60, 74, 76
números cuadrados, 6
números negativos, 31, 92
números positivos, 92
pi, 105
porcentajes, 47, 90
potencias de 10, 5, 8
residuos, 22
unidades métricas, 167
unidades tradicionales de
EE.UU., 168, 179
Numeradores, 56, 66
iguales, 66
distintos, 67
Numéricos
modelos, 10, 211
oraciones, 207, 209, 211
patrones, 7, 214
rectas
comparar números, 9
desigualdades, 208
fracciones y decimales,
356–357
horizontal, 91
multiplicación de fracciones
y números enteros, 73
números positivos y
negativos, 81, 91–92
números reales, 82
puntos de fracción, 57
redondear números, 227
resta, 92
suma, 92
vertical, 91
Números
comas en los, 4
comparaciones, 2, 9
compuestos, 12
cardinales, 2–3, 81
cuadrados, 6, 214
dígitos, 4, 28, 112, 209,
246–247
enteros, 2–24, 82, 234
exponentes, 7–8, 31, 244
grandes, 4
historia, 28
historias de, 221
impares, 214
intermedios, 26, 56–57
irracionales, 82
juego, 282
juegos, 287–288
mixtos, 26, 62, 69–71, 77–78

negativos, 3, 7, 81–82, 91–92, 234, 244
opuestos, 14
pares, 11, 214
pi, 82, 105–106, 171, 178, 201, 247
positivos, 81–82, 91–92, 296
primos, 12
racionales, 81–82
reales, 82
recíprocos, 244
rectangulares, 214
redondear, 88, 227
sistema de valor posicional de base díez, 26, 28
sistemas de referencia, 2
tipos de, 3
triangulares, 214
usos de los, 2–3
valor posicional, 4, 28, 29, 282, 291
Números mixtos
calculadoras, 70, 235, 242
decimales como, 26
darle otro nombre a la parte del número entero, 71
darle otro nombre como fracciones impropias, 62, 77, 235, 242
definición, 62
multiplicación, 77–78
en reglas de cálculo, 69
resta, 71
suma, 70
usos, 62
Números racionales negativos
calculadoras, 234
exponentes, 7, 31, 244
historia, 3, 81–82
juego, 296
notación, 92
pares ordenados de números, 192
rectas numéricas con, 81, 91–92
usos, 81, 91
Números racionales positivos
definición e historia, 81
en rectas numéricas, 91–92
juego, 296

O

Octaedros, 142
Octágonos, 133
Oraciones abiertas, 209
Orden de las operaciones, 203–204, 233, 354
Origen, 192

P

Paralelogramos, 135–136, 157, 176–177
Paralelos geográficos, 193
Paréntesis, 203–204, 233
Pares de factores, 10
Pares ordenados de números, 192, 281
Pelota de exponentes, 269
Pentágonos, 133
Per cápita, 321
Perímetros, 170
Perpendicular, 130–131, 161–162, 176–177
Peso, 166, 186, 355
Pi, 82, 105–106, 171, 178, 201, 247
Pirámides hexagonales, 141
Pirámides, 137–139, 141, 180, 183
Población en las encuestas, 109
Poliedros, 139–142, 181, 183–184
regulares, 142
Polígonos cóncavos, 133
Polígonos convexos, 133
Polígonos
área, 173–177
clasificación, 132–133, 136
cóncavos, 133
convexos, 133
copiar, 164
dar nombre, 132–136
definición, 132
juego, 289
medidas de ángulos, 191
no convexos, 133
partes de cuerpos geométricos, 139, 142
perímetros, 170
prefijos, 132
regulares, 191
teselados, 151
Polos norte y sur, 193
Por, 96
Porcentajes
calculadoras, 50–51, 237–238
la UNIDAD con, 47–48, 52
conversiones, 89–90
darle otro nombre a decimales y fracciones, 47–48, 90, 238
de números, 49–50
definición, 47
descuentos, 51
gráficas circulares, 119–120
hallar el entero, 48, 52
hallar parte de un entero, 47–48

juego, 278
notación, 47
probabilidad, 47, 122
usos de, 47
Posibilidad, 58, 122–123
Potencias de 10
calculadoras, 244
decimales, 31, 89
definición, 5
división, 21, 41
escritura, 5
exponentes, 5, 245
negativos, 31, 244
factores, 31
fracciones, 31, 84, 89
multiplicación, 18, 37
negativas, 31
notación científica, 245
notación, 5, 8, 31
sistema métrico, 167
tabla, 41
Práctica de tiro al blanco en la resta, 292
Precios unitarios, 46
Prefijos, 167, 354
Preimágenes, 147
Presionar, 231, 250
Primer meridiano, 193–194
Primero al 100, 273
Prismas, 139–140, 179–181, 184
Prismas hexagonales, 140
Prismas y pirámides pentagonales, 139–141
Probabilidad, 47, 58, 121–122
Problemas de "¿Cuál es mi regla?", 215–216
Problemas de dinero
calculadoras, 249–250
descuentos, 51
división, 24, 44
fracciones, 52, 74
gráficas, 217–218
porcentajes, 49, 52, 249
precio normal, 52–53
precios de oferta, 74
proporciones, 100–101
redondear al centavo más cercano, 45–46
reglas, 217, 218
situación de cambio, 211
tasas, 97, 99
Productos, 5, 10
Promedios, 115
Propiedad distributiva, 78, 206
Propiedades aritméticas, 205–206
Propiedades asociativas, 205

Propiedades conmutativas, 205
Propiedades de identidad, 205
Proporciones, 100–101
Pruebas de divisibilidad, 11
    determinar años bisiestos,
    197
Puntos de encuentro, 147
Puntos y lados correspondientes,
    146–147
Puntos, 82, 131

R

Radio, 119, 143, 178
Rango, 113–114
Razones
    cambio de tamaño, 103
    círculos, 105
    comparaciones, 102
    definición, 57, 102
    enteros, 82
    equivalentes, 97–99
    fracciones en, 57, 102
    n a 1, 102
    porcentajes, 102
    proporciones, 102
    usos de, 102–104
Recíprocos, 244
Recta numérica de fracciones y
    decimales, 356
Rectangular
    gráfica de coordenadas, 192
    matrices, 10
    números, 214
    pirámides, 139, 183
    prismas, 139–140, 179, 181,
    184
Rectángulos, 136, 181, 183
    área, 173–174
    cuadrángulos, 136
    perímetros, 170
Rectas
    bisectrices, 160
    congruentes, 145
    definición, 131
    diámetros, 171
    paralelas, 130–131
    perpendiculares, 130–131,
    160–162, 176–178
Rectas y segmentos de recta
    paralelos, 130–131
Rectas y segmentos de recta
    secantes, 130–131, 192
Redondear
    cantidades de dinero, 45–46

decimales, 43, 45–46
en la calculadora, 88, 243
números, 227
resultados, 106
Reflexiones, 147
Regla del mismo cambio en la
    resta, 17
Regla del cambio opuesto, 14
Reglas, 56, 152, 195–196
Reglas de cálculo
    números positivos y
    negativos, 93–94
    operaciones de fracciones, 69
    resta de números mixtos, 69
    resta, 94
    suma, 93
Reglones, 59, 85, 152, 154
Regulares
    pentágonos, 142
    poliedros, 142
    polígonos, 133, 191
    teselados, 151
Relaciones por unidad, 98
Relaciones, 207
Rellenar con ceros, 33
Residuos, 11, 22, 63, 224, 234
Resolver problemas
    diagrama, 222
    división con residuo, 224
    estimación, 225–228
    guías de solución, 221
    juego, 273
    modelos matemáticos, 220
    proporciones, 100
    redondear números, 227
Resta de contar hacia adelante,
    16, 36
Resta
    algoritmos, 15–17, 35–36,
    71–72, 92–93
    bloques de base 10, 34
    calculadoras, 69, 231, 250
    decimales, 34–36
    fracciones, 68
    juegos, 265–266, 292,
    294–295
    método de contar hacia
    adelante, 16, 36
    método de diferencias
    parciales, 17, 35
    método de resta de izquierda
    a derecha, 16, 35
    método de restar cambiando
    primero, 15, 35
    método por columnas, 15, 36
    números mixtos, 71–72
    orden de las operaciones, 204
    Propiedad distributiva, 78,

206
    rectas numéricas, 92
    regla del mismo cambio, 17
    reglas de cálculo, 93
    tasas, 98
Resultados igualmente
    probables, 123
Revoltura de cucharas, 291
Rombos, 136
Rotaciones, 147–148

S

Sección del Tour de EE.UU.
    agricultura, 338, 340–341
    censo, 109, 327–331
    clima, 336–339
    condados, 304
    consumo de alimentos, 321
    distancias, 346–347
    diversión, 316–317
    elecciones, 325–326
    elevaciones, 342
    escolaridad, 318–320
    esperanza de vida, 323
    Estados, 343, 348–349
    expansión hacia el oeste,
    305–306
    geografía, 339–342
    gobierno, 324–331
    historia de EE.UU., 305–315,
    318–319, 328–329, 334
    idiomas hablados, 304
    inmigración, 303
    lluvias, 338
    mapas
    Estados Unidos, 344–345
    suelos, 339
    migraciones, 299
    población,
    afro–estadounidenses, 302
    diversidad, 302
    durante el desarrollo de
    EE.UU., 308–309
    edad y género, 322
    estados, 332–333, 335
    estadounidenses nacidos
    fuera, 303
    indígenas estadounidenses,
    300–301
    mediana edad, 322
    periodos colonial y
    continental, 329
    primeros pobladores, 299
    urbana/rural, 334
    precipitación, 338
    recreación y deportes,
    316–317

relieves, 342
temperaturas, 118, 336–337
trabajo, 314–315
viajar, 310–311, 334
Sectores, 119–121
Segmentos. *Ver* rectas y segmentos de recta.
Semicírculos, 143
Semirrectas, 128, 131, 188–190
Sentido contrario de las manecillas del reloj, 148
Símbolos de agrupación, 209
Símbolos de operación, 92, 209
Símbolos de relación. *Ver* Símbolos.
Símbolos
    agrupar, 209
    ángulos, 128, 131
    continúa sin fin, 64
    dígitos decimales periódicos, 88
    división, 22
    es aproximadamente igual a, 40
    es igual a, 9, 66, 207
    es mayor que o igual a, 207
    es mayor que, 9, 66, 207
    es menor que o igual a, 207
    es menor que, 9, 66, 207
    exponentes en las calculadoras, 244–245
    grados, 128, 167, 188, 193
    matemático, 209
    multiplicación, 19
    no es igual a, 9, 207
    números negativos, 92
    números positivos, 92
    operaciones, 92, 209
    pi, 105
    porcentaje, 90
    rectas paralelas y segmentos de recta paralelos, 130–131
    rectas y segmentos de recta, 130–131
    rectas y segmentos perpendiculares, 130–131
    semirrectas, 131
    signo de intercalación en las calculadoras, 244
    símbolos de relación, 9, 40, 66, 207, 209
    sistema tradicional de EE.UU., 168, 179
    unidades métricas, 167
Simetría, 149
Simplificar fracciones, 61
Sistema métrico decimal, 26, 28, 30

Sistema métrico
    capacidad, 179
    longitud, 167–169
    peso, 186
    prefijos, 167
Sistema tradicional de EE.UU.
    capacidad, 179
    comparaciones, 168
    longitud, 168–169
    peso, 186
    símbolos, 168, 179
Sistemas de referencia, 2
Situación de cambio, 210
Situación de las partes y el total, 210
Situaciones de comparación, 210
Soluciones, 209
Sucesos, 122
Suma
    algoritmos, 13–14, 35, 70
    bloques de base 10, 34
    calculadoras, 231
    decimales, 34–35
    en rectas numéricas, 92
    en reglas de cálculo, 93
    fracciones, 68–69, 73, 235, 241
    juegos, 265–266, 294, 296
    mental, 13
    método corto, 14, 35
    método de suma en columnas, 13, 35
    método de sumas parciales, 13, 35
    números mixtos, 70
    orden de las operaciones, 204
    propiedad asociativa, 205
    propiedad conmutativa, 205
    propiedades, 205
    regla del cambio opuesto, 14
    tasas, 98
Sumandos, 14, 115
Supera el factor, 272
Supera el número, 287–288
Supera la división, 295
Supera la fracción, 279
Supera la multiplicación, 295
Supera la resta, 295–296
Supera la suma, 294, 296
Superficies curvas, 185

T

Tabla de barras de fracciones, 58, 83, 85, 357
Tabla de conteo, 111–112
Tablas de tasas, 96–99

Tablas y cuadros,
    barra de fracciones, 59, 83, 85
    calculadoras,
        conversiones de fracciones/decimales/porcentajes, 238
        modos, 240
        operaciones básicas, 231
        volver a programar la memoria, 268
    conteo, 111–112
    decimales equivalentes para fracciones, 358
    diagramas de situación, 210
    dibujar bloques de base 10, 32
    fracciones, decimales y porcentajes equivalentes, 61, 359
    historia de pi, 105
    modelos numéricos, 211
    orden de operaciones, 354
    patrones con exponentes, 7
    potencias de 10, 5, 41
    prefijos, 354
    redondear números, 227
    símbolos de relación, 9, 66, 207, 209
    símbolos matemáticos, 209
    sistemas de referencia, 2
    tabla de multiplicación y división, 354
    tablas, 217, 354–361
    tasas, 96–99
    temperaturas en Phoenix, 118
    unidades de medida,
        área, 355
        capacidad, 179, 355
        longitud, 168–169, 355
        masa, 355
        peso, 186
        sistema métrico, 167–169, 186, 355
        sistema tradicional de EE.UU., 168–169, 186, 355
        sistemas equivalentes, 355
        tiempo, 355
        volumen, 355
    usos de los números negativos, 91
    valor posicional, 4, 28–32
Tasas, 56, 58, 96–99, 210
Tasas equivalentes, 97–99
Tasas por unidad, 98

Temperaturas, 91, 118, 187, 336–337
    bajo cero, 81
Termómetros, 187
Teselados, 150–151
Tesoro escondido, 281
Tetraedros, 142
Tierra, 144, 193, 299
Tiro al blanco de multiplicación, 284
Transformaciones, 147–148
Transportadores
    dibujar círculos, 54, 121
    dibujar y medir ángulos, 128, 188–190
    en la Plantilla de geometría, 152–153
Trapecios, 136
Traslación, 147–148
Tres en raya, 274–276
Triangulares
    números, 214
    pirámides, 139–140, 183
    prismas, 139–140, 181
Triángulos,
    ángulos, 191
    área, 174–175, 177, 181, 183
    clasificación, 133–134
    copiar, 156
    dar nombre, 134
    equiláteros, 133–134, 142
    escalenos, 134
    isósceles, 134
    medidas de polígonos, 191
    rectángulos, 134
Tridimensional, 137

U

Unidades
    comparaciones, 9, 57, 102, 168
    cuadradas, 172–173
    cúbicas, 6, 179–180
    de fracción, 76
    de medidas equivalentes, 186, 355
    en tasas y razones, 57, 102
    estándar, 166–167
    gráficas, 116
    medidas, 56, 166
    referencias personales, 169
UNIDAD
    con fracciones, 56, 96
    con porcentajes, 47, 52
    darle otro nombre a números mixtos, 62
    relacionada con los denominadores, 66
    representar el entero, 47, 52, 96

V

Valor posicional, 19, 32
    decimales, 29, 354
    juegos, 282, 287
    sistema de base 10, 26, 28
    tablas, 4, 28, 354
Variables, 65, 200–202
    gráficas, reglas y tablas, 217–218
Valores
    hitos estadísticos, 113
    números enteros, 4
    números mixtos, 62
    pi, 105
    sistema de base 10, 4, 28–29, 291
Vertical
    ángulos, 129
    eje, 118, 192
    gráfica de barras, 59, 116–117
    rectas numéricas, 91
    traslaciones, 148
Vértice
    ángulos, 128, 189
    cuerpos geométricos, 138, 180
    polígonos, 132, 177
    puntos del teselado, 150–151
Voltear, 147–148
Volumen
    de cuerpos geométricos, 180–183
    definición, 179
    unidades de medida, 355